조선 후기 문학의 성격

성호경 편

서강대학교출판부

편자 서문

이 책은 조선 후기 문학의 성격을 바르고 깊게 이해하기 위한 노력의 결실들을 묶어서 펴내는 것이다.

1960년대에 국사학계에서 식민사관 극복을 위한 노력의 결과로 '내재적 발전론'이 크게 부상하자, 이후 한국학의 여러 분야들에서 조선 후기에 관심을 기울여 그 문화 속에서 근대화의 태동과 발전상을 살피고자 노력해 왔다. 국문학계에서도 1970년대부터 이에 발맞추어 조선 후기의 문학에서 봉건적 이념과 질서를 비판하는 근대적 각성이나 새로운 평민적 의식을 찾아내는 데 대한 관심이 높아지게 되었고, 이는 얼마 전까지도 주류적인 연구관점으로 자리 잡고 있었다. 그러나 1990년대에 들어 이에 대해 회의적인 견해들이 간간이 나타나기 시작하여, 이즈음에는 '조선 후기 문학의 성격'이 학계의 주요 쟁점으로 떠오를 조짐을 보이고 있다.

한편 근년에 들어 한국경제사 분야 등에서도 조선 후기를 근대화의 기점(起點)으로 보기 어렵다는 주장이 활발히 나타나서 논란이 되어 오고 있기도 하다.

이제 국문학계는 조선 후기의 문학이 과연 근대적 성격을 (얼마나) 발현하고 있었는가 하는 점 등에 대한 진지한 검토를 통해서, 그 문학의 문학사적 성격 · 의의와 예술적 성격 등을 바르게 구명할 필요가 있다고 할 것이다.

이 책은 이러한 필요에 부응하기 위해 기획되어서 발간되는데, 그 속에서 열 분의 필자들은 구비문학을 제외한 조선 후기 문학의 거의 모든 장르(및 세부 유형)들에서 이 문제를 집중적으로 다루어서 바르게 구명하고자 하는 진지하고도 충실한 논의들을 펼치고 있다.

이러한 기획은 애초 편자가 『애산학보』 편집위원진의 한 사람으로 참여하여 2008년도 발행 학보의 기획과 편집 책임을 맡게 되자, 그 주제를 '조선 후기 문학의 성격'으로 정함으로써 이루어졌다. 이를 위해, 편자는 조선 후기 문학의 각 장르(및 세부 유형)별로 이를 살펴 집필하기에 적임자라고 판단되는 분들을 물색하여, 40대 후반과 50대 전반의 연령대에 있는 열 분의 중견·중진학자들을 집필자로 고루 선정하였다. 이 분들은 대체로 1970년대 후반 이래 대학에 입학해서 1980년대 후반 또는 1990년대 전반부터 본격적인 학문 활동을 펼쳐 오고 있는 세대로서, 1970년대부터 이루어진 조선 후기 문학의 근대성 논의와 1990년대부터 대두된 회의론의 양쪽을 모두 경험했을 것이므로 조선 후기 문학의 성격에 대하여 나름대로의 견해를 가지면서 다른 쪽의 견해도 진지하게 고려하며 살피기에 적합하다고 판단되었던 것이다.

이에 따라 2007년 가을에 '집필청탁서'를 보내어, 2008년 가을까지 옥고 아홉 편을 얻어서 연말에 『애산학보』 제34집으로 펴내었다.

이러는 동안에 국문학계에서는 한국시가학회가 2007년 11월에 개최된 국제학술대회에서 '동아시아의 시가문학과 근대의 발견'을 주제로 하여 한국·중국·일본·대만의 시가문학에서 근대를 발견하기 위한 노력의 결과들을 발표하기도 했다(그 대부분이 2008년에 발행된 『韓國詩歌硏究』 제24집에 실렸는데, 이는 1983년에 문학과지성사에서 발행된 한국고전문학연구회 편저 『近代文學의 形成過程』에 수록된 1982년의 여러 진지한 논의들 이후 거의 처음으로 본격적인 논의 자리를 편 것이다). 이에 비하여, 이 기획은 그처럼 미리 설정해 둔 '근대 발견'이라는 전제에 맞추어서 살피는 것이 아니라, 특정한 관점이나 성격을 전제로 하지 않고 자유롭게 조선 후기 문학의 각 장르별 성격을 살피고자 하는 것이다.

이 기획의 최종 목표는 구비문학을 제외한 조선 후기 문학의 모든 장르(및 세부 유형)들에서 이루어진 논의의 결과들을 묶어서 단행본으로 발간하는 것이다. 이에 따라 편자는 단행본 발간을 추진해 오다가, 저번에 얻지 못했던 조선 후기 가사의 성격에 대한 논의와 새로 집필 청탁했던 조선 후기 한시의 일반적인 성격에 대한 논의를 끝내 싣지 못하는 난관에 부딪혔다. 그런데 마침 작년에 편자가 조선 후기의 평민가사 등의 성격에 대해 살펴 발표한 글들이 있어서, 이로써 그 빈자리들을 불완전하게나마 메울 수 있게 되었다. 그리고 처음에 집필분량의 제한 등으로 인해 논의를 충분히 펼치지 못했던 분들께 보완하거나 수정할 수 있는 기회를 드려서, 상당수의 글들이 보완과 수정을 보이게 되었다.

'차례'에 나와 있듯이, 이 책은 조선 후기 문학의 성격을 시조(사대부 시조, 여항인 시조), 사설시조, 평민시가(사설시조, 평민가사), 한시, 소설(일반 국문소설, 판소리계 소설), 판소리, 야담, 한문산문의 각 장르(및 세부 유형)별로 구명하는 논의들로써 이루어져 있다.

애초 집필을 청탁하면서 편자는 '집필 유의사항'에서 "기획자는 어느 특정한 관점을 강조하려는 의도를 전혀 가지고 있지 않으니, 집필자들께서는 이 문제에 관한 자신들의 견해를 논리적으로 펼쳐 주시면 됩니다. 논제는 기획 취지와 세부주제에서 벗어나지 않는 범위 내에서 적절히 정하셔도 됩니다."라고 하였다. 이에 따라 이 책 속의 글들은 필자들이 각자 적절히 정한 제목 하에 자신들의 견해를 논리적으로 펼치는 양상을 보인다.

1장 「조선 후기 사대부 시조의 변모」(정흥모)에서는 조선 후기 사대부 시조가 조선 전기의 그것과 비교하여 자연관의 변화와 다양한 애정 형상, 그리고 현실비판의 방향 등 소재나 표현방식 등의 측면에서 몇 가지 의미 있는 변화를 보여주고 있으나, 그것은 당대 사회 전반에 일어나던 변화의 일부분을 받아들인 것일 뿐 사회체제 · 가치관 · 미의식 등에서 중세사회를 뛰어넘을 만한 새로운 전망을 보여준 것은 아니어서, 그것을 곧바로 근대적 성격으로 규정할 수는 없다고 한다. 그리고 이러한 한계는 형식적 제약이 너무 큰 단형의 시조가 지닌 장르적 특성과 새로운 사회에 대한 전망이 없었던 사대부라는 계급적 특성이 결합한 결과라고 본다.

2장 「조선 후기 여항인 시조에 대한 비판적 검토」(정종진)에서는 조선 후기 여항인들의 시조를 살펴서, 여항인의 참여로 시조 담당층의 확대가 이루어졌지만 그것이 현실과 개인에 대한 새로운 각성에 이르지 못하였고, 여항인 시조에 나타난 기존질서에 대한 갈등과 거부의 움직임이 구체화되지 못하여 시조의 새로운 면모를 만들어 가는 데까지 이르지는 못하였으며, 중기 이후 여항 가창인들의 적극적인 활동에 힘입어 시조 연행에서 가창의 역할이 매우 중시되었으나 동시에 장르의 해이를 야기했고 결과적으로 시조의 새로운 경지를 보여주는 데는 실패하였다고 본다. 이에 따라, 근대성과 관련된 18세기에 대한 판단이 신중히 이루어지기를 희망한다.

3장 「사설시조의 '몸'에 대한 인식과 재현의 근대성」(이형대)에서는 서구 위주의 사유 패러다임을 벗어나서 문명권마다 다른 근대성이 있을 수 있다는 관점을 가질 때 한국 고전문학에서의 근대성 논의는 여전히 유효하다고 보며, 포괄적 대상에 대한 연역적 접근보다는 미시적인 국면에서 검토하는 논의의 집적 위에서 한국적 근대성의 윤곽을 잡아내는 것이 생산적일 수 있다고 여겨서, 사설시조 가운데 '몸'에 대한 인식과 그 재현에 주목한다. 그리하여 그 생물학적 개체로서의 몸의 발견, 욕망하는 몸과 이를 통한 봉건적 규범의 탈영토화, 자본과 교환되는 몸 등을 통해 사설시조에 재현된 주체들의 근대성을 검토하여, 그것이 근대 주체의 맹아적(萌芽的) 존재로서 의의를 지닌다고 본다.

4장 「조선 후기 '평민시가'의 시적 초점과 통속예술적 성격」(성호경)에서는 조선 후기에 주로 중인들에 의해 지어진 사설시조와 평민가사 작품들을 분석하여 그 다수 작품들에서 시적 초점이 주제의 구현보다는 제재 · 소재에 대한 재미있는 표현에 주로 맞추어져 있음을 밝히고, 그 '평민시가' 작품들은 제재 · 소재에 대한 재미있는 표현을 통해 희극적 효과(해학적 즐거움과 웃음 등)를 추구하는 것이 창작원리의 주요한 특징이며, 18세기 이래 서울과 그 부근의 놀이문화 속에서 오락과 위안을 주된 목적으로 하는 통속예술로서의 성격을 다분히 지니고 발달했다고 본다. 그리고 이러한 조선 후기의 '평민시가'들이 근대적 성격을 지녔거나 그 싹(맹아)을 틔웠다고 볼 수 있을 지는 미심쩍다고 한다.

5장 「조선 후기 놀이문화와 한시사의 한 국면」(이종묵)에서는 한시단이 백화제방의 시대를 맞은 18세기 이래 한시가 놀이화된 양상으로서 고상한 시교(詩敎)의 문학이 놀이의 한 방편으로 된 변모를 살펴서, 일부 지식인들이 상영도(觴詠圖) 등을 통해 한시를 한편으로 놀이로서 다른 한편으로 학습으로 향유하게 되었고, 규방의 여성들도 한글 번역 한시를 향유하면서 선기도(璇璣圖) 시그림 등을 이용한 한시 놀이를 즐기게 되었음을 구체적으로 알려준다. 이를 통해, 조선 후기에 대다수 문인들은 정통적인 한시를 지어서 '지속'의 역사를 보여주지만, 일부 지식인들은 변조와 파격의 시를 시험하여 대중문화의 일부가 되는 '변화'의 역사가 함께 있음을 보여준다고 한다.

6장 「조선 후기 소설의 성격과 전개양상」(송성욱)에서는 판소리계 소설 외의 조선 후기 소설을 살펴서, 17세기 중엽 이후의 소설에서는 애정 문제를 벗어나서 유교의 가부장제 이념이 지배하게 됨으로써 중국과 다른 소설적 구도를 마련했으며, 18세기 소설은 '진정성'과 '대중성'의 두 속성을 유지하면서 최대 지지기반인 여성 독자를 고려한 여성성을 구현하고 성리학적 이념의 소설적 형상화, 사건의 다기화, 장편형식 창안, 사변성을 갖춘 수준 높은 문학성 구현, 통속화, 대중성 강화와 독자층 확대를 보였다고 한다. 이는 리얼리즘적 경향과는 거리가 있지만 현대 한국의 대중문화로 이어지는 문화원형을 창출하는 계기로 작용했다고 하여, 그 대중성의 모습을 근대성으로 평가한다.

7장 「조선 후기 판소리계 소설의 성격」(서인석)에서는 한국 고전문학에서의 근대적 성격 문제에 대한 제 논의들을 검토한 뒤 18세기에 근대적 요소가 내재적으로 성장하고 있었다는 점을 받아들이며, 18세기부터 20세기 초까지 존재했던 판소리계 소설이 주제적 측면, 인물 형상의 측면, 현실 반영의 측면, 언어 표현 및 미학적 측면에서 중세적인 틀을 깨고 나오는 변화의 선두에 있었고, 방각본으로도 출판되어 상업적 유통의 핵심 부분을 차지하고도 있었으므로, 판소리계 소설이야말로 근대적 성격을 가장 잘 보여주는 것이라 본다. 그러면서도 현재적 관점으로 근대성 담론을 완결 짓지는 말고 다른 담론의 가능성으로 가는 길을 열어두어야 할 것이라고 한다.

8장 「판소리의 연행예술사적 성격」(김현주)에서는 내용과 형식 모두에서 새로운 미적 지향을 가지고 등장했던 판소리에 대해 연행예술사의 시각에서 평가하여, 판소리가 이전의 정악 양식과는 다른 음악을 지향한 것은 당시의 다방면에서의 변화를 반영한 것이고, 18 · 19세기를 지나며 상층문화적 공연방식과 하층문화적 공연방식을 융합한 것과 연행공간이 실내로 옮겨짐으로써 야기된 변화들은 근대 공연예술의 방식을 선행한 것이며, 판소리에서 추구한 사실주의도 근대 공연예술에서의 사실주의적 경향을 선행했다고 한다. 이에 따라 판소리는 근대로의 이행기에 위치하면서 전통 연행예술의 자질을 근대 공연예술에 넘겨주는 역할을 일정 부분 담당했다고 본다.

9장 「조선 후기 야담의 욕망과 대안적 근대」(이강옥)에서는 주체의 욕망 추구 양상과 욕망 대상에 대한 인식 변화에 초점을 맞추어 야담의 근대적 성격을 살펴서, 중세 조선에는 도덕률을 우위에 놓아 욕망을 억압하거나 숨기는 경향이 있었지만, 조선 후기에는 욕망에 대한 새로운 시각으로 새로운 이념을 추구하여 자본제적 맹아 등 새로운 사회현상들이 나타났는데, 야담은 동시대 다른 갈래들에 앞서 그 새로운 분위기를 담았다고 한다. 이로써 조선 후기는 중세의 지속이 아니라 변혁을 이룬 시기임이 어느 정도 입증된다고 판단한다. 그러면서도 역사적 근대와는 다른 그 실현되지 못한 '대안적 근대'의 본질 규정과 다음 역사단계와의 연결 양상에 대한 논의가 더 필요하다고 본다.

10장 「조선 후기 한문산문 연구의 비판적 검토」(강명관)에서는 근대성 논의에 대한 부정적인 시각을 적극적으로 표명하여, 전근대 문화에서 근대를 찾고자 하는 것은 서구중심주의에서 비롯되었다고 한다. 그리고 조선 후기 한문산문 연구에서의 근대 찾기 과정을 검토하여, 이제까지의 연구에서는 중세적인 실학파 문학에서 보인 전근대 내부에서의 몇몇 변화를 근대적 속성과 근대로의 변화로 보고자 하는 풍조가 만연했고, 조선 후기 한문산문에 의고파 · 당송파 · 공안파가 끼친 막대한 영향에 대해서는 거의 관심을 기울이지 않았다고 하여, 연구자들이 실제 일어났던 일에 대해 연구하기보다는, 20세기 이후 민족주의 담론에서 주어진 근대성을 찾기 위해 골몰했다고 본다.

이러한 논의들 가운데는 조선 후기 문학의 성격에서 주로 근대성 여부에 대해 관심을 기울여서 이를 긍정적으로 보는 필자들도 있고(이형대, 서인석, 김현주, 이강옥), 부정적으로 보거나 회의적인 견해를 보이는 필자들도 있으며(강명관; 정흥모, 정종진), 이와는 달리 주로 예술적 성격에 대해 관심을 기울여서 그 대중성 또는 통속성이나 오락성에 주목하는 필자들도 있다(이 가운데서 성호경은 근대성에 대해 회의적인 편이고, 이종묵과 송성욱은 부분적으로 긍정함).

근대성에 대한 논의들에서 주목되는 것은, 조선 전기 이래 발달해 간 기성 장르들(시조, 가사, 한시, 한문산문 등)의 경우에는 대체로 부정적이거나 회의적인 견해가 더 많고, 조선 후기에 새로 발흥한 장르들(사설시조, 소설, 판소리, 야담 등)의 경우에는 대체로 긍정적인 견해가 더 많다는 점이다. 이러한 현상은 무엇보다도 그 필자들의 관점과 연구에 따른 것으로서 그 장르들의 실상에 말미암은 바가 많겠지만, 각 장르들에 대해 해당 분야 연구자들이 대체로 부여해 오고 있는 가치 등이 상당히 반영되어서 나타나는 것일 수도 있다.

그리고 흥미로운 것은, 편자를 제외하고 보면, 1950년대 출생의 50대 필자들(김현주, 이강옥, 서인석, 강명관, 정흥모) 가운데서는 긍정적이거나 부정적 · 회의적인 견해가 확고하게 표명되는 편임에 비해, 1960년대 출생의 40대 필자들(이종묵, 이형대, 정종진, 송성욱) 가운데서는 긍정적이든 부정적 · 회의적이든 간에 그 견해가 조심스럽게 진술되는 편이라는 점이다. 이러한 차이는 우연한 현상일 수도 있고 50대와 40대의 연령대에 따른 성향의 차이에서 얼마간 연유되었을 수도 있겠지만, 그들이 처음 대학생활을 했던 시기의 시대풍조와 주류적 시각 등과 다소 관련되는 것일 수도 있다. 1970년대는 민족주의적 풍조와 사회학적 시각이 풍미하던 시기였으며 1980년대는 다분히 거시적인 그 풍조 · 시각이 점차 약화되고 미시적인 개인주의적 · 탈(脫)권위주의적 풍조와 시각이 대두하던 시기였으므로, 그 필자들의 견해는 다소간에 그들이 인간과 사회에 대한 기본 시각을 형성하게 되었던 때의 시대풍조와 주류적 시각 등의 영향을 받았거나 또는 이에 대해 반작용을 보여서 이루어진 결과일 가능성도 없지 않다.

이러한 점들은 앞으로 조선 후기 문학을 살피려는 사람들에게 참고될 수 있을 것이다. 그들이 가지게 될 견해는 각자의 관점과 연구에 따르는 것으로서 그 장르들의 실상에 말미암은 바가 많고 그 장르들에 대한 학계의 가치 부여 경향 등이 상당히 반영되는 것일 수도 있으면서, 다소간에 그들이 인간과 사회에 대한 기본 시각을 형성하게 되는 시기의 시대풍조와 주류적 시각의 영향을 받거나 또는 이에 대한 반작용으로 이루어지는 것일 수도 있다. 그러므로 신진연구자들은 이 책에서의 논의 결과를 포함하여 이전에 이루어진 연구결과들에 대해 무조건적으로 동의하거나 반대하기보다는, 자신의 관점을 확인하고 그 관점에 따라 비판적으로 수용할 필요가 있을 것이다.

'근대성(modernity)'은 인간사회의 역사를 '고대, 중세, 근대' 등으로 시대구분하는 가운데서 중세(전근대)가 보여준 특성보다는 근대의 특성이 대체로 우월하며 더 바람직하다는 가치평가가 부여되어 있는 개념이다. 그것은 근대 이래로 사회의 중심이념이 되어 오고 있는 인간 이성에 기반을 둔 인간중심주의와 합리주의, 그리고 자연과학적 세계관 등을 주요 속성으로 한다. 또 그것은 18세기에 서유럽에서 최초로 발생해서 세계의 다른 지역으로 퍼져 나간 현상으로서, 계몽주의, 합리주의, 시민권, 개인주의, 법률적 · 합리적 정통성, 산업화, 국민국가, 자본주의 세계체제 등과 자주 연관된다.

그리고 조선 후기 문학에서의 근대성 논의는 근·현대의 한국문학이 개화기 이래 급격히 받아들인 외국문학의 이식(移植)이거나 그 영향을 주된 동인(動因)으로 하여 이루어진 것이 아니라, 이전 시대인 조선 후기의 문학에 기반을 두고 그 내부적 발전을 통해 형성된 바가 더 많다는 점을 강조하는 관점 및 경향과 긴밀한 관련을 맺으면서 이루어져 오고 있다.

이러한 점들을 고려할 때, 조선 후기 문학의 근대성 여부를 긍정적으로 보는 사람들은, 다소 식상한 것이지만, 다음과 같은 몇 가지의 질문 등에 대하여 진지하게 답하여야 할 것이다.

첫째, 조선 후기 문학의 성격에 대한 논의에서 근대성을 찾는 이유와 의의(중요성, 가치)는 무엇인가? 둘째, 근대 이전의 한국문학에서 서구적인 개념인 근대성이나 그 맹아(싹)가 제대로 찾아질 수 있는가? 셋째, 조선 후기 문학의 대중성 또는 통속성이나 오락성은 근대성이거나 또는 그 맹아로서 근대문학과 직접적으로 연결되었는가?

조선 후기 문학의 근대성 여부를 부정적으로 보는 사람들도 다음의 질문 등에 대해 답해야 할 것이다.

첫째, 많은 개인들은 더 나은 삶을 위한 방향으로 노력하여 나아가는데, 사회와 문학의 역사에서는 그처럼 나아가는 면이 없는가? 둘째, 한국의 근·현대문학이 이전의 문학을 기반으로 하고 그 내부적 발전을 통해 형성된 바가 많음을 부정하는가? 셋째, 조선 후기 문학에서 이전과 다른 변화가 나타나서 근대문학과 접맥한 점이 있다면, 이를 어떠한 것으로 볼 것인가?

이러한 질문들은 조선 후기 문학의 대중성 또는 통속성이나 오락성에 주목하여 그 예술적 성격을 살피는 경우에도 상당부분 적용될 수 있을 것이다.

이 책에서 펼쳐진 진지한 논의들에도 불구하고, 조선 후기 문학의 성격은 아직 미해결 상태로 남아 있다. 특히 그 근대성 문제는 단기간 내에 해결될 성싶지도 않다. 그러나 우리가 특정한 선입관을 앞세우지 않고 그 작품들의 실상을 바르게 파악하고자 애쓰며 인간과 역사를 폭넓고 합리적으로 이해하는 안목을 갖춘다면, 각자 나름대로 자신 있는 답을 찾을 수 있고, 그것이 널리 설득력을 얻어 가면 학계에서 유력한 위치를 차지할 수 있게 될 것이다. 그리고 그 대중성·통속성과 오락성에 대해서도 더 많은 관심과 진지한 노력을 기울인다면, 조선 후기 문학의 예술적 성격을 뚜렷이 밝힐 수 있게 될 것이다.

이 책에 실린 글들이 그러한 일들에서 한 길잡이로나 밑거름으로 유익하게 활용된다면, 필자들과 편자에게 큰 보람이 될 것이다. 이 책이 조선 후기 문학의 성격을 바르고 깊게 이해하는 데 도움 되어서 한국문학 연구의 발전에 약간이라도 이바지하게 되기를 기대한다.

이 책에 실린 글들을 집필해 주신 여러 필자들과 『애산학보』에 실린 글들을 바탕으로 하여 이 책을 엮는 데 찬동하고 성원해 주신 애산학회 관계자들의 후의에 깊이 감사드린다. 그리고 이 책의 출판을 맡아 애써 주신 서강대학교출판부 관계자들께도 감사드린다.

2010년 10월 일

편자 성호경

차례

제 1 부
조선 후기 시가문학의 성격

1장
조선 후기 사대부 시조의 변모

정 흥 모*

1. 문제제기

이 글은 조선 후기 문학의 성격을 구명하고자 하는 기획의 세부 주제로 작성되었다. 1970년대 이래로 조선 후기의 문학에서 봉건적 이념과 그 질서를 비판하는 근대적 각성이나 새로운 평민적 의식을 찾아내는 데 대한 관심이 높았다가 1990년대 이후로 이에 대해 회의적인 견해들을 표명하기 시작한 것이 학계의 대체적인 흐름인데, 그렇다면 조선 후기 문학의 진정한 성격은 어떤 것인가에 대해서 세부 주제별로 구명해 보자는 것이 기획 주체의 의도이다. 이에 따라 이 글은 조선 후기 문학 가운데서 사대부 시조를 대상으로 하여, 그 특징적 변화양상과 문학사적 의의를 검토하는 것을 목표로 한다.

---

* 鄭興謨: 대진대학교 국어국문학과 교수.
1959년 출생. 고려대학교 국어국문학과 문학사(1983), 문학석사(1986), 문학박사(1995; 「19세기 사대부 시조 연구」).
저서: 『조선후기 사대부 시조의 세계인식』(2001).
논문: 「이정보의 애정시조 연구」(2000), 「조선조 시조에 나타난 자연관의 변모 양상」(2003) 등.

범박하게 말하면, 조선 후기 사회는 우리 역사의 전환기로서 사회 경제 문화 등 다방면에서 의미 있는 변화를 이루던 시기였으며, 문학에서도 예외는 아니라고 할 수 있다.

그러나 전반적인 변화의 큰 흐름 속에서도 그 내부에는 변화의 흐름을 선취해 나아가기도 하고 혹은 더디게 변화하기도 하는 개별적인 부분이 존재하기 마련이다. 평시조는 그 장르적 특성상 다른 문학 장르에 비해서 조선 후기 문학사의 변화에 상대적으로 둔감했다고 할 수 있겠는데, 여기에 사대부들의 평시조로 범위를 한정하면 더욱 그러하다. 사대부들은 기본적으로 조선왕조 체제의 지배집단이라는 특수한 신분이었기 때문에 중세적 (미)의식으로부터 탈피라는 측면에서는 아무래도 전문 예능인들이나 일반 대중들보다는 더딘 움직임을 보일 수밖에 없었다. 더욱이 조선 후기에 들어와 사대부 내부의 계층분화가 심각하게 진행되어 각자의 처지에 따라 의식의 편폭은 커질 수밖에 없었다. 따라서 이들은 개인이 처한 입장이나 의식지향에 따라 당대 문학사의 변화를 받아들이는 정도가 다르기도 하고 어떤 경우에는 더욱 완고하게 중세적 의식으로 무장하기도 했다.

그런 까닭에 조선 후기 사대부 시조가 보여주는 변화는 극히 미미하며, 그 미미한 변화를 근대적 성격(혹은 각성)으로 규정하기에는 무리한 점이 많다. 예컨대 조선 후기 서울의 유흥적 · 도시적 분위기에 따라 전문적 예능인들이 성장 활동하게 되고, 양반 사대부 가운데 극히 일부는 그들의 후원자가 되어 그들과 더불어 시조를 짓는 등의 풍류를 즐기게 되는데, 이런 과정에서 사대부들의 시조에 '평민적 정서'를 담게 되는 경우가 있다. 일부 사대부들의 애정시조에 보이는 이러한 평민적 정서는 조선 전기 사대부 시조의 정서와는 분명히 다르지만, 그것을 곧바로 근대적 정서라 할 수는 없다.

조선 후기 사대부 시조가 보이는 '변화'의 이러한 측면 때문에 이 글은, 조선 후기 사대부 시조의 근대적 성격을 구명한다는 거창한 목표보다는, 조선 후기의 사대부 시조가 전기의 그것과 다른 점이 있다면 그것은 무엇이며 그 변화의 의미는 무엇인가 하는 것을 살펴보는 정도를 목표로 삼아 스스로 한계를 짓고자 한다.

조선 후기 사대부 시조에 대해서는 최근까지 1990년대의 논의에서 앞으로 나아간 연구가 그다지 많다고 할 수 없으며, 이 시점에서 필자가 진전된 논의를 펼치기에는 고민과 모색이 부족하여 여러 가지 망설여지는 부분이 많다. 따라서 조선 후기 사대부 시조의 변화에 대해 새로운 해석을 시도하기보다는 기존의 연구 가운데 이 글의 성격에 맞는 부분을 정리하는 방식으로 논의를 진행하기로 한다.

2. 자연관의 변화

조선 후기 사대부 시조가 보여주는 특징 중의 하나는 자연물 혹은 자연을 바라보는 시각에 변화가 생기기 시작했다는 것이다.

조선 전기의 사대부들은 자연물을 그 자체로 보지 않고 그것에 자신들의 윤리나 가치관을 투사해서 규정하고 평가했다. 그들은 일부 자연물을 사대부적 이상에 맞는 미덕들로 대상화함으로써 그것을 그 자체로 인식하기보다 일종의 도덕적 이상의 구현물(具現物)로 보아, 그것들을 칭송하고 나아가 그것들과 합일함으로써 심성수양의 궁극적 완성에 가까워진다고 생각했다. 소나무를 독야청청(獨也靑靑)의 상징물로 보거나 국화를 오상고절(傲霜孤節)의 이미지로 노래한 것이 대표적인 예라 할 수 있는데, 성리학적 이념에 바탕을 둔 경직되고 도식적인 중세의 미의식이 작용한 결과이다.

작품을 통해 구체적으로 확인해보자.

> 나모도 아닌 거시 풀도 아닌 거시
> 곳기는 뉘 시기며 속은 어이 뷔연는다
> 뎌러코 ᄉᆞ시예 프르니 그를 됴하 ᄒᆞ노라 [442][1)]

윤선도(尹善道)의 〈오우가(五友歌)〉 중 대나무를 노래한 것으로, 대나무의 식물로서의 외형적 특성을 사대부적 미덕으로 치환하여 칭송하고 있다. 즉 대나무가 곧게 뻗은 것은 사대부의 지조를 의미하고, 속이 비어있는 것은 겸손한 인격을 상징하며, 사시사철 푸른 것은 사대부가 가져야 할 변치 않는 마음을 상징하는 것이다. 그러므로 윤선도가 대나무를 좋아하고 친구로 삼은 것은 대나무의 실리적 용도나 그것의 외형에서 풍기는 일차적 미감(美感) 때문이 아니라, 사대부가 지녀야 할 미덕을 대나무가 보여주고 있어서 자신의 심성수양에 귀감으로 삼을 수 있기 때문이다.

이처럼 자연물을 그 자체로 보지 않고 자신의 이념적 규준으로 의미화 하는 것은 성리학적 관념에 경도된 조선 전기 사대부들의 공통된 시각이다.

그러나 조선 후기에 들어와 이러한 경직된 시각에서 벗어나 자연물 그 자체의 아름다움을 노래하는 작품들이 등장하기 시작했다.

> 곳거든 ᄆᆞ듸 업거나 속은 어이 통(通)툿던고

---

1) 작품 인용은 특별한 언급이 없으면 심재완(1972)에서 하고, 말미에 번호를 붙인다. 이하 같음.

셜상풍우(雪霜風雨)의 ᄉᆞ시(四時)의 ᄒᆞᆫ 빗칠쇠
ᄃᆞᆯ밤의 영부소(影扶疎)도 됴커든 쳑쳑셩(慽慽聲)은 엇디오 [21][2)]

이 시조는 권섭(權燮, 1671~1759)의 작품인데 조선 전기 사대부들의 경직되고 상투적인 자연물을 보는 관점과는 많은 차이를 보이고 있다. '영부소(影扶疎)'란 달밤에 대나무의 그림자가 바람에 하늘하늘 흔들리는 모습을 표현한 것이고, '척척성(慽慽聲)'은 대나무 이파리들이 바람에 흔들리며 서로 부딪쳐 나는 소리를 음차(音借)한 것이다.

작품의 초・중장은 대나무의 외형적 특성을 묘사했는데 이전의 작품들과 비슷한 표현법을 쓰고 있다. 그러나 종장에서는 대나무의 이러한 특성을 본받아야 한다는 식의 상투적인 표현에서 벗어나 '영부소와 척척성이 어떠하냐(얼마나 멋지냐)'는 감탄적 의문으로 마무리하여 완전히 새로운 작품으로 만들었다. 달밤에 하늘거리는 대나무 잎들과 그 그림자, 그리고 바람에 흔들리는 이파리들이 서로 부딪쳐 내는 소리들을 형상화한 종장의 표현은 마치 한 폭의 그림을 보는 듯하여, 독자로 하여금 환상적이고 낭만적인 정취를 맛보게 한다. 초・중장에서 느낄 수 있는 대나무의 굳건하고 한결같은 이미지는 종장의 유연하고 풍류적인 이미지에 중화되어, 윤선도의 시조에서 보이는 종류의 이념성이나 교훈성은 개입될 여지가 없고 오로지 달밤에 즐기는 대나무의 환상적인 미감만이 남게 되었다.

이 시조를 지은 권섭은 친가와 외가와 처가에서 모두 판서 이상의 벼슬아치를 배출할 정도의 노론 명문가에서 태어났으나 벼슬길에 나가는

2) 권섭의 시조에 대한 작품 인용은 박요순(1987)의 책 부록에서 한다. 작품 말미의 숫자는 문집에 실려 있는 시조의 순번이다. 이하 같음.

것을 거부하고 일생을 유람과 창작활동으로 보낸 특이한 인물로 75수의 시조와 2수의 가사, 그리고 3,000여 수의 한시 작품을 남긴 사대부 문인이다.[3] 그의 시조는 그 소재와 미의식 등에서 독특한 개성을 보여주는데, 자연물 혹은 자연 그 자체에 대한 인식이 조선 전기의 사대부들과 다른 점도 그 중의 하나이다.

그의 작품을 좀 더 살펴보자.

팀변(枕邊)의 심근 도화(桃花) 유정도 ᄒᆞᆫ져이고
어제 못 퓐 가지 오ᄂᆞᆯ ᄆᆞ자 픠여셰라
아마도 츈풍(春風)이 느저시니 힝(幸)혀 딜가 ᄒᆞ노라 [41]

곳지쟈 새 플 나니 일원(一院)의 츈ᄉᆞ(春事) ㅣ 로다
낙화방초(落花芳草)야 긔 더옥 보기 됴희
어즙어 이내 풍졍(風情)이 가싈 적이 업세라 [42]

츈풍(春風)이 느즈나 ᄯᆞ나 픠온 고지 디나마나
닙 속의 봉오리 새로운 향긔(香氣)로다
두어라 일년쇼화(一年韶華)ᄂᆞᆫ 네 혼잰가 ᄒᆞ노라 [43]

권섭이 33세 되던 해에 지은 〈병중영분도 삼장(病中詠盆桃三章)〉이라는 제목의 연작시조이다. 병으로 누워있는 작자가, 방에 있는 분재된 복숭아나무에 꽃이 피었다 지고 다시 새싹이 돋고 열매가 맺는 과정을

3) 권섭의 생애와 작품에 관해서는 박요순(1987)과 권성민(1991), 정흥모(1993)의 연구가 참고가 된다.

대상에 밀착된 시선으로 형상화하고 있다. 첫 번째 시조의 초 · 중장에서는 병들어 누워있는 자신의 침울한 기분과 막 피어나는 도화의 생명감을 대조시키고 있다. 이어 종장에서는 봄이 늦어 곧 떨어질 것 같은 도화와 병으로 누워있는 자신의 처지가 교차되어 스러질 것 같은 생명에 조바심을 느낀다. 두 번째 시조에서 작자는 꽃잎이 떨어지고 새싹이 돋아나는 모습을 보면서 자연의 순환(循環)과 우주의 이법(理法)을 느낀다. 모든 살아있는 생명체는 순환하는 것이 우주 자연의 이법임을 느꼈기에 작자는 더 이상 조바심을 느끼지 않는다. 그리하여 마지막 시조에서 꽃잎이 진 자리에 열매가 열리는 것을 보고 하나의 생명이 스러지면서 새로운 생명을 잉태하는 자연의 섭리를 깨달아, 자신의 병세에 대한 초조함으로부터 해방되어 자연의 흐름을 관조하고 그것을 즐길 수 있게 되었다. 이처럼 이 작품은 분재된 복숭아나무를 소재로 꽃이 피었다 지고 새싹이 돋으며 열매가 맺히기까지의 시간적 경과를 차분히 관찰하여, 거기서 우주의 이법을 깨닫는 정신적 승화의 경지를 뛰어나게 형상화했다.

조선 전기의 사대부 시가 일반에 등장하는 도화(桃花)는 도연명(陶淵明)의 〈도화원기(桃花源記)〉에 나오는 무릉도원(武陵桃源)과 관련된 이미지가 대부분이다.[4] 그런데 이 작품은 일반적인 사대부 시가작품들에 나타나는 도화의 상투적 이미지를 거부하고 그것의 생태학적 과정만을 포착하여 자신의 정서적 진폭과 결합시켜 탁월한 시적 효과를 얻었다. 이러한 사실은 권섭의 미의식이 조선 전기의 사대부들과는 다른 좌표에 있음을 보여준다. 전통적인 이념의 굴레에서 벗어나 자연물 그 자체의 아름다움에 눈을 돌리기 시작한 것이다.

---

4) 정재호(1982), 307면.

조선 전기, 특히 16세기의 사림(士林)에게 강호자연은 항상 그렇게 있는 영원한 존재이면서 넉넉하고 그윽하며 조화로운 것으로 인식됐다. 이러한 자연은 혼탁한 정치현실과 대립되는 맑고 깨끗한 세계로서, 사대부들이 그 안에서 심성을 수양하고 학문을 도야하는 공간이었다. 이황의 다음 시조가 이러한 사정을 잘 보여준다.

> 春風(춘풍)에 花滿山(화만산)ᄒᆞ고 秋夜(추야)에 月滿臺(월만대)라
> 四時(사시) 佳興(가흥)이 사ᄅᆞᆷ과 ᄒᆞᆫ 가지라
> ᄒᆞ물며 魚躍鳶飛(어약연비) 雲影天光(운영천광)이아 어늬 그지 이슬고
> [2999]

봄바람이 불어오니 온 산에 꽃들이 가득 피어나고, 가을밤에는 교교한 달빛이 누대에 가득 비치는 등, 자연은 내부의 질서에 따라 사시사철 그 운행을 멈추지 않고 스스로를 조화롭게 펼쳐 보인다. 중장은 자연 속에 사는 작자가 자연의 운행을 체득하여 물아일체의 경지에 도달한 상태에 대한 표현이거나 (사람들이) 그것을 지향해야 한다는 의미로 읽힌다. 어약연비(魚躍鳶飛)와 운영천광(雲影天光)은 우주의 이법이나 자연의 질서가, 물고기가 뛰어놀고 솔개가 날며 해가 구름에 가려 그림자가 지기도 하고 다시 환한 햇빛이 나기도 하는, 그런 사소한 모습들을 통해 자신의 본질을 드러내 보인다는 표현이다. 우주의 이법의 발현인 이러한 자연의 운행은 끝이 없이 이어진다. 따라서 우리도 이러한 조화로운 자연을 통해서 우주의 이법을 확인하고 그것을 본받아 심성을 수양[修己]하자는 것이 이 작품의 주제이다. 자연에서의 심성수양을 바탕으로, 나아가 현실정치에 참여하여 도덕적 이상정치를 구현[治人]하는 것이 16세기 사림의 궁극적 목표였다. 이처럼 조선 전기 사대부들에게 강호자연은 심성

수양의 공간이었던 것이다.

그러나 권섭의 시조에 등장하는 자연은 조금 다른 모습을 보여준다. 몇 작품을 살펴보자.

〈단구도중(丹丘途中)〉

녕동녕남(嶺東嶺南) 슬ᄏᆞᆺ 돌고 필마(匹馬)로 채쳐모라

죽령(竹嶺)을 너므ᄃᆞ라 우화교(羽化橋) 건너티니

셰우듕(細雨中) 마샹잔몽(馬上殘夢)의 츈흥(春興) 계워 ᄒᆞ노라 [8]

〈영호루(暎湖樓)〉

태ᄇᆡᆨ청량(太白淸涼) 믄이 ᄇᆞᆯ은 막대 낙연도산(落淵陶山) 휫도라와

귀ᄅᆡ졍(歸來亭) 빵단도(雙短棹)로 일셩댱뎍(一聲長笛) 느디블며

셕양(夕陽)의 못 슬믠 긔약(期約)이 영호누(暎湖樓) ᄂᆡ가 ᄒᆞ노라 [44]

〈부석사(浮石寺)〉

청암정(靑岩亭)으로셔 ᄇᆡᆨ운동(白雲洞)으로셔 부셕ᄉᆞ(浮石寺)의 올라ᄃᆞ라

산운(山雲)을 섈리 ᄡᅳᆯ고 취원누(聚遠樓)의 안즌 말이

션사(禪師)ᄂᆡ 졈졈(點點) 청산(靑山)이 아므된 줄 몰래라 [46]

권섭의 유람시조들이다. 이 작품들의 표현상의 특징으로 먼저 삼장 형식의 짧은 분량에 고유명사를 과도하게 쓰고 있다는 점을 들 수 있다. 〈단구도중〉에는 영동·영남·죽령·우화교 등 네 번, 〈영호루〉에는 태백·청량·낙연·도산·귀래정·영호루 등 여섯 번, 〈부석사〉에는 청암정·백운동·부석사·취원루 등 네 번이 등장한다. 이러한 고유명

사는 명승지와 누각·정자의 이름으로 작자가 유람했거나 유람할 예정인 곳들이다. 일반적인 사대부의 유람 혹은 기행 시가라면 먼저 자신이 유람한 곳의 빼어난 자연경관을 노래하고 이어서 그곳에 얽힌 고사를 인용하거나 인생사와 결부지어 철학적인 언급으로 마무리하는 것이 보통이다. 그러나 이 시조들에는 그저 작자가 유람한 곳의 지명만이 나열되어 있을 뿐이다.

다음으로 들 수 있는 특징은 호흡이 빠르다는 것이다. 〈단구도중〉에서는 '채쳐 모라(채찍을 쳐 몰아)·너므 ᄃᆞ라(넘어 달려)·건너티니(건너뛰니)' 등의 시어를 사용해서 속도감을 느끼게 하며, 〈부석사〉에서는 '으로셔'의 두 번 반복과 '올라ᄃᆞ라·쏄리 ᄲᆞᆯ고' 등의 시어를 사용하여 경쾌한 움직임을 강조했다. 빠른 호흡은 〈영호루〉에서도 나타난다. '믄이 볼은(계속하여 밟은)·휫도라와(휙 돌아와)' 같은 표현을 사용하여 급박한 흐름을 유도한 다음, 중장에서는 '일셩댱뎍 느디블며'라 하여 잠깐 숨을 돌리지만 종장에서 다시 영호루에 갈 기약을 상기시킴으로서 바쁜 걸음을 표현한다. 석양이라는 시간적 배치가 바쁜 일정과 조급한 마음을 더욱 강조하는 장치로 쓰이고 있다.[5]

자연 속에 한거하며 자연을 통해 우주의 이법을 체감하고 심성을 수양하던 조선 전기 사대부들은 자연 속에서 몸과 마음이 고요한 상태, 즉 '무심(無心)'을 추구했다. 그러나 권섭은 다소 흥분된 감정과 조금 빠르다 싶은 일정으로 자연경관을 유람하고 있으며, 그의 시조들은 고유명사를 많이 사용하고 빠른 호흡으로 몰아감으로써 짧은 시조 형식에 자신의 유람 여정을 모두 채워 넣고 있다. 그의 유람시조에 나타나는 이러한 표현방식의 의미를 좀 더 천착해보자.

---

5) 이 부분은 정흥모(1993)에서 요약했다.

청량산은 퇴계가 은거하던 도산서원이 있는 곳이며 청암정은 권섭이 속한 안동 권씨 일파인 유곡(酉谷) 권씨의 시조 권발(權橃)과 그 후손의 세거지(世居地)에 있는 정자이다. 백운동은 유명한 백운동서원이 있는 곳이다. 백운동서원은 우리나라 최초의 서원으로 1542년 풍기군수 주세붕(周世鵬)이 안향(安珦)의 사묘(祠廟)를 세우고 다음해에 학사(學舍)를 옮겨와 설립했으며, 1550년 이황(李滉)이 풍기군수 부임시에 조정에 상주하여 명종 임금의 친필로 된 '소수서원(紹修書院)'이란 편액(扁額)을 하사받은 곳이다.

작자는 안동을 중심으로 한 영남지방을 돌면서 자기 조상들의 행적을 더듬어보고 퇴계 등 선현들의 유적지를 답사한 것이다. 조선시대의 사대부로서 자신의 뿌리를 찾고 선현들의 유적지를 답사하는 여행이라면 옷깃을 여미고 삼가는 자세로 다소 긴장되고 근엄하게 치러야 정상적이다. 그런데 권섭은 그런 여행조차도 빠른 속도감을 강조하여 일반적인 유람 이상의 의미를 부여하지 않고 있다. 위 시조들을 통해 우리는 권섭에게는 청암정이건 백운동이건 부석사건 취원루건, 그곳에 얽혀있는 이념적 지향과 관계없이, 모두 동일한 무게를 지닌 유람의 대상으로 존재한다는 것을 알 수 있다.[6] 46번 시조의 제목을 '청암정'이나 '백운동'이라 하지 않고 '부석사'라 한 것은 유람승경(遊覽勝景)의 관점에서 부석사를 더욱 중요하게 본 까닭이다.

이처럼 권섭의 시조에서 자연은 성리학적 이념을 구현하는 공간이 아니라 유람의 대상으로서 의미가 있다. 권섭은 자연을 심성수양의 공간이 아닌 유람의 공간으로 인식한 것이다.

---

6) 물론 권섭의 다른 한문 저작들에는 다르게 나타날 수 있다. 여기서는 그의 유람시조에 나타난 표상만을 검토한 것이다.

조선 후기 사대부 시조에 나타난 '자연물과 자연에 대한 인식 변화'를 권섭의 시조를 중심으로 간략하게 살펴보았다. 성리학적 세계관과 윤리의식에 바탕을 둔 조선 전기 사대부들의 시조와는 다르게, 권섭의 시조는 자연물 그 자체의 아름다움을 발견하고 아름다운 자연과 경관을 유람하고 즐기는 모습을 보여주었다. 이러한 모습은 성리학적 이념의 구속으로부터 탈피하여 자연을 본래의 면목으로 돌려놓았다는 점에서 미약하지만 조선 후기 사대부 시조가 이룩한 성취라고 할 수 있겠다.

3. 다양한 애정 형상

조선 후기 사대부 시조가 지닌 두 번째 특징은 남녀 간의 애정 형상을 다양하고 구체적으로 노래하고 있다는 점이다. 작품에 표현된 '님'이 여성이라기보다는 임금 등으로 해석함이 더욱 타당한 많지 않은 전기 사대부들의 시조와는 대조적으로, 조선 후기 사대부 시조들은 남성과 여성 사이의 구체적인 애정 형상을 다양한 시점으로 노래하고 있다.

지금부터 조선 후기 사대부 시조에 나타난 다양한 애정 형상을 따라가 보자.

> 사룸이 되지 말고 石上(석상)에 梧桐(오동) 되야
> 속이 궁그러 自鳴琴(자명금)이 되야 이셔
> 閣氏(각시)님 羅裙勝上(나군승상)에 百般嬌語(백반교어) ᄒᆞ리라 [1384]

조선 후기 사대부 시조에서 남녀 간의 애정문제가 전면적으로 등장한 것은 이정보(李鼎輔, 1693~1766)의 시조부터인데, 위에 인용한 시조도 이정보의 작품이다.[7] 여성과 가까이하고 싶은 마음이 너무 강한 나머지 차라리 오동나무로 태어나 자명금이 되어 각시님의 치마폭 위에서 온갖 교태를 부리겠다는 내용으로, 마음에 드는 여인과 친밀한 사이가 되기 위해서 자신의 현재 존재마저도 부정하고 여인의 소유물이 되고 싶다는 심정을 노래했다. 맵시 있게 차려 입은 젊고 아름다운 여자가 오동나무로 만든 가야금을 타는 모습은 낭만적인 한 폭의 그림이다. 그러나 이정보가 이 시조에서 그려놓은 그림의 의미는 미인의 배타적인 사랑을 받고 싶다는 본능적 욕구의 표출이다.

한편, 이 시조에서 보여주는 '좋아하는 상대의 물건이 되어 그와 친밀하게 접촉하고 싶다'는 투의 표현방식은 조선 후기의 사설시조에서도 종종 발견되는 모티프이다. 한 예를 보자.

> 각시ᄂᆡ 玉(옥) 갓튼 가슴을 어이구러 다혀볼고
>
> 錦繡紫芝(금수자지) 쟈져구리 속에 깁젹삼 안셥히 되어 죤득죤득 대히고지고
>
> 잇다감 ᄯᆞᆷ 나 붓닐 제 ᄠᅥ힐 뉘를 모르리라 [50]

이 사설시조는 여인의 가슴을 만지고 소유하고 싶은 욕구가 강한 나머지 음흉한 상상을 하는 모습을 적나라하게 묘사한 작품이다. 작품에서 각시는 시적 화자에게 그다지 관심이 없으며 시적 화자만 각시를 일방적으로 좋아하는 상황이다. 따라서 시적 화자는 현실에서 이룰 수 없는 욕망을 상상을 통해서나마 풀고자 하는데, 작자 혹은 향유자들은 시

---

7) 이정보의 생애와 시조에 대해서는 박노준(1998)과 정흥모(2000)의 논문이 참고가 된다.

적 화자의 내밀한 상상을 백일하(白日下)에 드러내어 웃음거리로 삼고 있다. 마음속에서 자연스럽게 일어나는 본능적 욕망과 사회의 규범이나 윤리가 적절한 균형을 이룬 상태에서 인간은 정상적으로 사회생활을 할 수 있다. 그러나 인간은 종종 사회규범이나 윤리의 억압을 벗어버리고 본능의 명령에 충실하고 싶을 때도 있다. 하지만 그러기 위해서는 사회로부터 고립이라는 대가를 치러야 하므로, 보통 경우에는 개인의 본능적 욕망과 사회규범 사이에서 긴장 속의 균형을 이루고 사는 것이다. 그런데 이 작품은 내면에 잠재된 본능적 욕망을 폭로함으로써 균형 상실에 대한 풍자적 웃음을 유발함과 동시에 일종의 대리만족 효과를 주고 있다.

앞에 인용한 이정보의 시조도 그 욕망의 근저(根底)는 이 작품과 크게 다르지 않다. 다만 작자인 이정보의 사회적 체면과 위치 때문에 벌거벗은 욕망을 끈적끈적하게 묘사하는 대신에 우아하게 포장했을 따름이다. 두 작품의 종장은 표현상의 어감 차이는 있지만 좋아하는 한 여인을 배타적으로 소유하고자 하는 일방적이고 염치없는 내면의 욕망을 드러냈다는 점에서는 동일하다. 이정보의 시조는 비록 우아하게 포장하여 사설시조처럼 외설스럽지는 않으나, 당당한 사대부로서 자명금이 되어 여인의 치마폭 위에서 갖은 교태를 떨고 싶다는 내용으로 시조를 지었다는 사실은 이전 시대의 사대부 시조에서는 상상도 할 수 없는 파격이다.

이정보가 지은 다른 작품들을 좀 더 살펴보자.

> 佳人(가인)이 落梅曲(낙매곡)을 月下(월하)에 빗기 분이
> 樑塵(양진)이 놀리는 듯 남은 梅花(매화) 다 지거다
> 내게도 千金駿馬(천금준마) 잇신이 밧고와 볼까 ᄒᆞ노라 [42]

남은 다 ᄌᆞ는 밤의 ᄂᆡ 어니 홀노 안자
輾轉不寐(전전불매)ᄒᆞ고 님 둔 님을 生覺(생각)ᄂᆞᆫ고
그 님도 님 둔 님이니 生覺(생각)ᄒᆞᆯ 줄이 이시랴 [533]

앞 시조는 상대에게 적극적으로 사랑을 구하려는 행위를 노래하고 있다. 초장과 중장은 다소 상투적인 상황 설정과 표현으로 일관하여 평범하다 할 수 있으나 종장은 독특하다. 빼어난 미모에 노래도 잘하는 일류의 여인을 시적 화자는 천금준마, 즉 돈을 주고 사겠다고 한다. 뛰어난 여인의 상대가 되기 위해서는 거기에 합당한 인간적 매력이 있다든지 예술적 재능이 있다든지 풍채가 훌륭하다든지 등의 남다른 탁월함이 있어야 하며, 하다못해 시정배들이 보여주는 두둑한 배포라도 있어야 하는 것이 일반적인 중세시대 문학작품의 문법이다. 그런데 이 시조는 기존 문법을 송두리째 뒤엎고 빼어난 미인을 돈으로 사겠다고 당당하게 밝히고 있다. 애정행위에도 물질적 가치가 개입되는 모습을 드러내놓고 시화한 것은 이전의 사대부 시조에서 볼 수 없는 일이다.

두 번째 시조는 이른바 '님 둔 님 · 남의 님'을 소재로 한 시조이다. 주로 조선 후기의 시조에 등장하는 이런 모티프는 이정보의 작품 말고도 8수가 더 검색됐는데, 그 가운데 2수가 평시조이고 6수가 사설시조이다.[8] 이미 상대가 있는 사람을 사랑하고 또 그것을 겉으로 드러낸 것이니 중세사회의 통념에서 일탈된 정서라 할 수 있으며, 체면을 중시하는 사대부의 일반적 정서와는 맞지 않는 것으로 평민적이고 사설시조적인 정서에 가깝다 할 수 있다. 이런 평민적이고 사설시조적인 정서가 어떻

8) 고려대학교 김흥규 교수 연구실에서 개발한 고시조데이타베이스 검색프로그램으로 검색한 결과이다.

게 해서 사대부 시조에 나타나는가?

이에 대한 답을 구하기 전에, 다음 시조들을 먼저 검토해야 할 것 같다.

杜鵑紅桃(두견홍도) 映山紅(영산홍)은 枝枝春心(지지춘심) 萬點紅(만점홍)을
洛陽淸歌(낙양청가) 矗城玉(촉성옥)과 浿江名琴(패강명금) 菊心(국심)으로
新秋(신추)의 月向芙蓉明(월향부용명)홀 제 큰 노리를 ᄒᆞ리라 [913]

隋城(수성)에 明玉出(명옥출)이오 東京(동경)에 彩鳳來(채봉래)라
紅蓮花(홍연화) 月色裏(월색리)에 瀛洲仙(영주선)이 도라든다
아희야 竹葉酒(죽엽주) 부어라 醉(취)코 놀가 ᄒᆞ노라 [1697]

이 두 시조는 김민순(金敏淳, 1776~1859)의 작품이다.[9] 김민순의 시조가 실려 있는 육당본『청구영언』에는 첫 번째 작품의 작자 표시 밑에 작은 글씨로 '팔랑가(八娘歌)'라 써 놓았다. 풍류적인 술자리에 동석했음직한 여덟 명의 기생 이름(홍도, 영산홍, 춘심, 만점홍, 촉성옥, 국심, 월향(아마 月香일 듯), 부용)과 그들의 출신지, 특기 등을 적절히 안배하여 한 편의 시조를 지었음을 알 수 있다. 두 번째 작품도 역시 구체적인 기생의 이름을 이용하여 술자리 분위기에 걸맞은 시적 상황을 창출해 도도한 흥취를 노래한 시조이다. 노래와 악기 연주와 춤이 어우러지는, 다수의 기생을 동반한 질탕한 술자리의 도도한 흥취를 느낄 수 있는 이 작품들을 통해서 우리

9) 김민순의 생애와 작품에 대해서는 정흥모(1994)의 논문이 참고가 된다.

는 조선 후기 풍류공간의 한 모습을 엿볼 수 있다.

조선 전기에도 양반 사대부와 기생이 서로 수작하는 시조들은 존재했다. 백호 임제와 기생 한우(寒雨)가 수작한 시조들과 송강 정철과 기생 진옥(眞玉)이 주고받은 시조들이 대표적이다. 그러나 조선 전기의 이러한 시조들은 서로 상대방에게 마음을 허락한 상태에서 일대일로 주고받은 것이다.

그에 비해서, 위에 인용한 김민순의 작품은 서로 마음을 허락한 일대일 상태가 아닌 질탕한 술자리에 참석한 다수의 기생들을 대상으로 하여 지은 것이다. 이 작품들에 등장하는 기생들은 인격과 개성을 지닌 개인으로서보다는 술자리의 흥취를 도와주는 수단(혹은 매개체)으로서의 이미지가 강하다. 술자리에 참석한 양반 사대부와 기생의 관계가 상업화되고 세속화되었다고나 할까?

김용찬에 의하면, 김민순의 시조 작품 다수가 실려 있는 육당본『청구영언』의 향유집단은 순조의 아들로서 잠시 대리청정을 했던 익종[孝明世子]과 관계가 깊다고 한다. 익종은 부왕인 순조의 생신 등에 진연(進宴)을 열고 그때마다 각종 정재(呈才)를 주도했는데, 이 정재에 민간의 가창자들과 가기(歌妓)들이 초청되었고 그 자리에서 시조가 연창되었다고 한다. 이들은 익종의 사후에도 김민순을 중심으로 교유하며 가악활동을 했다고 하는데,[10] 이 가악활동이란 풍류와 취락이 바탕이 된다. 상층인 양반 사대부가 주도하고 전문 가창자들과 기생들이 어울리는 풍류적인 술자리에서 위에서 검토한 것 같은 시조작품들이 생산되는 것이다. 앞서 검토한 이정보의 작품도 마찬가지이다. 이정보는 관직을 그만둔 만년에 풍류생활을 하며 다수의 남녀 선창자(善唱者)들의 후원자 역할을 했

10) 이 부분은 김용찬(2002), 212~267면을 참조했다.

다는 기록이 있다.[11] 조선 후기에 오면 양반 사대부들이 이처럼 전문가 창자들과 기녀들이 어우러진 풍류활동에 참가하는 경우가 많아졌고, 이들과 어울린 질탕한 술자리에서 평민적이고 사설시조적인 정서에 가까운 시조들을 창작하기도 한 것이다.

조선 후기 사대부 시조의 통속화 경향이라고나 할 애정시조의 이런 특징은 왕족 출신 사대부인 이세보(李世輔, 1832~1895)에 이르러 그 정점에 달한다. 이세보의 시조 몇 수를 살펴보자.

> 한번 보고 두번 만나 청츈이 샹합이라
> 빅발환흑 구든 밍셰 이갓치 허황ᄒᆞ랴
> 엇더한 경박ᄌᆞ를 또 다시 싱각 [『풍아』 130][12]

> 풍뉴번화 다 버리고 일부둉ᄉᆞ ᄒᆞ난 나를
> 되업시 의심ᄒᆞ니 원심인들 아니 날가
> 아마도 이 말른 유졍낭군 졍닷톰인가 [『풍아』 131]

'풍류번화 다 버리고 일부종사'한다는 표현이나 '경박자를 생각'한다는 표현을 보면 작품에 등장하는 여성은 아마도 기생 출신인 듯하다. 그러나 현재는 과거의 업을 청산하고 한 남자만을 섬기며 사는 상황에서 오해로 인한 다툼이 일어났고, 남성과 여성이 다툼의 원인에 대해 자신의 심정을 토로하는 형식을 취하고 있다. 이 작품의 백미는 다툼의 과정에서 발생하는 각자의 답답하고 억울한 심정을 근사하게 표현한 데에 있

---

11) 이 부분은 김영진(1986)의 논문 4장을 참조할 것.

12) 이세보의 시조에 대한 인용은 진동혁(1985)에서 한다. 『풍아』는 이세보의 시조집 이름이며, 숫자는 작품 수록 순번이다. 이하 같음.

다. 남녀 간의 정상적인 결합이 아닌 관계를 소재로 하고 있으며, 한 가지 상황을 두고 객관적인 입장에서 대립되는 두 남녀의 심정을 대변하는 방식은 이세보 시조만의 독특한 특징을 보여주는 것이다. 어떤 상황이나 대상에서 얻은 자신의 체험적 정서를 주로 표출하던 기존의 사대부 시조와는 완전히 다른 발상과 표현이다.

> 오경샤졈 쳣마치의 가노라 이러나니
> 품안의 다졍튼 임이 다시 보니 무졍하다
> 아마도 보닌 후의 쟘들기 어려 [『풍아』 115]

> 품안의 임 보닌 후의 펼친 이불 모와 덥고
> 다시 누어 싱각ᄒᆞ니 허황헌 일리로다
> 아마도 인간지란은 남의 님인가 [『풍아』 116]

역시 이세보가 지은 이 작품들은 여성 화자의 시점에서 시간적 순서에 따라 연속되는 상황의 감정을 읊은 것이다.

남자가 새벽에 일어나 집에 가야 하는 관계는 정상적인 부부 사이라 볼 수 없다. 그래서 파루 종이 울리자마자 남자를 보내야 하고, 그런 줄 알면서도 떠나는 '임'이 무정하게만 여겨져서 보내고 난 다음에 잠들기가 어려울 것 같다고 한다. 두 번째 작품에서는 임을 보내고 혼자 남아 느끼는 쓸쓸하고 허무한 심정을 노래했다. 님이 떠난 후에 혼자 누워 함께 덮던 이불을 몸에 감싸고 있자니 마음이 심란하지 않을 수 없다. 잠들지 못하고 뒤척이며 내린 결론은 '남의 님'을 사랑하는 것은 참으로 어려운 일이라는 것이다. 앞에서 '님 둔 님'을 사랑하며 괴로워하는 이정보의 시조를 검토한 바 있는데, 이세보의 작품에서는 더욱 구체적인 정황을 상정하여 '남의 님'을 사랑하는 일의 어려움을 여성 화자의 시점에서 세세하게 묘사하고 있다. 사회적 통념으로는 인정받지 못하는 애정관계를 소재로 하여 여성 화자의 입장에서 묘사한 시조를 높은 벼슬을 하는 사대부가 썼다는 점은 분명 특기할 만한 일이다. 이세보는 일찍이 자신이 지은 시조를 모아 시조집을 만들어 경옥(瓊玉)이라는 기생에게 준 일도 있으며,[13] 그가 지은 시조 가운데 1920년대까지 기생들에게 인기가 있었다는 작품도 있다.[14] 이런 점을 본다면, 이세보의 애정시조들은 기생들을 동반한 질탕한 술자리에서 창작·유통되었을 것이며,[15] 그의 작품들이 그 자리에 참여한 기생들의 처지와 정서를 근사하게 반영했기 때문에 더욱 인기가 있었을 것이다.

조선 후기 사대부들의 평시조에 나타난 다양한 애정 형상에 대해 간략히 살펴보았다. 앞에서 검토한대로 육체적 욕망의 솔직한 표출, 재화가 개입된 사랑, '남의 님'으로 상징되는 사회적 통념으로 받아들일 수 없는 사랑, 기생과의 상업화된 관계, 다양한 시점과 시적 화자의 설정 등의 특징들은 당대의 평민적인 정서나 사설시조의 정서와 맞닿아 있는 것이었다. 조선 후기에는 사대부들 가운데 풍류인을 자처하고 전문 가창자들과 가기(歌妓)들의 후원자 역할을 하는 부류가 등장했으며, 이들이 함께 어울린 질탕한 술자리에서 애정시조들이 창작되고 유통되었음을 알 수 있었다. 아울러 이러한 특징들은 조선 후기 사대부 시조가 완강한 성리학적 이데올로기에서 벗어나 점차 대중화되어가는 한 흐름을

---

13) 『別風雅』라는 시조집이 그것이다. 진동혁(1991), 915~916면 참조.

14) "불친ᄒᆞ면 무별니요 무별이면 불샹ᄉᆞ를/ 샹ᄉᆞ불견샹ᄉᆞ회는 불여무졍불샹ᄉᆞ라/ 아마도 ᄌᆞ고 청춘이 일노 ᄇᆡᆨ발"(『풍아』 102)이 그것이다. 이능화(1926), 244면 참조.

15) 이세보가 모든 애정시조들을 술자리에서 창작하지는 않았더라도 그런 자리를 가정하고 지었을 가능성이 높다.

보여준다는 점에서 시조사적 의의가 있다.

4. 현실비판의 방향

19세기를 대표하는 사대부 시조 작가는 조황(趙榥, 1803~?)과 이세보라고 할 수 있다. 이세보는 시조사상 가장 많은 작품인 459수의 시조를 창작했으며, 조황은 논자에 따라 가감이 있지만 최소 109수 이상의 시조를 창작한 작가이다. 이들은 다작 작가인 동시에 교술적인 시조를 많이 지었다는 공통점이 있다. 그런데 조황의 교술 시조들은 하나같이 완강하고 경직된 중세적 · 성리학적 이념을 바탕으로 하고 있어 이 글의 주제와 맞지 않지만, 60여 수가 넘는 이세보의 현실비판 시조들은 당대의 부패한 현실을 비판하고 해결책을 나름대로 모색하고 있어 주목된다. 여기서는 이세보가 창작한 현실비판 시조의 실상을 살펴보고 그가 모색한 해결방향에 대해 검토하기로 한다.[16]

이세보의 현실비판 시조들이 비판하는 대상은 당대 지방행정의 전 부면에 걸친 모순과 부패이다. 대표적인 작품 몇 수만 살펴보자.

> 져 ᄇᆡᆨ셩의 거동 보쇼 지고 싯고 드러와서
> 한 셤 쏠를 밧치랴면 두 셤 쏠리 부됵이라
> 약간 농ᄉᆞ 지엿슨들 그 무엇슬 먹ᄌᆞ ᄒᆞ리 [『풍아』 296]

> 우리 ᄉᆡᆼᄋᆡ 드러보쇼 샨의 올나 샨전 파고

16) 이세보의 현실비판 시조에 대해서는 정흥모(1994)의 논문을 주로 참고했다.

들의 나려 슈답가러 풍한셔습 지은 농ᄉᆞ
지금의 동증니증은 무샴 일고 [『풍아』 307]

위 작품들은 부패한 지방행정 때문에 고통 받는 농민의 실상을 묘사하고 있다. 첫 번째 작품은 환정(還政)의 문란으로 고통 받는 백성들의 억울한 사정을 기술한 것이다. 관청에서 환자미를 빌려줄 때에는 쌀겨 등이 많은 질이 안 좋은 쌀을 주고, 돌려받을 때는 질 좋은 쌀을 요구한다거나, 관청에서 되를 속여서 빌려줄 때는 정량보다 적게 주고, 돌려받을 때는 정량보다 더 받아내는 부패한 행정을 서술하고 있다. 두 번째 시조는 동징(洞徵)·이징(里徵) 등 번다한 부세(賦稅) 행정으로 인한 백성들의 고통을 서술한 것이다. 바람이 불거나 비가 오거나 춥거나 덥거나를 가리지 않고 산으로 들로 논밭을 바쁘게 오가며 땀 흘려 지은 농사인데, 환자미를 납부하는 과정에서 거의 다 빼앗기고 그나마 조금 남은 것도 동징·이징으로 다 거둬가니, 농민들의 생애가 고달플 수밖에 없다는 사실을 농민의 시점에서 기술했다.

이렇게 백성들이 어렵게 사는 것은 모두 관리들이 정치를 잘못해서 그런 것이다. 이세보는 관리들의 부패한 행태를 비판한다.

셔안의 ᄊᆞ인 청간 션후분별 그만 ᄒᆞ고
ᄋᆡ민션정 어셔ᄒᆞ소 무시벽녁이 다청텬을
언제나 인간의 물욕이 적어 [『풍아』 298]

그럿타도 ᄒᆞ련이와 무변슈령 ᄌᆞ네 듯쇼
ᄋᆡ걸 구걸ᄒᆞ여 온 원 치민션정 정성 적다
엇지타 ᄉᆞ름마다 물욕이 먼져 [『풍아』 303]

춘셩경 츄셩념은 뉘게 당헌 말샴인고
달나는 빅셩 업고 쥬난 방빅 업다
아마도 이 금슌힝은 예와 달나 [『풍아』 314]

첫 번째 시조는 지방수령의 탐욕스런 행정을 비판한 것이다. 수령들이 책상 위에 쌓인 청탁 편지들을 보며 이해관계를 저울질하느라 공정하게 정사를 돌보지 않음을 비판했다. 애민선정을 하지 않으면 '마른 하늘에 날벼락이 치는 수가 많다'는 섬뜩한 표현으로 탐욕스런 수령에 대한 분노의 감정을 숨김없이 드러내고 있다. 두 번째 작품은 무변수령(武弁守令)의 탐욕스러움을 비판했다. 무인을 수령으로 임명한 것은 서울에서 멀리 떨어진 변방에 무관을 수령으로 파견하여 지방행정과 국토방위의 임무를 동시에 맡기려는 의도였다. 그러나 임지가 변방이었기 때문에 부정과 탐학을 저질러도 그 폐해가 감추어질 수 있었으므로 무변수령들의 탐학이 심했으며 따라서 그들의 학정이 문제가 되는 일이 많았는데,[17] 조선 후기에 오면 부패한 정치체제에 편승하여 매관매직이 성행한 까닭에 무관수령의 숫자는 더욱 늘어났을 것이다.[18] 이처럼 조선 후기의 정치혼란을 틈타 '이걸구걸ᄒᆞ여' 부임한 무변수령들이 치민선정(治民善政)은 멀리하고 자신의 탐욕만 앞세우는 행태에 대한 비판이 두 번째 시조에 들어있다. 세 번째 시조는 관찰사가 도내의 각 읍을 순행(巡行)하면서 자행하는 폐단을 지적했다. 관찰사는 봄에는 농사가 순조로운지 여부를 살피고 가을에는 조세행정이 원만하게 이루어지는지를 살피기 위해 일 년에 두 차례씩 각 고을을 순행하는 것으로 되

17) 진동혁(1983), 123~125면 참조.
18) 1788년(정조 12)의 통계를 보면, 전국 332개 읍 가운데 무관이 수령인 지역이 90개 읍이며 20개 읍은 문무교차로 임명되었다. 정흥모(1994), 119면 참조.

어 있다. 그러나 전반적으로 정치가 부패했던 조선 후기에는 감사 순행의 폐단이 상당히 심각하여 감사 순행의 폐해를 신랄하게 풍자한 〈합강정가〉라는 가사 작품이 있을 정도이다. 이처럼 당시로서는 심각했던 감사 순행의 폐단에 대해 이 시조에서는 비교적 온건하게 원론적으로 비판하는 데 그치고 있다. 이것은 감사라는 직급과 직책에 대한 예우 때문이 아닌가 생각된다.

이세보는 부패한 행정을 비판하는 데서 그치지 않고 지방관리들에게 애민선정(愛民善政)을 부탁하는 작품을 남기고 있다.

> 가련헌 쟌읍뉭무 쵸ᄉᆞ이력 몃ᄒᆡ런고
> 됴만간 일군현이 만니쵸졍 시쟉일셰
> ᄒᆞ직후 샹관일의 염ᄌᆞ직ᄌᆞ 익민ᄒᆞ쇼 [『풍아』 332]

> 허다 져 ᄇᆡᆨ셩이 항샨이 다 업쓰면
> 관불관 츈불츈 되니 어누 뉘가 다 살릴까
> 아마도 쳥ᄇᆡᆨ 못헌 션치 적어 [『풍아』 333]

> 나라 업는 번신 보며 번신 업는 나라 본가
> 가련헌 져 ᄇᆡᆨ셩을 포복 갓치 ᄉᆞ랑ᄒᆞ면
> 아마도 타일션음이 ᄌᆞ우숀을 [『풍아』 302]

첫 번째 시조는 몇 년째 보잘것없는 작은 고을을 맡고 있는 무변수령에게 부탁하는 내용이다. 비록 작은 고을의 수령으로 벼슬살이를 시작했지만 이것이 더욱 높고 큰 벼슬로 나아가기 위한 바탕이라 생각하고 정성을 다하여 다스리며, 또 승진되어 갈 때에도 처음 먹었던 마음을 잃지 말라고 간곡하게 부탁하고 있다. 두 번째 작품은 수령에게 부탁하는 시조이다. 수령들이 사욕을 채우느라 백성의 재물을 수탈하게 되면 백성들로서는 항심이 없어지게 되고, 그런 백성들이 뿔뿔이 흩어져 촌락도 없어지면 관리(官吏)가 어떻게 존재하겠느냐, 그러니 욕심을 버리고 청백리가 되어 백성을 잘 다스려라 하는 내용을 마치 옆에 있는 사람에게 얘기하듯이 타이르고 있다. 세 번째 작품은 중앙에서 멀리 떨어진 지방의 관찰사에게 부탁하는 시조이다. 먼저 나라가 존재해야 관찰사라는 직책도 의미가 있는 것이니, 자신의 욕심만 채우지 말고 나라의 바탕이 되는 백성들을 어린아이 사랑하듯 해서 나라의 기틀을 굳건하게 다져라, 그러면 그 음덕이 후대의 자손들에게까지 미칠 것이라는 덕담까지 동원하여 관찰사들에게 애민정치를 부탁하고 있다.

이세보의 현실비판 시조들 가운데 절반 이상이 이처럼 지방 관장들에게 애민선정을 부탁하는 내용이다. 지방행정의 부패와 모순을 신랄하게 풍자한 작품보다는 어떻게 해야 백성들을 잘 다스릴 수 있는가, 지방행정을 잘못하면 어떤 결과가 오는가 하는 것을 구체적으로 예시하여 지방관장들이 바른 정치를 펴도록 간곡하게 깨우치는 작품이 많은 것이다. 내용 또한 매우 구체적이어서 각 시조마다 지방의 관장들이 수행해야 할 다양하고 구체적인 사항들을 열거하며 그런 사항들을 어떻게 수행할 것인가에 대한 올바른 방도를 제시하고 있다. 그 방도를 제시하는 어투에서도 'ᄌᆞ네'·'~ᄒᆞ쇼' 등의 표현을 많이 쓰고 있는데, 이는 전달대상과의 심리적 거리를 좁히고 작자의 간곡한 마음을 드러내어 설득력을 높이려는 의도로 보인다.

고미숙은 이세보의 현실비판 시조가 지닌 이러한 측면에 대해 "당대 통치 집단의 오류를 구체적이고도 상세하게 지적하면서도 …… 추상적 인륜의 문제로 환원할 뿐 역사적 맥락 위에서 인식하고 있지는 못한다. …… 통치층에 대한 훈계, 고통 받는 창생들에 대한 연민을 표현하는 것으로 주류를 이루고 있"[19]다고 하여, 그 한계를 지적하고 있다. 이세보의 현실비판 시조에 보이는 이런 인식의 한계는 그의 출신성분과 관계가 있다. 이세보는 왕실의 먼 친척으로 점차 한미해져 가는 가문에 태어났다가 운 좋게도 출계를 통하여 현 왕실의 근친이 되어 봉작을 받은 왕족의 한 사람이다.[20] 조선 왕실과 운명공동체인 그에게 왕조체제의 근본적인 변혁을 생각하라고 기대하기는 어려운 일이다. 이세보로서는 왕조체제의 제반 통치기구와 행정체제가 순조롭게 돌아가 기존 체제가 안정적으로 유지되는 것이 자신의 기득권을 유지할 수 있는 길인 것이다. 그러므로 이세보의 현실비판 시조는 지방행정의 모순과 부패를 풍자하며 탐욕스런 지방관을 신랄하게 비판하고 징계하는 데 목적이 있는 것이 아니라, 그들을 잘 이끌어서 애민선정의 길로 가도록 만드는 데 창작의도가 있다고 보인다. 위로는 중앙의 고관들로부터 밑으로는 변방의 무변수령에 이르기까지, 관장들이 각기 맡은 바 직분을 다해 백성을 사랑하는 마음으로 행정을 펴면 나라는 잘 다스려진다는 중세적인 '각수기분(各守其分)'의 논리가 이세보의 현실비판 시조 작품들에 스며들어 있는 것이다.[21]

결국 이세보가 시조를 통해 현실에 대해 발언(혹은 비판)한 것은 현실정치 체제를 변혁하거나 부정하기 위해서가 아니라 오히려 현실정치체제를 좀 더 공고히 하기 위해서라 할 수 있겠다. 즉 부패한 현실이 왕조

---

19) 고미숙(1993), 243면.

20) 이세보는 20세에 豊溪君 瑭의 後嗣가 되었다. 그리하여 족보상으로 이세보는 철종과 6촌 사이가 되었으며 후에 흥선대원군이 되는 李昰應과도 6촌 사이가 되었다.

21) 박노준(1990)도 이세보의 일부 시조에 중세적 '분(分)' 의식이 들어있다는 주장을 펴고 있다.

체제의 기반을 무너뜨릴 위기에 직면하여 그러한 현실을 바로잡음으로써 현 왕조체제의 기반을 더욱 튼튼하게 하기 위한 의도가 개입돼 있다고 생각되는 것이다. 이세보의 현실비판 시조가 가지는 의식의 한계는 바로 이 지점이다.

5. 마무리

조선 후기 사대부 시조의 변화하는 모습을 자연관의 변화 · 다양한 애정 형상 · 현실비판의 방향 등의 측면에서 대표적인 작가의 작품을 중심으로 검토해 보았다. 조선 후기의 사대부 시조는 전기의 그것에 비해 그 주제와 표현방식에서 몇 가지 의미 있는 변화를 보이고 있다. 중세적 이념에 바탕을 둔 경직되고 상투적인 시각에서 벗어나 자연물과 자연을 재인식한다든지, 일부 애정시조에서 평민적이고 사설시조적인 정서를 표출한다든지, 비록 체제내적이라는 한계를 가지고 있지만 현실정치의 부패상을 비판한다든지 하는 것은 조선 후기 사대부 시조가 이룩한 의미 있는 변화라 할 수 있다.

특기할 만한 사항은 사대부 시조의 이러한 변모는 모두 서울의 명문 집안에서 태어난 사대부들이 주도했다는 것이다. 이 글에서 검토한 사대부 시조 작가들은 판서 이상의 높은 벼슬을 한 사람도 있고(이정보와 이세보), 작은 고을의 현감 벼슬만 한 사람도 있으며(김민순), 아예 벼슬자리에 나가지 않은 사람도 있지만(권섭), 이들은 모두 당대의 벌열가문 출신이거나 왕족 출신이다.

이러한 현상은 조선 후기에 일어난 사대부 내부의 계층분화와 밀접한 관련이 있다. 즉, 선조 때부터 시작된 당쟁이 범노론 계열의 승리로 정리되어 가던 18세기 중엽 이후 사대부계층은, 대를 이어 권력을 독점하던 서울의 거대 가문과 그에 협조하는 소수 가문으로 이루어진 서울 양반[22]과, 중앙정계에서 점차 소외되어 향촌에서 근근이 양반으로서의 품위를 유지하고 살거나 아니면 몰락해가는 향촌 사대부로 분화하게 되었다. 이들 가운데 대대로 서울에 살면서 벌열화한 명문 출신의 일부 사대부들이 서울의 도시화가 진행되면서 나타난 난만한 유흥문화와 결합한 결과 전통적인 사대부 시조의 줄기에서 이탈하여 평민적이고 사설시조적인 소재와 표현방식을 가진 시조들을 생산한 것이다. 한편 중앙정계에서 소외된 향촌 사대부들은 전원에서 한거하며 자족하는 생활을 읊조리기도 하고(조선 전기 강호시조의 변형), 어떤 경우에는 더욱 완강하고 경직된 성리학적 이데올로기로 무장하여 복고적인 시조를 짓기도 하였다.

어쨌든 조선 후기 사대부 시조가 전기의 그것과 비교하여 몇 가지 의미 있는 변화를 보이고 있는 것은 사실이지만 그것을 곧바로 근대적 성격으로 규정할 수는 없다. 조선 후기 사대부 시조는 중세체제를 대체할 만한 새로운 사회체제 · 가치관 · 미의식 등에 대한 전망을 보여주고 있지 못하기 때문이다. 이것은 이 글의 앞부분에서 언술했듯이 평시조가 가지는 장르적 특성과 사대부라는 계급적 특성이 결합한 결과이다. 새로운 체제에 대한 전망을 설계하기에는 짧은 노래인 평시조의 형식적 제약이 너무 컸다. 또한 짧은 형식의 노랫말에도 새로운 사회체제의 가치관이나 미의식이 스며들어 있을 수도 있겠지만, 조선 후기에 시조를 향유하던 사대부계층의 의식 자체가 새로운 사회에 대한 전망이 없었으므로 이것 역시 기대난망이라 할 수 있다.

결국 조선 후기 서울의 명문 출신 일부 사대부들의 시조가 소재나 표

22) 강명관은 이들을 '京華世族'이라 부르고 있다. 강명관(1999), 279면 참조.

현방식 등의 측면에서 일정한 변화를 보여주고 있으나, 그것은 당대 사회 전반에 일어나던 변화의 일부분을 받아들인 것일 뿐, 중세사회를 뛰어넘을 만한 새로운 전망을 보여준 것은 아니었다고 정리할 수 있겠다.

참고문헌

이능화(1926), 『조선해어화사』, 이재곤 역, 동문선, 1992.

심재완(1972), 『역대시조전서』, 세종문화사.

정재호(1982). 『한국가사문학론』, 집문당.

진동혁(1983), 『이세보 시조연구』, 집문당.

진동혁(1985), 『주석 이세보시조집』, 정음사.

김영진(1986), 「효전 심노숭 문학 연구: 산문을 중심으로」, 고려대학교 석사학위논문.

박요순(1987), 『옥소 권섭의 시가연구』, 탐구당.

박노준(1990), 「이세보의 '분' 의식과 정서표출의 두 국면」, 『동양학』 20집, 단국대학교 동양학연구소.

권성민(1991), 「옥소 권섭의 국문시가 연구」, 서울대학교 석사학위논문.

진동혁(1991), 「새로 발굴된 이세보의 시조집 『별풍아』에 대하여」, 『김영배선생화갑기념논총』, 형설출판사.

김흥규(1992), 「사설시조의 시적 시선 유형과 그 변모」, 『한국학보』 68, 일지사.

박을수(1992), 『한국시조대사전』, 아세아문화사.

고미숙(1993), 「19세기 시조의 전개 양상과 그 작품 세계 연구」, 고려대학교 박사학위논문.

정흥모(1993), 「옥소 권섭의 시조재론」, 『대진논총』 1, 대진대학교.

정흥모(1994), 「19세기 사대부 시조 연구」, 고려대학교 박사학위논문.

박노준(1998), 「이정보와 사대부적 사유의 극복」, 『조선 후기시가의 현실인식』, 고려대학교 민족문화연구소.
강명관(1999), 「조선 후기 경화세족과 고동서화 취미」, 『조선시대 문학 예술의 생성 공간』, 소명출판.
정흥모(2000), 「이정보의 애정시조 연구」, 『어문논집』 42, 안암어문학회.
김용찬(2002), 『조선 후기 시가문학의 지형도』, 보고사.

* 『애산학보』 제34집(애산학회, 2008. 12)에 실렸던 글임.

2장
조선 후기 여항인 시조에 대한 비판적 검토

정 종 진*

1. 서론

18세기에는 중인(中人)·서리(胥吏)·위항천류(委巷賤流) 등의 계층이 시조의 새로운 담당층으로 등장하면서 시조사의 커다란 변화가 일어났다. 이 새로운 시조의 담당층들은 새로운 소재와 표현방식으로 다양한 내용의 변화를 시도하였으며, 사설시조라는 새로운 시조형식을 시험하고 이를 통하여 새로운 미의식을 담아내기도 하였다. 특히 이 시기에는 전문 가객들이 집단적으로 시조의 창작과 유통에 참여하였을 뿐만 아니라 당대의 작품들을 수집하여 일정한 기준에 의해 분류한 시조집을 편찬해 내기도 하여 시조사의 새로운 국면을 이루는 데 크게 기여하였다.[1] 이러

---

* 鄭鍾珍: 가톨릭대학교 교양교육원 초빙교수.

1964년 출생. 서강대학교 국어국문학과 문학사(1990), 문학석사(1993), 문학박사(2001; 「고전시가의 돈호법 연구」).

저서: 『한국고전시가와 돈호법』(2006).

논문: 「古典詩歌 頓呼法의 詩的 機能考」(2006), 「화자-청자 관계를 통한 시조의 담화 유형과 그 특성」(2008), 「한국시가의 語調 유형 분류 試論」(공저, 2008) 등.

1) 이 시기 사대부층의 시조도 시대변화에 따라 그리고 그에 수반한 처지의 변화에

한 조선 후기 시조사의 변혁에 있어서 중요한 역할을 담당했던 계층이 여항인(閭巷人)들이었고, 이 중 특히 '여항육인(閭巷六人)'은 그러한 변혁의 중심에 놓여 있었다.

『청구영언(靑丘永言)』(진본)에는 '여항육인'이라는 항목이 특징적으로 설정되어 있다. 김천택(金天澤)이 『청구영언』을 편찬하였을 때는 위항시인들이 대두하는 시기로 임준원(林俊元)·홍세태(洪世泰)를 중심으로 낙사(洛社)가 결성되어 집단적 한시운동이 일어났으며, 『해동유주(海東遺珠)』가 편찬되는 등 위항시인들이 활발한 움직임을 보였던 시기여서, '여항육인' 항목을 따로 만든 것도 이러한 당대적 영향의 맥락에서 이해할 수 있을 듯하다. 거기에다 "17세기 말에서 18세기 초에 이르는 기간은 문화 전반에서 평민층이 대두한 전환기로서 시조 역시 그 주요 담당층이 사대부에서 평민가객으로 옮겨간 때"[2]로, '여항육인'이라는 항목의 설정은 새로운 문화운동의 담당자로서의 자부심이 발로된 의도적 설정으로도 볼 수 있다.[3]

조선 후기 시조사에 있어 이 여항육인을 필두로 하는 평민가객의 출현은 사설시조의 등장과 함께 우리 문학사에서 특기할 만한 변화라 할

따라 변화를 겪었다 할 수 있겠으나, 18세기 이후 시조사의 전체적 흐름에 비추어보면 그 변화의 정도는 미미한 수준이었고, 이미 주도권을 상실했다고 보아도 좋을 정도의 형편이었다(정흥모, 『조선 후기 사대부 시조의 세계인식』, 월인, 2001, 309면 참조).

2) 고미숙, 「조선 후기 평민가객의 문학적 지향과 작품세계의 변모양상」(고려대학교 석사학위논문, 1986), 8면.

3) '閭巷六人'조의 의의에 대한 논의는 다음 논의들을 참조하였음.
조규익, 「靑丘永言 所載 '閭巷六人'論」(『숭실어문』 제10집, 1993); 박노준, 「'閭巷六人'의 현실인식과 그 극복양상」(박노준, 『조선 후기 시가의 현실인식』, 고려대학교 민족문화연구소, 1998); 김용찬, 「'閭巷六人'의 작품세계와 18세기 초 時調史의 일 국면」(『시조학논총』 제12집, 한국시조학회, 1996); 윤정화, 「조선 후기 가객들의 시조에 나타난 자연」(부산대학교 석사학위논문, 1995).

수 있다. '여항육인'이란 김천택을 비롯하여 김유기(金裕器), 김성기(金聖基), 주의식(朱義植), 장현(張鉉), 김삼현(金三賢)을 이름인데, 이들은 17세기 말에서 18세기 초까지 생존한 여항인이다.

조선 후기 시조사의 특성을 비판적으로 살피고자 하는 이 글은 조선 후기 시조사적 변화에 있어 중요한 역할을 담당한 여항인들 중 특히 여항육인의 작품세계를 중심으로 살펴보려고 한다. 여항육인이 활동했던 시기는 정치·사회적으로도 대단한 변화가 일어난 시기인데, 그들의 작품세계에서 그런 변화의 조짐을 포착하려 하는 것이다. 그런데 그 변화의 조짐은 기존질서 속에서 나타나는 것이어서, 필연적으로 공시적으로는 모순적이거나 양면적인 상태로 존재하게 될 수밖에 없다.

이 글은 여항육인 시조가 보여주는 이 같은 양면성을 전환기적 특성으로 연결시켜 몇 가지의 요소로 나누어 살펴보고, 이를 토대로 하여 이후 조선 후기 시조가 이들 여항인들에 의해서 어떻게 전개되어 나갔는가를 추적해 보고자 하는 것이며, 특히 이러한 과정에서 추출된 결과들을 토대로 조선 후기 시조의 성격을 비판적으로 검토해 보고자 하는 것이다.

2. 여항육인 작품세계의 양면성

1) 현실인식의 양면성

'여항육인'의 시조 작품들 중에는 아래와 같이 강호자연에서 동화와 합일을 추구하고 나아가 그 속에서 흥취를 노래하는 작품들을 다수 찾아 볼 수 있다. 이 작품들은 강호자연이라는 공간을 소재로 한 사대부 취향 노래의 전형적인 모습을 보여준다.

白鷗(백구)야 놀나지 마라 너 잡을 ᄂᆡ 아니로다
聖上(성상)이 ᄇᆞ리시니 갈곳 업셔 예 왓노라
이ᄌᆡ난 ᄎᆞᄌᆞ 리 업스니 너를 좃녀 놀니라 [金天澤]

蘆花(노화) 기픈 곳에 落霞(낙하)를 빗기씌고
三三五五(삼삼오오)히 섯거 노ᄂᆞᆫ 져 白鷗(백구)ㅣ야
므서세 ᄌᆞᆷ착ᄒᆞ엿관ᄃᆡ 날 온 줄을 모로ᄂᆞ니 [김천택]

이 몸이 ᄒᆞᆯ 일 업서 西湖(서호)를 ᄎᆞ자 가니
白沙(백사) 淸江(청강)에 ᄂᆞ니ᄂᆞ니 白鷗(백구)ㅣ로다
어ᄃᆡ셔 漁歌一曲(어가일곡)이 내 興(흥)을 돕ᄂᆞ니 [金聖器]

하지만 이들 작품의 작가에 대한 정보를 알고 이 작가들이 지닌 당대적 처지에 입각하여 작품을 면밀히 바라본다면, 이 작품들을 단순히 사대부 취향의 노래라고 쉽사리 판단해 버리기는 어려워질 것이다.[4] 이런 면은 이들 여항인 시조 작품들의 평가 전반에서 고려되어야 할 전제적 요소이기는 하다. 그러나 그럼에도 불구하고 작품 자체가 보여주고 있는 세계는 세속과 거리를 둔 자연공간 속에서 조화로움을 이루고 있는 세계이다. 위의 인용된 작품들은 환로(宦路)에서 벗어난 치사객(致仕客)의 감흥을 담아내고 있는 작품으로 보아 전혀 무리가 없을 정도로 그 소재

4) 이러한 방향의 해석에 대해서는 박노준, 「김천택과 위항시인적 삶의 갈등」(박노준, 앞의 책)과 김용찬, 앞의 글이 대표적이다.

의 선택이나 시상을 전개하는 방식이 사대부류 '귀자연(歸自然)' 시조의 전형적인 모습을 띠고 있다. 세 작품 모두 백구(白鷗)로 표상된 자연과 '나－너'의 친밀한 사적인 관계를 맺음으로써 자연과의 합일을 추구하는 일종의 '자동화'된 시상의 전개를 보이고 있다. 특히 첫 번째 작품에서 '성상(聖上)이 ㅂ리시니' 오게 되었다고 하는 표현에 이르러서는 이 작품의 작가가 여항인임이 의아스러울 정도이다.

이런 모습은 '요일월순건곤(堯日月舜乾坤)은 녜대로 잇것마는'(김천택)이나 '경성출경운흥(景星出慶雲興)ㅎ니 일월(日月)이 광화(光華)ㅣ로다'(김유기)처럼 요순건곤과 태평성세를 노래하는 작품들과 함께 이들 작품이 '사대부 취향'을 답습하거나 혹은 이를 통해 그들의 상승 욕구를 드러낸 이른바 사대부의 아류적 작품들이라고 평가절하의 비판을 받기도 한다.

그러나 새로운 시조의 담당층으로서의 여항인들이 활발하게 시조활동을 벌이기 시작하고, 『청구영언』(진본)에 당당히 '여항육인'이라는 편목으로 묶일 수 있었던 사정이 있었다고 하더라도, 아직도 여전히 이들에게 있어 전통적인 시조적 구현방식은 지배적인 것이었고 익숙해져 있는 것이었다. 자연공간을 대하는 이들의 시각이 사대부의 시각과는 차이가 있거나 판이하다 하더라도 그러한 점이 표현과 내용으로 완연한 새로움을 얻기에는 이들이 익히고 노래한 전통적인 시조의 관습이 훨씬 더 지배적인 것이 저간의 사정이었기 때문에 그 '다름'은 기존의 장르가 보여준 관습 안에서 시도될 수밖에 없는 것이었다.

따라서 여항육인의 작품의 의미를 더 잘 이해하기 위해서는 바로 이 '다름'의 모습을 살펴볼 필요가 있다. 여항육인의 자연공간에 대한 노래 모두가 사대부취향 일변도이거나 아류의 모습으로만 나타나는 것은 아니다. 그래서는 이러한 논의의 의미가 없을 것이다. 오히려 더 많은 비중을 차지하고 있는 다른 작품들에서는 '다름'의 모습을 취하고 드러내고 있다.

인간은 자연을 대립적인 공간으로서 파악하기도 하는 한편, 동화되고 포섭되기를 바라는 공간으로 파악하기도 한다. 인간사와 대립적인 공간으로 자연을 바라볼 때, 인간은 자신의 존재의 실상을 인식하게 되거니와 또 동시에 그런 생각에서 인간은 자연의 질서 속에서 인간사를 견주어보고, 그 큰 질서 속에 포섭되기를 꿈꾸게 된다.

여항육인의 작품들에서 자연은 지속적인 시적 소재이자 그들의 세계인식을 드러내는 주요한 단서가 되고 있다. 그러나 여항육인에게 있어서의 자연은, 수양의 도량(道場)이자 조화로운 보편성을 발견할 수 있는 유교적 이상으로서 추구된 사대부들의 자연과는 사뭇 차이가 있다.

여항육인에게 있어서 자연은 환로에서 꿈꾸는 하나의 유교적 이상으로서의 공간이거나 치사 후 돌아갈 수 있는 공간이라기보다는, 현실로부터 그들을 격리시켜 주고 그들의 울분을 보듬어 주고 잊게 해주는 체념과 치유의 공간이라 할 수 있다

㈎ 聾巖(농암)애 올라 보니 老眼(노안)이 猶明(유명)이로다.
人事(인사)이 변ᄒᆞᆫ들 산천이ᄯᆞᆫ 가실가.
巖前(암전) 某水某丘(모수모구)이 어제 본 ᄃᆞᆺ ᄒᆞ예라. [이현보]

㈏ 當時(당시)예 녀던 길흘 몃 ᄒᆡ를 ᄇᆞ려 두고
어듸 가 ᄃᆞᆫ니다가 이제ᅀᅡ 도라온고.
이제아 도라오나니 년듸 ᄆᆞᅀᆞᆷ 마로리 [이황]

㈐ 雲霄(운소)에 오로젼들 ᄂᆞ래 업시 어이ᄒᆞ며

蓬島(봉도)로 가쟈 ᄒᆞ니 舟楫(주즙)을 어이ᄒᆞ리
츌하리 山林(산림)에 主人(주인) 되야 이 世界(세계)를 니즈리라
[김천택]

㈑ 蓼花(요화)에 즘든 白鷗(백구) 선즘 ᄭᆡ야 ᄂᆞ지 마라
나도 일업서 江湖客(강호객)이 되엿노라
이 後(후)는 ᄎᆞ즈리 업스니 너를 조차 놀리라 [김성기]

㈎는 환로에서 고향 강가로 돌아와, 변하지 않는 고향의 자연을 통해 변화하는 인간사를 돌아보고, '노안(老眼)이 유명(猶明)'해진다고 하면서 자연으로 돌아온 반가운 심정을 드러내고 있다. 그런 가운데 자연 질서 속에서 합일을 지향하고자 하는 지은이의 의중을 볼 수 있는 작품이다.

㈏는 이황이 명종 20년에 도산서원에서 후학들을 가르치던 때에, 지은이의 뜻을 말한 '언지(言志)', 학문과 수덕(修德)의 실제를 시화(詩化)한 '언학(言學)' 등 12수로 된 연시조 중 한 편이다. 인간 속세를 떠나 자연에 흠뻑 취해 사는 자연 귀의 생활과 후진 양성을 위한 강학(講學)과 사색에 침잠하는 학문 생활을 솔직 담백하게 표현해 놓은 작품들인데, 이 중 위의 작품은 치사하여 고향에 돌아온 감회를 읊고 있다. '당시(當時)에 녀던 길'이란 곧 학문의 길이겠는데, 고향과 학문과 자연이 하나의 큰 틀 안에서 서로 교융하는 사대부적 삶의 한 모습을 보여준다. 이들 작품은 자연에서 시조를 읊으며 사대부로서의 도리를 구현하며, 이를 통하여 자연과의 만족스러운 화합을 지향하고 있다.

그러나 김천택의 ㈐시조에서의 자연은 도학일치(道學一致)의 장(場)으로서의 자연에 합일코자 하는 위의 작품들과는 다르다. 그에게는 치사할 만큼의 환로에서의 생애도 없었고 돌아와 반길 고향의 자연도 설정될

수 없다. 신분적, 사회적 차별에 의해 경국제민(經國濟民)의 바람은 애당초 가능하지 않은 것이었기에, 김천택에게 있어 자연은 어찌할 수 없는 선택적 귀결이 되었다. 이 작품에서 '운소(雲霄)'나 '봉도(蓬島)'로 비유된 현실적 이상은 'ᄂᆞ래'와 '주즙(舟楫)'이 없으므로 도달될 수 없는 곳이다. 이룰 수 없는 '어이 ᄒᆞᆯ 수' 없는 좌절이 드러나고 있는 것이다. 그래서 '출하리'·'니즈리라'고 하는데, 그 대상은 '세계' 즉 그가 꿈꾸나 이룰 수 없는 현실적 이상이며, 그 방편은 '산림(山林)에 주인'되는 것이다.

㈑는 『청구영언』(진본) '여항육인'조에 '어은(漁隱)'으로 명기되어 8수의 작품이 실려 있는 김성기의 작품이다. 이 작품에서 특히 '일업서'라는 표현이 주목된다. 일없다는 것이 조정이나 세상사에 구애됨이 없어 일없는 것이 아니라, 조정이나 세상에서 자신이 원하는 마땅한 일을 얻고 펼치지 못해서 일없는 것이기 때문이다. 그의 음악적 기예가 대단하고 명성이 높았지만, 신분이 극히 한미하고 생업이 어려웠으며, 그러한 맥락에서 여항육인들과 사회적, 현실적 처지는 비슷하였다고 하겠다. 따라서 '일업서'는 강호객(江湖客)이 될 수밖에 없는 필연적인 귀결이다. 그런 후 '백구'라는 자연의 객관적 상관물과의 합일을 추구하고 있다. 그러므로 이때 백구로 표상된 자연은 그에게 있어서 이상적이고 자족적인 공간 혹은 "그 자체로서 합목적적인 자유롭고도 분방한 노래의 터전"[5]이라기보다는 현실적 좌절을 떨치고 선택한 체념과 치유의 공간이라 할 수 있을 것이다.

이로 보아, 여항육인은 자연인식에 있어서도 전통적 시조가 취하던 바와는 뚜렷이 구별되는 것이었음을 알 수 있다. 그러면 그들에게 있어서의 자연은 중세적 전통의 사대부적 자연관 혹은 시조적 자연관이라 할

---

5) 권두환, 「金聖器論」, 『백영정병욱선생환갑기념논총』(신구문화사, 1982), 288면.

수 있는 강호가도에서의 자연과는 구체적으로 어떤 차이를 보이는지를 살펴보기로 하자.

자연에 도학적(道學的) 의미를 부여하는 사대부의 강호가도(江湖歌道)는 "자연을 통해 도의(道義)를 기뻐하고 심성(心性)을 기르는 규범성을 발견"[6]하는 것이며, 때를 얻으면 현실로 돌아가서 경국제민의 이상을 실현시키는 것이 그들의 사명이었다.[7] 그런 의미에서 사대부 시조에서의 자연은 "도의 온축(蘊蓄)을 위한 도량으로서 연학(硏學), 조양(助養), 선정(善政)을 충전시키는 공간"[8]이다. 그래서

> 靑山(청산)은 엇뎨ᄒᆞ야 萬古(만고)애 프르르며,
> 流水(유수)는 엇뎨ᄒᆞ야 晝夜(주야)에 긋디 아니ᄂᆞᆫ고
> 우리도 그치디 마라 萬古常靑(만고상청) 호리라 [이황]

라고 도학과 자연을 일치시킬 수 있었다. 그런 점에서, "재지사림(在地士林)이었던 사대부들의 경제적 안정성과 자연에서의 조화로운 보편성의 발견이라는 철학적 인식과 결부되어 그 맥이 심화되어 왔던 시적 전승"[9]을 강호가도라 할 수 있는 것이다.

여항육인에게 있어 자연공간은 사대부들이 추구했던 보편질서를 발견코자 했던 완전하고 자족적인 공간이 아니었다. 그들에게는 '돌아갈' 자연도 없었으며, 규범적 미의식을 발견할 만한 학문적 수양의 기회도 주어지지 않았다.[10] 여항육인의 작품들에서 강호자연은 '강호에 ᄇᆞ린

6) 최진원, 『국문학과 자연』(성균관대 출판부, 1977), 59면.
7) 같은 책, 26~28면 참조
8) 이민홍, 『사림파의 문학연구』(형설출판사, 1989), 258면.
9) 고미숙, 앞의 글, 19면.

몸'(김성기, 『청진』 238)으로 '홀 일 없어'(김성기, 『청진』 240) 선택할 수밖에 없었던 것이기에, 그들이 바라보는 자연은 사대부들과는 현격히 다른 태도의 차이가 반영되어 나타나는 것이다.

한편 강호가도의 작품들에서나 여항육인의 작품들에서 공통적으로 볼 수 있는 것은 현실적인 여건에 의해서 의도적으로 자연을 노래한다는 점이다. 그러나 그 현실적 여건의 양상은 서로 다른데, 정치가 도학정치여야 하는데 그럴 수 없다는 것이 판명되자 자연에다 도학적 의미를 부여하고 강호가도를 표방[11]하면서 새로운 방향을 찾은 것이 강호가도 작품들이 자연을 노래한 연유라면, 여항육인들의 작품에 있어서는 신분적 여건이 자연을 노래한 연유가 되고 있다.

그러나 "강호가도에서 염증을 느꼈던 것은 '부패한 정치현실'이라는 사회의 한 층위에 불과했기 때문에 이상으로서의 사회에 대해서는 화합에의 소망과 현실적 완성에의 의지를 드러내고 있"[12]다는 점은 여항육인과 다른 점이다. 여항육인이 염증을 느꼈던 것은 부조리한 현실사회였고, 그들이 자연을 찾은 것은 자연만이 그 부조리함이 없는 평등한 질서의 세계였기 때문이다.

> 말하면 雜類(잡류)라 ᄒᆞ고 말 아니면 어리다 ᄒᆞᄂᆡ
> 貧寒(빈한)을 ᄂᆞᆷ이 웃고 富貴(부귀)를 새오ᄂᆞᆫ듸
> 아마도 이 하ᄂᆞᆯ 아레 사롤 일이 어려왜라 [장현]

---

10) 같은 글, 23면.

11) 조동일, 『한국문학통사 2』(지식산업사, 1983), 320면.

12) 성기옥, 「고산시가에 나타난 자연인식의 기본틀」, 『고산연구』 창간호(고산연구회, 1987), 215면.

에서 장현은 자신을 드러낼 수도 드러내지 않을 수도 없는 모순적인 처지를 탄식하고 있다. 더욱이 자신이 처한 처지에서는 빈한하면 남이 웃고 폄시할 뿐, 청한(淸閑)한 사대부로서 존숭 받고 자적(自適)하는 것은 바랄 수 없는 현실임을 보여준다. '이 하늘'이란 장현에게 있어 자신의 뜻을 펼 수 없는 부조리한 '사롤 일이 어려'운 곳이다. 여항육인의 이러한 현실인식은 자연만이 그러한 세상현실을 잊게 해 주는 질서로서의 대상임을 깨닫게 만든다.

> 江湖(강호)에 ᄇᆞ린 몸이 白鷗(백구)와 벗이 되야
> 漁艇(어정)을 흘리노코 玉簫(옥소)를 노피 부니
> 아마도 世上興趣(세상흥취)는 잇분인가 ᄒᆞ노라 [김성기]

이 작품에서, 강호에 ᄇᆞ린 몸이지만 세상흥취를 맛 볼 수 있는 유일한 공간이 바로 '백구'로 표상된 자연과 벗하는 것임을 체념적으로 말하고 있다. 따라서 그들에게 있어 자연은 도의를 기뻐하고 심성을 기를 수 있는 장(場)으로 이상사회의 대체적 질서의 공간이 아니라, 현실을 피해 세상사의 흥취를 느낄 수 있는 '잇분'인 공간인 것이다.

이렇게 볼 때, 신분적 미미함과 그로 인한 차별과 좌절이라는 여항육인의 공감대를 이루는 현실인식이 자연을 통해 나타날 때 두 가지 상이한 모습을 보임을 알 수 있다. 전통적 사대부 취향의 자연관을 답습하면서 이를 통해 상승지향적 욕구를 드러내는 사대부 아류적인 모습과 부조리한 현실 질서를 한탄하면서 자연을 통하여 현실과 거리를 두고 아픔을 잊으려고 하는 도피와 체념의 모습이 그것이다.

2) 현실 대응방식의 양면성

유교적 이상의 추구라는 당위와 현실과의 거리가 전대 사대부의 갈등이었다면, 여항육인의 갈등은 유교적 이상의 추구라는 기득권적 당위를 추구할 수조차 없는 부조리한 현실과의 갈등이다. 그것은 계층적 피해의식에서 온 것이거니와 그들의 작품에서는 따라서 유가적 이상실현으로서의 당위와의 갈등은 찾기가 힘들고, 가끔씩 그런 당위를 한 번씩 선언적으로 보일 뿐이다.[13)]

尼山(니산)에 降彩(강채)ᄒᆞ샤 大聖人(대성인)을 내오시니
繼往聖(계왕성) 開來學(개래학)에 德業(덕업)도 노프실샤
아마도 群聖中集大成(군성중집대성)은 夫子(부자)ㅣ신가 ᄒᆞ노라 [김천택]

遏人慾(알인욕) 存天理(존천리)ᄂᆞᆫ 秋天(추천)에 氣象(기상)이오
知言養氣(지언양기)ᄂᆞᆫ 古今(고금)에 긔 뉘런고
아마도 擴前聖所未發(확전성소미발)은 孟軻(맹가)ㅣ신가 ᄒᆞ노라 [김천택]

앞의 작품은 '군성중집대성(群聖中集大成)은 부자(夫子)'라고 하여 공자(孔子)의 덕업(德業)을 송축하는 작품이고, 뒤의 작품은 앞서 난 성인이 아직 열지 못한 바를 넓힌 이는 맹자(孟子)라고 하여 맹자를 기리는 작품

---

13) 그나마도 이런 작품들은 가객으로서 이들이 사대부가의 연회에 불려가서 불렀던 정황과 관련되는 것이라고 생각할 수 있다. 조태흠, 「南坡시조에 나타난 '自然'의 의미」, 『인문논총』 제39집, 부산대학교, 1991 참조.

이다. 이들 작품에서 보인 정신세계는 전통적 유교적 관점과 차이가 없어 보인다. 그러나 여항육인의 신분이나 사회현실 등 저간의 정황을 비추어보면 사정은 달라질 수 있다.

최동원이 "사대부의 정서를 답습하고 모방한 감을 주어 그의 시조에서 미적인 감흥을 감소시키는 요인이 된다."[14]고 하거나, 김용찬이 김천택의 이와 같은 작품을 놓고 "식견을 드러내기 위한 수단으로 창작했던 것으로 보인다."[15]고 언급한 사실도 이러한 사정을 뒷받침해 주고 있다. 즉 이러한 유의 작품들은 그들이 현실에 좌절 · 원망한 후, 자연에의 합일에서 자족적일 수 있음을 애써 보였음에도, 한편으로는 사대부들과 정신적으로 닮으려고 노력했던 어찌할 수 없는 양면적 모습을 보여준다.

그러나 한편 이러한 점은 그들이 맞닥뜨리고 있는 현실을 벗어나는 한 방편의 구실도 하는 것으로 보인다. 다음 작품들은 성현(聖賢)을 기리는 데서 더 나아가서, 상고시대를 간절히 동경하고 있다.

> 堯日月(요일월) 舜乾坤(순건곤)은 녜대로 잇것마는
> 世上人事(세상인사)ᄂᆞᆫ 어이 져리 달란ᄂᆞᆫ고
> 이몸이 느저 난 줄을 못내 슬허ᄒᆞ노라 [김천택]

> 唐虞(당우)ᄂᆞᆫ 언제 時節(시절) 孔孟(공맹)은 뉘시런고
> 淳風禮樂(순풍예악)이 戰國(전국)이 되야시니
> 이몸이 서근 선븨로 擊節悲歌(격절비가) ᄒᆞ노라 [김성기]

---

14) 최동원, 『고시조론』(삼영사, 1980), 307면.
15) 김용찬, 앞의 글, 119면.

두 작품 모두 인간사의 달라진 모습을 원망하면서 요순시절을 그리워하고 있다. 늦게 태어난 것을 슬퍼하고 격절비가(擊節悲歌)를 부르는 까닭은 자신들의 처지를 한탄함이겠고 또 동시에 차별 없는 이상세계로서의 요순시대를 동경하기 때문이겠다. 현실의 부조리함이 없는 이상세계를 꿈꾸는 것은 여항육인의 처지로서는 어쩌면 자연스러운 귀결이다. 이와 같이 성현을 기리고 이상세계로서의 상고시대를 그리워하는 것은 그들이 그들의 현실에 대응하는 하나의 시적 방식이 되고 있다.

여항육인이 그들의 현실에 대응하는 또 하나의 시적 방식은 현실에 대한 우회적 비판이다. 이것은 여항육인이 지닌 또 다른 양면성이기도 한데, 그들은 현실에 의해 좌절하고 체념하기만 한 것이 아니라 현실에 대한 비판과 냉소를 보이기도 하고 또는 그들의 자의식을 보이기도 하기 때문이다.

荊山(형산)에 璞玉(박옥)을 어더 世上(세상)사ᄅᆞᆷ 뵈라가니
것치 돌이여니 속 알 리 뉘 이시리
두어라 알 닌들 업스랴 돌인드시 잇거라 [주의식]

와 같은 작품에서는 겉이 돌인 줄만 보고 속은 볼 줄 모르는 세상을 비판하고 있다. 고사를 인용하여 자신을 알아주지 않는 현실을 한탄하고 있는 것이다.

구레 버슨 千里馬(천리마)를 뉘라셔 자바다가
조쥭 ᄉᆞᆯ믄 콩을 ᄉᆞᆯ지게 머겨둔들
本性(본성)이 왜양ᄒᆞ거니 이실 줄이 이시랴 [김성기]

이 작품은 자신을 "구레 버슨 천리마"로 표현하여 '세상에서 버림받거나 제대로 쓰임을 얻을 수 없는 존재'[16]로 표현하였다. 그런데 그 천리마를 세상 사람들이 알아보고 살지게 먹일 리도 없거니와 그렇다 하더라도 거부하겠다는 의식을 나타내었다. 이 역시 위의 작품과 같이 겉만 보는 세상을 비판하면서, 강한 자부심과 함께 그릇된 세상에 대해 앙앙대소하는 듯한 느낌을 주게 한다.

다음 작품들은 부조리한 현실에 대한 비판과 그 부조리한 현실에 대한 대응의 모습을 보여준다.

> 하ᄂᆞᆯ이 놉다 ᄒᆞ고 발져겨 셔지 말며
> ᄯᅡ히 두텁다고 ᄆᆞ이 ᄇᆞᆲ지 마롤 거시
> 하ᄂᆞᆯ ᄯᅡ 놉고 두터워도 내 조심을 ᄒᆞ리라 [주의식]

> 功名(공명)을 즐겨 마라 榮辱(영욕)이 半(반)이로다
> 富貴(부귀)ᄅᆞᆯ 貪(탐)치 마라 危機(위기)를 ᄇᆞᆲᄂᆞ니라
> 우리ᄂᆞᆫ 一身(일신)이 閑暇(한가)커니 두려온 일 업세라 [김삼현]

앞의 작품은 현실의 부조리함을 마치 세상사의 일반 진리를 말하는 것처럼 비켜서고 있으나, 현실에 대한 강한 불신감이 드러나 있다. 뒤의 작품은 부귀와 공명을 즐기고 탐하는 행위를 경계하고 있다. 화자가 일반에게 들려주는 듯한 교훈적 목소리로 가장했지만, 그 속에는 현실에 대한 비판과 그 현실과 거리두기, 그리고 자신들의 동류의식을 엿볼 수 있다. 부귀와 공명은 현실의 질서이고 '저들'의 질서에서 얻을 수 있는

16) 같은 글, 107면.

것이다. 따라서 '저들'의 탐하고 즐기는 행위를 비아냥거리듯 비판하면서, '우리'로 표현된 동류의식을 드러내고 있다.

窓(창)밧긔 아ᄒᆡ 와셔 오ᄂᆞᆯ이 새ᄒᆡ오 커ᄂᆞᆯ
東窓(동창)을 열처보니 녜 돗ᄃᆞᆫ ᄒᆡ 도닷다
아ᄒᆡ야 萬古(만고) ᄒᆞᆫ ᄒᆡ니 後天(후천)에 와 닐러라 [주의식]

주의식의 작품에서는 뜻이 맞지 않는 당시의 세상에 대한 불평을 드러내고 있는 것이 많다. 특히 위의 작품은 당시의 세상을, 어제나 오늘이나 '녜 돗ᄃᆞᆫ ᄒᆡ' 돋는 세상으로 파악하여 만고 변하지 않는 세상에 대해 절망과 무관심 혹은 냉소라 할 만한 정서들을 복합적으로 풍겨내고 있다.

한편 여항육인의 작품 중에는 자주, 체념이나 한탄도 유가적 이상으로서의 자연과도 전혀 상관없이 오로지 즐김 그 자체에 매몰되어 있는 작품도 볼 수 있다.

오ᄂᆞᆯ은 川獵(천렵)ᄒᆞ고 來日(내일)은 山行(산행) 가ᄉᆡ
곳다림 모ᄅᆡ ᄒᆞ고 降神(강신)으란 글픠 ᄒᆞ리
그글픠 邊射會(변사회)ᄒᆞᆯ 제 各持壺果(각지호과) ᄒᆞ시소 [김유기]

위 시조에서는 여항가객이란 미미한 신분으로 체념·한탄하던 그들의 모습을 어느 곳에서도 확인할 수 없다. 그것은 송강(松江) 정철(鄭澈)이 "보리밥 픗나물을 알마초 머근 후에……"에서 보이는 안빈낙도(安貧樂道)의 모습과 커다란 상거(相距)가 있다. 이럴 때에는 유교적 리(理)를 취하곤 하는 작품들이 오히려 자신들의 실상을 감추고 가식하는, 혹은 격조를 높이기 위한 도구로까지 보이는 것이다. 어쩌면 저러한 과정 속에서 진지함이 차츰 사라지고 행락과 유희와 도취로서 자신들의 세계를 만들어간 것이기도 할 것이다. 이렇게 현실적 갈등에 대해 치열하지 못한 점은 이들의 시작태도 및 시적 상상력의 한계로 지적될 수 있을 것이다.

이상에서 여항육인이 부조리한 현실세계에 대응하는 두 가지의 시적 방식의 양상들을 살펴보았다. 그 하나는 성현을 기리거나 상고시대를 동경함을 통해 이상적인 세계를 꿈꾸는 방식으로 나타나고, 또 하나는 현실에 대한 비판의 방식으로 나타난다. 그러나 이 두 가지의 방식은 교묘하게 양면성을 띠고 있어 서로 복잡하게 얽혀 있는 만큼, 여항육인의 당대 현실에 대한 복잡한 심회를 드러내는 듯도 하다.

3. 여항육인 시조의 전환기적 특성과 그 향방

1) 여항육인 시조의 양면성으로 본 전환기적 특성

앞에서 여항육인의 작품세계에서 보여주는 양면적 모습을 현실 인식의 측면과 현실 대응방식의 측면으로 나누어서 살펴보았다. 이를 통하여 여항육인의 작품세계에서는 양가적(兩價的)인 양상들이 대립하면서 공존하고 있음을 볼 수 있었다. 그런데 이러한 현상은 사적인 전환기에 있어 나타나는 보편적인 현상이다. 문학사의 전개에 있어서도 하나의 시대 내에는 고급스러운 장르와 민중적인 장르 혹은 서정적인 장르와 교훈적인 장르들이 서로 같이 '비대칭적'으로 존재하고 있으면서 그 중 어느 한 장르가 시대를 주도하는 장르로서의 역할을 한다. 그러나 장르의 교체기에 이르면 주도적인 장르는 자동화되어 식상해지고 비주도적인 장르가 전경화(前景化)되어 나타나게 된다.

18세기 초 『청구영언』(진본)의 '여항육인'조에 실려 있는 이들의 작품 세계를 살펴보면, 이와 같은 주도적 경향의 부침의 단초를 보게 된다. 즉 시조라는 장르가 내적으로 재편성 혹은 재조정되는 기미를 이 여항육인의 시조 작품들을 통해서 보게 된다는 것인데, 그러한 기미가 위의 여항육인 시조의 양면적인 성격으로 나타나는 것이다. 이러한 관점에서 이 양면성이 의미하는 바가 무엇인지를 18세기 시조의 전환기적 성격과 관련하여 살펴보고자 한다.

(1) 담당층의 변화

먼저, 여항육인의 시조세계가 보여주는 양면성은 담당층의 변화라는 관점에서 이해할 수 있을 것이다. 현실과 자연공간에 대한 여항육인의 시조 작품들이 보여주는 이질적인 두 모습은 근본적으로 사대부들의 전유물이었던 시조라는 기존 형식에 이들 여항인들이 새롭게 참여하는 과정에서 생겨난 필연적인 현상이다.

시조는 4음 4보격의 안정감을 갖도록 하되 3장 6구의 가장 짧은 시 형태로 정제된 형식적 틀을 지니며, 그 사상적 기반은 『시경』의 시정신과 『예기』 및 공자의 음악관에 기초하여 온유돈후한 실속이 있어 성정을 순화하고 민풍의 교화와 세교에 도움이 되도록 한 것이다. 특히 시조는 치자, 학자, 인격자로서의 자질을 고루 갖춘 군자의 노래로서 현실정치 뿐 아니라 학문과 인격수양과 그 완성을 지향하는 노래로 실현[17]되었던 고급장르였다.

이러한 형식적, 사상적 틀은 사대부에 의해서 수백 년 동안 향유되고

17) 김학성, 「시조의 시학적 기반」, 『한국고시가의 거시적 탐구』(집문당, 1997), 310면.

정제되어 온 것이었는데, 이를 중인 이하의 서리(胥吏)가 중심인 여항가객들이 부르고 지어서 자연스러움을 얻기에는 애초에 무리가 있었을 것이란 점은 어렵지 않게 짐작할 수 있다. 더욱이 이 당시의 대부분 중인이었던 위항시인은 한시를 지을 만한 교양을 갖추었지만, 가객은 위항인 중에서도 지체가 낮아서 한시를 짓는 모임에 참가할 처지도 아니었으며, 가곡을 부르는 음악활동으로 보람을 삼고 생계의 보탬도 얻었던[18] 이들이 대부분이었다.

이러고 보면 이들에게 있어 시조는 상승욕구로서의 사대부 취향을 만족시켜 주는 매체가 될 수 있었지만, 현실의 상황은 여전히 유교적 신분제의 질서 속에 있는 것이어서 시조라는 형식 속에 담겨져 왔던 내용을 그대로 답습하기에는 마땅하지 못한 면이 많았을 것이다. 즉 그들의 태생적 연원과 시조라는 형식의 사상적 기반이 서로 아퀴가 맞지 않는 이질적인 조우가 18세기 초 여항육인의 시조작품들에서 나타난 것이라 할 수 있다.

이러한 사정이 앞에서 살펴 본 바와 같이 자연을 노래하되 한 편은 유가적 강호가도에 편승하면서 또 다른 한편으로는 자연을 현실로부터 격리시켜 주고 현실의 울분을 치유시켜 주는 공간으로서 인식하는 양면성을 보였던 것이라고 할 수 있다.

(2) 규범적 이데올로기에 대한 갈등

여항육인의 작품세계가 보여주는 양면성의 이유의 두 번째로는 규범적 이데올로기에 대한 갈등으로 이해할 수 있다. 한 사회의 규범이 되는 이데올로기란 그것을 통하여 자신이 살아가고 있는 세계를 자각하고 이

---

18) 조동일, 『한국문학통사 3』(지식산업사, 1984), 170면.

해하고, 나아가 해석할 수 있게 하는 정형화된 관념이라 할 수 있다. 사람들은 이데올로기를 통해 그들이 어떠한 정치적 권리, 의무, 특권을 가지고 있고, 어떠한 기대를 할 수 있는지를 가늠할 수 있다. 그런데 한 시대의 지배적인 이데올로기가 약화되거나 도전받아 흔들리게 된다면 이는 사회 내의 여러 집단들의 갈등을 유발하게 되는 것이 필연적인 현상이다.

여항인들은 수백 년간 지속되어 온 유교적 이데올로기에 대해 회의를 품고 새로운 질서를 희망했던 이들이라 할 수 있다. 조선시대의 17세기 말에서 18세기 초라는 시기는 그 이전에는 볼 수 없었던 획기적인 변모가 광범위하게 일어난 시기이다.

> 서울을 중심으로 한 도시와 상공업의 발달이라는 물적 기반의 변화—상품경제의 번성, 인구 및 생산력의 급격한 증가—와 그에 따른 신분계층의 이동현상, 그리고 이를 기반으로 한 실학이나 천기론 및 성령론 같은 사상적-이데올로기적 변동이 그러한 전환기의 구체적 모습이다.[19)]

이 같은 전환적 시기는 서울을 중심으로 예술에 대한 새로운 인식적 전환이 일어나게 되었고, 이 중 중서가객층의 활동은 이러한 전환기 시조의 창작과 향유를 이끌어간 한 축(軸)이었다.[20)] 여항육인은 이 같은 인식의 변화를 느끼면서 또 행동으로 이끌어간 중심 주체로 활동한 것이었으니, 이들에게 있어 출생신분으로 규정되는 유교적 질서에 대한 회

---

19) 김학성, 「18세기 초 전환기 시조 양식의 전변과 장르 실현 양상」, 『한국시가연구』 23집(2007), 276면.

20) 같은 글, 같은 면.

의가 자라나고 이들이 새로운 질서를 희망하게 됨은 당연한 귀결일 것이다. 그래서

> 雲霄(운소)에 오로젼들 ᄂᆞ래 업시 어이ᄒᆞ며
> 蓬島(봉도)로 가쟈 ᄒᆞ니 舟楫(주즙)을 어이ᄒᆞ리
> 출하리 山林(산림)에 主人(주인) 되야 이 世界(세계)를 니즈리라 [김천택]

라고 이상을 실현시킬 수 없는 현실에 대한 답답하고 허탈한 마음을 노래하거나,

> 春風(춘풍) 桃李花(도리화)들아 고온 양ᄌᆞ 쟈랑 말고
> 長松綠竹(장송녹죽)을 歲寒(세한)에 보려므나
> 亭亭(정정)코 落落(낙락)한 節(절)을 고칠 줄이 이시랴 [김성기]

와 같은 작품을 통해서는 공적인 화자의 목소리로 일반 진리를 말하고 있는 것으로 가장하였으되, 실상은 현실 사대부들을 겨냥하여 그들의 처신에 대한 비판의 소리를 높이고 있는 것이다. 이 작품에서 여항가객으로서의 화자가 춘풍도리화(春風桃李花)들로 비유된 사대부들에게 장송녹죽(長松綠竹)이 지닌 세한(歲寒) 속에서의 절(節)을 보라고 이르고 있다. '장송녹죽'의 절을 세한에 보라고 하는 말은, 전언(傳言)의 대상인 위정자나 사대부들이 '정정(亭亭)코 낙락(落落)한 절(節)'에 미치지 못하고 있음을 말하고 있는 것이다.

이와 같이 여항육인의 시조 작품들에서는 기존 질서를 인정한 채 상층세계의 정신적 기반을 닮으려고 하는 사대부 지향적 색채를 띤 시조

작품들을 다수 볼 수 있거니와, 또 동시에 그러한 기존질서 때문에 낙담하고 개탄할 수밖에 없는 심정을 읊거나 혹은 에둘러 비판하는 모습을 보여준다. 이러한 대척적인 두 모습이 동시에 나타나는 것은 유교적 이데올로기를 기반으로 한 굳건한 유교적 신분 질서에 대하여 현실의 변화를 체험한 이들이 가질 수밖에 없는 갈등의 결과인 것이다.

(3) 새로운 유흥의 시도

장현과 주의식의 작품이 『해동가요(海東歌謠)』의 '고금창가제씨(古今唱歌諸氏)' 항목에 수록되어 있는 것으로 이들이 가창자였음은 확인되는 바이고, 김삼현은 『청구영언』(진본)에 그의 작품 6수가 실려 있으니 역시 가창자로 보아도 좋을 것이다. 김성기는 시조작가로서보다 악사로서 더 주목을 받았던 이이고, 김유기 역시 『청구영언』(진본)과 『해동가요』(박씨본)의 기록에 따르면 제자를 기르며 가악생활을 했던 이임을 알 수 있고,[21] 김천택은 더 말할 나위없는 조선 후기의 대표적인 시조작가요, 가집편찬자이자 가창자이다. 이들은 공히 신분이 미미했을 뿐 아니라, 이 시기의 시조 가창자는 중인 계층 중심의 위항시인들보다도 낮게 취급받았으며 가창자의 신분과 활동이란 '가곡을 부르는 음악활동으로 보람을 삼고 생계의 보탬도 얻다보니 시조작가 노릇을 하게 된 이들이며, 한시까지 지으면 지체를 높이는 데 도움이 되었겠지만 실제로 그런 능력이 없었을 듯한'[22] 이들이다.

따라서 이들에게 있어 시조는 자신의 욕구를 반영하고 지체를 높이는 데 소용되는 수단이 될 만한 것이었고, 이를 통하여 풍류의 격이 양반

---

21) 황충기, 「閭巷六人考」, 『어문연구』 46·47 합집(1985), 330~332면 참조.
22) 조동일, 『한국문학통사 3』, 170면.

사대부에 필적할 수 있음을 자부할 수 있는 소중한 것이었다. 그러나 시조를 통하여서도 현실이 마련하고 있는 벽은 너무 높고 두터운 것이기도 하거니와 "자신과 외부세계를 엄정함과 극기로 다스려 양자 사이의 조화와 안정을 추구하는 사대부층의 유가적 덕목과 미의식"[23]의 소산인 시조의 사상적 기반과 온전히 일치될 수 없었던 이들은 시조를 통하여 새로운 활로를 찾으려고 시도하게 되었다.

人間(인간) 어늬 일이 命(명) 밧긔 삼겻시리
吉凶禍福(길흉화복)을 하늘에 붓쳐 두고
그 밧긔 녀남은 일으란 되는 듸로 ᄒᆞ리라 [김천택]

위의 시조는 모든 것을 체념하고 포기하는 좌절감을 보여준다. 여항인으로서의 삶의 현실이 화자로 하여금 뿌리 깊은 절망감을 토로하게 한 듯한 정서를 보여주고 있다. 극기와 조화는커녕 모든 것을 운명에 맡겨버리는 시조이되 '시조답지 않은' 시조이다.

ᄭᆡ면 다시 먹고 醉(취)ᄒᆞ면 누어시니
世上榮辱(세상영욕)이 엇더튼동 늬 몰늬라
平生(평생)을 醉裡乾坤(취리건곤)에 ᄭᆡᆯ 날 업시 먹으리라 [김천택]

浮生(부생)이 쑴이여늘 功名(공명)이 아랑곳가
賢愚貴賤(현우귀천)이 죽은 後(후)ㅣ면 다 ᄒᆞᆫ 가지라
아마도 살아 ᄒᆞᆫ 盞(잔) 술이 즐거온가 ᄒᆞ노라 [김천택]

23) 김학성, 『한국 고시가의 거시적 탐구』, 292면.

와 같은 작품에서는 그러한 체념적인 운명론이 술로써 구체화되어 나타난다. 이런 유의 흐름은 삶을 절제와 긴장 속에서 조화와 안정을 추구하기보다는 그 절제를 긴장과 놓아버리고 유락적(遊樂的)인 지경으로 몰아가는 모습을 보이기도 한다.

> 人生(인생)을 혜여 ᄒᆞ니 ᄒᆞᆫ바탕 꿈이로다
> 죠흔 일 구즌 일 꿈속에 꿈이여니
> 두어라 꿈 ᄀᆞᄐᆞᆫ 人生(인생)이 아니 놀고 어이리 [주의식]

라든지,

> 오ᄂᆞᆯ은 川獵(천렵)ᄒᆞ고 來日(내일)은 山行(산행) 가ᄉᆡ
> 곳다림 모믜 ᄒᆞ고 降神(강신)으란 글픠 ᄒᆞ리
> 그글픠 邊射會(변사회)ᄒᆞᆯ 제 各持壺果(각지호과) ᄒᆞ시소 [김유기]

와 같은 작품에 이르면, 긴장과 조화보다는 해소와 풀이에 더 무게중심이 옮겨져 있음을 볼 수 있다. 그것은 안빈낙도(安貧樂道)나 안분지족(安分知足)의 마음가짐으로부터 나온 것이 아니라, 잠깐 당겨졌던 활시위가 풀려진 채로 유희적 도취에 낙락하고 있음에 지나지 않는다.

이처럼 여항육인의 시조는, 그것이 편승하려 한 것이든 자부심을 갖고 수용하려 한 것이든 간에, 근엄한 사대부적 취향을 보이는 작품이 있는가 하면, 반대로 현실의 고뇌를 지탱해내지 못하고 여지없이 유락적 세계로 빠져들어 풀어져버리는 양면의 모습을 보이고 있는 것이다.

2) 여항육인 시조의 전환기적 특성과 여항인 시조의 향방

(1) 담당층의 교체와 여항인 시조의 한계

시조사에 있어 조선 후기는 여항육인을 필두로 여항 가창자들이 시조의 담당층으로 적극적으로 참여하기 시작하여 주도권을 잡아가면서, 가단을 형성하여 활동하고 가집을 편찬하여 시조를 집대성하면서 시조의 영역을 확충해 간 시기이다. 조선 후기의 시조는 이같이 여항인의 활동과 참여로써 그 변화를 이루어 내었고 그 과정에서 일반 대중들의 생활상과 욕구를 다양하게 반영하였으며, 여항의 삶과 정서를 시조로서 담아내었다. 조윤제는 이러한 평민문학이 크게 일어난 데에 대단한 의미를 부여하면서, "그들 작가는 모두 과거와 같은 귀족층의 인물이 아니고 소위 평민계급에 속하는 인물들이며, 또 모두 창곡가들이다. 이 사실은 국문학사상 적지 않은 큰일이며, 시조문학에 일대 변동이 일어났음을 말하는 것이다."[24]라고 하면서, 특히 김천택과 김수장을 중심으로 '일세(一世)의 성사(盛事)를 이루었다'고 평가하였다. 이러한 사실은 시조가 어엿이 '국민문학'의 지위를 지니게 되는 계기가 되었으며 또, 근대적 지향점을 내재적으로 마련해 가고 있었다는 점에서 의미 있는 결과일 것이다.

그러나 한편으로 보면, 여항인이 주된 시조의 담당층이 되어 다양한 시정의 생활과 정서를 담아내었지만, 그것도 시간이 흐름에 따라 더 이상 새로움이 될 수 없었고 오히려 작품의 문학적 완성도는 전기 시조에 미치지 못하는 작품들이 양산되었다. 더욱이 오랜 기간 동안 여항인들이 시조를 주도하면서도 조선 전기 사대부 시조가 지향했던 것처럼의

24) 조윤제, 『국문학개설』(을유문화사, 1967), 171면.

뚜렷한 목적이 없이 부유하는 모습을 보여주었다.

> 그러나 이 시조들이 소재의 차원을 넘어선 총체적 의미에 있어 새로운 성취를 획득했다고 보기는 어려울 것 같다. 물론 그 가운데 그와 같은 진전을 성취하고 있는 것도 없지 않지만 지배적인 경향은 현실과의 긴장관계를 포기하고 '감상적'인 사랑타령과, 허무와 향락, 현실순응의 퇴행을 노정하고 있는 것이다.[25)]

이와 같은 관점에서, 여항인이 주도했던 18세기 이후의 시조사의 흐름은 한 시기 찬란히 빛을 발하다가 갈수록 목적과 방향, 가치를 상실하여 갈 곳을 잃고 스스로 상투화된 표현과 주제를 남발하면서 장르의 생명력을 새롭게 부흥시켜 가지 못하고 쇠퇴해 간 것이라고 할 수 있다. 이는 여항인이라는 계층이 가지고 있는 한계로부터 비롯된 것이겠으나 담당층의 교체가 현실과 개인에 대한 새로운 각성에 도달하는 데 이르지 못하고, 훗날 외세의 충격으로 인해 민족적 자아의 각성으로 연결되는 데 그치고만 것은 아쉬운 일이다.

(2) 기존질서에 대한 거부와 새로운 논리의 부재

여항육인은 그들의 작품들을 통해서 이미 중세적 질서에 대한 거부의 기미를 보여주었다. 그것은 규범적 유교이데올로기에 대한 갈등으로 나타났고, 이는 여항육인의 작품세계가 전혀 이질적인 두 대척적인 방향으로 양면성을 보이는 양상으로 나타났고, 이를 통하여 이들이 새로운

---

25) 고미숙, 『18세기에서 20세기 초 한국 시가사의 구도』(소명출판, 1998), 249~250면.

질서에 대한 희망을 간접적으로 추구함을 볼 수 있었다.

『청구영언』을 편찬한 김천택은 옛날 중국의 노래와 자기 당대의 노래가 대등하다고 하고, 명공석사의 시조와 위항천류의 시조가 같은 자리를 차지할 수 있다고 했으며, 사설시조도 옹호하였다. 당대의 노래의 위상을 높인 사유는 한시와 비견하여 시조의 가치가 덜할 것이 없다는 생각을 보이고자 한 것이겠고, 또한 시조는 김천택을 위시한 여항인들이 자부심을 가지고 자신들도 수준 높은 풍류의 취향을 구가할 수 있음을 피력하는 것이었다. 그리고 시조집의 편찬에서 '여항육인'을 '명공석사'와 구분하기는 하였지만 하나의 시조집에 나란히 배열될 수 있었다는 사실은 당시의 사정으로 보아서는 대단한 의지의 표현이 아닐 수 없는 일이다.

여항인들은 시조에서는 신분의 차별이 문제될 수 없다고 생각으며, "한시에서 마련된 규범이 문학의 척도라고 믿고 그만 못한 시조도 같은 위치에 올려놓고자 했으며, 사대부의 풍류를 가객들의 시조에서도 재현할 수 있다는 것을 보여주어 인정을 받고자"[26] 했다. 따라서 그들에게 있어 시조는 상층계급과 현실적 거리를 좁힐 수 있는 그리고 그들의 취향을 나누고 나아가 그들에 필적할 수 있는 너무나 적합한 수단이 될 수 있었던 것이다. 이는 상하신분 계급이 엄격한 사회에서 '경제적 능력' 혹은 돈이라는 재화가 신분질서의 토대를 위협하고 그 경제적 능력으로 신분상승을 꿈꿀 수 있었던 저간의 형편과도 통하는 것으로 판단할 수도 있을 것이다. 또한 여기에 현실적 좌절로 인한 여항인들의 동류의식도 이에 보탬이 되었을 것이다.

이러한 생각들은 앞에서 살펴본 바처럼 일견 시조를 통한 상승욕구의

26) 조동일, 『한국문학통사 3』, 292면.

추구처럼 보였지만 시대의 실상은 그렇지 않아 여항인들은 시조 속에서 그들의 좌절을 반복해서 보여주고 있다. 이런 형편이어서 여항인들은 시조 내에서부터 기존 사대부적 질서에 대항하여 새롭게 소재와 내용을 시조적으로 시도하는 노력을 하기에 이르게 되었고, 그것은 유락성의 추구와 소재의 다변화로 나타나게 되었다고 볼 수 있다. 한 예로 18세기 말에 편찬된 것으로 추정되는 『병와가곡집』을 보면, 18세기 '강호한정'을 노래한 작품이 초·중반에 편찬된 가집에 비해 큰 폭으로 줄어든 반면 '애정과 그리움'을 주제로 한 작품의 비중이 크게 증가하였으며, 평시조에서까지도 성을 주제로 한 작품이 나타나고 있다.[27]

또 한편으로 조선 후기 여항인들의 시조에서는 이전에 보기 어려운 소재와 표현을 통하여 정서표출의 영역을 확장하는 모습을 보여주었다. 그러나 이러한 모습들은 이 시기가,

> 농업생산력의 비약적 증가와 상품 화폐 경제의 발달로 특징지어지는 조선 후기는 중세 해체의 징후가 뚜렷이 노정되는 시기였다. 아울러 토대에서의 그 같은 움직임은 상부구조의 전 영역에 걸쳐 낡은 것을 고지하는 세력과 새로운 것을 지향하는 세력 간의 이데올로기 투쟁으로 현상하게 되었다.[28]

고 평가될 수 있는 시기이고 보면, 여항인들은 사대부층의 규범적 이데올로기에 대하여 대항의 기제나 방안을 적극적으로 찾아내지 못하고 시정의 생활과 소박한 감상적 정서를 표현하는 데 재빨리 관심을 돌려

---

27) 김용찬. 『18세기의 시조문학과 예술사의 위상』, 292면.
28) 고미숙, 앞의 책, 64면.

그 속에서 만족하는 데 그쳤다고 판단된다. 물론『청구영언』의 서, 발문을 통해서 그리고 여항육인과 만횡청을 따로 항목화했다는 점, 그리고 김수장이 김천택의 작품 일부를 감정의 희식(戱飾)이요, 관념적 모방이라 비판한 점,[29] 조선 중기의 가단이 위항한시에 비겨 독자적인 위상을 추구하고자 노력했던 점[30] 등등은 그들의 노력과 인식의 한 단초를 보여주는 것이다. 또, 여항인이 조선 후기 시조의 주도적 담당층으로 자리잡게 된 사정도 그들의 문화적 능력이 현저하게 성장하였고, 문학관에 대한 근본적인 반성이 있었기 때문이겠지만, 그와 같은 것들이 확대되고 구체화되어 폭과 넓이를 더하지는 못했던 것으로 생각된다.

(3) 가창의 중시와 장르의 해이

조선 후기의 시조는 소재 및 주제와 연행의 상황에 있어서 새로운 시도를 보여주게 된다. 정서표출의 영역이 확장되고 현실주의와 사실주의가 반영된 시조작품들이 대거 등장하였다. 특히 사설시조는 기존의 질서를 최대한 뒤집어 놓는 모습을 보여주었으며, 가창과 관련된 연행관습은 시조에서 음악적 요소가 적극적 활용되고 널리 전파되어 가게 만들었다.

18세기는 문학뿐 아니라 음악에 있어서도 급속한 변화를 이루었다. 가창자였던 위항인들은 시조의 창작과 가창에 적극적으로 참여하였는데, 상업이 발달하면서 생긴 대중들의 경제적 여유는 가창자에 대한 수요를 증가시켰고 이에 따라 위항인 가창자들은 큰 인기를 누리게 되었다. 이러한 변화는 사회적경제적 변화와 도시적 분위기 등에서 요구된 예술적

29) 최동원,「남파시조와 노가재시조의 성격」,『고시조론』(삼영사, 1980), 308면.
30) 김용찬, 앞의 책, 258~259면.

수요 때문에 나타나게 된 것이다.

『청구영언』(진본)에 수록된 여항육인의 시대만 하더라도 이들의 가객 혹은 금객으로서의 활동뿐 아니라, 당대적 상황을 살펴보면 이미 가창의 환경이 널리 조성되어 있음을 알 수 있으며 음악을 전수하고 후진을 양성하는 모습을 볼 수 있다. 18세기 중반에는 김수장을 중심으로 수많은 가창자들이 등장했는데 이러한 상황은 이미 여항육인의 시대로부터 그 기반을 가지고 있었던 셈이다. 18세기 후반기로 넘어가면서는 가곡의 인기가 더 높아져서 곡조가 한층 세분화되었으며 가객의 수가 대폭 늘어났는데,[31] 『해동가요』에 첨부된 '고금창가제씨'에서 56명의 가창자를 들고 있는 것을 보면 이 시기의 가창자들의 수가 전대에 비해 큰 폭으로 늘어났음을 알 수 있을뿐더러 가창에 대한 대중의 수요의 정도도 짐작할 수 있을 만하다.

김수장은 특히 가창에 지대한 관심을 가졌는데, 가창자로서 노래를 부르고 시조를 지었으며, 다른 이의 노래에 대해 비평을 하기도 하였다. 그는 "'써서, 보는 문학'으로서의 한문학과 '불러서, 듣는 문학'으로서의 노래가 각각 지니는 특성과 장단점 등을 인식하고 지속성의 결여라는 후자의 단점을 보완하고자 전자의 방법 즉 문자로의 정착을 시도"[32]하였다. 김수장의 이런 태도는 이전의 시조를 보는 태도와는 사뭇 차이를 보이는 것이다. 이는 시조에서 음악의 가치를 문학으로서의 시조보다 더 중요하게 인식한 것으로 해석될 수 있는 말이다. 이전 시기의 가집의 편찬의식에 있어서 이런 측면은 어느 정도 작용했으리라 생각될 수 있는 것이기는 하지만, 김수장에 이르러서는 시조에서 음악적인 측면이

---

31) 조동일, 앞의 책, 173면.

32) 조규익, 「김수장론」, 『시조학논총』 7집(한국시조학회, 1991), 152면.

매우 중시되고 있음을 보이는 것이다.

한편 조선 후기 시정－여항을 중심으로 창작 향유되는 많은 시가들이 "텍스트 그 자체를 향유하기 위해 생산된, 시정의 불특정 다수 독자를 위한 작품들이 상당한 비중을 차지"[33]하고 있다고 하는 점을 생각해보면, 이 시기 시조의 가창에 있어서 음악적인 측면이 얼마나 큰 비중을 차지하고 있었던가를 상대적으로 짐작할 수 있을 것이다.

그러나 창곡이 번성하게 되면서 상대적 현상으로 시조의 창작을 줄어들게 되었으며, 시조를 보는 사상적 기반으로서의 시조관의 형성이나 발전은 고사하고 시조의 노랫말의 중요성이 악곡의 지위에 눌리고, 따라서 자연히 시조라는 본래의 형식적 기반이 극도로 해이해져 갔다. 이에 더해 평시조의 형식과 격조를 극단적으로 풀어헤치면서 사설시조가 부상하기도 하였다. 문학사의 진행은 새로이 등장한 주도적 세력이 전시대의 자동화된 관습이나 세계관에 도전하여 새로움을 추구함으로써 새로운 관습이나 세계관을 담은 틀로서의 장르가 중심으로 부상하게 된다. 사설시조가 18세기 중기 이후 시조문학의 한 중심을 이루게 된 것은 이같이 기존의 평시조가 그 형식과 장르관습이 해이해지고 자동화된 결과로 파악할 수 있다.

이와 같은 조선 후기 시조의 커다란 변화의 중심에는 전문가창자로서의 위항인들이 자리 잡고 있었다. 사회 경제적 변화로 인한 시대의 요구와 여항인 가창자들의 취향이 어울려 시조장르는 그 시조다움을 잃고 관습적 틀이 심각하게 위협받았다. 이러한 현상으로 인하여 시조는 자연스레 다음 단계로 새롭게 변모해 갈 추동력을 마련하지 못하고

---

33) 김학성, 「18·19세기 예술사의 구도와 시가의 미학적 전환」, 『한국시가연구』 11집(한국시가학회, 2002), 8면.

있는 상태였으나 시조의 가창은 여항전문인들에 의해 심화되거나 더 집중되고 대중화되어 널리 퍼지고 음악으로서의 대중성을 확보하기에 이르렀다.

4. 결론

이 글은 조선 후기 시조사의 흐름에 적극적으로 참여하여 시조의 영역을 확장하고 담당층의 변모를 가져왔던 여항인들의 활동과 그 영향을 살펴, 이들의 참여가 시조사의 전개에 어떤 의의를 가져오게 되었는지를 살펴보기 위한 것이었다. 이는 18세기라는 특징적 시기의 시조가 보여준 근대적 성격을 가늠해 보기 위한 전제로서, 전기와 후기 시조의 전환적 시기인 18세기 초 여항육인의 작품세계를 살피고, 이들의 작품세계가 보여준 전환기적 요소들이 이후 시조의 전개에 어떤 변화의 요소로서 작용하였는가를 고찰하고자 하였다.

이를 위해 여항육인 시조가 보여주는 양면성에 주목하고, 이 양면적 성격을 전환기적 특성과 결부시켜 담당층의 변화와 기존질서에 대한 태도, 새로운 예술적 욕구 등의 세 가지 요소를 중심으로 하여 이후의 시조에 이들 요소가 어떻게 작용하고 있는지를 살펴보았다.

그 살펴본 결과를 요약해 보면 다음과 같다.

첫째, 여항인이 시조의 담당층으로 참여하여 담당층의 확대라는 커다란 변화를 이루었지만, 실상 그 담당층의 교체가 현실과 개인에 대한 새로운 각성에 도달하는데 이르지 못하였다.

둘째, 여항인 시조에서 기존질서에 대한 갈등과 거부의 움직임이 시조작품으로 반영되어 나타나기에 이르렀으나, 그 같은 의식이 구체화되지 못하여 시조의 새로운 면모를 만들어 가는 데까지 이르지는 못한 것으로 보인다.

셋째, 중기 이후 여항 가창인들의 적극적인 활동에 힘입어 시조의 연행에서 가창의 역할이 매우 중시되었으나, 이는 동시에 장르의 해이를 야기했고, 결과적으로 시조의 새로운 경지를 보여주는 데는 실패하였다.

이러한 결론은 이미 성호경에 의해서 '김천택 · 김수장을 위시한 여항 가창인들은 시조의 활발한 창작과 가창활동을 했지만 사대부 시조를 넘어서는 경지를 개척하여 새로운 세계를 펼침에는 나아가지 못하고 말았'[34]던 것으로 개괄적으로 지적된 바 있는 것이나, 이 글은 그 구체적 실상을 따져보았다는 데에 의미를 두어야 할 듯하다.

문학의 지속과 변이의 양상을 논하는 데 있어서 근대라는 개념을 둘러싸고 복잡다기한 논란이 있어왔고 그러한 상황은 지금도 여전한 것으로 보인다. 그만큼 문학에 있어서 근대적 성격의 유무는 개별 작품이나 장르의 속성을 거시적으로 평가할 수 있는 중요한 기준이 되며 시대적 흐름을 볼 수 있는 유용한 잣대가 되는 것이기 때문일 것이다.

글을 마무리하는 시점에서 바라는 것은, 우리 문학사에서 18세기가 정치 · 사회 · 경제적으로 전에 없던 커다란 변화를 가져온 시기이며, 특히 중인 이하의 하층 계급이 대거 시조의 새로운 담당자로 등장하게 되었다고는 하나, 그러한 요소들이 장르의 새로운 면모를 펼치고 구축해내기는 어려웠다는 점에서, 근대성과 관련된 이 시기 시조에 대한 판단이 신중했으면 하는 것이다.

---

34) 성호경, 『한국시가의 유형과 양식 연구』(2판, 영남대 출판부, 1997), 432면.

참고문헌

강명관, 「조선 후기 여항문학연구」, 성균관대학교 박사학위논문, 1991.

고미숙, 『18세기에서 20세기 초 한국 시가사의 구도』, 소명출판, 1998.

구자균, 『조선평민문학사』, 민학사, 1947.

김용찬, 「'閭巷六人'의 作品世界와 18세기 초 時調史의 일 국면」, 『시조학논총』 12집, 한국시조학회, 1996.

김용찬, 『18세기의 시조문학과 예술사적 위상』, 월인, 1998.

김용찬, 『조선 후기 시조문학의 지평』, 월인, 2007.

김학성, 『한국 고시가의 거시적 탐구』, 집문당, 1997.

김학성, 「18 · 19세기 예술사의 구도와 시가의 미학적 전환」, 『한국시가연구』 11집, 한국시가학회, 2002.

김학성, 「18세기 초 전환기 시조 양식의 전변과 장르 실현 양상」, 『한국시가연구』 23집, 한국시가학회, 2007.

박노준, 「김천택의 시조와 위항인적 삶의 갈등」, 『연민학지』 1집, 연민학회, 1993.

박노준, 『조선 후기 시가의 현실인식』, 고대민족문화연구원, 1998.

성호경, 「조선 후기 시가의 양식과 유형」, 『한국시가의 유형과 양식 연구』, 2판, 영남대학교출판부, 1997.

윤재민, 「중인 · 평민 · 위항의 개념 한계」, 『어문논집』 27집, 고려대 국어국문학연구회, 1987.

정재호, 「평민시조의 세계」, 『한국시조문학론』, 태학사, 1999.

정흥모, 『조선 후기 사대부 시조의 세계인식』, 월인, 2001.

조규익, 「김수장론」, 『시조학논총』 7집, 한국시조학회, 1991.

조동일, 『한국문학사상사시론』, 지식산업사, 1978.

조동일, 『한국문학통사 3』, 지식산업사, 1984.

조윤제, 『국문학개설』, 을유문화사, 1967.

최동원, 『고시조론』, 삼영사, 1980.

황충기, 「閭巷六人考」, 『어문연구』 46 · 47 합집, 한국어문교육연구회, 1985.

황충기, 『한국여항시조연구』, 국학자료원, 1998.

* 『애산학보』 제34집(애산학회, 2008. 12)에 실렸던 「'여항육인(閭巷六人)' 시조의 전환기적 특성과 그 향방」을 수정한 글임.

3장
사설시조의 '몸'에 대한 인식과 재현의 근대성

이 형 대*

1. 근대성의 담론 지형과 고전문학

이 글은 사설시조의 '몸'에 대한 인식과 재현의 양상을 분석하여 사설시조를 둘러싼 근대성 논의에 일조하는 데 목적을 둔다.

당초에 필자에게 부과된 과제는 '조선 후기 문학이 근대적 성격을 과연, 또는 얼마나 발현하고 있었는가'를 사설시조의 영역에서 검토해 보라는 것이었다. 그럼에도 불구하고 필자가 사설시조의 근대성에 관한 논의의 범위를 '몸'의 재현에 관한 문제로 제한한 데에는 나름의 이유가 있다. 무엇보다도 필자의 역량이 부족한 탓이기도 하지만, 지난 1990년대 중반 이후 한국 인문학계에서 활발하게 전개된 근대성을 둘러싼 담론의 지형이 매우 복잡하게 얽혀 있어, 명료하게 갈피를 잡기 어려운 데

---

* 李亨大: 고려대학교 국어국문학과 교수.
1962년 출생. 고려대학교 국어국문학과 문학사(1986), 문학석사(1991), 문학박사(1998; 「어부형상의 시가사적 전개와 세계인식」).
저서: 『한국 고전시가와 인물형상의 동아시아적 변전』(2002) 등.
논문: 「1920-30년대 시조의 재인식과 정전화 과정」(2008), 「정철 시조의 감성 표현 양상」(2009), 「근대 대중가요의 형성과 통속민요의 변주」(2010) 등.

에도 원인이 있다. 상황을 보다 분명하게 파악하기 위해 우리 고전문학사 및 사설시조 연구에서 근대성 검토와 관련된, 지난 세기의 연구사를 간략하게 회고해 보기로 한다.

거칠게 말하자면, '우리 고전문학이 근대를 향해 걸어온 길을 탐구'하고자 한 노력은, 비록 시기에 따라 논점의 이동이 있었고 논증의 체계도 달랐지만, 대체로 근대 학문의 성립시기로부터 지난 세기 말에 이르기까지 일관되게 견지되었다고 할 만하다.[1] 일제 식민주의 사관에 저항하여 국문학이 자기 정체성을 정립하고, 문학사 구성을 통해 근대 국민국가를 향한 역사적 궤적을 확인하는 과정에서, 근대는 고전문학이 도달해야 할 불변의 지표였다 해도 과언이 아니다.

사설시조 또한 근대시 창출을 향한 우리 시가의 발전경로를 구성하는 과정에서 재발견되었던 것으로 보인다.

주지하다시피 사설시조는 근대계몽기의 '동국시계혁명(東國詩界革命)'이나 1920년대 후반의 '시조부흥운동'에서도 소외되었던 양식이었다. 새로운 시대가 요구하는 이념이나 삶의 감수성을 담아내기에는 이 사설시조가 부적절하다고 판단되었기 때문이다. 사설시조가 다시금 주목받은 것은 1949년 고정옥 선생의 『고장시조선주』를 통해서였던 바, 그는 사설시조의 한계를 인식하면서도 그 안에서 구체성을 향한 리얼리티와 시민문학으로 계승되는 장시조의 정신 및 형식을 새롭게 발견하였다.[2] 말하자면 사설시조에 내재한 근대문학의 요소를 주목한 것이다.

이러한 관점은 후속 연구사에도 영향을 미쳤다. 조윤제 선생은 『한국

---

1) 이에 대한 상세한 논의는 정출헌, 「고전문학에서의 근대성 논의, 그 반성의 자리와 갱신의 계기」, 『국제어문』 35집, 국제어문학회, 2005와 강명관, 『국문학과 민족 그리고 근대』, 소명출판, 2007 참조.

2) 고정옥 저, 김용찬 교주・해설, 『교주 고장시조선주』(보고사, 2005), 76~77면.

문학사』에서 '근세에 사설시조가 파생한 그 정신에는 정형시에서 이탈하여 자유시로 나아가자 하는 그 정신이 충분히 내포되어 있었던 것'으로 기술하였고,[3] 박철희 선생에 의해서 더욱 논리적 정합성을 갖춘 설명모델이 만들어졌다. 즉 박철희 선생은 한국시사의 흐름을 자설적(自說的) 요소와 타설적(他說的) 요소의 대립과 주기적 순환으로 파악하였던 바, 근대시 형성에 있어서 서구적 영향을 인정하면서도 시사 발전의 내재적 요인으로서 사설시조의 무형시(無型詩)로서의 산문성, 개성적 리듬, 자유정신의 소산으로서의 주관 세계의 표현 등이 근대 자유시와 연접될 수 있었다고 보았던 것이다.[4] 그런데 이 시기 사설시조의 근대성 문제는 그 착목의 선구성은 인정할 수 있으나, 학술적으로 충분하게 논증되었다고 보기는 어렵다.

근대라는 것이 시간적인 관계 속에서 무언가 새로운 것을 향한 변화의 의미, 즉 역사적 진보를 내포하고 있었으며, 좀 더 구체적으로는 세계사적인 역사발전의 보편성으로서 '자본제적(資本制的) 생산양식의 성립'과 '국민국가의 형성'으로 이해되고 있었을 때,[5] 근대와 관련하여 한국 인문학계에 신선한 충격을 안겨 준 것이 1960년대 이후 학계에 제출된 내재적 발전론이었다. 농업 · 상업 · 수공업 · 광업사 연구 등에서 조선 후기 자생적인 자본주의의 맹아를 발굴해낸 사학계의 성과에 이어, 사상사 분야에서 실학의 발생에 대한 연구, 사회사 분야에서 조선왕조의 신분제 해체에 대한 연구는 한국사에 덧씌워진 식민주의의 타율성론과 정체론을 일거에 극복하고, 근대를 향한 한국 역사발전의 내재적 계기

3) 조윤제, 『한국문학사』(탐구당, 1970), 445~446면.
4) 박철희, 『한국시사연구』(일조각, 1980), 1~73면.
5) 당시 근대의 해명에 관한 학적 모색에 대해서는 김윤식, 「내가 살아온 한국근대문학」, 『한국시가연구』 24집, 한국시가학회, 2008 참조.

확인은 물론 세계사의 보편과 관련하여 한국의 역사와 문화를 해명할 수 있게 되었다.

근대주의의 자장(磁場) 안에 머물러 있었건 근대 너머를 사유하는 변혁론적 관점에서 보았건 간에, 당시 이 이론의 표착점(漂着點)이었던 근대는 긍정적인 것으로 인식되었고, 국문학계도 이에 발맞추어 실학파 문학, 여항문학, 서민문학에서 근대문학의 원천을 발견하고자 하는 노력이 가속화되었다.

사설시조의 근대성과 관련해서는 작자층의 계급성 해명과 세계 인식에 대한 연구가 탄력을 받았다. 이 성과에 따르면 사설시조에서 '물질적 현실에 대한 관심의 증대'라는 세계관의 변화가 뚜렷하게 보이는 바, 이는 생산력과 생산관계의 모순이라는 토대의 문제가 반영된 것으로 이해되었다. 담당층으로는 사대부 작자설과 대립하면서, 17세기 이후 물질적인 부의 축적과 이를 기반으로 새로운 예술 향유층으로 등장한 중간계층이 주목되었다.

중간층 작자설은 선행 연구에서도 간헐적으로 지적된 바 있어 아주 새롭다고는 할 수 없으나, 당시 사학계의 조선 후기사, 즉 상품화폐경제의 발달과 관련한 연구 성과에 힘입어 좀 더 구체적인 역사적 맥락에서 작자층의 존재 양상을 구명하였다는 데 의의가 있다. 그러나 이 시기 연구의 주류적 경향을 살펴보면, 사설시조에서 곧장 근대적 삶의 형상을 발견하기는 어려운 것으로 파악되고 있다. 사설시조에 나타난 탈중세적 기제들은 나름대로의 의의가 있으나 근대적인 전망과는 유리되는 양상을 보인다는 것이다. 사설시조의 지향은 무정향적인 쾌락이나 유희적인 세계인식으로 흘러가고 말았는데, 이는 다름 아닌 담당층들이 축적한 부의 기생성과 소비성, 역사현실에 대한 전망의 부재에서 기인한 것으로 규정되었다.[6]

이 시기 내재적 발전론의 기반 위에서 전개된 고전문학 연구는 새로운 시각과 연구 기반에 힘입어 전에 없는 활기를 띠었던 것은 사실이다. 그러나 관점의 참신함이 곧장 수준 높은 성과로 이어지는 것은 아니다. 이 시기 고전문학 연구풍토에 대한 정출헌 교수의 비판,[7] 즉 '모호하게 설정된 근대문학적 징표를 확인 · 검출하는 데만 관심을 가졌을 뿐 정작 작품이 놓인 시대와 작품이 그때 그곳에서 이룩한 문학적 성취를 읽는 데는 무관심'하였다는 비판은 사설시조 연구에도 어느 정도 해당되리라고 본다. 내재적 발전론의 연장선상에서 문학사의 합법칙적 발전 경로의 해명이라는 강렬한 목적의식으로 인해 사설시조에 담긴 다채로운 시적 언어, 수사 및 메타포, 당대적 삶에 대한 시선과 문학적 형상에 대한 진지한 성찰이 이루어지지 못하고, 토대와 직접 매개될 수 없는 문학의 상대적인 자율성에 대한 인식이 차분하게 견지되지 못한 점을 부인하기 어렵기 때문이다.

긍정적 함의를 지니고 있던 근대성 담론이 전복되기 시작한 결정적인 계기는 지난 1990년대 현실 사회주의권의 몰락과 더불어 출현한 포스트모더니즘 담론의 공세와 식민지 근대화론자들의 내재적 발전론에 대한 비판이라고 할 수 있다. 내재적 발전론에 대한 비판의 핵심은 자본주의 맹아론의 실증적 근거가 빈약하다는 것이며, 이론적으로도 서구의 자본주의 이행 모델—특히 영국의 사례를 한국사에 그대로 적용시킨 혐의가 짙다는 것이다. 해묵은 이 논쟁에 대한 발전적인 방안이 역사학계 일각에서 제시되기도 한다. 즉 역사 발전의 내재적 계기는 물론 외재적 변인

---

6) 대표적인 논의로 고미숙, 「사설시조의 역사적 성격과 그 계급적 기반 분석」, 『어문논집』 30집, 고려대 국어국문학연구회, 1991과 강명관, 「사설시조의 창작향유층에 대하여」, 『민족문학사연구』 4호, 민족문학사연구소, 1993을 들 수 있다.

7) 정출헌, 앞의 논문, 117면.

도 정당하게 주목해야 하며, 서구의 역사 발전을 모델로 삼는 사관에서 벗어나서 다원적인 역사관으로의 전환이 필요하다는 것이다.[8)]

현재 학계에서 한국의 근대는 19세기 후반 개항과 더불어 세계자본주의 체제에 편입되면서 시작되었고, 식민지시기에 본격적으로 진행되었다는 관점이 일반적으로 통용되고 있다. 내재적 발전론이 그 근저에서부터 공격을 받고 있을 때, 탈근대주의적 입장에 선 국문학 연구자들 사이에서도 민족문학의 연속성에 대한 회의적인 견해가 제출되기 시작하였다. 민족을 근대에 들어와 형성된 상상의 공동체로 보는 앤더슨의 견해를 수용하면서 제국주의의 대쌍으로서의 근대 민족주의를 새롭게 주목한 것이다. 이러한 입장을 취하다 보면, 전근대와 근대 사이에는 인식론적 단절이 존재하였으며, 한국의 근대는 전통과 무관하게 성립되었다고 보는 것이 논리적인 귀결이다. 그리하여 '제국주의 침탈에 의해 근대화가 진행된 한국의 경우' 전근대와 근대라는 '두 연대 사이의 내재적 발전을 상정하기 어렵다'고 결론지으면서, 근대 비판을 위한 근대의 기원적 공간으로서 근대계몽기를 조명하기 시작하였다.[9)] 이로써 실제의 역사 발전단계로서의 근대, 역사적 사실로서의 근대는 고전문학의 영역 밖으로 밀려나 버린 셈이다.

그렇다면 고전문학 연구에서의 근대성 논의란 이제는 무망(無望)한 것인가?

입장에 따라 다단한 차이가 있지만, 그간의 근대(성) 논의에서 비판적

---

8) 박찬승, 「한국학 연구 패러다임을 둘러싼 논의: 내재적 발전론을 중심으로」, 『한국학논집』 35집(계명대 한국학연구소, 2007), 73~118면 참조.

9) 고미숙, 「18세기에서 20세기 초 민족담론의 변이양상」, 『현대문학의 연구』 13집, 한국문학연구학회, 1999; 고미숙, 「근대계몽기, 그 생성과 변이의 공간에 대한 몇 가지 단상」, 『민족문학사연구』 14집, 민족문학사학회, 1999.
한편, 강명관도 마찬가지의 입장에 있다.

으로 인식되었던 것은, 진보와 발전을 선형적으로 배치하는 목적론적인 시간관의 문제, 근대의 본질을 하나로 환원하여 동질적 단일체로 특권화해서 보는 시각, 이를 곧 서구라는 지정학적 위치와 연계하여 모든 근대란 곧 서구의 근대라고 추상화하는 동시에 거기에다가 우월적인 지위를 부여하는 관점 등이다. 따라서 이를 극복하기 위해서는 근대주의적 사유의 패러다임을 벗어나서, 복수의 근대를 상정할 필요가 있다는 것이다. 근대성의 등장을 특정한 문화의 등장으로 본다면, 서구의 제 국가는 물론 문명권마다 다른 근대성이 있을 수 있고, 전통 속에서도 근대적인 요소를 발견할 수 있으며 또한 그 반대의 경우도 가능하게 된다.[10)]근대성을 이처럼 다면적이고 유동적인 것으로 볼 때, 고전문학에서의 근대성 논의는 여전히 유효하며, 지독한 서구 콤플렉스에서도 벗어날 수 있을 것이다.

비록 그렇긴 해도 이러한 견해가 논리적인 차원에서는 설득력을 지닐 수 있지만, 근대성의 경험이 그다지 풍부하지 못하고 더구나 이론적 기반이 취약한 우리의 입장에서는 고전문학에 반영된 근대성의 양상을 검증해내기란 실로 난감한 문제이다. 따라서 포괄적 대상에 대한 연역적 접근보다는 보다 미시적인 국면에서 하나하나 검토해보고, 이러한 논의의 집적 위에서 한국적 근대성의 윤곽을 잡아내는 것이 오히려 생산적일 수 있다고 여겨진다. 필자가 사설시조 가운데서 '몸'에 대한 인식과 그 재현을 주목하는 이유도 이와 같다.

10) 복수의 근대에 대해서는 박찬승, 앞의 논문 각주에 있는 찰스 테일러 및 폴 코헨의 논의, 그리고 하정일, 「복수의 근대와 민족문학」, 『민족문학사연구』 17호, 민족문학사학회, 2000 참조.

2. 사설시조의 근대성에 관한 최근의 논의들

근대성 구명을 명시적으로 표방하든 그렇지 않든 간에 사설시조에 대한 최근의 연구는 대체로 이와 연관되는 문제의식을 기저에 깔고 있는 경우가 많다. 그렇다고 해서 사설시조에서 곧장 근대성의 징표를 찾아내기보다는 접근의 경로를 다양화하고 있는 추세다. 내재적 발전론의 설득력이 약화되고, 사회역사적 사실로서의 근대의 기점이 19세기 후반으로 자리 잡은 반면, 탈근대주의 담론과 함께 대두한 근대성의 개념적 함의가 워낙 다의적이기 때문에 보다 신중한 모색이 수반된 탓으로 보인다.

실상 최근의 사설시조 연구에서 보이는 관심사들은 꽤 폭이 넓은데, 도식적 단순화의 위험을 무릅쓰고 크게 둘로 나누어 살펴보기로 한다. 하나는 사설시조의 시학 자체에 관한 연구이고, 다른 하나는 사설시조에 반영된 근대적 면모에 대한 검토이다. 물론 이 두 영역이 복합된 연구도 있지만, 논의 비중이 좀 더 큰 쪽으로 분류하여 다루기로 한다.

우선, 근대성과 관련한 사설시조의 시학에 관한 연구로서는 박철희 선생이 최근 저서『한국 근대시사 연구』에서 펼친, 1920년대 자유시 성립의 내적 배경으로서의 사설시조 시학에 대한 고찰을 들 수 있다.[11] 이 논의에 따르면, 사설시조는 대담한 구어체 언어의 사용(산문화)을 통한 개성적 형식의 창출, 종장의 관습적 구속에도 불구하고 자유로움이 구사되는 형식적 개방성, 분방한 정신과 자유 의욕, 자아의 발견 및 강조가 실현된 장르이며, 이러한 점에서 1920년대 자유시와의 유사성이 발견된다는 것이다. 하지만 이 논의는 일찍이 논자가 자설과 타설의 대립과

11) 박철희,『한국 근대시사 연구』, 일조각, 2007.

순환으로 한국시사 전개를 설명했던 논의에서 별반 달라진 것이 없다. 그리고 문혜원 교수가 적절하게 비판했듯이 두 장르 간의 형식과 내용의 관련성, 변화과정을 이론적으로 설명해내지 못하고, 당위적이고 심정적인 차원에서 설명되었다는 점이 아쉬움으로 남는다.[12)]

이에 비해, 조세형 교수는 사설시조의 형식적 특성을 구명의 대상으로 삼아서, 그 담당층 및 인식론적 기반, 시계열적 변이까지를 추론하여 보다 심화된 성찰을 이끌어내었다. 즉, 사설시조의 행 구성에서 보이는 사물의 열거와 수식어의 나열, 3단 구성 가운데 종장의 반전적(反轉的) 기능 등의 형식적 요소들이 전대의 시조에서 보이는 유사성과는 달리, 차이와 질서를 드러내고 있다는 점에 주목하여, 이는 곧 근대이행기에 새로운 인식소로 등장한 재현의 담론적 성향을 보인다고 하였다. 뿐만 아니라 사설시조라는 장르 내에서는 재현의 담론 이전 시기의 언어적 짜임을 보이는 작품들이 혼재하는, 중층성의 양상을 보이며, 이는 중세 후기 및 이행기의 특징이 혼효하는 증거라고 이해하였다.[13)] 후속 연구를 통해 조세형 교수는 성(性) 소재의 사설시조에서 재현의 다음 단계인 욕망의 담론을 검토하여 사설시조 내부에서 중세지향과 근대지향의 긴장 및 대립을 읽어내었다.[14)] 스스로 지적하였듯이 서구의 지식 공간에 대한 푸코의 고고학적 탐구 성과를 지적 전통이 상이한 한국적 상황에 그대로 적용한 점에 대해서는 좀 더 해명이 필요하지만, 사설시조 시학의 특이성과 복합성을 구명하는 데 전진적인 성과를 낳았다고 여겨진

12) 문혜원, 「한국 시(가)의 근대성 논리」, 『한국시학연구』 21호(2008), 232~237면.
13) 조세형, 「사설시조의 시학적 고찰」, 『국어교육』 112호, 한국어교육학회, 2003.
14) 조세형, 「사설시조의 중층성과 욕망의 언어」, 『한국고전여성문학연구』 7집, 한국고전여성문학회, 2003; 조세형, 「조선 후기 시가문학에 나타난 근대와 그 의미」, 『한국시가연구』 24집, 한국시가학회, 2008.

다. 특히 시학적 차원에서 욕망의 에피스테메(epistēmē)를 주목함으로써 사설시조의 근대성 탐구에 대한 입론의 여지를 열어두었다는 점은 평가할 만하다.

고정희 교수는 사설시조를 규정하는 장형성에 대한 분석과 그 인식론적 기반을 탐구하여 사설시조의 시학에서 이행기 문학적 성격을 밝히고 있다. 즉 평시조의 서정성과 휘모리잡가의 서사성 사이의 점이지대(漸移地帶)에 위치한 사설시조의 시학을 문제로 삼은 것이다. 고정희 교수의 분석에 따르면, 대체로 사설시조의 장형화는 중장의 확장과 종장까지 확장되는 두 경우로 나눌 수 있다. 중장이 확장된 경우는 곧 개체적인 사물이나 사실이 동일성 내의 차이를 지니면서 열거되기 때문인데, 그럼에도 불구하고 이러한 유형의 사설시조에서는 개별적 경험들이 선험적인 형이상학으로 수렴될 수 있다는 인식론이 견지되고 있다고 본다. 반면에 종장의 확장으로 인해 장형화된 경우, 휘모리잡가가 서사적 완결로까지 나아감에 비해 사설시조는 불확실한 경험들의 토로, 정체성 혼란이 나타나며, 이는 곧 선험적 형이상학에 대한 불신을 내포한다는 것이다. 그리고 이러한 인식론의 기저에는 상품화폐경제의 발달과 본질적 가치에 대한 더 이상의 성찰이 필요 없는 시정 공간, 전통적인 귀속 신분과 경제적으로 획득된 계급 사이에서 정체성 혼란을 겪는 담당층 등 이행기의 특이한 역사 상황이 자리하고 있었다고 본다.[15]

이와 같은 고정희 교수의 사설시조 시학 분석은 텍스트와 텍스트 담당층의 역사 현실에 기반하고 있다는 점에서 상당한 설득력을 지닌다. 그리고 사설시조의 이행기적 면모가 뚜렷하게 부각된다. 하지만 휘모리

15) 고정희, 「사설시조의 장형성과 이행기 문학적 의의」, 『고전문학과 교육』 10집, 한국고전문학교육학회, 2005.

잡가와 친연성이 있는 텍스트만을 대상으로 하였기에 사설시조 장형화의 전반적인 원리를 해명했다고 보기는 어려울 듯하다. 예컨대 안민영의 일부 사설시조에 나타나는 확장의 방식은 이와는 좀 다른 면모를 보인다고 여겨지기 때문이다. 사설시조의 시학이 근대 서정시의 주관적인 내면 표현과는 확연하게 다른 독자성을 지닌다는 점은 그의 다른 논문에서도 이미 검토된 바 있다. 즉 사설시조는 시적 자아의 내면 풍경을 '타자의 체험에 관한 짧은 이야기' 형식의 시각적인 이미지를 통해 보여주는데, 이러한 사설시조의 우화적 내면 표현 방식은 평시조나 근대시와는 다른, 일종의 과도기적 양식임이 분명하다는 것이다.[16)]

이도흠 교수의 경우, 조선 후기 시가 장르의 변모양상을 근대성과 관련하여 해명하는 자리에서 사설시조 또한 분석대상에 포함하였다. 동일 모티프의 평시조와의 비교를 통해서 이도흠 교수는 사설시조에서 해체의 미학, 풀어진 구조, 환유를 통해 은유의 이상화 · 동일화 경향을 와해시키려는 기도, 경험과 노동의 일상 회귀 및 물질성의 회복과 삶과 세계에 대한 구체적, 경험적 인식 등의 특성을 검출하면서 이러한 요소들을 향한 지향이 서양과는 다른 한국의 근대성이라고 보고 있다.[17)] 이 논의 또한 설득력을 갖추기 위해서는 분석 대상의 확대는 물론 도출된 항목들에 대한 좀 더 섬세한 논증이 수반되어야 할 것이다.

이상 시학적 차원에서 사설시조의 성격을 해명하고자 한 성과들에서는 사설시조의 이행기적 특성과 근대성이 나란하게 검출되고 있다. 하지만 각각의 논자들이 염두에 두고 있는 근대성의 함의와 분석의 방식

16) 고정희, 「사설시조에 나타난 우화적 내면 표현」, 『국어교육』 108집, 한국어교육학회, 2002.

17) 이도흠, 「18-19세기의 조선조 시가의 변모양상과 근대성 문제」, 『한국학논집』 43집, 한양대 한국학연구소, 2008.

이 공통의 이해 못지않은 차이를 내포하고 있기 때문에 그 어느 쪽이 옳다고 선불리 가늠하기는 어렵다.

이제 두 번째로 분류한, 사설시조에 반영된 근대적 모티프를 구명하고자 하는 논의들을 살펴보기로 한다. 근대성의 여러 요소들 가운데 빼놓을 수 없는 것이 도시성인데, 박애경 교수가 이 시기 시조 변화의 근본 동력으로 이 부분을 주목하였다.[18] 이 논의에서는 18세기에 도시가 발달하고, 도시 유흥 속에서 유통하게 된, 시조의 존재조건의 변화가 시조의 미적 자질과 감성 구조의 변인이 되었음을 전제한다. 이어서 실제 분석을 통해 사설시조에 나타난 도시인의 욕망과 감성, 세태의 다채로운 모습을 드러내는 한편, 감각적 경험의 가시적 재현이라는 형상 방식 또한 도시적 공간 체험에서 유래한 것으로 보고 있다. 특히 도시적 삶의 배경으로 한 사설시조에서 나타나는 물질에 대한 관심이나 개방적인 태도, 개인에 대한 자각 등은 '근대의 정신적 지향점과 어느 부분 상통한다'고 하여, 이 시기 사설시조는 일정 정도 근대성을 담아낸 것으로 보고 있다.[19]

사설시조가 물질세계에 대한 관심을 드러낸다거나 육체적 욕망을 거리낌 없이 표출한다는 점은 이미 고정옥 선생에서부터 지적되어 온 사실이지만, 최근에 근대성과 관련하여 이를 적극적으로 평가한 연구자는 박승희 교수이다.[20] 논자는 사설시조에 나타나는 '세계의 물질성에 대한

18) 박애경, 「조선 후기 시조에 나타난 도시와 도시적 삶」, 『시조학논총』 16집, 한국시조학회, 2000.

19) 논자는 이 논문에서 시조와 사설시조를 '시조'라는 용어로 통칭하여 쓰고 있으나, 분석대상이 모두 사설시조이기 때문에 오해를 피하기 위하여 '사설시조'라고 고쳐 쓰고자 한다.

20) 박승희, 「사설시조에 나타난 욕망 구조와 근대의 의미」, 『한국문학이론과 비평』 37집, 한국문학이론과 비평학회, 2007.

자각'을 특별히 주목하며, 이러한 현상은 '근대적 전환시기에 세계사가 지닌 보편적 흐름이었'다고 본다. 물질성에 대한 근대적 자각은 곧 욕망의 물질성이나 신체적 힘과도 관련이 되기 때문에, 사설시조에 나타난 성적 욕구나 그 표현들은 근대 생성적인 의미를 지닌다는 것이다.

사설시조에 표현된 여성 섹슈얼리티에 대해서는 시적 화자와 실제 작자의 관계를 어떻게 규정하는가에 따라 논자마다 입장이 다르다. 신은경 교수는 사설시조의 '님' 담론을 애정형태와 화자의 성차를 고려하여 네 가지 유형으로 나누고 그 가운데 둘을 주목한다.[21] 우선 여성 화자에 의해 육체적 애정을 노래한 작품들은, 실상 여성의 목소리를 빙자한 남성의 성 경험담이며, 여성이라는 타자를 도구화하는 것으로 전근대성의 영역에 속한다고 본다. 그러나 남성 화자에 의해 정신적 가치로서의 애정을 노래한 작품들은, 그 대상인 여성을 초점화 · 중심화 시키며 성 평등을 향해 나아가는 것으로 파악한다. 그리고 이러한 유형은 남성적인 가치 중심에 여성까지 포함하는 것이기에 가치의 다원화로 이해할 수 있으며 이것이 근대성의 한 징표가 될 수 있다는 것이다.

애정행위의 특수한 양상 중에 하나가 연애라면, 김흥규 교수는 1920년대 자유연애 담론의 전사(前史)로서 사설시조에 나타난 불안한 사랑모티프를 주목하였다.[22] 즉 연애라는 행위와 이를 소재로 한 작품들이 근대에 들어와 돌연히 발출한 것이 아니라, 남녀 간의 애정이 시적 모티프로 점증하던 중세해체기의 시편들에서 그 선행 형태를 확인할 수 있다는 것이다. 아울러 1920년대의 연애가 문학적 · 사회적 주제로서 강한 울림

21) 신은경, 「조선 후기 '님' 담론의 특성과 그 의미: 사설시조와 잡가를 중심으로」, 『시조학논총』 20집, 한국시조학회, 2004.

22) 김흥규, 「조선 후기 시조의 '불안한 사랑' 모티프와, '연애 시대'의 전사」, 『한국시가연구』 24집, 한국시가학회, 2008.

을 지닐 수 있었던 것은, 왕조시대의 제도와 규범 속에서 살아온 개체들의 애정에 대한 억압적 욕망이 예비되어 있었기 때문이며, '짝사랑', '새님', '남의 님' 모티프의 평시조나 사설시조는 그러한 욕망의 편린들을 노래한 것이라고 보고 있다.

이상에서 살펴본 바, 사설시조에서 근대성의 모티프를 발견하고자 하는 성과는 점차 그 탐색영역을 확장하고 있는 추세이다. 이는 매우 바람직한 현상이라 할 만하다. 그 이유는 우선 근대성에 대해 개방적, 다원적인 시야를 확보하고 있기 때문이다. 앞서도 얘기하였듯이 근대성의 서구적 원류만을 강조하는 순간, 동시대에 존재한 비서구의 문학은 무언가 열등한 것으로 간주되기 십상이다. 사설시조에서 근대성을 찾고자 하는 연구의 출발 동기에서 이미 전제되어 있듯이, 근대성은 순전히 서구로부터의 박래품만이 아니다. 그것은 욕망하는 사람들이 살고 있고, 낡은 중세적 제도와 관습, 규율에서 벗어나기를 꿈꾸는 사람이 있는 곳이라면 어디서건 생성될 수 있기 때문이다. 이 점은 또한 우리의 분절적 근대주의를 극복하기 위한 학문적 실천이란 면에서도 의미를 갖는다. 사실 근대나 근대성이란 역사학계에서 그어놓은 시기 구분의 계선(界線)대로 선명하게 분절되는 것은 아니다. 따라서 우리는 우리의 근대 형성에 있어서 외래적 충격을 인정하면서도 '근대란 과거의 다양한 사상(事象)에서 쓸모 있는 과거(usable past)의 몇 가지를 골라내서 거기에 수정, 변형, 신기한 조합, 초점 치환 등 새로운 수정을 더하는 것으로 새로운 자기(自己)를 조직화한다'[23]는 의견을 경청할 필요가 있다.

이러한 전제에 동의한다 하더라도, 사설시조에서 근대성을 검토하는

---

23) 川本皓嗣, 「일본 시가에서 전통과 근대의 상호관계」, 『한국학논집』 43집』(한양대 한국학연구소, 2008), 10면.

논의는 좀 더 차분하고 치밀해질 필요가 있다. 예컨대 사설시조에서 환유의 언어가 발견된다고 해서 이를 곧 근대성의 징후로 간주해서는 곤란할 것이다. 이는 지배의 언어를 해체하고자 하는 환유의 변혁성을 의심해서가 아니라, 환유의 작법이 근대이행기만의 특징이 아니기 때문이다. 때문에 사설시조에서 보이는 환유의 양상과 기능, 효과 등이 컨텍스트와 관련하여 풍부하고도 정밀하게 분석되어야 사설시조의 시학이 제대로 드러날 뿐만 아니라, 이에 나타난 근대성의 문제도 풍부하게 검토될 수 있을 터이다. 환유의 언어가 진즉에 송강 가사(松江歌辭)의 작시원리로 구명된 바 있으며, 그 이전의 시가에서도 발견될 수 있다면, 근대성과 관련하여 주목할 점은 환유의 작동 방향, 즉 정치성이어야 한다. 중세적 가치의 해체를 지향하는 환유라야 근대성의 담론 영역에 포함될 수 있을 것이다. 사실 최근의 사설시조 연구의 일각에서는 이러한 문제의식이 확연하게 드러나기도 한다. 선행연구에서 잘못 적용된 리얼리즘의 개념을 바로잡고, 사설시조의 시학원리와 관련하여 재정초한 경우를 사례로 들 만하다.[24)]

이제 사설시조의 '몸'에 대한 인식과 재현의 문제를 통해 근대성을 짚어보기로 한다.

3. 사설시조의 '몸'에 대한 인식과 재현의 근대성

사설시조가 신체의 무의식적 욕망, 특히 성적 욕망을 거리낌 없이 분출하는 것을 시적 지평에 끌어옴으로써 평시조의 규범적 미학을 전복시

24) 고정희, 앞의 논문.

키고 있다는 사실은 이미 누구나 알고 있는, 따라서 진부한 얘기일 수 있다. 그럼에도 불구하고 다시금 논의의 대상으로 삼고자 하는 이유는 사설시조와 관련한 '몸'의 담론이 본격적으로 다루어진 바 없고, 더군다나 사설시조의 근대성을 논하는 자리라면, 근대 주체의 형성 문제를 간과할 수 없기 때문이다. 따라서 사설시조에 나타난 몸에 대한 사유와 미적 형상이 중세적인 가치의 세계에서 얼마나 일탈했는지는 반드시 짚어져야 할 사안이다.

사설시조와의 대비적 준거를 마련하기 위하여, 우선 장현광의 「사람의 몸에 대한 설(人身說)」을 통해 조선시대 성리학적 지식인들의 몸에 관한 사유의 일단을 간략히 살펴보기로 한다.[25]

장현광은 이 글에서 '우리 인간의 이 몸은 하늘과 땅 두 사이에 위치하여 우주의 모든 사물과 변화의 허다한 도리가 한 몸 위에 서로 응하지 않음이 없'[26]다고 하여 몸을 천지자연과 상동적 질서를 지니는 우주의 연장으로 파악한다. 따라서 몸에는 우주의 이치가 온전하게 갖추어져 있으며, 음양오행이라는 자연의 법칙과 상응한다. 또한 몸의 자연적 수명은 유한하고 욕망도 있지만, 인륜과 본성을 지켜서 금수의 경지에 떨어지지 않아야 한다고 생각하고 있다.[27] 그리고 마음은 본체로서의 성

---

25) 張顯光, 「人身說」, 『旅軒先生續集』 卷之四, 雜著. 번역문 및 원문은 한국고전번역원 홈페이지(http://www.itkc.or.kr/index.jsp?bizName=MK&url=/MK/MK_NODEVIEW.jsp%3Fseojiid=kc_mk_h005%26gunchaid=bv004%26muncheid=01%26finid=010).

26) "吾人此身 居兩間之位 凡宇宙事物許多變化 其道理無不相應於己身之上焉."

27) "若夫有生必有死 此亦理之常也 如或以情欲汨其性 物撓戕其生者 不足言矣 至於生順死安者 道固然也 此乃理氣中有物之常道也 物雖有大小 其理一也 則天地亦何得有始而無終乎 吾人稟二五之秀氣 首贏族而特立 頭冠足履 上衣下裳 所性者 仁義禮智信也 所倫者 父子君臣夫婦長幼朋友也 所食者 粟米蔬果魚肉也 所居者 宮室第宅也 能以一心通萬心 一身通萬身 一物通萬物 一世通萬世 有與天地合其德 日月合其明 四時合其序 鬼神合其吉凶者也 參贊化育 其事業也 嗚呼 此身之最靈最貴 既自如此矣 而不自知其靈貴 至於行屍走肉 乃禽

(性)을 지니고 있으며 몸은 이 성(性)을 행하는 곳으로 인식한다.[28] 따라서 마음이 없는 신체는 한갓 고깃덩어리이거나 시신(屍身)에 지니지 않는 것이라고 여겼다. 이런 점에서 몸과 마음은 통일체로 인식되면서도, 마음은 몸에 대해 주재성(主宰性)을 지닌다고 할 수 있을 것이다.[29]

한편 성리학에서는 신체적 욕망을 어떻게 인식하고 있는가. 일단 욕망의 존재, 그 자체는 부정하지 않는다. 주희는 "인간에게 이 몸이 있으면 이목구비와 사지의 욕망이 있다."[30]고 하였다. 그러나 이 욕망은 위험한 것으로 간주되고 있다. 욕망을 제대로 억압하지 못할 때에는 착한 본성의 상실은 물론, 천리를 위반하며 사회적 혼란을 야기할 수 있기 때문이다. 따라서 '극기복례(克己復禮)', '존덕성(存德性) 멸인욕(滅人慾)'과 같은 수신이 매우 중요한 것이다.

사실 이런 식의 인식은 강호시가나 훈민시조의 시적 형상에서 너무나 많이 보아온 것이다. 한편 이 '몸'이라는 시어는 '身(신)'이나 '體(체)'와 함께 평시조에서 상당수 발견되는 시어인데, 그 의미역은 '생물학적 신체'를 의미하는 경우도 있지만, 대체로는 '자아가 체현된 몸, 사람의 인격이나 본성 등이 체화된 추상적 의미의 몸'을 지칭하는 경우가 대부분이다. 다시 말하자면, 의미상으로는 주체 자신을 지칭하는 경우가 대부분이다. 그리고 이 인간 주체는 사회 및 우주와 분리될 수 없다.

乃獸 醉生夢死者 豈非可哀之甚者耶."

28) "理之在於心曰性. 性之行於身曰道. 人之性. 卽天之性也."

29) 이영찬, 「'몸'에 대한 유교적 인식: 유교사회학 정립을 위한 예비적 논의」, 『동양사회사상』 15집(동양사회사상학회, 2007), 143~145면; 조민환, 「유가 미학에서 바라본 몸」, 이거룡 외 저, 『몸 또는 욕망의 사다리』(한길사, 1999), 76~87면 참조.

30) 朱熹, 『朱子文集』 77권, "人存是身 卽有耳目口鼻四肢之欲"(이영찬, 앞의 논문, 147면에서 재인용).

눔의 말 니ᄅᆞ디 말고 내 몸을 슬펴 보아
허믈을 고티고 어딘 ᄃᆡ 올마ᄉᆞ라
내 몸의 온갓 흉 이시면 눔의 말을 니ᄅᆞ랴.

[*선원 7] #p 5350, 740. [金尙容]=/선원, (〈訓戒子孫歌〉 2)

是非(시비) 업슨 後(후) ㅣ라 榮辱(영욕)이 다 不關(불관)타
琴書(금서)를 흐튼 後(후)에 이 몸이 閑暇(한가)ᄒᆞ다
白鷗(백구) ㅣ 야 機事(기사)를 니즘은 너와 낸가 ᄒᆞ노라.

[*청진 129] #p 17630, 2520. [申欽]=/병가/시가/청가/청육/청진/청홍/해박/해일/해정/해주 [ ]=/가보/영류

이 두 작품에는 '몸'이라는 시어가 공통적으로 쓰이고 있다. 자손들에 대한 도덕적 훈육을 목적으로 한 김상용의 시조에서 '몸'이란 생물학적 육체가 아니라 인격적 주체를 의미한다. 청유형의 어조를 통해 이 시조가 권장하고 있는 것은 도덕적 주체로서 나에게 품부된 '어짊'을 함양하라는 것이다. 말하자면 몸은 일종의 덕성이 발현되는 장소이며, '눔의 말'과 '내 몸'의 대비적 관계가 암시하듯이 윤리적 공동체의 규범에 순응할 때, 비로소 존재의의를 지닌다. 강호자연에서의 한가한 삶을 노래한 신흠 시조에서의 몸도 주체 자신에 대한 지시적 성격이 강하다. 16~17세기 강호시조의 전형적인 면모를 지니고 있는 이 노래에서 주체의 위상은 두 개의 관계망 속에서 규정된다. 하나는 '시비(是非)'·'영욕(榮辱)'이 표상하는 바의 사회적 자아와 관련된 것이고, 다른 하나는 '백구(白鷗)'가 함축하는 자연 속의 우주적 자아이다. 1613년 계축옥사로 인해 파직당하고, 선영이 있는 김포로 방축된 이후 지은 이 노래에서는 정치현실에서 소외된 자아를 위무하고, 자연 체험을 통해 본성을 찾고 우주적 일체화

를 추구하고자 하는 소망이 뚜렷하다. 대북파(大北派)와의 쟁투적인 정치 현실을 무대로 하면서, 사대부의 출처관과 성리학적 우주론, 심성론 등 중세적 관념과 전통의 촘촘한 연계 속에서 추상화된 몸이 노래되고 있는 것이다.

우리가 사설시조의 몸에서 근대성의 단초를 발견할 수 있다면, 그것은 이러한 전통의 인식론적 기반과의 단절이 감득되기 때문이다. '몸에 대한 근대적 정의는 인간이 우주와, 다른 사람들과, 그 자신과 단절되는 것을 의미한다'[31]고 할 때, 그것이 비록 서구의 지적 전통에서 귀납된 것이라 할지라도, 사설시조의 세계에서는 시사하는 바가 많다.

> 山(산) 밋틔 집을 지어 드고 볠 것 업셔 草(초)식로 녜어시니
> 밤中(중)만 ᄒᆞ야셔 비 오ᄂᆞᆫ 쇼릐는 우루룩 쥬루룩 몸에 옷시 업셔 草衣(초의)를 입어시니 ᄉᆞᆯ이 다 드러나셔 울긋블긋 블긋울긋
> 다만지 칩든 아니ᄒᆞ되 任(임)이 볼가 ᄒᆞ노라.
> [*청육 719] #s 1631, 14300, 2032. [ ]=/청육/홍비

> 둑거비 뎌 둑거비 ᄒᆞᆫ 눈 멸고 다리 져ᄂᆞᆫ 저 둑거비
> ᄒᆞᆫ 나릐 업슨 파리를 물고 날ᄂᆡᆫ 쳬 ᄒᆞ야 두험 ᄊᆞ흔 우흘 솟ᄃᆞ다가 발싹 나뒤쳐지거고나
> 모쳐로 몸이 날ᄂᆡᆯ세만졍 衆人(중인) 僉視(첨시)에 남 우릴 번ᄒᆞ거다.
> [*청육 741] #s 1057, 9230, 1330. [ ]=/청육/해박

이 사설시조들에 나타나는 몸은 생물학적, 물질적인 의미가 좀더 농후

31) 다비드 르 브르통 저, 홍성민 역, 『근대성과 육체의 정치학』(동문선, 2003), 55면.

한 '육체'로서의 느낌이 훨씬 강하다. 서구에서는 흔히 해부학의 발달이 전체로서의 인간과는 다른, 물질적인 몸에 대한 근대적 표상 형성의 한 계기가 되었던 것으로 이해되고 있다. 사설시조에서 육체로서의 몸이 시적 공간에 이입된 직접적인 계기에 대해서는 세심한 탐구가 필요할 터이지만, 문면에서 추론해 보건대 성리학적 사유로부터의 일탈, 경험적 현실을 향한 시적 관심의 이동 등을 들 수 있다. 사설시조에서 몸이 가장 많이 등장하는 경우는 성적 모티프와 관련해서이지만, 때로는 현실적인 궁핍의 모티프를 동반하는 경우가 더러 있다.

첫째 작품에서는 가난으로 인하여 지붕은커녕 제 몸도 제대로 못 가리다가 밤중에 내린 비에 속살마저 드러나는 애처로운 상황을 배경으로 제시하고 있다. 이것은 물론 종장의, 님에 대한 나의 심리적 태도를 드러내기 위한 희극적 과장이다. 즉 찬비에도 불구하고 살갗에 부딪는 추위를 이겨낼 수 있을 정도의 연정과 임 앞에서 맨살의 적빈함을 드러내야 하는 데 대한 부끄러움이 그것이다. 독자의 입장에서 본다면, 제 앞가림도 못하는 터수에 임을 두고 있다는 사실이 웃음을 자아내면서도, 그 님 앞에 자신의 치부를 드러내기를 꺼려하는 화자의 입장에 공감과 연민의 정감을 불러일으킬 법도 하다.

근대성과 관련하여 이 작품을 다시 음미해 볼 때, 우선 우리는 새로운 인간형에 대한 표상이 출현하고 있다는 사실을 발견할 수 있다. 즉 개별자의 출현이다. 앞서 살펴 본 김상용의 작품에서 주체는 공동체의 도덕률에 입각해 있을 때만 존재가치를 지닌다. 신흠의 시조에서 주체는 위계적인 사회질서 속에서 출처의 공간이 규정되어 있었으며, 우주와 연쇄적인 관계에 놓여있었다. 그러나 위 사설시조의 인물 형상에서는 그와 같은 중세적 실존 조건과의 관계를 암시하는 흔적을 발견하기 어렵다. 전통에 의해 부과된 타율성으로부터의 해방, 또는 전통의 영향력에 대한 종속적 지위에서 벗어나는 개인의 출현이 근대성을 이해하는 하나의 지표임이 분명하다면[32] 이 사설시조의 육체적 인간은 근대적 개인의 맹아적 모습을 보인다. 사실 이 작품에서 주체는 전체적 인간의 모습이라기보다는 '살'이라는 제유적 형식으로 표상되고 있으며, 근대사회의 규율 규범을 내재화하거나 이에 종속됨으로써 획득하는 자율적 주체와는 아직도 거리가 멀다. 그러나 근대는 이러한 개인들의 탄생으로부터 시작되는 것이다. 이와 함께 평시조의 전통에서 흔히 안빈낙도로서 위무되어 왔던 가난의 문제도 이 사설시조에서는 현실적 삶을 압박하는, 리얼리티를 지닌다. 다시 말해, 관습적인 수사의 전통에서 벗어나 있다고 볼 수 있다.

우화적 모티프를 활용한 두 번째의 사설시조는 이와 유사한 내용의 사설시조에 대한 선행의 해석을 참조해 본다면, 일단 조선 후기 사회에서 자행된, 신분이나 권력을 매개로 한 중층적 수탈상에 대한 풍자적 알레고리로 간주할 여지도 있다. 그러나 우선 텍스트 내에서 해석적 실마리를 찾아보자면, 신체적 능력의 과신에서 오는 어리석음에 대한 풍자적 웃음을 포착한 것으로 보인다. 한눈이 멀고 다리를 저는 두꺼비는 불구의 신체를 가진 존재이다. 그리고 그러한 신체적 능력에 걸맞게 한 날개가 없는 파리를 포획하였는데, 문제는 실속 없이 득의양양한 나머지 '날닌 쳬'를 하고 싶어졌다는 것이다. 결과는 불 보듯 뻔하게 '발딱 나뒤쳐'지고야 말았는데, 그럼에도 불구하고 천연덕스럽게 날쌘 몸을 지녔기에 다행이라고 발명하는 데서 웃음을 유발시킨다. 즉 이 작품의 풍자는 신체적 능력과 지적 판단력의 불일치에서 오는 용렬한 인물의 어

32) 알랭 르노 저, 장정아 역, 『개인: 주체철학에 관한 고찰』(동문선, 2002), 18~25면 참조.

리석음을 겨냥한 것이지만, 한편으로 개체적 존재의 몸에 대한 시적 관심이 증대하고 있다는 시사적 추이를 암시하고 있기도 하다. 만일 사지가 온전한 두꺼비가 동일한 결과에 이르렀다면 웃음의 효과는 반감되었을 것이다. 다시 말하자면 불구의 신체를 지닌 존재였기에 풍자의 효과가 크다. 이런 점에서 사설시조에서는 존재를 규정하는 우선적인 준거가 몸 쪽에 놓여 있다는 것을 암시한다고 볼 수 있다.[33)]

이제 사설시조에 나타나는 몸에 대한 인식과 재현 양상을 살펴볼 차례이다. 다만 '몸'이라는 시어를 사용하지 않더라도 신체와 관련된 시어나 시적 형상을 담고 있는 작품도 검토대상에 포함하기로 한다.

무엇보다도 먼저 살펴볼 작품은 몸 자체에 대한 인식이 드러나는 작품들이다.

> 졔 얼골 졔 보와도 더럽고도 슬뮈웨라
> 검버셧 구름 씬 듯 코춤은 쟝마 진 듯 以前(이전)에 업든 쌔식 바회 엉덩이에 울근블근
> 우리도 少年(소년) 行樂(행락)이 어제런 듯 ᄒᆞ여라.
> [*청육 884] #s 2970, 26000, 3635. [ ]=/원국/원규/원박/원불/원육/원일/원하/원황/청육/해악/협률/화악

> 高臺(고대) 廣室(광실) 나는 마다 錦衣(금의) 玉食(옥식) 더옥 마다
> 銀金(은금) 寶貨(보화) 奴婢(노비) 田宅(전택) 비단 치마 大段(대단) 쟝옷

33) 이 논문에서 말하는 사설시조는 사설시조에 대한 全稱이 아니다. 이미 기왕의 연구에서 상당수 연구자들이 지적하였듯이 사설시조는 중층적인 텍스트들의 집합이다. 사설시조에서도 송축이나 강호한정을 노래하는 작품들은 평시조의 세계관에 가깝다. 여기서는 그 반대쪽에 있는 작품들을 지칭한다.

蜜羅珠(밀라주) 겻칼 紫芝(자지) 鄕織(향직) 져고리 ᄯᅳᆫ머리 石雄黃(백웅황)
오로 다 ᄭᅮᆷᄌᆞ리 ᄀᆞᆺ고

眞實(진실)로 나의 平生(평생) 願(원)ᄒᆞ기ᄂᆞᆫ 말 ᄌᆞᆯᄒᆞ고 글 ᄌᆞᆯᄒᆞ고 얼골 ᄀᆡ쟈ᄒᆞ고 품ᄌᆞ리 잘ᄒᆞᄂᆞᆫ 져믄 書房(서방)이로다.

[*청진 559] #s 203, 1740, 249. [ ]=/가보/고금/동국/병가/시가/영류/원국/원규/원불/원육/원하/청가/청영/청육/청진/해박/해악/협률/화악

술이라 ᄒᆞ면 ᄆᆞᆯ 물 혀 듯ᄒᆞ고 飮食(음식)이라 ᄒᆞ면 헌 말등에 셔리황 다앗 듯

兩(양) 水腫(수종)다리 잡조지 팔에 할ᄀᆡ눈 안ᄑᆞᆺ ᄉᆞᆸ장이 고쟈 남진을 만셕듕이라 안쳐 두고 보랴

窓(창) 밧긔 통메 장ᄉᆞ 네나 ᄌᆞ고 니거라.

#s 2004, 17431, 0. [ ]=/병가/청가

위 사설시조들에 나타난 몸의 인식과 재현은 이전의 시조 전통에서는 유례없을 만큼 파격적이고 참신하다. 미리 말하자면, 육체란 시간의 유한성 속에서 늙고 파괴될 수밖에 없는 생물학적, 물질적 구성물이며, 인간은 이러한 육체성으로부터 유리될 수 없는 존재라는 인식이 작용하고 있으며, 그러하기 때문에 육체가 인간을 판단하는 최종적인 준거점으로 작동하고 있다는 점이다.[34)]

첫 번째 작품은 평시조의 전통에서 보자면 일종의 탄로가(歎老歌)에 속한다. 강호시조가 대개 지속적이고 원환적인 시간인식을 표상하는 데

34) 피터 부룩스는 이를 근대적 육체의 성립으로 본다. 피터 부룩스 저, 이봉지・한애경 역, 『육체와 예술』(문학과지성사, 2000), 116~117면.

비해, 탄로가의 경우 흘러가는 시간과 늘어가는 백발을 통해 불가역적 시간 인식이 드러난다. 늙음과 죽음은 누구도 피해갈 수 없는 자연적인 현상이다. 그래서 늙어가는 자신에 대해 시적 관심이 모아질 때, 늙음에 대한 탄식과 운명에 대한 순응을 노래하는 것은 오히려 자연스러울 것이다. 그러나 사설시조에서는 그 표상방식에 있어 두드러진 차이가 나타난다. 노화되어 가는 육체에 대한 치밀한 묘사가 이루어지고 있는 것이다. 인용 작품에서도 구름 낀 듯 거무스름한 검버섯, 장마 진 듯 흘러내리는 콧물, 여위어서 울근불근 드러나는 뼈마디 등 가시적인 육체의 변화가 포착되고, 이에 대한 화자 자신의 인식은 '더럽고도 슬뮈'다는 것이다. 몸에 대한 사회적, 우주적 연관이 소실된 상황에서, 존재를 유지하는 물적 근거로서 몸이 유일하다는 인식과, 그 몸의 쇠락에서 유발되는 비극적 정서가 완연하게 느껴진다.

몸에 대한 관심의 증폭은 개인주의적 성향의 증대와 긴밀한 상관성을 지닌다. 두 번째 작품을 보자. 이 작품의 여성 화자는 당대 여성들의 일반적인 소망이라 할 수 있는, 부유한 살림살이와 그 원천으로서 고귀한 신분, 그리고 그러한 삶에서 구가될 수 있는 온갖 사치품들을 거부한다. 단지 그녀가 원하는 것은 '말 줄ᄒᆞ고 글 줄ᄒᆞ고 얼골 ᄀᆡ쟈ᄒᆞ고 품ᄌᆞ리 잘ᄒᆞᄂᆞᆫ 져믄 서방(書房)'이다. 그녀는 기성의 가치 체계 안에서의 수동적이고 소모적인 삶보다는 '신체적 능력'에 바탕한 새로운 인간관계와 육체적 욕망을 실현할 수 있는, 자발적인 삶의 방식을 소망하고 있는 것이다.

삶을 유지하는 중요한 조건으로서 새롭게 인식된 육체성은 강고한 봉건적 관념과 습속 및 제도와 규율에도 균열을 가하기 시작한다. 세 번째 작품의 여성 화자는 복합적인 신체장애에 성적 능력은 전무하고, 심각한 알콜중독 증세를 보이는 남편을 거부하고, 차라리 외간남자와의 잠자리를 소망한다. 이처럼 육체가 인간성 판단의 최종적 준거로 자리 잡을 때, 생식능력조차 없는 무용의 육체라면 가부장적 규율이나 일부종사(一夫從事)의 윤리도 공염불에 지나지 않는다.

물론 사설시조의 작중 상황이나 재현양상으로 볼 때, 인간에 대한 진지한 성찰을 엄숙한 어조에 담아내었다기보다도 다분히 과장적이고 장난기가 섞여 있다. 비록 그렇긴 하나 위에 인용한 유형의 작품들이 어지간한 분포를 보이고 있다는 점으로 미루어보건대, 이러한 몸의 표상은 작자 한 두 명의 상상력이 아니라, 꽤 일반화된 인식의 전환에 의거하고 있다고 판단된다. 봉건 해체기에 노정된 신분제의 동요, 상품화폐 경제의 발달 및 도시적 일상공간의 확대 등 조선 후기의 역사 상황은 신분의 가변성을 증대시켰으며, 그와 같은 와중에서 맹아적 형태로나마 근대적이며 유동적인 개인의 출현이 가능했으리라 추론해 볼 수 있다.

사설시조의 육체 재현 가운데 간과할 수 없는 점은 욕망하는 몸의 출현이다.

> 어젯밤도 혼자 곱송글여 새오줌 자고 진안 밤도 혼자 곱쏭글여 새오줌 잔이
>
> 어인 놈의 八字(팔자) ㅣ가 晝夜長常(주야장상)에 곱쏭글여셔 새오줌만 잔다
>
> 오늘은 글이든 왓신이 발을 펴 블이고 싀훤이 잘까 ᄒᆞ노라.
>
> [*해일 574] #s 2265, 19740, 2784. [ ]=/가보/대동/동국/병가/악서/원가/원국/원규/원동/원박/원불/원육/원일/원하/원황/청가/청연/청영/청육/해박/해악/해일/협률/화악/홍비

> 礪山(여산) 端川(단천) 썩갈나무 입도 새로 속닙 나니

쵸마 ᄉᆞᆫ 졸나 매고 前(전)에 ᄒᆞ든 行實(행실) 버리자 하얏드니

밤이면 궁벅국새 우ᄂᆞᆫ 소ᄅᆡ에 바릴지 말씨.

#s 2309, 20120, 2852. [ ]=/악고

밋남편 廣州(광주) ㅣ ᄡᆞ리뷔 쟝ᄉᆞ 쇼대난편 朔寧(삭녕)이라 닛뷔 쟝ᄉᆞ

눈경의 거론 님은 ᄯᅮ짝 ᄯᅮ두려 방망치 쟝ᄉᆞ 돌호로 가마 홍도ᄭᅢ 쟝ᄉᆞ 빙빙 도라 물레 쟝ᄉᆞ 우물 젼에 치다라 ᄀᆞᆫ댕ᄀᆞᆫ댕 ᄒᆞ다가 워렁충창 풍ᄉᆡᆫ져 물 ᄃᆞᆷ복 ᄡᅥᄂᆡᄂᆞᆫ 드레곡지 쟝ᄉᆞ

어듸 가 이 얼골 가지고 죠ᄅᆡ 쟝ᄉᆞ를 못 어드리.

[*청진 565] #s 1257, 11050, 1577. [ ]=/가보/근악/동국/병가/시가/시철/악서/영류/원국/원규/원불/원육/원일/원하/청가/청연/청영/청육/청진/해박/해악/협률/화악/흥비

유가의 이기론적 관점에서 볼 때, 인간의 몸은 인의예지(仁義禮智)로 인해 도덕적 본성을 갖고 '기(氣)의 혼(昏) · 명(明) · 청(淸) · 탁(濁) · 천(淺) · 심(深) · 후(厚) · 박(薄)에 따른 육체적 욕망을 갖는다'고 한다. 즉 '몸에는 천리와 인욕이 공존하며 또한 그것들이 몸의 이중적 본질'을 이룬다는 것이다. 따라서 유자들은 '몸에 품부된 도덕적 본성을 최대한 실현하는 것과 육체적 욕망을 적절히 조절하는 것'을 매우 중시하였으며,[35] 강호시조와 훈민시조가 근거하고 있는 사유기반도 이에서 멀지 않다.

그러나 사설시조에 이르면 육체적 욕망이 도덕적 본성보다 우선적인 지위를 갖는다. 첫 번째 작품을 보자. 시적 화자는 곱송그리면서 새우잠을 잤던 외로운 사람이다. 해소할 수 없는 성적 욕망을 지닌 채 며칠

35) 이영찬, 앞의 논문, 145~148면.

밤낮을 보내야 했던 화자는 급기야 팔자를 들먹일 정도로 심기가 불편한데, 종장의 반전이 묘미가 있다. 그리운 사람이 왔으니 발을 펴고 시원하게 자겠노라는 것이다. 희극적 서사민요 〈금강산 조리장사〉에 등장하는 여인의 처지와도 유사한데, 본능적 애욕의 자연스러운 충족에 대한 긍정적 인식이 선명하게 드러나는 작품이다.

두 번째 작품의 여성화자는 좀 더 도발적인 면모를 보인다. 치마끈을 졸라매면서 전에 하던 행실을 버리자고 맹세했다는 이 여인의 진술에서 승인된 관계를 넘어선, 위반의 정사가 있었음을 추론할 수 있다. 그러나 다시금 무르익어가는 봄과 애절하게 우는 뻐꾸기 소리로 인해 달아오르는 육체적 욕망 때문에 여인의 결심은 흔들릴 수밖에 없다. 본디 무의식적 욕망이란 그 행로를 짐작하기 어려운 법이다. 따라서 '바릴지 말쎄'로 끝맺는 이 작품의 여운은 절묘하다 하겠다.

생각해보면, 사람이 살던 어느 시대건 육체적 욕망은 존재했을 터이나, 본고에서 주목하는 것은 근대성과 관련하여 그것이 어떤 방식으로 재현되는가이다. 이러한 관점에서 좀 더 눈길을 끄는 것이 봉건적인 이념과 규율의 영토에서 탈주적 욕망의 양상을 보이고 있는 세 번째 작품이다.[36] 이 작품에서 '빠리뷔 쟝ᄉᆞ'의 부인으로 설정된 화자는 샛서방으로 '닛뷔쟝ᄉᆞ'를 두고도 숱한 장사치 남정네를 탐하며, 급기야 '이 얼골 가지고 죠릐 쟝ᄉᆞ를 못 어드리' 하면서 득의양양해 한다. 희극적 구도 속에서 발화된 이 여인의 남성 편력담은 리드미컬한 운율만큼이나 가볍게 규범의 지대를 가로지르며 가부장적 가족제도의 영토를 형해화 시키고 있다.

---

36) 이 작품과 첫 번째 작품에 대한 해석은 이형대, 「사설시조와 성적 욕망의 지층들」, 『민족문학사연구』 제17호, 2000 참조.

이처럼 욕망하는 존재의 등장은 탈봉건의 과정에서 중대한 의미를 지닌다. 그러나 좀 더 완전한 의미에서 근대적 주체는 또다시 근대적 규율권력을 신체에 새겨야 하며, 성적 욕망 또한 통제의 메커니즘을 통해 억압되기 마련이다. 사설시조의 육체적 존재는 물론 이 단계에 이르기 전의 자유로운 주체들이다.

근대적 육체의 또 하나의 특징은 육체가 곧 '자본주의 경제질서에 있어 제1차적 교환가치, 즉 돈과 욕망의 교환을 가능하게 해주는 연결고리가 된다'는 점이다.[37] 분포하는 분량으로 볼 때 적은 수에 불과하지만 사설시조에도 자본주의 법칙에 따라 육체를 사용하는, 욕망의 경제가 나타난다.

都(도)련任(임) 날 보려 ᄒᆞᆯ 제 百番(백번) 남아 달ᄂᆡ기를

高臺廣室(고대광실) 奴婢(노비) 田畓(전답) 世間(세간) 汁物(집물)을 쥬마 판쳐 盟誓(맹서)ㅣ ᄒᆞ며 大丈夫(대장부)ㅣ 혈마 헷말 ᄒᆞ랴 이리 져리 조ᄎᆞ 써니 至今(지금)에 三年(삼년)이 다 盡(진)토록 百無一實(백무일실)ᄒᆞ고 밤마다 불너ᄂᆡ야 단잠만 ᄭᆡ이오니

自今爲始(자금위시)ᄒᆞ야 가기난 커이와 눈 거러 달희고 닙울 빗죽 ᄒᆞ리라. [*청육 846] #s 982, 8530, 1216. [ ]=/청육

이 년아 말 듯거라 굽고 나마 쟈질 년아

쳐ᄋᆞᆷ에 날을 볼 ᄌᆡ 百年(백년)을 사쟈키에 네 말을 곳지 듯고 집 폴고 텃밧 폴고 가마 폴고 동솟 폴고 紫的馬(자적마) 찐밤이에 먹기 쇼를 마ᄌᆞ ᄑᆞ라 너를 아니 주엇더냐 무ᄉᆞ 일 뉘 낫바셔 노ᄃᆡ를 노랏ᄂᆞᆫ다

37) 피터 부룩스, 앞의 책, 177면.

져 님아 님도 나를 쇼겻거든 닌들 아니 쇼길숀야.

[*병가 1104] #s 2614, 22820, 3222. [ ]=/병가/홍비

어느 여인의 독백적 발화 형태를 취하는 첫 번째 작품은 비록 성사되지는 않았지만, 재화와 교환될 수 있는 육체의 면모를 보여준다. 다소 어리숙해 보이는 그녀의 진술에 의하면 풍요로운 물적 보상을 미끼로 집요하게 접근한 남정네를 허락했는데, 3년이 다 가도록 보상 없이 밤마다 '단잠만 깨이'는 상황이다. 애초에 진정한 애정보다는 교환을 조건으로 맺어진 관계인데, 남자는 이미 채무불이행의 상태이다. 여인의 입장에서 본다면 관계를 지속할 이유가 없다. 이제부터는 가지 않겠다는 종장의 발언에서 등가교환을 전제로 한 자본주의적인 욕망의 교환방식을 읽어낼 수 있다.

두 번째 작품은 여성에게 속은 남자의 언술로 시작하여, 여성이 답을 하는 대화체 형식을 취하고 있다. 폭언으로 시작되는 것을 보면 남자의 배신감과 분노가 어느 정도인지 느껴진다. 남자의 얘기인 즉, 백년을 함께 살자는 여인의 말에 온갖 재산을 팔아 보상을 하였는데 왜 딴짓을 하였느냐는 것이다. 서로 속인 것일 뿐이라는 여인의 진술에서 우리는 몸을 둘러싼 주체의 행위에 대한 인식이나 타자와의 관계 설정 양상이 달라져 가고 있음을 느낄 수 있다. 사회구성주의 관점에서 보면 몸이란 궁극적으로 '개인의 영역을 넘어서 존재하는 사회구조에 의해서 결정된다'고 본다. 상품화폐 경제의 발달과 도시화의 진전에 따른 시정 유흥의 발달과 기방을 중심으로 한 성의 교환이 이러한 주체의 성립을 가능케 한 요인이라 여겨진다.

이상에서 살펴본 바, 생물학적 개체로서의 몸의 발견, 욕망하는 몸과 이를 통한 봉건적 규범의 탈영토화, 자본과 교환되는 몸 등을 통해 사설

시조에 재현된 주체들의 근대성을 검토해 보았다. 그러나 이들은 근대 주체의 맹아적 존재로서 의의를 지닐 뿐이다. 본격적인 근대 주체의 탄생은 근대적 규율권력의 내재화를 통해 성립 가능하며, 이러한 인간형은 근대계몽기에 이르러서나 확인할 수 있기 때문이다. 사설시조의 육체적 존재들은 이 지난한 과정의 출발점에 서 있었다고 할 것이다.

4. 결론을 대신하여

세기를 달리하면서부터 사설시조의 근대성 논의는 자못 활기를 띠고 있다. 연구의 방향 또한 '도달해야 할 근대' 찾기가 아니라, '근대 너머'에 대한 모색 쪽으로 무게 중심이 옮겨지고 있다. 그러나 시각 자체가 성과를 보장할 수 있는 것은 아니다. 우리는 근대주의의 패러다임 안에서 작동하는 목적론적 연구의 위험성을 경험했던 바, '근대 너머'에 대한 강박에서도 자유로워야 한다. 물론 연구자가 자신의 이념 기반을 완전히 초월하여 연구수행을 할 수는 없겠지만, 지나친 목적의식이 해석의 균형성을 저해할 수 있기 때문이다.

사설시조에서의 근대성, 또는 조선 후기 문학에서의 근대성 검토와 병행하여, 우리는 근대성을 어떻게 사유해야 할 것인가에 대한 고민도 병행하여야 하리라고 본다. 시간적 계기에 따라 선형적으로 배치된 근대, 역사적 사실로서의 근대(성)만이 아니라 위상학적 차이로서의 근대, 재현으로서의 근대 또한 고려되어야 한다. 이미 고전시가 연구의 일각에서 우리가 가지 않았던 길로서의 근대를 주목한 바 있듯이, 서구 중심의 근대, 획일화된 근대성 논의에서 벗어나 시각을 다원화하고 탐색의 결과를 이론화하는 것이 절실하다.

이 논문의 한계가 그러하듯이 근대성에 대한 독자적인 이론 기반이 없는 상황에서 분석의 방법은 서구의 논의체계에 기댈 수밖에 없기 때문이다. 근대성이라는 개념틀이 사설시조의 발랄한 상상력과 길들여지지 않은 욕망, 기성의 가치나 제도에 대한 전복적 사유 등을 얼마나 풍부하게 드러낼 수 있을 지는 좀 더 기다려 봐야 할 것 같다. 한편으로, 사설시조에서 우리가 더 나은 삶에 대한 비전을 발견할 수 있다면, 그것을 설령 근대성이라 이름 할 수 없다 한들 문제 삼을 일은 아닐 것이다.

* 『애산학보』 제34집(애산학회, 2008. 12)에 실렸던 글을 수정하였음.

4장
조선 후기 '평민시가'의 시적 초점과 통속예술적 성격

성 호 경*

1. 서론

1960년대에 국사학계에서 보이기 시작한 식민사관 극복 노력은 역사의 '내재적(內在的) 발전'을 강조하여, 우리나라 근대화의 자생적 양상과 그 요인들을 조선 후기에서 찾고자 하는 경향을 낳았다. 이에 영향 받아 국문학계에서도 1970년대부터 조선 후기의 문학에서 근대적 성격이나 그 싹(萌芽)을 찾으려는 움직임이 구체화되었다. 고전시가 연구에서는 사설시조와 이른바 '평민가사' 등 양반 신분이 아닌 사람들이 주된 담당층을 이루었던 시가('平民詩歌')에서 중세적 전통 및 질서를 거부하는 현실비판정신이나 근대를 지향하는 민중적 의식 등을 찾아내고자 하는 경향이 두드러졌고, 이러한 경향은 1980년대를 거쳐 1990년대에도

---

* 成昊慶: 서강대학교 국어국문학과 교수.
1952년 출생. 서울대학교 국어국문학과 문학사(1974), 문학석사(1980), 문학박사(1986; 「16세기 국어시가의 연구」).
저서: 『한국시가의 형식』(1999), 『고려시대 시가 연구』(2006), 『신라 향가 연구』(2008), 『한국시가 연구의 과거와 미래』(2009) 등.

조선 후기의 시가에 대한 연구 및 이해에서 주류를 이루었다.[1]

그런데 1990년대에 들어 사설시조 작품들에 대한 구체적인 고찰을 통해 이전과는 다소 다른 연구결과들이 나타나기 시작했는데, 사설시조 작품들에 풍자 등의 현실비판이 있음을 인정하면서도 오락성에 주목하는 경향이 두드러진 것이다. 이러한 경향이 더욱 진전되어서, 근년에는 사설시조의 통속적 성격에 주목한 연구들이 나타나게 되었다.[2] 그러나 평민가사에 대한 연구는 1970년대 이래의 시각과 경향에서 크게 벗어나지 않고 있다.[3]

지금까지의 연구들에서 드러나는 문제점들은 다음과 같이 정리될 수 있을 것이다. 첫째, 1970년대 이래의 연구는 조선 후기 '평민시가'의 담당층의 성격을 잘못 파악하고(中人을 常民과 함께 '평민'으로 봄) 작품의 전체적 양상을 구체적으로 살피지 않은 채 현실비판정신과 민중적 의식 등의 근대적 성격을 강조함으로써, 그 예술적 성격과 문학사적 의의에 대한 바른 이해에 지장을 초래하였다. 둘째, 1990년대 후반 이래 사설시조의 통속성에 주목한 연구들에서 작품을 구체적으로 살펴서 그 시적 형

---

1) 그러한 경향을 보인 주요 논저들로 金文基, 『庶民歌辭硏究』(형설출판사, 초판 1983, 수정판 1985); 金學成, 「가사의 실현화 과정과 근대적 지향」(한국고전문학연구회 편, 『近代文學의 形成過程』, 문학과지성사, 1983); 조동일, 『한국문학통사 3』(지식산업사, 초판 1984, 제2판 1989, 제3판 1994) 등이 있다.

2) 박애경의 「조선후기 시조의 통속화 과정과 양상 연구」(박사학위논문, 연세대학교, 1997)는 시조·사설시조의 통속성에 대한 첫 본격적 연구이고, 이수곤의 「사설시조의 통속문학적 성격 연구」(박사학위논문, 서강대학교, 2004)에서는 사설시조의 통속문학적 형상화 방식을 살펴서 향유양상과 관련시켜 논하였다.

3) 1980년대 후반에 金大幸의 「〈愚夫歌〉의 주제와 시대성 논의 반성」(『開新語文硏究』 5·6, 충북대학교 국어교육과, 1988)에서 〈우부가〉의 주제 등에 대한 기존의 논의를 비판하고 오락성과 흥미에 주목했지만, 그 논의를 여러 작품들에로 확장하거나 일반화하는 데까지 나아가지는 않았고, 이후 이 새로운 시각의 논의를 발전시킨 연구도 뚜렷이 이루어지지 않고 있다(오락성에 주목한 부분적인 연구가 있었지만, 통속성에 대한 논의로는 나아가지 않았다).

상화의 양상과 예술적 성격에 대해 바른 이해를 기하고자 했으나, 작품 창작의 원리를 구명하지 않았기에 여러 외현(外現) 양상들이나 형상화 방식들을 유기성 · 통일성을 지니는 관계로 통합하지 못하고 향수양상과의 긴밀한 상응관계도 살피기 어려웠다. 셋째, 이 새로운 시각 및 경향의 연구가 평민가사에 대하여는 뚜렷이 이루어지지 않아서, 조선 후기 '평민시가'의 전반적인 특징적 양상 및 성격에 대하여 바른 이해를 기하지 못하고 있다.

필자는 이러한 문제점들을 다소간 해결하기 위하여, 조선 후기 '평민시가'의 대표적인 장르들인 사설시조와 평민가사의 창작원리를 살펴보고, 그것을 기반으로 해서 그 시가들이 지닌 예술적 성격을 구명하고자 한다. 이를 위해, 작품 창작을 통어하는 지배적인 요소를 '초점'[4]으로 보는 관점에서 작품들을 분석하여 그 시적 초점이 '주제(중심사상)의 구현'보다는 '제재 · 소재에 대한 재미있는 표현의 추구'에 주로 맞추어져 있다는 점을 밝히고, 이에 따라 그 창작원리의 주요한 특징을 살펴보겠다. 그리고 그 시가들이 '오락과 위안을 위한 통속예술(popular art)'로서의 성격을 다분히 지닌다는 점을 담당층 및 발달 조건과의 긴밀한 상관 속에서 구명할 것이다.

일반적으로는 문학작품의 여러 요소들을 통일시키는 지배적 요소로 '주제'를 든다. 다른 글들과 마찬가지로 문학작품도 주제를 정확하게나 효과적으로 구현함을 주된 목표로 하여 지어지기 때문이다. 그러나 사

---

4) '焦點(focus)'은 본디 사진촬영에서 주로 쓰여서 '모든 다른 요소들이 종속되는 한 점'을 이르던 말이었다. 문학에서는 작품의 '조직상의 중심'으로서 '모든 다른 요소들을 조직하고 통일시키는 요소'를 가리키는 말로 쓰인다고 한다(Alex Preminger, Frank J. Warnke, and O. B. Hardison Jr. ed., *Princeton Encyclopedia of Poetry and Poetics*, Enlarged edition, London: Macmillan Press, 1975, p. 283). 이러한 점에서 작품 창작을 통어하는 지배적 요소는 '초점'이라고 할 수 있을 것이다.

설시조와 평민가사 작품들에서는 주제가 지배적 요소로서의 구실을 하지 못하는 양상을 다분히 보인다. 이 때문에 그 작품들의 지배적 요소는 다른 것이라고 할 터인데, 필자는 '초점'에 주목한다. 초점은 문학작품의 '조직상의 중심'이며 '모든 다른 요소들을 조직하고 통일시키는 지배적인 요소'인 것이다.[5]

필자는 이처럼 초점을 작품 조직화에서의 지배적 요소로 보아 이 글에서 사설시조와 평민가사 작품들을 전체적 통일성을 중시하며 분석해서 그 시적 초점을 밝히고, 이를 토대로 하여 '평민시가'의 창작원리의 주요 특징에 대해 살펴보겠다. 그리고 그 시가들의 담당층과 발달조건에 대해 살펴본 뒤, 이러한 작품 내·외적 양상들을 종합하여 조선 후기 '평민시가'가 지닌 통속예술적 성격의 몇몇 주요한 국면들(기능、의의와 이데올로기, 특징적인 표현양식 및 체험의 양상과 성격 등)을 고찰하겠다.

이러한 고찰은 그 작품들에 대한 바른 이해를 통해 이루어져야 할 터이나, 제한된 지면 내에서는 다수의 작품들을 대상으로 하여 면밀한 분석을 기하기가 어려우므로 사설시조와 평민가사의 대표적인 작품으로 거론되는 일부 작품들[6]을 대상으로 하여 시적 초점과 관련되는 핵심적

---

5) 초점은 이미지나 극적 상황, 평면적 진술, 행동, 심리적 관점, 배경, 성격묘사, 語調 등일 수도 있고, 시 작품의 주제가 발전되어 나가는 출발점이 되는 한 구조적 요소를 가리킬 수도 있다고 한다. Jack Myers and Michael Simms, *Longman Dictionary and Handbook of Poetry*(New York: Longman, 1985), p. 115.

6) 사설시조의 경우는 양반 작이 아닐 것으로 판단되는 작품들로서 기존 연구들에서 풍자 등을 통한 현실비판을 보인다고 한 8수와 그 밖의 대표적인 작품으로 꼽힌 13수를 대상으로 한다. 작품의 原形과 표기의 정확성 등을 고려하여 18세기 초·중엽에 편찬된 珍本『靑丘永言』(金天澤 편)과『海東歌謠』(金壽長 편) 등에 실린 텍스트를 우선시하겠는데, 이 작품들의 상당수는 18세기 말 이래 19세기 말까지의 여러 가집들(『甁窩歌曲集』,『南薰太平歌』, 六堂本『靑丘永言』,『歌曲源流』등)에도 일부 變異되기도 하며 실려 있어서, 18세기 말 이후에도 적지 않은 관심을 받으며 향수되고 있었을 것으로 짐작된다. 그리고 18세기 말 이후 작품들의 시적 초점도 이 작품들과 거의 마찬가지일

인 면을 간략히 살피기로 하겠다.

2. 조선 후기 '평민시가'의 시적 초점과 창작원리

1) 사설시조 작품의 시적 초점

사설시조에서는 '남녀문제'나 '사랑과 향락'을 다룬 작품들이 대다수를 차지한다.[7]

그런데도 1970년대 이래의 논의들에서는 '남녀문제'나 '사랑과 향락'보

것으로 여겨진다.

평민가사의 경우는 여러 연구들에서 대표적인 작품으로 거론된 〈愚夫歌〉·〈庸婦歌〉·〈老處女歌〉·〈居士歌〉·〈白髮歌〉·〈老人歌〉의 6편을 대상으로 한다(주로 현실 비판이나 기존관념에의 도전 등 근대성 논의와 관련되어 거론되었음). 대체로 19세기 초·중엽 작일 것으로 추정되는 이 작품群은 그 변별적 성격을 규정하기가 쉽지 않으나, 전형적인 평민가사 작품들의 일부로서(李能雨, 『가사文學論』, 일지사, 1977, 94~101면, 105면에서 '平庶民들의 가사'를 분류한 데서 '漢化 治者'에게 봉사하는 부류나 가사로 보기 어려운 부류가 아닌 '純평민가사'와 '平庶內方가사'에 속함), 같은 범주 내의 〈思美人曲〉·〈斷腸詞〉 등과 〈相思陳情夢歌〉·〈寡婦歌〉 등의 작품들과는 다소 차이를 보이므로 평민가사의 전형적인 양상들을 두루 대표하지는 못하지만, 그 주요한 일부의 시적 특성을 살핌에는 유용할 것이다.

7) 이능우, 「蔓橫淸(辭說時調)의 戱詩性」, 『現代文學』 24(현대문학사, 1956. 12)~27(1957. 3), 재수록: 이능우, 『古詩歌論攷』(숙명여자대학교출판부, 1983), 277~280면에서는 400수 내외의 작품들의 내용을 '(ㄱ) 남녀문제를 다룬 것(ⓐ 淫放에 모티브가 있는 것, ⓑ 痴情들, ⓒ 相愛 이전 이후에 모티브가 있는 것, ⓓ 相悅, ⓔ 相思戀慕, ⓕ 待人, ⓖ 이별); (ㄴ) 중국문화에 적셔져 있는 것, (ㄷ) 인생허무를 노래하고 있는 것, (ㄹ) 人事문제에 모티브가 있는 것, (ㅁ) 物象 및 생물을 테마로 한 것'으로 분류하고, 그 가운데서 (ㄱ)이 제일 많고(특히 ⓐ) (ㄴ)이 그 다음이라고 하였다. 그리고 조규익, 『우리의 옛 노래문학 蔓橫淸類』(박이정, 1996), 39면에서는 사설시조의 대부분이 '삶의 노래'에 속하고 그 속에서도 '즐거움의 노래(사랑과 향락, 음주와 향락)'에 속하는 것이 대부분이라고 하였다.

다는 '현실비판'이 더 부각되었다. 그러나 작품을 정독해 보면 현실비판을 보인다는 작품들도 실제로는 그러한 성격을 얼마 지니지 않음을 알 수 있다.

먼저, 풍자 등을 통한 현실비판을 보인 사례로 거론되었던 작품들을 대상으로 하여 그 시적 초점이 무엇인가를 살펴보자.

(1) 개야미 불개야미 존등 부러진 불개야미 압발에 疔腫(정종) 나고 뒷발에 죵귀 난 불개야미/ 廣陵(광릉) 십재 너머드러 가람의 허리를 ᄀᆞ르무러 추혀들고 北海(북해)를 건너닷 말이 이셔이다/ 님아 님아 온 놈이 온 말을 ᄒᆞ여도 님이 짐쟉ᄒᆞ쇼셔 [珍本『青丘永言』(『青珍』) 551]

(2) 大川(대천)바다 한가온ᄃᆡ 中針(중침) 細針(세침) 빠지거다/ 열나믄 沙工(사공)놈이 긋 므된 사엇대를 긋긋치 두러메여 一時(일시)에 소릐치고 귀 써여 내닷 말이 이셔이다/ 님아 님아 온 놈이 온 말을 ᄒᆞ여도 님이 짐쟉ᄒᆞ쇼셔 [『青珍』 501]

동일한 종장을 보이는 작품들인데, 그 성격은 '거짓된 허세 · 위대성 · 웅대함을 조롱하고 비꼼'[8] 등으로 파악되었다. 그런데 초 · 중장에서 진술된 사상(事象)들이 실재할 수 없는 터무니없는 부조리한 것이어서 이를 믿을 사람이 없기에, 종장에서 제시된 '남의 말들을 믿지 말고 스스로 짐작하라'는 주제는 초 · 중장에서 진술된 바와 긴밀한 관련을 지니기가 어렵다. 이처럼 작품 내 여러 요소들이 종장에서 제시된 메시지를 구현하기 위해 통일성 있게 조직화되어 있

8) 정병욱, 『한국고전시가론』(신구문화사, 1977), 170면.

다고 보기 어려우므로, 이 작품들에서 주제부(主題部)에 해당하는 종장은 비중 있는 의미를 지니지 못한다고 할 것이다.

(1)에서는 점층적인 반복법 등을 쓰면서 불가능한 일들을 중첩시킨 부조리한 상황 설정과 과장, 그리고 동의어(同義語)들('疔腫'과 '죵귀')을 이의어(異義語)인 양 사용한 어휘재담(語彙才談)의 언어유희[9]를 통해 해학적인 재미를 추구하고 있고, (2)에서도 부조리한 상황 설정과 과장 등을 통해 해학적 재미를 추구하고 있다. 이에 이 작품들은 진지한 주제의식을 지니고 이를 구현하기보다는, 제재 · 소재를 해학적으로 재미있게 표현함에 시적 초점이 맞추어져 있다고 판단된다.

(3) "ᄃᆡᆨ들에 동난지이 사오" "져 쟝스야 네 황후 긔 무서시라 웨ᄂᆞᆫ다 사쟈"/ "外骨內肉(외골내육) 兩目(양목)이 上天(상천) 前行後行(전행후행) 小(소)아리 八足(팔족) 大(대)아리 二足(이족) 靑醬(청장) ᄋᆞ스슥 ᄒᆞᄂᆞᆫ 동난지이 사오"/ "쟝스야 하 거복이 웨지 말고 게젓이라 ᄒᆞ렴은" [『靑珍』 532]

'장사치-여인 문답형(問答型)'의 대표적인 작품인데, 그 주제는 '처지에 어울리지 않게 유식한 문구를 장황히 늘어놓는 장사치의 허위의식을 풍자함'이라는 것이 통설이었다.[10] 그러나 게젓 판매를 위해 중장에서처럼 광고한다는 것은 있을 수 없다. 이 작품은 성적(性的) 욕구를 골계적

---

9) 한국시가에서의 언어유희(word play)에는 同音(類音)異義語를 이용하는 '語戱(pun)' 말고도 異音同義語를 이용하는 '어휘재담'(주로 고유어와 한자어의 뜻과 音을 이용함)도 있고, 사물을 바로 말하지 않고 다른 말로 빗대어 재미있게 말하는 '결말식 재담' 등도 있다고 할 것이다.

10) 조동일, 앞의 책(제3판), 326면 참조.

수법으로 다룬 것으로서, 시적 초점이 '게 · 게젓' 또는 '남자의 성기'(陰莖)에 대한 곁말식 재담과 동음이의어(또는 類音異義語) 어희(語戱)에 의한 언어유희적 표현의 재미를 추구함에 맞추어져 있다고 할 것이다.[11]

(4) 두터비 푸리를 물고 두험 우희 치두라 안자/ 것넌山(산) 브라보니 白骨松(백골송)이 써잇거놀 가슴이 금즉흐여 풀덕 쒸여 내둧다가 두험 아래 쟛바지거고/ 모쳐라 놀낸 낼싀만졍 에헐질 번흐괘라 [『靑珍』 520]

두꺼비가 낭패당하는 과정과 스스로 위로하는 양상을 그렸는데, 풍자적인 뜻을 짙게 나타낸 것으로 파악되기도 했다.[12] 그러나 이 작품은 초 · 중장에서 의성(擬聲) · 의태어(擬態語) 등을 통해 해학적 재미를 추구하는 데다, 종장이 주제부로서의 성격을 지니지도 않는다. 이에 그 시적 초점은 주제의 구현이 아니라 제재 · 소재에 대한 재미있는 표현의 추구에 맞추어져 있다고 할 것이다.

(5) 듕과 僧(승)과 萬疊山中(만첩산중)에 맛나 "어드러로 가오" "어드러로 오시는게"/ "山(산) 쪽코 물 좃흔듸 갈씨를 부쳐보오" 두 곳갈이 흔듸 다하 너픈너픈 흐는 양은 白牧丹(백모란) 두 퍼귀가 春風(춘풍)에 휘듯는 듯/ 암아도 空山(공산)에 이 씰음은 즁과 僧(승)과 둘쑌이라 [朴文郁

11) 김흥규, 『욕망과 형식의 詩學』(태학사, 1999), 244~245면에서는 '게젓'이 音相似나 訛音에 의한 골계적 장난이라고 했고, 이문성, 『조선후기 풍속의 재구성』(한국학술정보, 2008), 137~138면에서는 중장이 남성의 성기를 묘사하고 남녀의 성행위를 상징한다고 보았다.

12) 조동일, 앞의 책, 332면; 조규익, 앞의 책, 81면 참조.

작 〈僧尼交脚之歌〉; 『靑邱歌謠』 74]

(6) "ᄋᆞ흠" "긔 뉘오신고" "것넌 佛堂(불당)에 동녕僧(승)이로런이"/ "홀居師(거사) 홀로 자옵는 房(방)에 무슴 것 ᄒᆞ아 와 겨오신고"/ "홀居師(거사)님의 노감탁이 버서 건은 말 겻틔 내 곡갈 버서 걸라 왓슴ᄂᆡ" [一石本 『海東歌謠』(이하 『海一』) 573]

(7) 즁놈은 승년의 머리털 잡고 승년은 즁놈의 샹토 쥐고/ 두 ᄭᅳ니 맛믜고 이 왼고 져 왼고 쟉쟈공이 쳔ᄂᆞᆫ듸 뭇 쇼경이 구슬 보니/ 어듸셔 귀머근 벙어리ᄂᆞᆫ 외다 올타 ᄒᆞᄂᆞ니 [『靑珍』 512]

승려의 파계행위를 다룬 작품들로서, (5)는 두 승려 간의 성적 접촉을 표현했고, (6)은 동침을 바라는 동냥중과 거사 간의 대화를 나타냈으며, (7)은 남녀 승려 간의 싸움을 둘러싸고 벌어진 터무니없는 정황들을 그린 것이다. 이 작품들에 풍자가 나타난다고 보기도 했지만,[13] 승려들의 비행을 직접적으로 비판하고 있는 작품은 하나도 없는 데다 당시에 사회 최하층 신분으로 떨어진 승려들의 삶은 풍자의 대상으로서 적합하지도 않다.[14] 이 작품들도 주제라고 할 만한 것이 없이, 환유(換喩)에 의한 곁말식 재담이나 이음동의어(異音同義語)들(고유어 '듕/즁'과 한자어 '僧')을 사용한 어휘재담 또는 부조리한 상황 설정 및 난센스(nonsense)한 표현

13) 김제현, 『사설시조 문학론』(새문사, 1997), 70면, 125면 등 참조.

14) 민찬, 「파계승 사설시조 〈어흠아 긔 뉘옵신고〉의 유흥적 단면」, 白影鄭炳昱先生 10週忌 追慕論文集 간행위원회 편, 『한국고전시가작품론』(집문당, 1992), 840~841면에서는 승려의 파계행위를 소재로 한 작품들에서는 승려가 비판의 대상이 아니라 흥미 또는 조롱의 대상으로 나타난다고 하였다.

등을 통해 해학적인 재미를 추구한 것들일 뿐이다.

> (8) ᄒᆞᆫ 눈 멀고 ᄒᆞᆫ 다리 절고 痔疾三年(치질삼년) 腹疾三年(복질삼년) 邊頭痛(변두통) 內丹毒(내단독) 알는 죠고만 삿기개고리/ 一百(일백)쉰 대 자 장남게 오를 제 수이 너겨 수로록 소로록 허위허위 소솝 뛰여 올나 안자 나릴 제란 어이ᄒᆞᆯ고 내 몰내라 저 개고리/ 우리도 새 님 거러두고 나종 몰라 ᄒᆞ노라 [『靑珍』 562]

유사성에 근거를 두는 풍자의 본질을 잘 구현한 작품으로 보기도 했다.[15] 그러나 '샛서방을 두어 놓고 뒷감당하지 못하는 여인의 걱정'보다는 부조리한 상황 설정과 의성·의태어 사용이 두드러진 개구리 묘사에서의 재미있는 표현 추구에 시적 초점이 맞추어져 있다.

이처럼 현실비판의 사례로 거론된 작품들이 실제로는 그러한 성격을 얼마 지니지 않으며, 시적 초점을 주제의 구현이 아니라 제재·소재에 대한 재미있는 표현을 추구함에 맞추고 있는 것으로 드러난다.[16]

다음으로, 사설시조의 대표적인 작품으로 거론되는 작품들을 보자.

---

15) 조규익, 앞의 책, 81~82면 참조.

16) 이는 양반의 작품들에서도 마찬가지일 것이다. 대표적인 예로, 李鼎輔 작 "一身이 사쟈 ᄒᆞᆫ이 물썻 계워 못 견딜쐬~그 中에 참아 못 견될손 五六月 伏더위예 쉬ᄑᆞ리인가 ᄒᆞ노라"(周氏本 『海東歌謠』 394)는 갖가지 물것으로 비유되는 衙前 등의 관리들에게 수탈당하며 사는 서민들의 고통을 寓意的으로 표현(풍자)한 것 등으로 파악되었지만(조동일, 앞의 책, 초판, 307면 등), 이는 타당하다고 하기 어렵다. 관청의 수탈을 단적으로 나타낸다는 '使令 같은 등에아비'에서의 '사령'은 천한 심부름꾼에 불과하여 수탈의 핵심 주체라 하기 어려운 데다, 그 직유에서 '등에'의 성질이나 행태('이리저리 돌아다니며 남을 괴롭힘')를 표현하기 위한 매체어로 쓰인 것에 불과하다. 이에 그 시적 초점도 여러 물것들의 각 종들을 열거하며 재미있는 표현을 추구함에 맞추어져 있다고 하겠다.

(9) 개를 여라믄이나 기르되 요 개 ᄀᆞᆺ치 얄믜오랴/ 뮈온 님 오며는 ᄭᅩ리를 홰홰 치며 ᄯᅱ락 ᄂᆞ리ᄯᅱ락 반겨서 내ᄃᆞᆺ고 고온 님 오며는 뒷발을 버동버동 므르락 나으락 캉캉 즈져셔 도라가게 ᄒᆞᆫ다/ 쉰밥이 그릇그릇 난들 너 머길 줄이 이시랴 [『靑珍』 587]

사설시조의 미의식을 대표하는 유형('優雅의 喜劇的 표출')의 작품으로서 인간 본연의 욕구가 해학을 통해 형상화되었다고도 했지만,[17] 삶이나 갈등을 대하는 태도가 웃음의 추구에 겨냥되어서 갈등은 웃음의 소재 정도로 변질된다.[18] 이에 이 작품은 주제라 할 만한 것도 없이, 의성 · 의태어 등을 써서 웃음을 낳을 수 있는 재미있는 표현을 추구함에 시적 초점이 맞추어져 있다고 할 것이다.

(10) 開城府(개성부) 쟝ᄉᆞ 北京(북경) 갈 제 걸고 간 銅爐口(동로구) 짜리/ 올 제 본이 盟誓(맹서) 痛憤(통분)이도 반가왜라 져 銅爐口(동로구) 짜리 졀이 반갑거든 돌쐬어미 말이야 닐러 무슴 ᄒᆞ리/ 들어가 돌쐬엄이 보옵거든 銅爐口(동로구) 쌀이 보고 반기온 말씀 ᄒᆞ리라 [『海一』 540]

이를 두고 '사설시조가 시정(市井)에서의 생활을 핍진하게 그리면서 근대 사실주의문학을 향해서 성큼 다가섰다'고 보기도 했다.[19] 그러나 이 작품은 주제라고 할 만한 것도 없이 '솥(銅爐口)을 건 자리'와 '돌쐬어미'를 상관시켜 '여자의 성기'(陰部)를 곁말식으로 나타내고 오랜만에 성

17) 김학성, 『한국고전시가의 연구』(원광대학교출판국, 1980), 204면.

18) 金大幸, 「〈어이 못 오던가〉 그리고 태도와 표현의 시학」, 백영정병욱선생 10주기추모논문집 간행위원회 편, 앞의 책, 850면.

19) 조동일, 앞의 책(초판), 302면.

행위를 할 수 있게 되어 반가운 마음을 재미있게 표현한 것일 뿐이다.

(11) 귓도리 져 귓도리 에엿부다 져 귓도리 어인 귓도리/ 지는 돌 새는 밤의 긴 소릐 쟈른 소릐 節節(절절)이 슬픈 소릐 제 혼자 우러네여 紗窓(사창) 여윈 좀을 솔드리도 씌오는고야/ 두어라 제 비록 微物(미물)이나 無人洞房(무인동방)에 내 뜻 알 리는 저뿐인가 ᄒᆞ노라 [宋龍世 작(?); 『靑珍』 548]

독수공방하는 여인이 자신의 슬픔을 귀뚜라미에다 기탁한 작품이다. 주제와 관련된 통일성을 적지 않게 보이는 편이지만, 그 진술이 귀뚜라미의 행태 묘사에 집중된 가운데 점층적인 반복법 등을 써서 재미있는 표현을 추구함에 시적 초점이 맞추어진 것으로 판단된다.

(12) 나모도 바히 돌도 업슨 뫼헤 매게 쪼친 가토릐 안과/ 大川(대천) 바다 한가온대 一千石(일천석) 시른 빈에 노도 일코 닷도 일코 농총도 근코 돗대도 것고 치도 빠지고 ᄇᆞ람 부러 물결 치고 안개 뒤섯계 ᄌᆞ자진 날에 갈 길은 千里萬里(천리만리) 나믄듸 四面(사면)이 거머어득 져뭇 天地寂寞(천지적막) 가치노을 쩟는듸 水賊(수적) 만난 都沙工(도사공)의 안과/ 엇그제 님 여흰 내 안히야 엇다가 ᄀᆞ을ᄒᆞ리오 [『靑珍』 572]

임과 사별한 직후의 암담한 마음을 까투리와 도사공의 처지와 비교하여 말한 작품으로, 사설시조 가운데서 드물게 보는 역작이라고 한다.[20]

---

20) 高晶玉, 『古長時調選註』(정음사, 1949), 65면.

그러나 초·중장의 정서(절박감이나 위기감)와 종장의 정서(이별의 슬픔)가 이질적이기도 하여[21] 작중의 요소들이 주제의 구현을 위해 통일성 있게 조직화되었다고 하기가 어렵다. 그 시적 초점은 주제의 구현보다는 특히 중장에서 도사공의 절망적인 상황을 표현하기 위해 쓴 군말에 가까운 열거와 대구, 그리고 과장 등을 통해 재미있는 표현을 추구함에 맞추어져 있다고 할 것이다.

⒀ "니르랴 보쟈 니르랴 보쟈 내 아니 니르랴 네 남진ᄃᆞ려/ '거즛거스로 물깃ᄂᆞᆫ 쳬 ᄒᆞ고 통으란 ᄂᆞ리와 우물 젼에 노코 ᄯᅩ아리 버서 통조지에 걸고 건넌집 쟈근 金書房(김서방)을 눈ᄭᅵ야 불러내여 두 손목 마조 덤셕 쥐고 슈근슈근 말ᄒᆞ다가 삼밧트로 드러가셔 므스 일 ᄒᆞ던지 준삼은 ᄡᅳ러지고 굴근 삼대 ᄭᅳᆺ만 나마 우즑우즑 ᄒᆞ더라' ᄒᆞ고 내 아니 니르랴 네 남진ᄃᆞ려"/ "져 아희 입이 보도라와 거즛말 마라스라 우리ᄂᆞᆫ 마을 지서미라 실삼 죠곰 킈더니라" [『靑珍』 576]

주제라고 할 만한 것도 없이, 대화체 구성을 통해 유부녀의 간통행위와 그 현장의 모습, 그리고 목격자의 장난기 섞인 협박과 당사자의 항변을 재미있게 표현한 것일 뿐이다.

⒁ 님이 오마 ᄒᆞ거ᄂᆞᆯ 저녁밥을 일지어 먹고/ 中門(중문) 나서 大門(대문) 나가 地方(지방) 우희 치ᄃᆞ라 안자 以手(이수)로 加額(가액)ᄒᆞ고 오ᄂᆞᆫ가 가ᄂᆞᆫ가 건넌山(산) ᄇᆞ라보니 거머흿들 셔잇거ᄂᆞᆯ 져야 님이로다 보션

21) 서인석, 「〈나모도 바히 돌도〉와 사설시조의 미학」, 백영정병욱선생 10주기추모논문집 간행위원회 편, 앞의 책, 831면.

버서 품에 품고 신 버서 손에 쥐고 곰븨님븨 님븨곰븨 쳔방지방 지방 쳔방 즌 듸 ᄆᆞ른 듸 ᄀᆞᆯ희지 말고 워렁충창 건너가셔 情(정)엣 말 ᄒᆞ려 ᄒᆞ고 겻눈을 흘긧 보니 上年七月(상년칠월) 사흔날 ᄀᆞᆯ가벅긴 주추리 삼대 솔드리도 날 소겨다/ 모쳐라 밤일싀만졍 힝혀 낫이런들 ᄂᆞᆷ 우일 번 ᄒᆞ괘라 [『靑珍』 580]

임을 애타게 기다리는 사람의 착각에 의한 우스꽝스러운 행태를 그리고 있다. 표현들이 사실성(寫實性)을 결하고 있고 주제부라고 할 종장이 비중 있는 의미를 지니지 못하는 데다, 중장에서는 주제와는 거의 관련되지 않는 군말들의 열거와 과장, 언어유희적 반복 등이 두드러진다. 이에 그 시적 초점은 제재·소재에 대한 재미있는 표현을 추구함에 있다고 할 것이다.

⒂ 바ᄅᆞᆷ도 쉬여 넘는 고ᄀᆡ 구름이라도 쉬어 넘는 고ᄀᆡ/ 山眞(산진)이 水眞(수진)이 海東靑(해동청) 보라ᄆᆡ라도 다 쉬여 넘는 高峰(고봉) 長城嶺(장성령)고ᄀᆡ/ 그 넘어 님이 왔다 ᄒᆞ면 나는 아니 ᄒᆞᆫ 번도 쉬여 넘으리라 [六堂本『靑丘永言』 307]

이 작품은 임과의 만남에 대한 기대나 의지를 나타내는 주제보다는, 점층법과 열거 등을 통해 재미있는 표현을 추구함에 그 시적 초점이 맞추어져 있는 것으로 판단된다.

⒃ 半(반)여든에 첫 계집을 ᄒᆞ니 어렷두렷 우벅주벅/ 주글 번 살 번 ᄒᆞ다가 와당탕 드리ᄃᆞ라 이리져리 ᄒᆞ니 老都令(노도령)의 ᄆᆞ음 흥글항글/ 眞實(진실)로 이 滋味(자미) 아돗던들 긜 적브터 ᄒᆞᆯ랏다 [『靑珍』 508]

노총각이 나이 마흔에야 처음 경험한 성행위의 과정과 그 감회를 표현한 작품인데, 주제라고 할 만한 것도 없이 제재·소재에 대한 재미있는 표현을 추구함에 시적 초점이 있다.

⒄ 싀어마님 며느라기 낫바 벽바흘 구루지 마오/ 빗에 바든 며ᄂᆞ린가 갑세 쳐 온 며ᄂᆞ린가 밤나모 서근 들글에 휘초리나 ᄀᆞᆺ치 알살픠선 싀아바님 볏 뵌 쇳동 ᄀᆞᆺ치 되죵고신 싀어마님 三年(삼년) 겨론 망태에 새송곳부리 ᄀᆞᆺ치 샛ᄶᅩᆨᄒᆞ신 싀누으님 당피 가론 밧틔 돌피나니 ᄀᆞᆺ치 ᄉᆡ노란 욋곳 ᄀᆞᆺ튼 피ᄯᅩᆼ 누ᄂᆞᆫ 아ᄃᆞᆯ ᄒᆞ나 두고/ 건밧틔 멋곳 ᄀᆞᆺ튼 며ᄂᆞ리를 어듸를 낫바 ᄒᆞ시ᄂᆞᆫ고 [『靑珍』 573]

'인간 본능의 자연스러움을 긍정함으로써 자유를 구가하던 사설시조의 정신을 구현하는 데 성공한 사례'라고 하는 작품이다.[22] 며느리를 미워하는 시어머니를 비판하는 내용으로 되어 있지만, 그 시적 초점은 그러한 비판보다는 제재·소재들에 대한 과장된 비유(直喩)와 그 열거 등을 통한 해학적인 표현의 재미를 추구함에 맞추어져 있다.

⒅ 어이 못 오던다 ᄆᆞ스 일로 못 오던다/ 너 오ᄂᆞᆫ 길 우희 무쇠로 城(성)을 ᄡᆞ고 城(성) 안에 담 ᄡᆞ고 담 안헤란 집을 짓고 집 안헤란 두지 노코 두지 안헤 樻(궤)를 노코 樻(궤) 안헤 너를 結縛(결박)ᄒᆞ여 노코 雙(쌍)ᄇᆡ목 외걸새에 龍(용)거북 ᄌᆞ믈쇠로 수기수기 ᄌᆞᆷ갓더냐 네 어이 그리 아니 오던다/ ᄒᆞᆫ 달이 셜흔 날이여니 날을 보라 올 ᄒᆞᆯ리 업스랴 [『靑珍』 568]

22) 조규익, 앞의 책, 188~189면.

⒆ 窓(창) 내고자 窓(창)을 내고쟈 이 내 가슴에 窓(창)을 내고쟈/ 고모장지 셰살장지 들장지 열장지 암돌져귀 수돌져귀 빅목걸새 크나큰 쟝도리로 뚱닥 바가 이 내 가슴에 窓(창) 내고쟈/ 잇다감 하 답답홀 제면 여다져 볼가 ᄒᆞ노라 [『靑珍』 541]

이 작품들은 각각 '임이 오지 않는 데 대해 원망함'과 '답답한 심정 해소를 희망함'을 주제로 하지만, 중장에서 주제와는 거의 관련 없는 군말들을 장황하게 나열하는 진술을 보인다. 이에 시적 초점은 주제의 구현보다는 점층적인 반복과 열거 또는 연쇄법 등을 통해 제재·소재에 대한 재미있는 표현을 추구함에 맞추어져 있다고 할 것이다.

⒇ 夏四月(하사월) 첫여드릿날에 觀燈(관등)ᄒᆞ려 臨高臺(임고대)ᄒᆞ니/ 夕陽(석양)은 빗겻는ᄃᆡ 遠近高低(원근고저)는 魚龍燈(어룡등) 鳳鶴燈(봉학등)과 둘음이 남싱이며 鐘磬燈(종경등) 북燈(등) 懸燈(현등)에 水朴燈(수박등) 만을燈(등)과 蓮(연)곳 속에 仙童(선동)이요 鸞鳳(난봉) 우희 天女(천녀)로다 빅燈(등) 집燈(등) 산ᄃᆡ燈(등)과 欄干燈(난간등) 影燈(영등) 알燈(등) 甁燈(병등) 壁欌燈(벽장등) 駕馬燈(가마등)과 獅子(사자)ㅣ 탄 體适(체괄)이요 虎狼(호랑)이 탄 兀良哈(올량합: 오랑캐)와 七星燈(찰성등) 벌엇는듸 東嶺(동령)에 月上(월상)ᄒᆞ고 곳곳이셔 불을 현다 於焉忽焉間(어언홀연간)에 燦爛(찬란)도 ᄒᆞᆫ져이고/ 이 中(중)에 月明(월명) 燈明(등명) 天地明(천지명)ᄒᆞᆫ이 大明(대명) 본 듯ᄒᆞ여라 [金壽長 작; 周氏本『海東歌謠』 547]

월령체(月令體)의 가사 작품 〈관등가(觀燈歌)〉의 '4월령'에 쓰인 작품이다. 서울의 곳곳에 펼쳐진 초파일 연등(燃燈)을 보면서 그 찬란함과 달빛에 의해 천지가 밝아진 것이 명나라를 본 듯하다고 했는데, 주제보다는 중장에서 갖가지 등들을 열거하고 종장에서 '明(명)'자로 끝나는 말들을 반복 열거하면서 재미있는 표현을 추구함에 시적 초점이 맞추어져 있다고 할 것이다.

(21) 紅塵(홍진)을 이믜 下直(하직)ᄒᆞ고 桃源(도원)을 차자 누엇스니/ 六十年(육십년) 世外風浪(세외풍랑) 꿈이런 듯 可笑(가소)롭다/ 이 몸이 閑暇(한가)ᄒᆞ야 山水(산수)에 遨遊(오유)헐 졔/ ……(48행 정도 생략)…… / 巫山(무산)의 雲雨夢(운우몽)이 여긔와 엇덧턴고/ 뭇노라 벗님네야/ 安周翁(안주옹)의 悅心樂志(열심낙지) 이만ᄒᆞ면 넉넉ᄒᆞ야/ 이 後(후)란 離別(이별)을 아조 離別(이별)ᄒᆞ고/ 桃源(도원)의 길이 슘어 任(임)과 함긔 즐기다가/ 元命(원명)이 다ᄒᆞ거든/ 同年同月(동년동월) 同日時(동일시)에 白日昇天(백일승천) ᄒᆞ오리라 [安玟英 작;『金玉叢部』177]

가사에 가까운 크기를 가진 작품이다(전 57행 정도). 자연 속에서 살아가는 즐거움과 음악·사랑을 즐기는 흥취를 나타낸 뒤에 임과 즐거움을 길이 함께하기를 희망하고 있는데, 종결부가 작품 전체를 통일시키는 주제로서의 구실을 못하고 있다. 이에 시적 초점은 주제보다는 그 앞에서의 흥취 있는 삶의 양상들을 자세히 표현하는 데 맞추어져 있다고 판단된다.

이상에서 살펴본 바처럼, 사설시조에서 풍자 등을 통한 현실비판을 보인다는 작품들이나 사설시조의 대표적인 작품들로 거론되는 여타 작품들에서는 주제가 뚜렷하지 않거나 중요하지 않은 것으로 파악되기도 하고, 작품 내 여러 요소들이 주제의 구현을 위해 통일되는 양상이 미약하다고 판단되는 경우가 많다. 그러므로 대다수 사설시조 작품들의 시적 초점은 주제의 구현이 아니라, 제재 · 소재에 대한 재미있는 표현을 추구함에 맞추어져 있다고 할 것이다.

2) '평민가사' 작품의 시적 초점

평민가사에서는 '연정(戀情) 및 신세한탄'(특히 '相思의 情')을 다룬 작품들이 다수를 차지한다.[23)]

이 경우에도 기왕의 논의에서는 다수 작품에 나타난 '연정 및 신세한탄'보다는 '기존관념에의 도전과 인간본성의 추구'나 '현실적 모순의 폭로와 비판'이 크게 부각되었다. 그러나 작품들을 정독해 보면, 현실비판을 보인다는 작품들도 실제로는 그러한 성격을 얼마 지니지 않음을 알 수 있다.

평민가사의 대표적인 작품으로 많이 거론되는 〈우부가〉 · 〈용부가〉 · 〈노처녀가〉 · 〈거사가〉 · 〈백발가〉 · 〈노인가〉의 여섯 편을 대상으로 하여,[24)] 그 작품들의 시적 초점을 살펴보자.

---

23) 김문기, 앞의 책(수정판), 67~119면에 의하면, '서민가사' 작품들은 주제 면에서 (ㄱ) 현실적 모순의 폭로와 비판; (ㄴ) 기존관념에의 도전과 인간본성의 추구; (ㄷ) 戀情 및 신세한탄: ⓐ 연정(관능적인 사랑, 相思의 情), ⓑ 신세한탄(이별의 탄식, 불우한 처지의 한탄, 늙음의 한탄); (ㄹ) 인생무상과 醉樂; (ㅁ) 소박한 꿈과 소망: ⓐ 서민의 소박한 꿈, ⓑ 서민의 소망(영웅의 희구)'으로 분류될 때, 총 55편 중 (ㄷ)이 38편으로 가장 많고(특히 ⓐ에서의 '상사의 정'이 23편임) (ㄴ)과 (ㄱ)은 각각 10편과 8편이라고 한다(일부 작품들은 중복되어 분류되었고, 판소리 虛頭歌는 대부분 (ㄹ)이라고 함).

24) 이능우는 이 작품들이 '衙前輩類 등 또는 아낙네들'이 지은 작품들일 것으로 보았다(〈백발가〉는 언급하지 않음. 이능우, 『가사문학론』, 96~99면, 105면). 한편 김문기는 앞의 4편을 '기존관념에의 도전과 인간본성의 추구'를 내용으로 한 작품들로 보았고, 〈노인가〉는 '연정 및 신세한탄'과 '인생무상과 취락'에 함께 들었다(김문기, 앞의 책, 108면, 110면).

(1) 〈우부가(愚夫歌)〉(전 110행 내외; 編者 미상 『草堂問答歌』·李用基 편 『樂府』 수록)

"닉 말숨 광언인가 져 화상을 구경허게/ ~ / 포청귀신 되엿는지 듯도 보도 못헐네라" [『樂府』 下 297]

(2) 〈용부가(庸婦歌)〉(전 46행 내외; 『草堂問答歌』·『樂府』 수록)

"흉보기도 슬타마는 져 부인의 거동 보소/ ~ / 무식헌 창싱드라 져 거동을 ᄌ셰 보고/ 그른 닐을 아라써든 곳칠 ᄀᆡᄶ 힘을 쓰소/ 오른 말을 드럿써든 힝허기를 위업헐지어다" [『樂府』 下 298]

자매편이라 할 만큼 혹사한 양상을 보이는 이 두 작품의 주제에 대한 기왕의 주요 견해들은 다음과 같다.

첫째, 개인적인 삶의 태도에 대한 비판이나 경계(警戒) · 교훈을 주려 한 작품이라는 견해다.[25] 둘째, 표면적인 주제와는 달리, 이면적으로 '기존관념에의 도전'을 표현한 것이라는 견해다. (1)의 표면적인 주제는 반어(反語)일 수 있고 이면적인 주제는 가치관의 커다란 전환을 겪던 시대의 문제를 포괄적이고 깊이 있게 나타내는 것이라고 보거나,[26] 또는 두 작품이 유교적 이념 및 도덕의 당위성을 의심케 함으로써 기존관념에의 도전을 표현한 것으로 해석하거나,[27] 화자의 주자주의적(朱子主義的) 훈계보다 등장인물들의 골계스런 행위와 의식이 야기하는 반(反)주자주의적 흥미에 집중된다고 보는 것이다.[28]

---

25) 정재호, 「愚夫歌攷」, 『語文論集』 19·20(고려대학교 국어국문학연구회, 1977), 재수록: 정재호, 『한국가사문학론』(집문당, 1982), 105~118면.
26) 조동일, 『문학연구방법』(지식산업사, 1980), 105~112면.
27) 김문기, 앞의 책, 84면.

한편 주제를 개인적인 삶의 태도에서 인간의 도덕적 의무감을 벗어난 것에 대해 비판하고 경계한 것으로 보면서도, 그 작품들이 열등한 대상과의 이질성을 강조함으로써 대상을 희화화(戱畵化)하고 그 결과로 우월감을 만족시키는 단순한 흥미(심리적 代償性을 통한 오락적 흥미) 이상의 의미를 지니지 않는다고 하는 견해가 있는데,[29] 이는 주목을 요할 것이다.

(1)과 (2)는 각각 '기쏭이'·'쏨싱원'·'꾕싱원'과 '져 부인'·'쎙덕어미'라는 등장인물들의 악행(惡行)과 우행(愚行)을 갖가지로 열거한 뒤, 그 말로(末路)가 좋지 못함을 말하고 있다. 그러므로 그 주제는 표면에 드러나는 대로 '반인륜적인 행위를 경계함'이라고 해야 할 것이다(둘 다 五倫을 강조한 『초당문답가』에 실려 있고, 또 (2)의 끝부분에서는 '警世'를 강조하기도 함).

그렇다고 이 작품들의 시적 초점이 이러한 주제에 맞추어져 있다고 보기는 어렵다. 주제와 직결되는 경세나 풍자를 통한 비판이 주된 창작 목적이라면, 그 등장인물들의 악행·우행은 풍자의 진정한 목적인 교정(矯正)이 가능한 정도에 그쳐야 할 터이다.[30] 그러나 이 작품들에서 열거된 악행·우행들은 보통 사람들이 저지를 수 있는 악행·우행에 비해 가짓수도 크게 많은 데다 그 수준도 여느 사람들이 저지를 수 있는 범위를 훨씬 벗어나는 데까지 이르고 있어서,[31] 그 인물들보다 도덕적으로

---

28) 김학성, 앞의 글, 248면.

29) 김대행, 「〈우부가〉의 주제와 시대성 논의 반성」, 재수록: 국어국문학회 편, 『가사연구』(태학사, 1998), 351면 참조.

30) 풍자의 진정한 목적은 '惡(및 어리석음)의 矯正'이라는 견해가 널리 받아들여진다. Arthur Pollard 저, 송낙헌 역, 『諷刺』(서울대학교출판부, 1979), 6면; M. H. Abrams, *A Glossary of Literary Terms*(Third edition, New York: Holt, Rinehart and Winston, 1971), p. 154 등 참조.

31) (1)에서의 '개쏭이'의 '계집문서 종 삼기'·'살결박에 소 빼기', '쏨싱원'의 '僞造文書 非理

우위에 있는 '창생(蒼生)들'이 이를 통해 교훈을 얻거나 경계를 삼기에 적합하지 않다. 또 그들의 말로가 그들이 저지른 악행 · 우행들의 많고 심한 정도에 비해 그리 비참한 결과로 여겨지지도 않는다.[32] 이러한 점에서, 이 작품들은 교훈이나 풍자를 위한 것이라고 보기가 어렵다.

이 작품들은 '반인륜적인 행위를 경계함'이라는 주제를 지녔지만, 그 시적 초점은 인간이 저지를 수 있는 갖가지 악덕과 어리석음을 한껏 갖춘 극단적인 인물들을 설정하고 그들의 악행 · 우행을 과장되게 그려서, 이를 조롱하면서 재미있는 표현을 통해 해학적 즐거움을 추구하는 데 맞추어져 있는 것으로 판단된다.[33] 곧 이 작품들에서는 주제보다는 제재 · 소재에 대한 재미있는 표현을 통한 해학적 즐거움의 중요성이 중시된다는 것이다.

이러한 면은 다른 작품들에서도 적지 않게 나타난다.

(3) 〈노처녀가(老處女歌)〉(전 63行; 『樂府』 등 수록)

"人間世上(인간세상) 사ᄅᆞᆷ들아 이 ᄂᆡ 말ᄉᆞᆷ 드러보소/ ~ / 아마도 모진 목숨 죽지 못ᄒᆡ 怨讐(원수)로다" [『樂府』 上 16]

好訟', '꾕싱원'의 '남의 과부 겁탈하기' · '누이 자식 조카 자식 色酒家로 換賣하기', (2)에서의 '져 부인'의 '色酒家 운영 계획', '쌩덕어미'의 '모함 잡고 똥 먹이기' · '姦夫 달고 달아나기' 등.

32) (1)에서의 '기똥이'는 '乞客이 됨', '꼼싱원'과 '꾕싱원'은 '출타 후 행적이 묘연함', (2)에서의 '쌩덕어미'는 '여러 번 官婢定屬 당함'에 그친다('져 부인'의 경우는 그 말로가 뚜렷이 나타나지도 않음).

33) 그 때문에 이 작품들에서는 과장된 표현과 열거된 악행 · 우행들 간에 相馳되거나 동일성을 결한 양상이 나타나기도 한다. 이러힌 점은 판소리계소설 〈興夫傳〉 · 〈沈淸傳〉과 규방가사 〈괴똥어미전〉에서 '놀부' · '뺑덕어미'와 '괴똥어미'의 악행 · 우행을 과장되게 열거한 데서도 마찬가지이다.

(4) 〈거사가(居士歌)〉(전 57行; 『樂府』 등 수록)

"어화 그 뉘신고 어딕로셔 오신는가/ 텬상 빅옥경을 엇지ᄒ여 리별ᄒ고/ 이내 산즁 깁흔 곳에 뉘를 ᄎᄌ 오시는가/ ~ / 이 셰상 다 진커든 후싱길을 닥그리라" [『樂府』 上 49]

남녀 간 애정을 중심으로 하여 그 욕구의 좌절 또는 성취의 문제를 다루었는데, 기존관념에의 도전을 표현한 것으로 파악되기도 했다.[34] 그러나 이 작품들에서도 주제보다는 웃음과 오락적 흥미가 더 중시되어, 시적 초점이 제재 · 소재에 대한 재미있는 표현을 통해 해학적 즐거움을 추구하는 데 맞추어져 있는 것으로 판단된다. (3)은 나이 마흔이 되도록 시집가지 못하는 신세를 한탄하는 내용으로 되어 있지만, 인물 설정과 표현에서 사실성이 결여된 상황과 과장 등을 통해 해학적 즐거움을 찾으려는 작품이고,[35] (4)도 '학덕 높은 인물의 타락에 대한 풍자'이기보다는 그의 비행을 희화화해서 해학적 즐거움을 찾으려는 작품일 것이다.[36]

(5) 〈백발가(白髮歌)〉(전 154行; 『草堂問答歌』 · 『樂府』 등 수록)

"츈일이 노곤ᄒ야 초당의 누엇더니/ ~ / 슬푸다 청츈네들/ 믈ᄂ 경

34) 김문기, 앞의 책, 84면; 김학성, 앞의 글, 248~249면.

35) 앞부분에서의 "갑갑ᄒ 우리 父母 가난ᄒ 좀兩班이~"와 뒷부분에서의 "우리 父親 兵曹判書 ᄒ아ᄇ지 戶曹判書~"는 상치되는 내용인데, 이러한 불일치도 표현의 재미를 중시한 데서 나타난 결과일 것이다. 그리고 김대행은 노처녀의 나이를 40세로 설정한 점 등과 일부 표현은 개별적 사실에 주목한 표현이 아니고 作爲的으로 극대화한 표현으로 판단되고, 이에서 戲作的 태도가 드러난다고 했다(김대행, 앞의 글, 357면).

36) 이 때문에 그 표현에서 패러디(parody)의 양상과 과장된 열거 등이 나타나게 되었을 것이다(첫 부분은 鄭澈 작 〈續美人曲〉의 첫 부분 "뎨 가는 뎌 각시 본 듯도 ᄒ뎌이고/ 天上 白玉京을 엇디ᄒ야 離別ᄒ고/ ᄒ 다 뎌 져믄 날의 눌을 보라 가시는고"의 패러디라고 할 것임).

상 볼쏙시면 그 아니 무셔운가/ 광음을 허송 말고 늘기 젼의 힘써 허소” [『樂府』 下 302]

(6) 〈노인가(老人歌)〉(전 98행 정도; 前間恭作 편 『校註歌曲集』 수록)

“崑崙山(곤륜산) ᄂᆞ린 脈(맥)의 五嶽(오악)이 中興(중흥)ᄒᆞ니/ ～ / 아마도 먹고 쓰고 노는 거시 豪傑(호걸)인가 ᄒᆞ노라” [『校註歌曲集』 後集 권5 流轉編 5]

시상과 표현에서 공통점이 많은 작품들로서, 모두 늙음을 한탄하는 내용으로 되어 있다.[37]

그런데 이 두 작품은 내용의 대부분이 젊은 시절을 허랑방탕하게 보낸 사람이 노년에 초라한 몰골과 신세가 되었음을 한탄하는 것으로 이루어지는 공통성을 지니면서도, 주제부라 할 끝부분이 상반되는 내용을 보인다((5)는 젊을 때 노력할 것을 당부함에 비해, (6)은 실컷 먹고 놀 것을 강조함). 이처럼 거의 마찬가지의 제재·소재를 토대로 하고서도 상반된 주제가 제시된다는 점에서, 이 두 작품에서 주제는 그다지 중요하지 않고 그 앞의 제재·소재에 대한 표현 그 자체가 작품의 핵심적인 요소인 것으로 여겨진다(늙은 모양, 늙음과 백발이 오는 것에 항거할 수 없음, 그리고 젊을 때 유흥공간에서 즐기던 풍류 등을 진술한 데서 재미있는 표현을 추구하는 양상이 뚜렷이 나타남). 이처럼 주제보다는 제재·소재에 대한 표현이 더 중시되므로, 그 시적 초점이 제재·소재에 대한 재미있는 표현을 통해 해학적 즐거움을 추구하는 데 맞추어져 있다고 판단된다.

37) 이 작품들도 기존관념에의 도전을 표현한 것이라고 보기도 했다. 김학성, 앞의 글, 249면; 김문기, 앞의 책, 108면 참조.

앞의 작품들에서는 주제가 크게 중요하지 않기도 하고, 다른 여러 요소들이 주제의 구현을 위해 통일되는 양상이 약한 편이라고 판단되는 경우가 많다. 또 그 작품들에서는 현실비판 등이 거의 나타나지 않거나 또는 부차적인 것으로 나타나고, 현실비판이 나타난다고 할 수 있는 경우에도 그것은 '풍자를 통한 교정'을 목적으로 하는 것이 아니라 '웃음이나 조롱을 통한 즐거움'을 추구함에 그치는 양상을 다분히 보인다.

이처럼 평민가사의 여러 작품들에서도 제재·소재에 대한 표현을 통한 해학(유머)과 오락적 흥미가 주제 못지않게 또는 더 중시되므로, 그 시적 초점은 제재·소재에 대한 재미있는 표현을 통해 해학적 즐거움을 추구함에 주로 맞추어져 있다고 할 수 있을 것이다.

3) 조선 후기 '평민시가'의 창작원리

앞에서 살펴보았듯이, 사설시조의 대다수 작품들에서는 주제가 뚜렷하지 않거나 중요하지 않아서, 작품 내 제 요소들이 주제의 구현을 위해 통일되는 양상이 미약하다. 그보다는 '남녀문제'나 '사랑과 향락' 등을 주요 화제로 하고 그 제재·소재에 대한 재미있는 표현을 추구하는 면이 두드러진다. 이에 그 시적 초점은 주제의 구현이 아니라 제재·소재에 대한 재미있는 표현을 추구함에 맞추어져 있다고 할 것이다. '평민가사'의 상당수 작품들에서도 주제는 크게 중요하지 않아, 작품 내 제 요소들이 주제 구현을 위해 통일되는 양상이 약한 편이다. 그보다는 '연정 및 신세한탄' 등을 주요 화제로 하고 그 제재·소재들에 대하여 재미있는 표현을 추구하는 면이 뚜렷하다. 이에 그 시적 초점도 주제 구현보다는 제재·소재에 대한 재미있는 표현 추구에 주로 맞추어져 있다고 하겠다. 이처럼 조선 후기의 '평민시가'의 다수 작품들에서는 작품 조직화에서의 지배적 요소인 시적 초점이 주제의 구현보다는 제재 · 소재에 대한 재미있는 표현에 주로 맞추어져 있는 것이다.

이러한 점을 기반으로 하여, 대다수 사설시조 작품들과 상당수 평민가사 작품들의 창작원리의 주요한 특징에 대해서 살펴보기로 한다(작품 창작원리를 장르 단위로 살피는 경우에는 주요한 핵심적 특징 위주로 간결하게 규정하여야 개별 작품 창작의 자유로움과 창의성이 무시되지 않게 될 것이다).

사설시조란 가곡창(歌曲唱)의 농(弄) · 낙(樂) · 편(編) 등의 곡과 시조창(時調唱)의 사설시조창법에 의해 노래된 '4음보격(音步格) 3행(行)'인 시조형(時調形)의 범위를 넘어서는 작품들을 총칭한 것인데, 그 가운데는 '시조의 파형(破型) 또는 변종(變種)'이라고 할 작품들이 다수이지만, 더 길어져서 10행 내외로 이루어진 것들도 있고(앞의 작품들에서는 (13), (14), (15), (20); 그리고 (12), (17), (18) 등), 가사와의 구별이 힘들 정도로 장편화된 작품들도 없지 않다(앞의 작품들에서는 (21)).[38)]

'시조의 파형 또는 변종'이란 시조형에서 일부(주로 중장)가 적지 않게 길어진 작품들을 말하는데(4행 이상으로 된 경우가 많으며, 대체로 6행 정도 이내임), 시조와 마찬가지로 '단편시가'라 할 수 있다. 이에 비해 10행 내외로 길어진 작품들은 '중편시가'에 든다고 하겠고, 수십 행 이상으로 길어진 작품들은 '장편시가'로 볼 수 있다.

사설시조 작품들의 조직화에서 가장 널리 쓰인 방법은 제재 · 소재에 대한 진술을 확대하거나 논의를 확장하는 '부연(敷衍; amplification)'이다. 부연은 매우 포괄적인 수사법으로서 종종 하나의 수사법 이상이기도 한데,[39)] 그 방법으로 '단어의 선택, 연속적인 대조, 강조의 점증적(漸增的)

---

38) 성호경, 『한국시가의 유형과 양식 연구』(영남대학교출판부, 1995), 439~444면 참조.

39) A. Preminger, F. J. Warnke, and O. B. Hardison Jr. ed., *op. cit.*, p. 32.

구축, 인상(印象) 면에서 대조되는 것과의 비교, 부차적인 문제의 확대, 집적(集積; 동의어들에 의한 반복)'이 있다고 한다.[40)]

사설시조 작품들에서 많이 쓰인 수사법들인 열거와 대구, 그리고 반복과 점층법 등도 부연의 방법이거나 또는 이와 긴밀히 관련되는 것이라는 성격을 지닌다(반복과 점층법은 각각 '동의어들에 의한 반복'과 '강조의 점증적 구축'을 위주로 이루어지고, 열거와 대구는 각각 '집적'과 '연속적인 대조'와 긴밀히 관련되는 것임). 이에 대다수의 사설시조 작품들은 부연에 의해 편폭(篇幅)이 길어졌다고 할 수 있다.[41)]

단편시가는 단편적(斷片的) · 순간적인 정서적 체험의 응축적 · 집약적 표현을 주로 하며 단일한 시상과 정조(情調)를 지니는데, 이러한 시가에서는 통일성과 집중성이 강하게 요구되므로 작품 내 여러 요소들 간의 고도의 유기적 통합을 지향한다.[42)] 대다수의 시조 작품들이 이러한 성격과 구성을 보이는데, 다수의 사설시조 작품들도 기본적으로는 이와 비슷한 양상을 보인다. 그러면서도 사설시조에서는 부연에 의한 확장이 이루어지고, 그 부연이 정서적 체험의 응축적 · 집약적 표현에 장애가 될 수 있다는 점에서, 시조와는 다소 차이가 있다고 할 것이다.

중편시가는 정서적 체험을 표현하는 면을 적지 않게 드러내면서도 또한 대상의 특성에 대한 설명이나 교시(敎示)를 어느 정도 지속적으로 진술하여 나타내는 면을 함께 갖추어서, 단편시가와 장편시가를 절충한

---

40) Joseph T. Shipley, *Dictionary of World Literary Terms*(Boston: The Writer, 1970), p. 12.

41) 辛恩卿, 「사설시조의 시학 연구」, 박사학위논문(서강대학교, 1988), 171~172면에서 사설시조의 주류를 이루는 것으로 말한 '열거를 기반으로 하는 엮음'도 부연의 한 방법이라고 할 수 있다.

42) Paul Fussell, *Poetic Meter and Poetic Form*(Revised edition, New York: Random House, 1979), p. 159 참조.

성격을 지닌다.[43] 이른바 '10구체' 향가나 조선 초의 〈신도가(新都歌)〉(鄭道傳 작) 등에서 이러한 성격과 구성을 보이는데, 사설시조에서 10행 내외로 길어진 작품들도 기본적으로는 이러한 성격과 구성을 보인다. 그러면서도 그 확장이 주로 제재·소재에 대한 진술을 확대하는 방식으로 이루어진다는 점에서, 10구체 향가 작품 등에서 나타나는 주제 구현을 위해 논의를 확장하는 방식과는 차이가 있다.

그리고 가사와의 구별이 쉽지 않을 정도로 장편화된 작품들의 경우에는 대체로 가사 작품들과 비슷한 성격과 구성을 보인다고 할 수 있을 것이다.

부연은 주로 제재의 중요성을 강화하고 제고하기 위해서나 감소시키고 헐뜯기 위해서 쓰이는 것이다.[44] 이러한 부연이 사설시조 작품의 조직화에서 널리 쓰였다는 점은 곧 그 대다수 작품들에서 제재·소재 자체가 매우 중요한 위치를 차지한다는 점을 알려준다. 그 작품들에서는 주제를 구현하기 위해 제재·소재들이 통일성 있게 조직화되기보다는, 제재·소재 자체의 중요성이 강조되어서 그것에 대한 진술과 표현이 중심을 이루는 것이다.

이처럼 사설시조의 대다수 작품들에서는 제재·소재 자체가 중시되며, 그 진술의 주축을 이루는 부연의 방법으로서 열거·대구·반복 등이 많이 쓰였다. 그리고 이와 결합되어 제재·소재의 형상과 성질을 재미있게 표현하기 위해 쓰인 수사법들인 과장법과 점층법, 의성·의태어와 언어유희 등은 대체로 강한 정서를 표현하거나 희극적 효과나 흥미 유발 등을 증진하기 위한 것이다.[45]

---

43) 성호경, 『한국시가의 형식』(새문사, 1999), 70~71면 참조.

44) A. Preminger, F. J. Warnke, and O. B. Hardison Jr. ed., *op. cit.*, p. 32.

45) 과장법은 강한 정서를 표현하기 위한 것인데, 희극적 反語로 발전하기도 한다(*Ibid.*,

사설시조 작품들은 '유형화(類型化) 된 공식적 형식'을 많이 보이면서 특징적인 표현방식으로 '부조리하거나 우스꽝스러운 상황 설정'과 '언어유희적 표현' 등을 적지 않게 썼다.

'유형화된 공식적 형식'(앞에 든 작품들 가운데 (1)·(2)와 (4)·(14), 그리고 (3) 유형의 작품들 등과 같이 일정한 구성방식과 표현이 여러 작품들에서 판박이처럼 사용된 사례들 외에도 常套語句들이 다수의 작품들에 쓰임 등)은 사람들이 별다른 지적(知的)인 노력이 없이도 그 작품들에 쉽게 접근하고 향수할 수 있게 해 주며, 그 관습에 길들여 있는 사람들을 편안하게 해 주는 것이다.[46] 또 그 단조롭고 진부하며 뻔한 도식적(圖式的)인 형식은 그것이 익숙한 것이라는 점에서, 한편으로는 그것을 통해 표현되는 말초적·즉각적·직접적인 자극적 내용을 별다른 불편한 느낌 없이 즐길 수 있게 해 주기도 하고, 다른 한편으로는 그것이 익숙한 세계라는 의식작용으로 인해 사람들 내면의 방어적인 긴장을 이완시켜서 그 자극성의 세계 속에 더욱 몰입할 수 있게 해 주기도 한다.[47] 그리고 '부조리하거나 우스꽝스러운 상황 설정'((1), (2), (7), (12); (4), (8), (14) 등)과 '언어유희적 표현'((1), (3), (5), (6), (7), (10), (14) 등)은 주로 유희적인 재미를 찾으려는 관심을 기반으로 하고 웃음을 낳기 위한 장치로서의 성격을 지닌 것들이다(이에 대해서

---

p. 359). 점층법은 독자를 설득하거나 감동을 줌에 효과적이며, 그 목표는 설득력이나 흥미를 漸强하는 것이다(*Ibid.*, p. 142). 그리고 의성·의태어와 각종 언어유희도 해학 등의 희극적 효과와 흥미 유발에 이바지할 수 있는 수사법이다(*Ibid.*, p. 591, p. 681 등 참조).

46) 박성봉, 『대중예술의 미학』(동연, 1995), 240면, 257면 참조.

47) 같은 책, 249면 참조.

한편 그 도식성의 특질과 자극성 사이의 모순된 공간을 채우기 위해 몇 개 또는 매우 풍부한 細目들 및 詳細感覺(sense of details)을 필요로 한다고도 하는데(같은 책, 258~259면 참조), 사설시조에서 제재·소재에 대한 진술을 늘리는 부연이 많이 쓰인 것은 이 점과도 관련될 수 있을 것이다.

는 뒤에서 살필 것임). 이처럼 사설시조에서는 사람들이 편안하고 쉽게 작품들을 향수할 수 있게 해 주고, 또 웃음을 낳기 위한 표현들을 많이 썼던 것이다.

한편 대다수 사설시조 작품들에서는 주제가 뚜렷하지 않거나 주제다운 주제가 잘 나타나지도 않으며, 또 작중의 여러 요소들이 주제의 구현을 위해 통일되는 양상도 미약한 편이다. 이 점은 곧 사설시조가 주제의식이 미약한 문학이라는 점을 알려준다.

그러므로 주제의식이 미약한 대다수 사설시조 작품들의 창작원리는 대체로 체험의 응축적·집약적 표현을 기본으로 하면서도 제재·소재에 대한 진술을 늘리는 부연을 통한 확장을 보이는 가운데서, 진지한 주제의 구현보다는 제재·소재에 대한 재미있는 표현('유형화된 공식적 형식'과 '부조리하거나 우스꽝스러운 상황 설정' 또는 '언어유희적 표현' 등을 많이 씀)을 통해 해학적 즐거움과 웃음 등의 희극적 효과를 추구하는 것을 주요한 특징으로 한다고 할 수 있을 것이다.

시행들의 형식적 무리 짓기가 없는 비연체(非聯體)의 구성에서는 사상(事象)들에 대한 기술에서 단절이 거의 없으므로 시상의 선형적(線形的) 발전의 효과를 기할 수 있다.[48] 이 때문에 비연체로 된 장편시가인 가사는 체계적·지속적인 진술을 필요로 하는 일련의 지식을 교시하는 것 위주로 발달하였다.[49] 그러나 그 구성에서는 한 목표에로의 집중성과 통일성이 약하고, 독자적인 성격을 다분히 지니는 여러 부분들을 집적하는 '부가작용(附加作用)'의 양상이 두드러진다(각각의 부분들의 중요성이 강조되며, 끝 행이 '결말' 완성으로서 시의 통일성과 일관성을 확보해 주는 종결

48) Paul Fussell, *op. cit.*, p. 110.

49) 성호경, 『조선전기시가론』(새문사, 1988), 107~108면 참조.

부' 곧 주제부로서의 성격을 잘 갖추지 못함).[50]

조선 후기의 평민가사도 기본적으로 이러한 성격과 구성을 보인다. 그 작품들은 시상 전개의 방향으로서 각 부분들을 하나로 묶게 할 수 있는 일정한 주제를 가지기도 하지만, 그 주제에로의 집중성과 통일성은 약한 편이다. 그러므로 그 창작원리를 주제 구현을 위한 집중·통일로만 보기가 어렵다. 게다가 그 상당수 작품들에서는 주로 제재·소재의 형상이나 성질을 나타냄을 중심으로 하여 재미있는 표현을 통해 해학적 즐거움을 추구함에 시적 초점이 맞추어져 있기도 한 것이다.

앞에서 예로 든 작품들은 대체로 서사적(敍事的) 성격을 드러낸다고 한다.[51] 그러나 그 구성은 사건이나 행동의 전개과정을 시간의 경과에 따라 구체적으로 서술하기보다는, 제재·소재의 형상이나 성질을 진술하거나 묘사함을 주로 하고 있다. 곧 사건이나 등장인물의 행동의 전개과정보다는 등장인물들의 형상이나 성질을 드러냄에 초점이 맞추어져 있고, 그것도 과장 등을 통한 '부정적(否定的) 형상화' 위주의 양상을 보이는 것이다. 그 부정적으로 형상화된 인물에 대해서 작자의 태도나 그 결과로서 형성되는 독자의 태도는 우월감의 확인이고, 그러한 우월감을 바탕으로 할 때 대상에 대한 희화화가 가능해지기도 한다고 한다.[52]

이처럼 평민가사의 상당수 작품들에서는 주제에로의 집중성·통일성이 약하고, 서사적 성격을 지닌다는 작품들에서도 스토리가 미약하고

---

50) 같은 책, 130면 참조.

51) 김학성, 앞의 글, 243면, 248~249면 등 참조.

52) 이러한 희화화는 필연적으로 오락성과 흥미 위주의 문화를 형성하게 된다고 한다. 삶의 진정한 갈등이나 그 해결의 방식을 모색하기 위해서라면 개성적인 인물이 제시되어야 마땅하지만, 흥미와 오락을 위한 것이므로 결점이란 결점은 다 모아 지닌 전형화된 인물로 설정된 것으로 이해될 수 있다는 것이다. 김대행, 앞의 글, 354~359면.

인물 묘사가 중심이 되는 구성을 취하는 경향이 있으며, 그 방법으로 쓰인 지나친 과장과 열거가 엄숙한 교훈보다는 오히려 해학적인 웃음을 짓게 하는 것이다(이러한 점은 그 표현의 역효과이기보다는 창작목적을 달성하기 위한 방법으로서의 성격을 짙게 지닌다고 할 것이다).

평민가사 작품들에서도 '유형화된 공식적 형식'이 많이 나타나는데(앞에 든 (1)과 (2), (5)와 (6)이 구성 및 표현에서 공통점이 많으며, 여러 작품들이 부정적 형상화 등을 통한 희화화를 보임), 이 또한 사람들이 편안하고 쉽게 그 작품들을 향수할 수 있게 해 준다.

앞에서 살펴보았듯이, 평민가사의 여러 작품들에서도 제재·소재에 대한 재미있는 표현을 통한 해학적 즐거움이 주제의 구현 못지않거나 또는 그보다 더 중시된 것으로 나타난다. 이에 평민가사의 상당수 작품들에서는 주제가 있기도 하지만, 그 창작원리는 여러 부분들을 집적하는 부가작용을 기본으로 하고, 주제의 구현보다는 제재·소재에 대한 표현에 초점을 맞추어서 그 형상이나 성질을 진술·묘사함을 주로 하며('유형화된 공식적 형식'을 많이 쓰며, '부정적 형상화'를 통해 희화화하는 경향이 높음), 그것을 통해 희극적 효과를 추구하는 것을 주요한 특징으로 한다고 할 수 있을 것이다.

이처럼 조선 후기 '평민시가'의 다수 작품들에서는 주제가 작품 내 여러 요소들을 통일시키는 지배적 요소로서의 구실을 온전히 하지 못하고 있어서, 시적 초점이 주제의 구현보다는 제재·소재에 대한 재미있는 표현에 주로 맞추어져 있고, 그 제재·소재에 대한 재미있는 표현을 통해 희극적 효과(해학적 즐거움과 웃음 등)를 추구하는 것이 그 창작원리의 주요한 특징이라고 할 것이다.

3. 조선 후기 '평민시가'의 담당층과 발달조건

1) '평민시가'의 담당층과 그 성격

조선사회의 신분(身分)은 크게 양반 · 중인 · 상민 · 천인(賤人)의 넷으로 구분된다. 양반은 중앙의 벌열가문(閥閱家門)과 지방의 향반(鄕班; 土班), 그리고 잔반(殘班; 몰락양반) 등으로 다시 구별될 수 있다. 중인에는 의생(醫生) · 역관(譯官) 등의 잡직(雜職) 기술관(技術官)과 서리(胥吏) · 향리(鄕吏) · 군교(軍校) · 역리(驛吏) 등의 아전(衙前; 吏胥)의 구별이 있으며, 양반의 서얼(庶孼)도 중인과 거의 마찬가지의 대우를 받았다. 상민이란 농 · 공 · 상업에 종사하는 일반 백성들을 이르는 것이다. 천인으로는 노비(奴婢) · 광대(廣大) · 무당(巫堂) · 창기(娼妓) · 백정(白丁) 등이 있었다.[53)]

이러한 구분에 따라, 작자층을 중심으로 하여 조선 후기 '평민시가'의 담당층을 살펴보자.

작자가 밝혀진 작품이 극소수에 불과한 사설시조의 주된 작자층에 대하여 양반들이라는 견해도 없지 않지만,[54)] 중인들 또는 중간계급의 사람들이라는 견해가 대체로 널리 받아들여지고 있다.[55)]

17세기 이후 부(富)를 축적한 중인신분 사람들은 조선 후기의 도시유

---

53) 韓沽劤, 『韓國通史』(을유문화사, 1970), 266~274면 참조.

54) 김대행, 『시조 유형론』, 이화여자대학교출판부, 1986; 김학성, 「사설시조의 장르형성 再論」, 『大東文化硏究』 20, 성균관대학교 대동문화연구소, 1986 등.

55) 高晶玉, 『古長時調選註』, 정음사, 1949; 이능우, 「蔓橫淸(辭說時調)의 戱詩性」, 『現代文學』 24~27, 현대문학사, 1956. 12~1957. 3; 고미숙, 「사설시조의 역사적 성격과 그 계급적 기반 분석」, 『語文論集』 30, 고려대학교 국어국문학과, 1991; 姜明官, 「사설시조의 창작 향유층에 대하여」, 『민족문학사연구』 4, 민족문학사연구회, 1993 등.

흥과 예술사의 흐름을 주도하였는데, 대다수의 사설시조 작품들에서는 중세적 관념을 버리고 애정·성(性)에 대한 욕구라는 보편적 정서의 표출 등 현실에 눈을 돌렸지만 현실의 다양한 현상에 집착한 나머지 그 본질에 접근하는 데는 상당한 제한성을 가졌는데, 이러한 역사적 성격은 바로 조선 전기 이래의 양반 중심 사회체제의 해체에 기반을 두면서도 여전히 그것에 기생할 수밖에 없는 양면성(兩面性)을 지녔던 중인들의 계층적 속성과 상응한다고 한다.[56)]

그리고 작자가 아예 밝혀지지 않은 평민가사 작품들의 주된 작자층도 중인들이었을 것으로 추정된다.

그 작품들의 시상과 표현은 체계적인 교육을 거의 받지 못했던 상민들이 짓거나 즐길 수 있는 수준을 크게 넘어서므로(특히 그 작품들에 쓰인 어휘 및 典故들에서 이러한 점이 두드러짐), 그 담당층은 상당한 정도의 교육을 받은 사람들이라고 보아야 할 것이다.

가사는 장편시가로서의 많은 분량 등으로 인해 적지 않은 문자 교양을 갖춘 사람이라야 작품을 지을 수 있었는데, 조선 후기에 양반사대부들 이외에 이러한 가사를 지을 수 있는 능력을 갖추었던 사람들은 주로 중인들이었다. 의생·역관 등의 기술직 중인과 행정 실무를 맡던 아전 등은 직무수행 등을 위한 교육을 받았고, 이를 통해 사대부들에 버금가는 문자 교양을 갖추게 되었다. 이 점이 평민가사 작품들의 창작기반이 될 수 있었던 것이다.

중인은 양반과 상민의 중간에 위치한 하급지배계층 또는 중간계급으로서,[57)] 국가경영에 필요한 제반 전문지식과 예술을 담당하거나 통치체

---

56) 고미숙, 앞의 글, 재수록: 고미숙, 『18세기에서 20세기 초 한국시가사의 구조』(소명출판, 1998), 145~146면 등 참조.

57) 중인이 성취적 의미의 '계급'이 아니라 귀속적 의미의 '신분'을 가리킨다는 점에서 사회

계의 하부에서 행정실무를 맡고 있었다. 이들은 양반에 비해 관직 진출과 사회적 대우에서 뚜렷한 제약이 있었으나, 피지배계층인 상민들에 대하여는 사회적 · 경제적으로 크게 우위에 있었다. 이에 그들은 한편으로는 그들에게 주어진 기존체제의 제약에 불만과 저항심을 가지면서도, 다른 한편으로는 그들이 지닌 일정한 사회적 기반을 계속 유지코자 하여 체제순응적인 성향을 적지 않게 보이고 있었다.

문학은 기본적으로 작가의 개성적인 체험과 인생관을 표현하는 것이지만, 한편으로 어떤 사회계급이나 공통의 이해관계를 가진 인간집단의 표현이라는 성격도 띠어서, 문학에서의 표현은 그 문학을 창작하고 향수하는 사회계급이나 집단의 계층적 성격을 다분히 반영하게 된다(사회계급이 가장 영속적이고 實效的인 집단이기 때문에, 예술에서의 표현의 필요 및 수단은 '계급 조건적'인 성격을 띠게 된다고 한다).[58] 중인들이 주된 담당층이었던 조선 후기의 '평민시가' 작품들도 중인들의 계층적 성격을 다분히 반영하여, 한편으로는 기존체제에 대한 불만과 비판을 드러내기도 했지만, 다른 한편으로는 그 체제를 받아들인 가운데서 개인적인 삶의 즐거움이나 안타까움 등에 관한 체험을 표현하였다.[59]

계급론에서의 '중간계급(middle class)'과는 다르다는 견해도 있지만(宋復, 「간행사」, 연세대학교 국학연구원 편, 『한국 근대이행기 중인연구』, 신서원, 1999, 5~6면), 안정된 전통사회에서는 이러한 계층 요인들이 통합될 수 있었다는 점에서(金泳謨, 『현대사회계층론』, 한국복지정책연구소 출판부, 1982, 170면), 중인은 신분과 계급이 통합된 근대 이전의 중간계급으로 보아도 무방할 것이다.

58) Ernst Fischer, *The Necessity of Art*(Harmondsworth, England: Penguin Books, 1978), p. 148.

59) 중인들의 한시와 시조에서는 전자가 적지 않게 나타남에 비해(허경진, 『조선위항문학사』, 태학사, 1997, 382~383면; 정종진, 「閭巷六人' 시조의 전환기적 특성과 그 향방」, 『애산학보』 34, 애산학회, 2008, 45~47면, 51~52면 등 참조), 사설시조와 평민가사에서는 후자 위주의 양상을 다분히 보인다.

2) '평민시가'의 발달조건

조선 전기의 엄격하던 신분제도가 17세기 이래 차츰 문란해지자, 중인들이 경제적 성장과 지적(知的) 기반의 확대 등 여러 면에서 기반을 다지게 되고, 이후 이들은 양반들에 필적하는 사회세력으로 성장하였다. 특히 18세기 무렵의 서울의 도시적 분위기는 중인들을 중심으로 한 여항인(閭巷人; 委巷人)들에게 지적 수준의 향상과 더불어 재능과 취미를 발전시킬 기회를 주었다. 그들의 지적 수준의 향상은 그들로 하여금 한편으로는 스스로에 대해 자부심을 가지게도 했지만, 다른 한편으로는 양반들에 비해 사회적 진출이 제한되어 있는 자신들의 처지에 대해 불만을 품게 하였다. 이러한 그들의 기분은 문학 · 예술에 대한 취향으로 많이 발산되어, 이들에 의한 한시(漢詩)와 시조 및 사설시조를 중심으로 하는 여항의 문학이 대두하게 되었다.[60]

여항의 한시단은 17세기에서 18세기 초엽까지 의생 · 역관 등의 기술직 중인을 중심으로 하여 이루어지다가, 이후 주도권이 서리 등의 경아전(京衙前; 중앙관서의 아전) 쪽으로 이동하게 되었다. 그리고 17세기 후반 무렵부터는 여항인들 사이에 시조 및 사설시조와 음악에 대한 관심이 고조되어서, 진본 『청구영언』에서 든 '여항육인(閭巷六人: 張炫, 朱義植, 金三賢, 金聖基, 金裕器, 金天澤)' 등이 나타나게 되었고, 18세기에 들어 서리 출신을 중심으로 하여 가객(歌客) · 악사(樂師) 등의 예술가들이 많이 생겨났다.

그런데 조선 후기의 경아전들은 경제적으로 성장하였으나, 그 경제적

---

60) 林熒澤, 「閭巷文學과 庶民文學」, 李家源 외 4인 편, 『韓國學硏究入門』(지식산업사, 1981), 317~318면 참조.

토대의 속성상 소비적인 생활분위기가 조성되어, 기악(妓樂)과 같은 유흥으로 흐르게 되었다. 당시 경아전과 기방(妓房)을 중심으로 한 도시유흥과의 관계는 매우 긴밀했던 것으로 추측되는데, 다수의 사설시조 작품들은 경아전들의 그러한 생활과 의식을 반영한 것이다.[61]

사설시조는 공연물로서의 성격을 다분히 띠고 발달하여, 18세기 이래 서울과 그 부근에서 형성된 놀이문화 속에서 유흥을 위한 문학으로서 주로 중인 가객들에 의해 가창(歌唱)으로 연행(演行)되고 있었다.[62] 그 연행공간으로는 기방이나 양반 · 부자 등이 마련한 자리도 있었고, 가객들의 모임('歌壇' 등)과 가객 혼자만의 자리도 있었다.

양반들의 잔치자리 등에서 사설시조는 시조와 함께 가곡창으로 연행되었다. 최근까지 전해진 가곡창에서 정격적(正格的)인 가곡인 초삭대엽(初數大葉) · 이삭대엽(二數大葉) · 중거(中擧) · 평거(平擧) · 두거(頭擧) · 삼삭대엽(三數大葉)의 곡들에는 대개 유명씨(有名氏)의 건실한 내용을 중심으로 한 시조가 노랫말로 쓰였지만, 소용(騷聳)과 더불어 그 뒤에 이어지는 농(弄; 言弄) · 낙(樂; 界樂, 羽樂, 言樂) · 편(編; 編樂, 編數大葉, 言編)의 곡들에서는 대부분 무명씨(無名氏)의 우스꽝스럽고 외설 · 황탄한 내용의 작품들이 노랫말로 쓰였는데, 그 대다수는 사설시조 작품이었다.[63] 곧 가곡창에서 사설시조는 근엄한 분위기가 가시고 술이 거나해져서 농담과 웃음이 나타나는 흥겨운 분위기 속에서 노래 불렀던 것이다(그러나 다른 연행공간에서의 사설시조의 연행상황은 뚜렷이 알기 어렵다).

이러한 조건 속에서 발달한 사설시조는 유흥 등의 오락을 위한 문학으로서 음악과 더불어 노래로 부르기도 한다는 점 등 때문에, 여항인들

---

61) 강명관, 『조선후기 여항문학연구』(창작과비평사, 1997), 159～170면 참조.

62) 이수곤, 앞의 글, 126～134면 참조.

63) 張師勛, 『國樂總論』(정음사, 1976), 268～272면 참조.

의 문학 가운데서 비교적 진지한 문학의 성격을 띤 한시와 시조에 비해 오락적인 면이 훨씬 더 많이 나타난다.

평민가사의 향수양상이 어떠했는지를 뚜렷이 알기는 어렵다. 그런데 〈백발가〉와 〈노인가〉에 나타나는 바 기방에서 여러 친구들(〈노인가〉에서는 그 대다수가 중인신분임을 알려줌)과 차례로 노래했다는 작품들 가운데서 가사창(歌詞唱)으로 노래했을 십이가사(十二歌詞) 작품들(〈白鷗詞〉, 〈竹枝詞〉, 〈漁父詞〉, 〈行軍樂〉, 〈黃鷄詞〉, 〈春眠曲〉, 〈相思別曲〉, 〈勸酒歌〉, 〈處士歌〉, 〈襄陽歌〉, 〈首陽山歌〉, 〈梅花歌〉)이 아닌 〈장진주(將進酒)〉(16세기 말엽 鄭澈 작) · 〈낙빈가(樂貧歌)〉(작자 미상; "此身이 쓸 듸 업서 聖上이 ᄇᆞ리시니~") · 〈노승가〉(미상) 등과 〈낙민가(樂民歌)〉(작자 미상; "平生我才 쓸데 업서 世上功名 下直하고~") · 〈노고가(老姑歌)〉(미상) 등은 평민가사가 아니거나 또는 작자층이 불분명한 작품들이다. 이로 보아, 평민가사의 대다수 작품들은 기방이나 잔치자리 등에서 노래로 불리지 않았을 가능성이 적지 않다고 할 수 있을 것이다.

비연체의 장편시가인 가사는 음악과의 친연성(親緣性)이 적으며 노래함에 대한 지향도 약한 편이다. 이 때문에, '삼강팔엽(三腔八葉)'을 붙여서 노래 부를 수 있게 했던 16세기 말의 〈서호별곡(西湖別曲)〉(許橿 작 〈西湖詞〉를 바탕으로 함) 등 이후로는 십이가사와 시편 크기가 작은 특정 작품들을 악곡에 맞추어 노래 불렀거나 〈관동별곡(關東別曲)〉(정철 작) 등의 몇몇 저명한 작품들에서 노래한 양상(대체로 部分唱이었을 가능성이 높음)이 나타나기는 하지만, 대다수의 가사 작품들은 가창되지 않았을 것으로 판단된다(십이가사 외에는 그 악곡이 거의 전하지 않기도 함).[64] 이로 미루어보아, 〈장진주〉(10행 정도) · 〈낙빈가〉(52행) · 〈낙민가〉(30행) 등보

64) 성호경, 『한국시가의 형식』, 84면 참조.

다 시편이 큰 편인 〈우부가〉·〈용부가〉·〈노처녀가〉·〈거사가〉·〈백발가〉·〈노인가〉(46행 내외에서 154행에 이름) 등의 작품들도 대체로 가창이 아니라 완독(玩讀; 읽음) 등을 통해 향수되었을 가능성이 높다고 할 것이다.[65)]

그러면서도 그 작품들은 상당수가 서울과 그 부근에서 형성된 놀이문화 속에서 오락적 성격을 띠고 향수되었을 것으로 추측된다. 〈우부가〉에서 중인신분 사람일 가능성이 적지 않은 '남촌활량 기똥이'[66)]가 일삼았던 주·색·잡기는 서울의 유흥공간 및 놀이문화 속에서 이루어졌을 터이고, 중인으로 추정되는 '져 건너 꼼싱원'과 신분이 불분명한 '산 너머 꾕싱원'이 다니던 술집·색주가(色酒家)와 즐기던 투전·장기·난봉질 등도 반세기나 지속된 금주령(禁酒令)이 풀린 정조대(正祖代; 1776~1800)[67)] 이래의 서울의 유흥공간·놀이문화의 일부일 가능성이 높으며, 〈백발가〉와 〈노인가〉에서의 가무·풍류도 당시 서울의 놀이문화를 그린 것일 가능성이 높다. 이처럼 중인들이 중심이 된 서울의 놀이문화를 배경으로 한다는 점에서, 그 작품들도 그 놀이문화 속에서 향수되었을 가능성이 높다고 할 수 있을 것이다.[68)]

---

65) 이능우는 가사의 존립방식을 '歌唱物'과 '吟詠物' 그리고 '玩讀物'의 세 가지로 나누면서 〈우부가〉 등의 '平庶民들의 풍자가사'를 '완독물'로 보았다(이능우, 앞의 책, 26면, 32면 등). 한편 김문기는 '서민가사'를 '음영가사'와 '가창가사'로 나누며 그 작품들을 '음영가사'로 보았다(김문기, 앞의 책, 수정판, 23면).

66) '기똥이'를 정재호는 양반으로 보았지만(鄭在鎬, 앞의 글, 107~109면), 강명관은 19세기 한글소설 〈게우ᄉᆞ〉에서 妓房에 신분별로 자리 잡은 왈짜들을 들면서 '南村閑良'이 羅將·政院使令·武藝別監·各廛市井과 함께 자리했다고 한 점 등에 근거하여 서울의 남산 기슭에 살던 중인신분의 사람으로 보았다(강명관, 『조선의 뒷골목 풍경』, 푸른역사, 2003, 279면).

67) 영조 2년(1726)에 강력한 금주령을 내려서 술집 단속을 엄히 하고 음주자를 重刑에 처하는 조치를 계속하다가, 정조 초에 금주령을 해제함에 따라 선술집(木櫨酒店)과 색주가 등이 번창하게 되었다고 한다. 같은 책, 133~147면 참조.

이러한 조건 속에서 발달한 평민가사에서는, 사설시조보다는 덜한 편이지만, 오락적인 면이 적지 않게 나타날 수밖에 없었을 것이다.

이처럼 사설시조와 평민가사 등의 '평민시가'의 상당수 작품들은 18세기 이래 주로 중인들이 주도하거나 참여한 서울과 그 부근에서 형성된 놀이문화 속에서 오락을 위한 문학으로서 발달하였던 것이다.

4. 조선 후기 '평민시가'의 통속예술적 성격

1) 조선 후기 '평민시가'와 통속예술

앞에서 본 바와 같이, 조선 후기의 '평민시가'인 사설시조와 평민가사에서는 '남녀문제'나 '사랑과 향락' 또는 '연정 및 신세한탄' 등을 다룬 작품들이 많으며, 풍자 등에 의한 '현실비판'은 뚜렷이 나타나지 않는다. 그 상당수의 작품들에서는 주제가 작품 내 여러 요소들을 통일시키는 지배적 요소로서의 구실을 온전히 하지 못하고 있어서, 그 작품 조직화에서의 지배적 요소로서의 시적 초점은 주제의 구현보다는 제재·소재에 대한 표현에 주로 맞추어져 있고, 그 제재·소재에 대한 재미있는 표현을 통해 해학적 즐거움과 웃음 등의 희극적 효과를 추구하는 것이 그 창작원리의 주요한 특징이라고 할 것이다.

그리고 그 '평민시가'를 짓고 즐기던 주된 담당층은 중인신분의 사람

---

68) 기방이나 잔치자리가 아닌 곳에서 오락적 성격을 띠고 문학이 향수된 대표적인 사례로 趙秀三(1762~1849)의 『秋齋紀異』에 나오는 바 傳奇叟가 서울의 第一橋·第二橋 아래, 梨峴, 校洞·大寺洞 입구, 鐘閣 앞 등에서 사람들을 모아 소설을 재미있게 낭송하여 들려주던 일 등을 들 수 있다.

들이며, 18세기 무렵부터 이들을 중심으로 하여 서울과 그 부근의 놀이 문화 속에서 그 작품들이 창작되고 향수되었다. 이러한 '평민시가'는 주된 담당층인 중인들의 계층적 성격을 다분히 반영하였는데, 그 작품들에서 그들은 그들이 지녔던 양면적인 성격에서 체제순응적인 면을 오락적인 것으로 많이 나타내었고, 또 체제 및 현실에 대한 불만도 이를 통해 위안하고자 했다.

이처럼 사설시조와 평민가사 작품들의 다수가 상당한 교육을 받은 서울과 그 부근의 중인들에 의해 지어졌으며, 양반들과는 구별되는 그들의 계층적 성격을 반영하고, 상당수가 진지한 주제의식보다는 재미있는 표현 등을 통한 오락과 위안(기분 전환)을 주요한 목적으로 하였는데, 이러한 점들은 바로 '통속예술'이 보이는 전형적인 양상이다.

아놀드 하우저(Arnold Hauser)는 예술사회학에서 교육적 요인이 매우 중요한 의미를 갖는다고 보아, 예술을 교육계층에 따라 교육엘리트층에 의한 '고급예술'과 얼치기교육(중간 정도의 교육)을 받은 도시 거주자들에 의한 '통속예술', 그리고 교육받지 못한 농민들에 의한 '민중예술'로 구분하였다.[69]

그에 의하면, 통속예술은 얼치기교육을 받고 대중화의 경향을 띤 도시 사람들을 위한 예술로서, 권태와 불안감 · 긴장 등에서 벗어나기 위한 오락과 기분 전환 등을 주된 목적으로 하였으며, 소시민적이고 중산층적인 이데올로기를 지닌다고 하는데,[70] 앞에서 살펴본 바처럼 사설시조와 평민가사 작품들도 이러한 양상을 다분히 보이고 있다. 그리고 상민들 등의 기층 민중들에 의한 민중예술에서는 생산자와 소비자가 서로

---

69) 아놀드 하우저 저, 최성만 · 이병진 역, 『예술의 사회학』(한길사, 1983), 189~194면 참조.

70) 같은 책, 234면.

구분되기 어려움에 비해, 통속예술에서는 감상층과 전문적인 생산자가 구분되는 경향이 많다고 한다.[71] 사설시조의 경우에도 주된 작자들(가객 등)이 일반 향수자들과는 대체로 구별되었을 것이라는 점에서[72] 이러한 양상을 보인다고 할 것이다(평민가사의 경우에는 관련 자료가 없어서 이러한 양상을 확인하기가 어렵다).

2) 통속예술적 양상과 성격

조선 후기 '평민시가' 작품들의 기능 · 의의와 이데올로기에 대하여 살펴보자.

얼치기교육을 받은 도시 거주자들은 일상적인 생활을 둘러싸고 권태와 긴장 및 근심 · 불안을 가지게 되는데, 그 권태와 긴장 및 근심 · 불안을 벗어나기 위해 오락 · 유희와 기분 전환(위안) 또는 도피를 꾀하게 된다. 오락 · 유희와 긴장해소는 필요불가결한 생활조건들로서, 생리적 측면과 심리적 측면 모두에서 생명력을 유지하고 새롭게 하는 데에, 또 약화된 활동력을 자극하고 강화하는 데에 필요하다. 또한 그들은 고차적인 질서에 속하는 사실들과 도덕적인 삶에 내포되어 있는 진지함과 위험으로부터 도피하고자 하며, 모든 의무와 책임을 회피하려는 유혹에 빠지기도 하는데, 통속예술은 사람의 마음을 가라앉혀 주는 효과 때문에 그 불안을 진정시키고 삶 속에서 부딪치는 고통스러운 문제들을 피하게 해 준다(이에 비해, 진지한 고급예술은 불안을 야기하고 또 충격과 고통

---

71) 같은 책, 194면.

72) 가객들의 모임('歌壇' 등)이나 가객 혼자만의 자리에서는 가객이 사설시조 작품의 작자이면서 동시에 향수자일 수 있었지만, 기방이나 잔치자리 등에서의 연행에서는 작자와 일반 향수자들이 대체로 뚜렷이 구별되었을 것이다.

을 주며, 적극적인 긴장, 비판 및 자기반성으로 자극한다). 이 때문에 통속예술은 도시대중의 애호를 받게 된다고 한다.[73] 그리고 오락의 세계는 대리적 정서체험으로 가득한 철저히 닫힌 세계이고, 오락의 체험은 가상(假想)의 세계 속에서 발생했다가 그 안에서 사라질 뿐 결코 실제 삶의 영역으로 넘어 들어오지 않는데, 이런 점에서 오락은 현실도피와 밀접하게 연결된다고 한다.[74]

통속예술적 성격을 다분히 지니는 조선 후기의 '평민시가' 작품들 상당수에서 두드러진 오락적인 면도 서울과 그 부근에 거주하던 중인들이 그들의 일상적인 생활을 둘러싼 권태와 긴장 및 근심 · 불안을 벗어나 생명력과 활동력을 유지하고 강화하기 위한 것이며, 현실도피적 성격을 적지 않게 띠는 것이라고 할 수 있을 것이다.

도시대중을 위해 생산된 통속예술은, 그 감상층에 몰려들어 문화적으로 적응하고 있는 집단의 출신이 무엇이든 간에, 이데올로기에 비추어 볼 때 소시민적이고 중산층적이라고 한다(그 이데올로기는 노동자계급 등의 프롤레타리아 계급의식과는 거의 무관함).[75]

근 · 현대 사회계층 · 계급론에서 중산층(petit-bourgeoisie) 또는 중간계급(중소상공업자, 자영상인 등의 舊중간계급과 관료, 사무 · 관리 · 전문직 종사자 등의 新중간계급)은 노동자계급의 이데올로기와는 다른 개인주의적이고 온건개혁주의적인 이데올로기를 가진다.[76] 그 계급의 사람들은 개인의

---

73) 같은 책, 234~244면 참조.

74) 박성봉, 앞의 책, 303~304면 참조.

75) 아놀드 하우저, 앞의 책, 243면 참조.

76) 근 · 현대의 중간계급의 정치적 역할에 대해서는 의견들이 분분하지만, 그 이데올로기적 속성에 관해서는 대체로 의견이 수렴되고 있는데, 여러 학자들이 공통으로 지적하는 중간계급의 이데올로기의 특성은 다음과 같다(洪斗承 · 具海根, 『사회계층 · 계급론』, 다산출판사, 1993, 242~243면 참조).

(1) 개인주의적 성향이 강함, (2) 사회이동에 대해 강한 열망을 보임, (3) 기회의

노력에 의한 개인과 가족의 안녕 추구를 중시하고, 사회적 상승이동에 대해 강한 열망을 가져서 기회균등과 공정경쟁을 강조하며 상층계급에 대해 적대적인 태도를 보인다. 그러면서도 그들은 사회의 급진적 변화를 두려워하여 체제 변화 없는 개량적 변화나 현상유지를 추구하는 경향을 지닌다.[77]

조선 후기 '평민시가'의 주된 담당층인 중인들도 대체로 근대 이전의 중간계급에 속한 사람들로서(특히 '신중간계급'에 가까운 편임), 이러한 중산층적인 이데올로기를 다분히 지니고 있었을 것으로 추정된다.[78] 그들의 문학은 이러한 이데올로기를 반영하였을 터이고, 이 때문에 조선 후기의 사설시조의 대다수 작품들과 평민가사의 상당수 작품들에서는 '남녀문제'나 '사랑과 향락' 또는 '연정 및 신세한탄' 등의 개인적인 삶의 애환을 주된 화제로 하고 그 제재 · 소재에 대한 재미있는 표현을 통해 오락과 위안 등의 소시민적인 만족을 추구하였을 뿐, 사회체제의 변화를 추구하는 '현실비판'을 뚜렷이 보이지 않았을 것이다.

그리고 이들 중인신분의 사람들뿐만 아니라 그 '평민시가' 작품들의 향수에 참여한 일부 피지배계층 사람들(부유한 상민 등)도 이를 통해 만족을 찾고, 자신이 속한 계층적 성격을 망각한 채 스스로를 중산층 이데올로기의 특권을 누리고 있는 사람들과 동일시하여, 그 중산층의 이데

평등을 중요한 가치로 삼음, (4) 정치적인 면에서 시민권과 정치적 자유의 확대를 희망함(이러한 태도는 일반적으로 그들 자신의 경제적 이익이 침해되지 않는 범위 내에서만 견지되는 경향이 있음).

77) 같은 책, 242~243면; 김영모, 앞의 책, 100~103면 참조.

78) 기술직 중인들(의생 · 역관)의 사회적 상승에 대한 강한 열망('通淸운동' 등)과 무사안일주의적 성향('安分풍조', 온건성 등)에 대하여는 정옥자, 『조선후기 중인문화 연구』(일지사, 2003), 163~176면 등을 참고할 수 있고, 행정직 중인들(경아전)의 신분의식에 대하여는 조성윤, 「조선후기 사회변동과 행정직 중인」, 연세대학교 국학연구원 편, 앞의 책, 86~90면 등을 참고할 수 있다.

올로기를 자신의 것으로 만들며 그 이데올로기가 지니는 마취적인 효과에 저항 없이 굴복하기도 했을 것이다.[79]

앞서 말한 바처럼 조선 후기의 '평민시가'에서는 표현이 매우 중요한 의의를 지니는데, 그 특징적인 표현양식들이 지니는 성격을 살펴보자.

사설시조와 평민가사 작품들의 표현 양식으로 '유형화된 공식적 형식'이 두루 많이 쓰였는데(일정한 구성방식과 표현이 여러 작품들에서 판박이처럼 사용된 것과 常套語句들이 다수의 작품들에 쓰임 등), 이 점도 통속예술이 전반적으로 보이는 가장 현저한 특징으로서, 사람들이 별다른 지적인 노력이 없이도 그 작품들에 쉽게 접근하고 향수할 수 있게 해 주며, 그 관습에 길들여 있는 사람들을 편안하게 해 주는 것이다. 또 그 단조롭고 진부하며 뻔한 도식적인 형식은 그것이 익숙한 것이라는 점에서, 한편으로는 그것을 통해 표현되는 말초적·즉각적·직접적인 자극적 내용을 별다른 불편한 느낌 없이 즐길 수 있게 해 주기도 하고, 다른 한편으로는 그것이 익숙한 세계라는 의식작용으로 인해 사람들 내면의 방어적인 긴장을 이완시켜서 그 자극성의 세계 속에 더욱 몰입할 수 있게 해 주기도 한다.[80]

통속예술을 고급예술과 구별시키는 핵심적 속성으로서의 '통속성'은 그 체험과 관련하여 '웃음의 해학성, 성(性)의 관능성, 폭력의 선정성, 몽상(夢想)의 환상성, 그리고 눈물의 감상성(感傷性)'의 다섯 가지 하위범주를 지닌다고 하는데,[81] 앞에서 보았듯이 조선 후기의 '평민시가'들에서는 '웃음의 해학성'이 가장 두드러진 것으로 나타난다('성의 관능성'도 사설시조에서 적지 않게 두드러지지만, 평민가사에서는 뚜렷하지 않음).

---

79) 아놀드 하우저, 앞의 책, 243~244면 참조.
80) 앞의 주 46)과 47)을 볼 것.
81) 박성봉, 앞의 책, 323~324면.

이러한 '웃음의 해학성'과 관련하여, '평민시가'에 많이 나타난 주요 표현양식들인 '부조리하거나 우스꽝스러운 상황 설정'에서의 '우스꽝스러운 불일치'(특히 사설시조 작품들에 많이 나타남)와 '부정적 형상화'를 통한 '부정적인 것에 대한 비웃음'(특히 평민가사 작품들에서 두드러짐)이라는 두 가지 특성에 대해 바른 인식을 기할 필요가 있다.

첫째의 특성과 관련하여, 통속예술에서의 '우스꽝스러운 불일치'는 다음과 같은 성격을 지닌다고 한다.

> 우리는 모든 가능한 우스꽝스러운 불일치 속에서 자극과 정서의 뒤흔들림을 즐깁니다. 그러나 이 불일치는 항상 어떤 종류의 방향을 갖고 있습니다. …… 보통 농담에서 '펀치라인(punch-line)'이라고 부르는, 우리의 뒤통수를 치는 효과입니다. 대중예술[통속예술을 포함하는 개념임; 필자 주]의 우스꽝스러움은 때로는 하나의 그러나 대개는 수많은 펀치라인들과 함께 그 절정에 도달합니다. 이러한 의미에서 우스꽝스러운 것의 언어는 기대와 놀라움 사이의 어떤 긴장으로 구성되어 있으며, 기대할 수 있는 것과 기대할 수 없는 것 사이의 어떤 역동적인 긴장의 변형에 근거하는 부조리함의 논리 위에 서 있습니다. 대중예술에서 우리는 별로 부적절하다는 느낌 없이 오로지 웃음 그 자체를 위해 모든 난센스들과 유희합니다.[82)]

앞서 살핀 바처럼 '평민시가' 작품들에 적지 않게 나타나는 터무니없는 부조리하거나 우스꽝스러운 상황 설정과 진술들 간의 불일치도, 주제를 중심으로 한 통일성이 결여되었다는 면 이외에, 의표(意表)를 찌르

---

82) 같은 책, 327~328면.

는 충격 효과를 통해 웃음을 불러일으키기 위한 난센스로서의 성격도 적지 않게 지닌다고 할 수 있을 것이다.

둘째의 특성과 관련하여, 우스꽝스러움의 특징적이고 지속적인 힘에는 악의에 찬 비난 또는 그런 성격의 관심에 호소하는 부분도 있지만, 그보다는 좀 더 보편적이고 지속적인 관심 즉 유희적인 재미를 찾으려는 관심이 지배적이라고 한다. 유희적인 재미에 대한 이러한 관심은 '비웃는 웃음'뿐만 아니라 '함께 웃는 웃음'도 포용한다. 곧 우리가 인간의 약점과 결함, 그리고 엉뚱함을 비웃을 때 우리는 동시에 이러한 것들이 우리 자신의 것이기도 하다는 점을 인정한다는 것이다.[83)]

평민가사의 상당수 작품들에서 두드러지게 나타나는 비웃음(조롱)도 유희적인 재미를 추구하여 나타난 것이라는 점에서, '인간에 대한 불신과 절망을 바탕으로 한 악의적인 비난'(black humor 또는 black comedy)으로만 보기는 어려울 것이다. 거기에는 인간의 어리석음을 비웃으면서도 그 어리석음이 자신을 포함한 인간들의 슬픈 천성(天性)이라는 점에서 연민이나 사랑을 보이는 면도 없지 않다고 할 수 있다.[84)] 그 작품들 가운데 〈우부가〉·〈용부가〉에서는 전자에 가까운 면이 적지 않게 나타나지만, 〈노처녀가〉·〈백발가〉·〈노인가〉에서는 후자의 면이 두드러진 편이다(이에 비해, 사설시조 작품들에서의 비웃음은 이러한 인간관을 바탕으로 하는 것이기보다는, 눈앞에 보이는 하나하나의 현상에 대한 반응으로서 나타나는 데 그치는 성격을 띤 '위트'[85)]에 가까울 것으로 여겨진다).

---

83) 같은 책, 330~331면 참조.

84) '유머(humor; 해학)'는 '인간의 행동·언어·문장 등이 갖는 웃음'이나 '그러한 웃음을 인식하거나 표현하는 능력'을 뜻하는데, 그것은 웃음의 대상에의 同情을 수반하는 情的인 작용을 포함하고 있어서, 인간의 어리석음을 비웃으면서도 그것이 자신을 포함한 인간들의 슬픈 天性이라는 데 연민과 사랑을 던지는 약간 복잡한 웃음이라고 한다. 『Naver백과사전』의 「유머」(http://100.naver.com/100.nhn?docid=122158).

한편 사설시조에서는 동음이의어를 이용하는 어희와 이음동의어를 이용하는 어휘재담, 그리고 사물을 바로 말하지 않고 다른 말로 빗대어 재미있게 말하는 곁말식 재담 등의 언어유희적 표현도 두드러진다. 그 가운데서 남녀의 성기를 가리키거나 성행위 등의 성적 접촉을 나타냄에서는 '곁말식 재담'이 많이 쓰였다. 그 표현에서는 말하고자 하는 의미가 언표(言表)의 이면에 숨겨져 있어서, 독자가 추론이나 직관 등을 통해 그 의미를 파악하기를 요구한다(이 때문에 아직도 적지 않은 사설시조 작품들의 의미가 제대로 破解되지 못하였음). 독자가 그 표현의 의미를 알아차리는 경우에는 숨겨진 것을 파해한 데서 느끼는 지적 희열(위트의 효과와 유사함)을 맛보게 될 뿐만 아니라, 점잖은 식자들 간에는 금기에 가까운 성에 관한 내용을 체면 · 품위의 손상 없이도 이를 통해 표현할 수 있고, 또 그 표현을 함께 나누는 사람들 간에 동류의식 또는 연대감을 확인할 수 있게 되기도 한다. 이러한 점에서 곁말식 재담은 성을 소재로 한 작품들이 많은 사설시조에서 상당한 비중을 지닌다고 할 것이다.

인간에게 성은 생식(종족번식)을 위한 가장 자연적인 본능이자 원초적인 욕구로서, 그 행위는 인간의 접촉체험 중 가장 강렬한 쾌감을 부여한다. 인간의 성욕(性慾)에는 종족보존의 요구 외에도 사랑의 표현, 긴장해소, 감정적 이완, 만족감 및 소속감을 느끼고자 하는 여러 가지 요소들이 함축되어 있다. 성행위는 두 사람이 상대방에 대한 사랑과 관심을 가진 상태에서 서로 만족감과 책임감을 느끼게 하는 행위를 통해 감정적 · 인격적 일체감을 경험할 때라야, 단순히 긴장 · 욕구 등의 완화 · 해소에

---

85) 같은 책, 같은 항목 참조.
'위트(wit)'는 '익살스러운 驚愕의 충격을 주기 위해서 고의적으로 고안된 간략하고 능숙한 언어적 표현의 한 양식'으로서, '재기발랄하고 역설적인 비유적 표현'을 중심으로 한다. M. H. Abrams, *op. cit.*, p. 179.

그지지 않고, 높은 수준의 만족감과 자부심을 갖게 하며 인간을 성숙시킨다(사랑이 동반되지 않은 성행위를 하면 인간은 허무·죄의식·분노·적대감·불안 등을 느껴서 心性이 황폐화될 수 있다). 이러한 점에서 성과 성행위는 사랑과 불가분의 관련을 지닐 수밖에 없다.

이처럼 성과 사랑은 인간의 기본적인 생존조건이기도 하며 또한 인간을 인간답게 하는 중요한 요소이기에, 인간은 끊임없이 성과 사랑에 대해 관심을 갖고 갈망하게 된다. 그리고 이러한 관심과 갈망은 예술작품에서도 중요한 비중을 지니고 나타나게 된다(특히 통속예술에서는 그 비중이 매우 높고 중시된다). 사설시조에서 성과 사랑에 관한 것들을 화제로 삼은 작품들이 많은 점도 이 때문이다.

한편 성행위는 쾌감과 동시에 수치심과 죄의식을 부여한다.[86] 그리고 유교에서는 성행위를 자녀 출산을 위한 행위라는 점에서만 의미를 부여하는 데다 13세기 이래의 성리학에서는 성적인 욕망을 부정적으로 보는 경향이 높았기 때문에,[87] 그러한 이념과 질서를 바탕으로 했던 조선 후기 사회의 지배층에 속한 사람들에서는 향락적인 성행위에 대한 부정적 인식이 매우 뚜렷했다. 이러한 사회에서는 향락적 성행위와 성에 대한 담화(淫談·肉談 등)가 대체로 수치심과 죄의식을 가지는 가운데서 은밀

---

86) 성행위가 상대방에 만족감을 주지 못할 때 수치감을 느끼기도 하고, 성적 쾌락에 대한 지나친 추구가 건전한 인격 형성과 생활에 장애가 될 수 있다는 점에서 그것에 대한 관심이 타인이나 스스로에게 바람직하지 않은 인간상('단순히 본능적인 존재' 등)으로 보일까 하여 수치감을 느끼게 되기도 한다. 그리고 성행위가 사회의 규범이나 관습에서 벗어날 때도 학습된 결과로서 수치감이나 죄책감을 느끼게 된다(향락적인 문란한 성행위는 개인뿐만 아니라 가족 평화와 사회질서를 어지럽히거나 파괴할 수도 있기 때문에, 여러 문화권에서는 향락적인 성행위를 억제하거나 금기로 함을 규범이나 관습으로 하는 경우가 많다).

87) 노영찬, 「유교적 세계관과 성욕의 절제」(이상인 역), 『불교평론』 32(만해사상실천선양회, 2007. 9), http://www.budreview.com/news/articleView.html?idxno=90; 김미영, 『유교문화와 여성』(살림출판사, 2004), 44~45면 등 참조.

히 이루어질 수밖에 없었다. 성을 화제로 한 사설시조 작품들에서 결말식 재담이 많이 쓰이게 된 것은 이 점과도 관련될 것이다.

조선 후기의 '평민시가'에서는 사설시조는 물론이고 평민가사까지도 그 작품들에서 화제로 삼아 표현한 체험들은 대체로 개인적인 흥미 차원에 그치며 감각적인 자극에 강조점을 둔 표면적 · 일시적 · 육체적인 종류의 체험들이 대부분이다. 지성 또는 영혼의 즐거움을 지향하는 진지한 예술이 보편적 동의를 주장하면서 합목적적이고 의도된 의지를 강조하는, 영원하며 공기처럼 투명한 고상한 체험을 표현하고자 함에 비해, 통속예술은 육체적 즐거움 그리고 환희와 같은 흥분의 표현을 야기하는 저속한 체험을 주로 표현한다.[88]

인간은 영원성을 추구하고 합리적 정신을 존중하며 높은 수준의 인간성 고양(高揚)을 지향하기도 하지만, 통속적인 사회 속에서 살고 있으면서 수치심을 느끼면서도 일상의 익숙한 사회적 껍질 속에 도사리고 있는 본능적 · 충동적이고 비합리적인 인간정신의 한 측면에 호소하는 모든 통속적인 것에 반응하는 존재이다. 많은 사람들이 이러한 통속적 체험에 대한 지칠 줄 모르는 탐욕을 지니는데, 이러한 탐욕이 통속예술의 거점이 된다고 한다.[89] 조선 후기의 '평민시가'도 주로 이러한 통속적 체험에 대한 욕구에 근거하여 생겨나고 발달했을 것이다.

이처럼 조선 후기의 '평민시가'는 그 작품들의 특징적인 표현양식들과 체험들에서도 통속예술적인 양상과 성격을 뚜렷이 보여준다.

이상에서 살핀 바와 같이 조선 후기의 '평민시가'는 오락과 위안을 주된 목적으로 하는 통속예술로서의 성격을 다분히 지니고 발달하였다.

---

88) 박성봉, 앞의 책, 199~200면 참조.
89) 같은 책, 201면 참조.

평민가사의 경우에는 고찰대상으로 삼은 작품들이 소수에 불과하기 때문에 그 대다수가 통속예술로서의 성격을 띤다고 일반화하기가 쉽지 않겠지만, 사설시조의 경우에는 대다수 작품들이 그러한 성격을 띤다고 할 수 있을 것으로 판단된다.[90)]

한편 오락 본위의 시가를 가리켜 '경시가(輕詩歌; light verse)'라고 하는데, 경시가는 주제가 사소하거나 그 처리가 경솔하지만 일정 정도의 세련됨 또는 우미(優美)함을 갖추는 것을 특징으로 한다. 그 대다수가 각종 언어적 표현 등에서 교묘하고 전문적인 기교를 보이고, 진지한 시에서 사용된 적이 있는 장치들을 많이 쓰는데, 이처럼 장치 그 자체를 위한 전문적 · 언어적 재간의 발휘나 그 장치에 유별난 정도로 힘씀은 대체로 그 정신이 유희에 있다는 것을 알려준다. 이에 경시가는 해학적이고 익살스럽거나 정교한 '유희시'로 간주된다고 한다.[91)] 사설시조는 이러한 경시가로서의 성격을 다분히 지니고 있고, 평민가사도 이러한 성격을 적지 않게 지니는 편이라고 할 것이다.

5. 결론

앞에서 필자는 조선 후기의 '평민시가'에 대한 바른 이해를 위해, 사설시조와 '평민가사'의 시적 초점 및 창작원리를 살핀 바를 기반으로 하여, 그 주된 담당층 및 발달조건과의 긴밀한 상관 속에서 조선 후기 '평민시

90) 사설시조의 이러한 통속적 양상이 18세기 말 이후 시조(평시조)마저 통속화 구도에 편입시키게 되었다고도 한다. 박애경, 앞의 글, 102면 등 참조.

91) A. Preminger, F. J. Warnke, and O. B. Hardison Jr. ed., *op. cit.*, pp. 446~449 참조.

가'들이 지닌 통속예술적 양상과 성격을 고찰해 보았다. 그 결과를 요약하면 다음과 같다.

조선 후기의 사설시조와 평민가사에서는 '남녀문제'나 '사랑과 향락' 또는 '연정 및 신세한탄' 등을 다룬 작품들이 많으며, 풍자 등에 의한 '현실비판'은 뚜렷이 나타나지 않는 편이다. 그 작품 조직화에서의 지배적 요소인 시적 초점은 주제의 구현보다는 제재 · 소재에 대한 재미있는 표현을 추구함에 주로 맞추어져 있다.

주제의식이 미약한 대다수 사설시조 작품들의 창작원리는 대체로 체험의 응축적 · 집약적 표현을 기본으로 하면서도 제재 · 소재에 대한 진술을 늘리는 부연을 통한 확장을 보이는 가운데서, 진지한 주제의 구현보다는 제재 · 소재에 대한 재미있는 표현('유형화된 공식적 형식'과 '부조리하거나 우스꽝스러운 상황 설정' 또는 '언어유희적 표현' 등을 많이 씀)을 통하여 해학적 즐거움과 웃음 등의 희극적 효과를 추구하는 것을 주요한 특징으로 한다. 평민가사의 상당수 작품들의 창작원리는 여러 부분들을 집적하는 부가작용을 기본으로 하고, 주제의 구현보다는 제재 · 소재에 대한 재미있는 표현에 초점을 맞추어 그 형상이나 성질을 진술 · 묘사함을 주로 하며(유형화된 공식적 형식을 많이 쓰며, '부정적 형상화'를 통해 희화화하는 경향이 높음), 그것을 통해 희극적 효과를 추구하는 것을 주요한 특징으로 한다.

이처럼 조선 후기 '평민시가'의 다수 작품들에서는 시적 초점이 주제의 구현보다는 제재 · 소재에 대한 재미있는 표현에 주로 맞추어져 있으며, 그 제재 · 소재에 대한 재미있는 표현을 통해 희극적 효과(해학적 즐거움과 웃음 등)를 추구하는 것이 그 창작원리의 주요한 특징이라고 할 수 있을 것이다.

그 '평민시가' 작품들은 주로 중인들에 의해 지어져서 18세기 이래 서울과 그 부근의 놀이문화 속에서 오락적 성격을 다분히 띠고 향수되며 발달하였으며, 오락과 위안을 주된 목적으로 하는 통속예술적인 양상을 여러 면에서 보인다. 그 오락적인 면은 당시 서울과 그 부근에 거주하던 중인들이 그들의 일상적 생활을 둘러싼 권태와 긴장 및 근심 · 불안을 벗어나 생명력과 활동력을 유지하고 강화하기 위한 것이며, 현실도피적인 성격을 적지 않게 띤다. 그리고 그 작품들은 중산층 이데올로기를 반영하여, 소시민적인 만족을 추구하였다.

그 특징적인 표현양식들 가운데서 '유형화된 공식적 형식'은 작품에의 접근과 향수를 쉽고 편안하게 해주며, 자극적인 세계 속에 더욱 몰입할 수 있게 해 준다. 그리고 '부조리하거나 우스꽝스러운 상황 설정'은 웃음을 불러일으키기 위한 난센스로서의 성격을 적지 않게 지니고, '부정적 형상화'는 유희적인 재미를 추구하여 나타난 것으로 '부정적인 것에 대한 비웃음'뿐만 아니라 연민이나 사랑을 보이기도 한다.

그 작품들에서 화제로 삼아 표현한 체험들은 대체로 개인적인 흥미 차원에 그치며 감각적인 자극에 강조점을 둔 표면적 · 일시적 · 육체적인 종류의 체험들이 대부분이다. 조선 후기의 '평민시가'는 주로 이러한 통속적 체험에 대한 욕구에 근거하여 생겨나고 발달하였다.

이처럼 조선 후기의 '평민시가'는 통속예술로서의 성격을 다분히 지니고 발달하였으며, 그 상당수는 오락 본위의 유희적인 '경시가(輕詩歌)'로서의 성격을 지닌다.

이상은 각 장르들 내의 제 부류들을 두루 살피지 못하고 대표적이라는 일부 작품들을 통해 핵심적인 면을 개괄적으로 고찰한 결과이므로, 조선 후기 '평민시가'의 실상과 세부적인 면에서 부합하지 않는 점이 있을 수도 있다. 또 고찰대상으로 한 평민가사 작품들이 수효도 적은 데다 특정 부류에 치우쳐 있고 사설시조 작품들도 18세기 중엽까지의 작품들

위주라는 점에서, 이 결과를 그 시가가 전반적으로 보이는 주된 양상이라고 단정하기가 쉽지 않기도 한다. 그리고 조선 후기라고 해도 17세기부터 19세기 말에 이르기까지 근 3세기 동안에 얼마간 변천상을 보였을 수도 있는데,[92] 이 논의에서는 그 변천을 고려하지 못했다. 이러한 한계를 지니기는 하지만, 그 고찰 결과들이 실상과 크게 다르지는 않을 것으로 여겨진다. 앞으로 평민가사의 타 부류에 속하는 작품들도 포함하여 더 많은 작품들을 대상으로 하고 변천상도 고려하는 발전된 연구가 이루어져서 이 논의의 불충분한 점들을 보완해야 할 것이다.

한편 앞에서 살펴본 바와 같은 특징과 성격을 지닌 조선 후기의 '평민시가'들이 근대적 성격을 지녔거나 그 싹을 틔웠다고 볼 수 있을 지는 미심쩍다. 중인들을 주된 담당층으로 한 그 작품들에서는 중세적 전통 및 질서를 거부하는 현실비판 정신이나 근대를 지향하는 민중적 의식 등을 뚜렷이 찾아보기가 어려운 것이다. 그 작품들에 양반사대부들이 주된 담당층을 이루던 조선 전기의 시가와는 달리 유교적 이념 및 질서가 많이 반영되지 않았다는 점과 시적 관심이 주제보다 제재・소재에 더 쏠려 있었다는 점, 그리고 통속적 체험을 재미있게 표현하여 희극적 효과를 추구하는 오락 위주의 통속예술로서의 성격을 다분히 지녔다는 점 등에서, 이전의 시가와 뚜렷이 구별되는 시가가 나타나서 발달한 것은 분명하지만, 그 점들을 곧 인간 이성(理性)에 기반을 둔 '인간중심주의'와 '합리주의', 그리고 '자연과학적 세계관' 등을 주요 속성으로 하는 '근대성'[93]의 배태(胚胎)로 보기는 쉽지 않을 듯하다.

---

92) 김흥규, 「사설시조의 詩的 視線 유형과 그 변모」, 『韓國學報』 68(일지사, 1992) 등에서 사설시조의 변천상을 논한 바 있다.

93) '근대성(modernity)'은 18세기에 서유럽에서 최초로 발생해서 세계의 다른 지역으로 퍼져 나간 현상으로서, 계몽주의, 합리주의, 시민권, 개인주의, 법률적・합리적 정통

조선 후기 '평민시가'의 근대성 배태 여부는 그 문학사적 의의와 직결되는 문제로서, 그 논의의 필요성과 의의에 대한 근본적인 검토를 기반으로 해서 바르고 깊이 있게 이루어져야 할 터이므로, 이 글에서 더 이상 논하지 않겠다. 다만, 작품들에 대한 정밀한 고찰이 결여된 채로 그 시가에 실상과 부합하지 않는 성격과 과도한 문학사적 의의를 부여해 왔던 종래의 시각 및 경향이 재고되어야 한다는 점은 강조해 두고자 한다.

* 두 편으로 나누어 발표되었던 「조선 후기 '평민시가'의 시적 초점과 창작원리」(『語文學』 제105집, 한국어문학회, 2009. 9)와 「조선 후기 '평민시가'의 통속예술적 성격」(『韓國古典硏究』 제20집, 한국고전연구학회, 2009. 12)을 한 편으로 합친 글임.

성, 산업화, 국민국가, 자본주의 세계체제 등과 자주 연관된다. 신기욱·마이클 로빈슨, 「식민지 시기 한국을 다시 생각하며」, 신기욱·마이클 로빈슨 편, 도면회 역, 『한국의 식민지 근대성』(삼인, 2006), 48~49면 참조.

5장
조선 후기 놀이문화와 한시사의 한 국면

이 종 묵*

1. 서론

우리 한시사(漢詩史)는 당시(唐詩)를 배우던 풍조에서 고려 중엽 소동파(蘇東坡)로 대표되는 송시(宋詩)를 배우기 시작하였고 여기에 더하여 조선 초기에는 특히 황정견(黃庭堅)·진사도(陳師道)로 대표되는 강서시파(江西詩派)의 창작방법을 적극 수용하였다. 16세기에 간헐적으로 당시로 돌아가고자 하는 움직임이 일어났고, 특히 임진왜란을 거치면서 명나라 시학이 국내에 들어오면서 복고주의가 크게 성행하여, 시라고 하면 곧 당시를 배우는 것이 일반적인 문단의 풍조였다.

이러한 흐름이 17세기에 들면서 변화하기 시작하여, 당시 일변도에서 벗어나 송시를 배우고자 하는 움직임이 생기고, 명시(明詩)에 대한 관심

---

* 李鍾默: 서울대학교 국어국문학과 교수.
1961년 출생. 서울대학교 국어국문학과 문학사(1988), 문학석사(1990), 문학박사(1994;「해동 강서시파 연구」).
저서: 『한국한시의 전통과 문예미』(2002), 『조선의 문화공간 1~4』(2006), 『우리 한시를 읽다』(2009) 등.
논문: 「조선시대 여성과 아동의 한시 향유와 이중언어체계(Diaglosia)」(2007) 등.

이 일기도 하였다. 이와 함께, 18세기에 이르면 당시나 송시가 아닌 조선시를 써야 한다는 주체적인 인식이 생겨나기도 하였다. 고대의 참된 시에 대한 정신을 배워 격식과 규범에서 벗어나 개성을 중시하는 시인들이 등장하면서 18세기의 한시단은 백화제방(百花齊放)의 시대를 맞게 된다.

18~19세기 한시사에서 가장 특징적인 국면은 한시를 창작하는 계층이 매우 다양화되었다는 점이다. 관각(館閣)의 문인들은 정통적인 한시의 틀을 준수하면서 나름의 개성을 발휘하여 관각의 대가로 군림하였지만 시인으로서의 명성을 드날린 사람은 오히려 많지 않았다. 대신 포의(布衣)의 문형(文衡)으로 일컬어지는 이용휴(李用休)처럼 권력에서 멀어졌지만 오히려 시인으로 시학에 몰두하면서 대가로 문단의 우이(牛耳)를 잡는 경우가 드물지 않았다. 더욱이 양반의 대열에 끼지 못한 이덕무(李德懋), 유득공(柳得恭), 박제가(朴齊家) 등의 서얼이나 홍세태(洪世泰), 이상적(李尙迪), 조수삼(趙秀三) 등 중인과 역관 출신의 문인은 시사(詩社)를 결성하고 또 중국 문인과의 교류를 통하여 시단의 중심적인 위치에까지 오르기에 이르렀다.[1]

이에 더하여, 18세기 이래 한시가 더욱 대중적인 장르가 되면서 여성이나 평민들 가운데도 한시 제작에 가담하는 이들이 많아졌다. 황진이(黃眞伊), 허난설헌(許蘭雪軒), 이옥봉(李玉峰), 이매창(李梅窓) 등 일부 사족의 부인이나 첩, 기생 등에 의하여 꾸준히 여성작가의 맥이 유지되어 왔거니와, 조선 후기에는 더욱 많은 여성들이 한시를 제작하고 향유하기에 이른다. 여러 자료들에 몇 편의 시가 전하는 여성 작가 외에 김호

1) 이러한 한시사의 흐름은 민병수, 『한국한시사』(태학사, 1996)와 안대회, 『18세기 한시사 연구』(소명출판사, 1999) 등에 잘 정리되어 있다.

연재(金浩然齋), 서영수각(徐令壽閣), 김청한당(金淸閒堂), 임윤지당(任允摯堂), 강정일당(姜精一堂), 홍유한당(洪幽閑堂), 신산효각(申山曉閣), 황정정당(黃情靜堂), 김삼의당(金三宜堂), 남정일헌(南貞一軒), 남의유당(南宜幽堂) 등은 문집까지 남겼다.[2] 18세기 이후에는 사대부가의 부인뿐만 아니라 평민이나 천민 출신의 남녀도 한시를 창작하고 향유한 사례가 발견된다.[3]

대중화, 일상화됨에 따라 한시는 고상하고 우아한 특정 계층의 전유물이 아니라 여성이나 평민 등에게까지 널리 향유되는 장르가 되었으며, 특히 18세기 이후에는 지식인들의 놀이 수단으로 그 기능이 확장되었다. 물질적으로나 정신적으로나 여유를 갖게 된 상층지식인들이 우아한 방식으로 여가를 즐기기 위해 한시를 이용한 놀이를 중국에서 들여오거나 이를 응용한 새로운 놀이를 만들어내었다. 또 서울의 아름다운 풍광을 자랑하는 곳에서 시회를 열어 한시를 제작하는 것으로 즐거움을 삼는 한편, 직접 여행을 나서지 않고 그들의 주거공간에서 한시를 이용하여 유람을 대신할 수 있는 놀이를 만들어 즐기기도 했다. 규방의 여성들도 확대된 한시에 대한 교양을 바탕으로 여러 가지 그림을 활용한 새로운 놀이 문화를 만들어내었다.

본고는 18세기 이래 한시의 향유가 새로운 국면을 띠게 되는 양상을 살피는 한 방편으로, 한시가 놀이화된 양상에 대해 살피고자 한다.[4] 이

---

2) 이에 대해서는 이혜순 외, 『한국고전여성작가연구』(태학사, 1999)에서 자세히 다루었다.

3) 『頤齋亂藁』에 여성이나 평민의 시에 대해서 다루고 있는데, 이에 대해서는 이종묵 등이 함께 낸 『이재난고로 보는 조선지식인의 생활사』(한국학중앙연구원, 2007)에 자세하게 소개한 바 있다.

4) 한시의 놀이화에 대해서는 그간 전혀 주목을 받지 못하다가 최근 박무영의 「19세기 한문학의 계열과 논점」(『한국한문학연구』 41집, 2008)에서 19세기 한시사의 한 특징으로 다루었고, 후술할 홍길주의 예를 소개한 바 있다.

를 통하여 '온유돈후(溫柔敦厚)'라는 고상한 시교(詩敎)에서 문학이 놀이의 한 방편으로 대중문화의 일부가 되는 근대적인 변모를 짐작할 수 있을 것이라 기대한다.

2. 한시를 이용한 선비의 놀이문화

우리나라에서는 이른 시기부터 놀이문화가 발달하였다. 『주서(周書)』(「百濟傳」)에는 백제 사람들이 투호(投壺), 저포(樗蒲) 등의 잡희와 함께 바둑을 더욱 숭상하였다고 적고 있다. 그 후 장기, 골패, 쌍륙, 마작 등과 같이 중국에서 가져와서 놀이의 수단으로 삼은 것도 있고, 윷놀이(柶戱), 결국(結局), 고누(昆五), 공기, 동전치기(擲錢)처럼 중국의 놀이를 변형하거나 이름을 바꾸어 조선에 유행시킨 것도 있다.[5] 윷놀이는 중국의 저포를 변형시킨 것이고,[6] 결국은 손 안에 물건을 숨겨놓고 그 숫자를 맞추는 놀이인 중국의 장구(藏鉤) 혹은 시매(猜枚)를 우리 이름으로 바꾼 것이며, 고누는 중국의 팔도항성(八道行成)을 변형하여 정자(井字)를 땅에 그리고 사방에 금을 그어 정전(井田)의 형태가 되게 판을 만든 것이다.[7]

---

5) 북한에서 나온 책을 다시 간행한 『조선의 민속놀이』(푸른숲, 1999)에 이들 민속놀이에 대한 자세한 설명이 있다.

6) 李圭景의 「戱具辨證說」(『五洲衍文長箋散稿』, 「人事篇・技藝類」)에 따르면 중국의 저포는 우리나라 윷놀이와 놀이 방식이 다르다. 저포는 南蠻에서 유래한 것으로 두꺼운 종이를 안은 검게 밖은 희게 한 다음에 靑色, 赤色, 圓形, 半圓의 12줄로 그려 48칸을 만들어 논다고 되어 있다. 이에 비하여 우리나라 윷놀이는 네 개의 나무를 던져 都介傑扭模에 따라 나아간다고 하였다. 조선시대 윷놀이에 대한 관심이 매우 높아 이에 대한 저술이 나온 바도 있다. 李圭景의 「戱具辨證說」에 다르면 松京의 文人 金文豹가 數學에 능통하여 「柶說」을 지었고, 安鼎福 역시 선조 때의 문인 김문표가 「柶圖說」을 지었으며 조선 후기 沈翼雲도 『柶戱經』을 지었다고 하였다. 이익의 『星湖僿說』에 김문표의 글이 실려 있다.

공기는 중국의 척석(擲石)을 변형시킨 것이고,[8] 구멍에 동전을 던지는 척전(擲錢)은 중국에서 의전(意錢)이라 하는 것을 이름을 바꾼 것이며, 투전(投牋)은 숙종 때 역관 장현(張炫)이 중국 노름 구전(鬮牋)을 변형시킨 것으로 국법으로 금하지만 근절되지 않았다고 한다. 그밖에 주사위(朱士會) 놀음은 바둑판에 흑백의 돌을 배치시켜 놓고 주사위를 던져 그 점수만큼 돌을 빼내는 것인데 중국에서 사라진 투기(骰碁)를 변형시킨 것이다.[9] 투호도 크게 성행하여 다양한 방식의 놀이들이 생겨났고, 여러 종류의 짐승을 그린 과녁에 활을 쏘는 구후사(九候射)도 사람들의 흥미를 유발한 듯하다.[10]

조선시대 선비들이 비교적 우아하게 즐길 수 있는 놀이로는 하륜(河崙)이 만든 것으로 알려져 있는 종정도(從政圖)가 일찍부터 유행하였다. 9품부터 1품까지 관직의 차례를 적고, 윤목(輪木)에 덕(德)·재(才)·근(勤)·감(堪)·연(軟)·탐(貪) 등 6자를 써서 덕과 재가 나오면 승진하고 연과 탐이 나오면 좌천하게 하였다. 권우(權遇)가 만들었다는 작성도(作聖圖)도 이와 유사하다. 9분(分)에서 1분까지로 나누어 어질거나 어리석음, 마음이 맑고 탁함에 따라 오르내리게 하고 성(誠)·경(敬)·사(肆)·위(僞) 등을 새긴 윷을 던져 놀게 만들었다. 이들보다

---

7) 이규경의 「戲具辨證說」에 따르면 井昆五, 二田昆五라고도 한다. 오늘날 아이들의 놀이인 고누를 가리킨다.

8) 이규경의 「희구변증설」에 따르면 擲石毬, 拱棋戲, 鼎足拱棋라고도 한다. 오늘날 아이들의 놀이인 공기를 가리킨다.

9) 이규경은 「희구변증설」에서 雜技라고 일컬어지는 조선의 놀이를 두고 玩物喪志를 넘어 나라까지 망하게 할 정도로 폐해가 크지만 놀이에 빠져 골몰하면서도 그 시원을 알지 못하는 것은 문제라고 지적하고 자신보다 견문이 짧은 사람을 위하여 당시 유행하던 놀이에 대해 자세히 밝힌다고 하였다.

10) 『林園十六志』(「怡雲志」)에 投壺의 방식에 대한 매우 자세한 설명이 그림과 함께 그려져 있다. 또 九候射에 대해서도 과녁의 그림을 함께 소개하고 있다.

먼저 불교적인 세계관을 반영한 성불도(成佛圖)가 성행하였다. 지옥으로부터 대각(大覺)에 이르기까지 그 사이 수십 곳의 제천(諸天)과 제계(諸界)를 만든 다음, 윷의 6면에 나무아미타불(南無阿彌陁佛) 6자를 써서 이를 던져 나오는 수대로 말을 진행시켜 승부를 정하였다.[11] 이로 보아 조선 이전에 이미 성불도 놀이가 있었고, 이를 응용하여 조선 초에 종정도와 작성도 놀이가 퍼지기 시작하였음을 알 수 있다. 이경여(李景輿)와 최석정(崔錫鼎)은 『종정도(從政圖)』라는 책까지 편찬하여 세상에 유통시켰는데, 덕(德) · 문(文) · 무(武) · 훈(勳) · 탐(貪) · 연(軟) 등을 새긴 세 개의 주사위를 던져 놀았다고 한다. 조선 후기에도 종정도 놀이가 지속적으로 유행하였음을 확인할 수 있다.[12]

이러한 놀이 문화의 번성과 함께 조선 후기에는 한시를 이용한 놀이가 성행하게 되었다. 홍길주(洪吉周, 1786~1841)는 이러한 놀이에 관심이 높아 『숙수념(孰遂念)』에 여러 가지를 자세히 기록해 놓았다. 『숙수념』은 책 이름에서 밝힌 대로 "누가 내 꿈을 이루어줄 것인가?"라는 뜻으로, 상층 지식인이 추구한 이상적 삶을 제시한 책이다. 홍길주는 당시 유행하고 있는 놀이에 바탕하여 한가한 시간을 보낼 놀이를 여러 가지 고안하였다.

> 잡기는 자제들이 눈에 접하기에 맞지 않다. 노년의 늙은이는 혹 바둑이나 상영도(觴詠圖), 삼재만변도(三才萬變圖) 등으로 여러 연로한 문사들과 회포를 푸는 것은 되지만, 다만 너무 빠져 뜻을 잃어서는 아니된다. 시운(猜韻), 시미(猜謎), 시패(詩牌), 초중종(初中終) 등은 문예와 가

11) 成俔, 『慵齋叢話』(권10)과 徐居正의 『筆苑雜記』(권1)에는 권우가 아니라 權採가 만들었다고 하면서 그 이름을 종정도라 하였다.

12) 李圭景, 「戲具辨證說」(『五洲衍文長箋散稿』 「人事篇 · 技藝類」).

까우므로 출입하여도 되지만, 일상사로 삼아서는 아니 된다. 마작이나 박새(博塞)는 비록 별원(別院)의 빈객(賓客)이라도 절대 경계하여야 한다.[13)]

홍길주가 말한 '초중종'에 대해서는, 이덕무가 일생 동안 잡기를 해보지 않았고 아이들이 하는 『당음(唐音)』의 초중종이나 초방(草榜) 같은 것까지도 하지 않았다고 한 바 있다. 그 두주에 따르면 초중종은 요즈음 아이들이 세 글자를 짚어 그 글자가 든 당나라 사람의 시를 외는 일이라 하였고, 초방은 좋고 나쁜 시부(詩賦)를 종이에 써서 통에 집어넣은 다음 뽑은 것이 좋고 나쁨에 따라 과거에 오를 징조를 따지는 놀이라 하였다.[14)] 이로 보아 초중종이나 초방 등은 어린 아이들이 문학 학습을 겸한 놀이로 18세기 이후 유행한 것임을 알 수 있다.[15)]

시패는 한자를 적어 넣은 사면체들을 만들어 두고 이를 뽑아서 나오는 글자대로 시를 짓는 놀이인데, 명 왕양추(王良樞)의 『시패보(詩牌譜)』에 이에 대한 자세한 놀이 방식이 기록되어 있다. 이에 따르면, 300개는 붉은 글씨로 평성 글자를 새기고 300개는 검은 글씨로 측성 글자를 새겨놓고, 다양한 방식으로 놀이를 하였다.[16)] 이규경은 이 놀이를 자신의 『전정시주(篆桯詩麈)』라는 책에 집어넣은 바 있는데, 한가할 때 수십 개의 글자를 뽑아 이를 진열하여 여러 시를 지은 적이 있다고 하였다.[17)]

---

13) 홍길주, 『숙수념』 第九觀. 이하 홍길주가 고안한 놀이에 대해서는 이 책의 것을 재구한 것이다.

14) 이덕무, 『국역청장관전서』(제31권 「사소절 · 童規 · 事物」).

15) 중국에서도 이와 유사한 놀이가 있었겠지만, 같은 명칭의 놀이에 대해 기록한 문헌을 찾지 못하였다.

16) 『林園十六志』(「怡雲志」)에 이 책을 인용하여 자세히 소개하고 있다.

17) 李圭景, 「王氏詩牌譜辨證說」(『五洲衍文長箋散稿』 「詩文篇 · 論詩類」).

조인영(趙寅永)의 문집에 시패를 이용하여 지은 시가 보이고[18] 또 시패가 현재까지 전하는 것도 있으니,[19] 19세기에 제법 널리 이용된 놀이라 할 수 있다.

삼재만변도 · 시운 · 시미 등에 대해서는 자세히 알 수 없다. 삼재만변도는 『삼재도회(三才圖會)』처럼 천지인(天地人) 세 부류 아래 다양한 사물을 그려놓은 판에 주사위 등을 던져서 노는 놀이로 추정된다. 시(猜)는 다른 사람의 마음을 알아맞히는 놀이이므로, 시미와 시운은 감추어 둔 글자나 시구를 찾아내는 놀이인 듯하다.[20] 홍길주가 『숙수념』에 소개한 '산자합험지희(散字合驗之戲)'라 한 것이 시운을 더욱 발전시킨 것으로 추정된다. 산자합험지희는 옛사람의 칠언고시 1연 14자를 뽑아 14개의 시패로 만들어 두고 이를 재조합하여 원래의 시구를 구성해 내는 놀이인데, 홍길주는 '시운'에 비하여 더욱 묘하다고 한 바 있다. 척자시(隻字詩)도 이와 유사한 놀이다. 옛사람의 칠언율시 2편의 글자를 적은 시패를 만들고 그중 일부를 취하여 오언율시 1편을 만들거나, 동일한 방식으로 10여 운의 고시의 글자를 이용하여 칠언율시 1편을 만드는 방식이다. 홍길주는 두보(杜甫)의 칠언율시 〈곡강(曲江)〉 2편을 가지고서 오언율시를 한 편 제작하고 또 왕유(王維)의 〈연지행(燕支行)〉을 이용하

18) 『雲石遺稿』에 〈秋宵詩牌排律用三百字〉, 〈又用詩牌三百二十字〉, 〈詩牌聯句用一百字〉, 〈秋夜鬮詩牌四首〉 등 시패를 이용한 놀이에서 지은 작품이 실려 있다.

19) 국립중앙박물관 편, 『조선 성리학의 세계』(국립중앙박물관, 2003) 도록에 보인다.

20) 猜謎는 홍길주가 『숙수념』에서 소개하고 있는 猜心盤, 猜拳新方 등과 유사한 놀이인 듯하다. 홍길주는 他心通으로 일컬어지는 紙盤猜臆이라는 놀이가 민간에서 유행하는데, 답을 맞히기가 너무 쉬워서 몇 종의 시심반을 개발하였다고 하였다. 시심반은 일정한 숫자를 쓴 天紙盤과 地紙盤을 이용하여 상대가 생각한 숫자를 알아맞히는 놀이다. 시권신방은 주먹 안에 가지고 있는 바둑돌의 숫자를 알아맞히는 놀이다. 이들 두 놀이는 19세기에 수학에 대한 관심이 높아지면서 수학을 놀이로 만든 것으로 주목할 만하지만, 한시의 놀이와 직접적인 연관이 적어서 여기서는 다루지 않는다.

여 칠언율시 7편을 제작한 다음, 그 일부를 『숙수념』에 소개하였다.[21]

홍길주는 운희(韻戲)라는 놀이도 고안하였는데, 이 역시 시패를 이용한 것이다. 나무판을 하나 만들고 네모난 시패를 170개 만든다. 관운(寬韻)인 지(支) · 진(眞) · 선(先) · 양(陽) · 경(庚) · 우(尤) 등 여섯 운에 속한 글자인 배자(倍字)는 10개씩 모두 60개 만들고, 험운(險韻)인 강(江) · 가(佳) · 효(肴) · 담(覃) · 염(鹽) · 감(咸) 등 여섯 운에 속한 글자인 윤자(閏字)는 각기 5개 이하로 하되 다 합쳐 20개를 만들며, 나머지 18개의 운자는 5개씩 모두 90개를 만들면 170개가 된다. 이 놀이는 5인이 하게 되는데 1인당 34개의 시패를 취하여 놀게 된다. 각자 한 개씩을 뽑아 운의 선후에 따라 순서를 정하고 그 차례대로 시패를 낸다. 선이 된 사람이 낸 시패를 판 위에 올려놓으면 나머지 네 사람이 차례로 시패를 내어놓아 같은 운자에 속한 글자가 나오면 모아서 판 위에 올려놓고(이를 陽局 혹은 先天局이라 한다), 다른 운자가 나오면 판 아래로 내려놓는다(陰局 혹은 後天局이라 한다). 윤자에 해당하는 것도 판 아래로 내어놓는다(投閏이라 한다). 판 위에 같은 운에 속한 글자 둘이 있는데 다음 사람이 그 운에 속한 글자를 가지고 있으면 이를 내어서 셋을 만들어야 하며, 이 규칙을 어기면 꼴찌가 된다. 또 판 위에 이미 같은 운자의 글자가 둘 있으면 다른 글자를 내어 다른 운자가 둘이 되도록 해서는 아니 된다. 같은 운자의 글자가 넷이 있을 때도 손에 같은 운자의 글자가 있으면 이를 내어 다섯을 만들고, 없으면 다른 운자의 글자가 넷이 되지 않도록 하여야 한다. 이렇게 하여 다섯 글자가 모은 것을 준(雋)이라 한다. 준을 얻은 사람이 다음 판의 선이 되어 다시 같은 방식으로 진행한다. 전체 판

21) 그밖에 博塞은 주사위나 골패 등을 이용한 오락을 이르는 말인데 여기서는 마작처럼 도박성이 강한 노름을 가리키는 듯하다.

이 끝난 다음 준을 잡은 수에 따라 순위를 정한다. 그 다음 1등을 한 사람은 준이 된 운자 하나를 택하여 칠언율시를 한 편 짓고 2등은 2편, 3등은 3편, 4등은 4편, 5등은 5편을 짓되, 1등이 준 운자에 따라 짓는다. 또 1등은 운자를 선택하여 옛사람의 칠언율시를 한 편 외고 그 운에 따라 한 수를 지은 다음, 2등부터 5등까지 같은 방식으로 2편에서 5편을 외우고 짓게 한다. 또 1등이 운을 정하여 다함께 연구(聯句)로 칠언율시를 한 편을 짓는다.

홍길주가 『숙수념』에 들고 있는 「유예보(遊藝譜)」 역시 운자를 이용한 놀이다. 30개의 평성 운자를 각기 10개씩 나누어 상중하로 구분하고, 14개의 상성 운자와 18개의 거성 운자, 12개의 입성 운자를 나누어 판에 그려놓는다. 주사위를 던져 6이 나오면 평성상, 5가 나오면 평성중, 4가 나오면 평성하, 3이 나오면 상성, 2가 나오면 거성, 1이 나오면 입성으로 간다. 평성상의 경우 다시 던져 6이 나오면 지운(支韻), 5가 나오면 미운(微韻), 4가 나오면 어운(魚韻), 3이 나오면 오운(吳韻), 2가 나오면 제운(齊韻), 1이 나오면 회운(灰韻)으로 간다. 지운(支韻)에서 다시 주사위를 던져 6이 나오면 팔운(八韻)의 칠언배율을 짓고 5가 나오면 팔운의 오언배율을 지으며, 4가 나오면 칠언율시, 3이 나오면 오언율시, 2가 나오면 육언절구, 1이 나오면 평성하의 양운(陽韻)으로 간다. 양운에서 6이 나오면 평성상의 제운으로 가고, 그 이하면 판에 적힌 대로의 시를 짓는다. 제운에서 다시 6이 나오면 평성중의 선운(先韻)으로 가고 그 이하면 역시 적힌 대로의 시를 짓는다. 이런 식으로 말을 옮겨 다니면서 시를 짓게 된다. 이 놀이를 할 때에는 사백(詞伯)을 한 사람 정하여 놀이에 참가하지 않고 심판이 되는데, 각기 지은 작품을 평가하여 점수를 매기고 이를 종합하여 등수를 매긴다.

홍길주가 가장 심혈을 기울여 만든 놀이는 문원아희(文苑雅戲)다. 문원

아희는 일반의 유서(類書)처럼 사물을 유형에 따라 분류하여 이를 중심으로 놀이를 벌이는 것이므로, 종정도나 상영도를 응용한 놀이라 하겠다. 홍길주가 상영도와 함께 가끔 놀이를 벌였다고 한 삼재만변도와도 일정한 관련이 있을 듯하다. 문원아희는 12부로 나누고 다시 14류로 나누어 다음과 같이 판을 짰다.

天文(천문): 日(일) 月(월) 星(성) 風(풍) 雲(운) 雨(우) 露(로) 霜(상) 雪(설) 雷(뢰) 電(전) 霧(무) 霞(하) 虹(홍)

人品(인품): 聖賢(성현) 神仙(신선) 宰相(재상) 將帥(장수) 隱逸(은일) 文章(문장) 豪貴(호귀) 俠士(협사) 酒客(주객) 獵夫(엽부) 漁翁(어옹) 牧童(목동) 美女(미녀) 僧徒(승도)

名山(명산): 泰山(태산) 衡山(형산) 華山(화산) 蓬萊山(봉래산) 天台山(천태산) 青城山(청성산) 峨嵋山(아미산) 廬山(여산) 緱山(구산) 武夷山(무이산) 羅浮山(나부산) 巫山(무산) 會稽山(회계산)

佳水(가수): 海(해) 黃河(황하) 揚子江(양자강) 洞庭湖(동정호) 嘉陵江(가릉강) 五湖(오호) 三峽(삼협) 鏡湖(경호) 剡溪(섬계) 桐江(동강) 廬山瀑布(여산폭포) 鈷鉧潭(고무담)

樓臺(누대): 黃鶴樓(황학루) 岳陽樓(악양루) 滕王閣(등왕각) 烟雨樓(연우루) 吹臺(취대) 遠景樓(원경루) 鸛雀樓(관작루) 峴山(현산) 南樓(남루) 蘭亭(난정) 醉翁亭(취옹정) 竹樓(죽루) 雪堂(설당) 擇勝亭(택승정)

宮室(궁실): 阿房宮(아방궁) 章華宮(장화궁) 未央宮(미앙궁) 建章宮(건장궁) 銅雀臺(동작대) 華清宮(화청궁) 黃金臺(황금대) 麒麟閣(기린각) 綠野堂(녹야당) 晝錦堂(주금당) 三槐堂(삼괴당) 九老堂(구로당) 聚星堂(취성당) 平山堂(평산당)

草木(초목): 桂(계) 松(송) 竹(죽) 栢(백) 檜(회) 梧(오) 槐(괴) 柳(유) 楓(풍) 桑(상) 芝蘭(지란) 杜若(두약) 宜男(의남)

花卉(화훼): 梅(매) 芙蓉(부용) 菊(국) 牧丹(모란) 桃(도) 杏(행) 杜鵑(두견) 辛夷(신이) 海棠(해당) 薔薇(장미) 水仙(수선) 石榴(석류) 櫻桃(앵도) 茉莉(말리)

禽鳥(금조): 鳳(봉) 鸞(난) 孔雀(공작) 鵬(붕) 鶴(학) 鷹(응) 鷺(노) 雁(안) 杜鵑(두견) 鸚鵡(앵무) 鴛鴦(원앙) 燕(연) 鶯(앵) 鷄(계)

魚獸(금수): 龍(용) 麟(인) 獅(사) 象(상) 龜(구) 虎(호) 鹿(녹) 犀(서) 熊(웅) 馬(마) 驢(여) 牛(우) 猿(원) 魚(어)

器用(기용): 車(차) 劍(검) 弓(궁) 硯(연) 筆(필) 笏(홀) 鼎(정) 爐(노) 罇(준) 屛(병) 案(안) 鏡(경) 杖(장) 扇(선)

音樂(음악): 琴(금) 瑟(슬) 磬(경) 笙(생) 簫(소) 箜篌(공후) 琵琶(비파) 箏(쟁) 笛(적) 鍾(종) 鼓(고) 歌(가) 舞(무) 嘯(소)

이렇게 판을 구성한 다음 인원수에 제약 없이 여러 사람이 주사위를 한 번 던져 놀이를 시작한다. 나온 숫자가 6에서 1까지 각기 예(禮)·악(樂)·사(射)·어(御)·서(書)·수(數)의 육예(六藝)에 하나씩 배정을 한다. '예'에서 다시 4 이상이 나오면 '천문'에서 시작하고 그 아래면 '인품'에서 시작한다. 같은 방식으로 '악'은 '명산'과 '가수'에서, '사'는 '누대'와 '궁실'에서, '어'는 '초목'과 '화훼'에서, '서'는 '금조'와 '어수'에서, '수'는 '기용'과 '음악'에서 시작한다. 다시 '천문'에서는 6과 5가 나오면 '무', 4와 3이 나오면 '하'로 간다. '무'에서 주사위를 던져 6이 나오면 '로'로 가고, 5가 나오면 '상'으로 가고, 4가 나오면 '설'로 가며, 3이 나오면 부(賦)를 짓고, 2가 나오면 '뢰'로 가고, 1이 나오면 '전'으로 간다. '로'로 갔을 때, 6이 나오면 '월'로 가고, 5가 나오면 오언율시를 짓고, 4가 나오면 '성'으로 가고, 3이 나오면 '풍'으로 가며, 2가 나오면 '운'으로 가고, 1이 나오면 '우'로 간다. '월'로 갔을 때 6이 나오면 퇴장하고, 5가 나오면 퇴장하면서 칠언절구를 짓고, 4가 나오면 퇴장하면서 장단구(長短句)를 짓고, 3과 2가 나오면 퇴장하고, 1이 나오면 '일'로 간다. 다시 '일'로 갔을 때 6이 나오면 퇴장하고, 5가 나오면 퇴장하면서 칠언배율을 짓고, 4가 나오면 퇴장하고 3이 나오면 퇴장하면서 부를 짓고, 2와 1이 나오면 퇴장한다. 이런 식으로 놀이를 진행하여 시를 짓기도 하고 퇴장하기도 한다.

퇴장하였을 때에는 다시 들어갈 수 있고, 두 번 퇴장하였을 때 아직 한 번도 퇴장하지 않은 사람이 있으면 세 번째까지 다시 들어갈 수 있다. 이렇게 하여 모든 사람이 한 번 이상 퇴장하게 되면 퇴장하지 않고 판에 남아 있는 사람이 있더라도 판을 마친다. 퇴장한 회수는 승부와 관련이 없고 지은 글의 다소와 고하에 따른 권점(圈點)의 수에 따라 순위를 매긴다. 순위를 매겨 꼴찌를 한 사람은 1등 한 사람에게 절을 하고 술을 한 잔 올리며, 1등의 성적이 매우 좋을 때는 두 번 절하고 두 잔을 올리며, 꼴찌가 아무 글도 짓지 못하였으면 모든 참석자에게 다 술을 올린다.

그밖에도 홍길주는 이 놀이를 위하여 매우 다양하고 세심한 규칙을 만들었다. 혹 같은 곳이 두 번 나오면 이웃해 있는 글을 짓는다든가, 여러 사람이 같은 부에 모이면 연구(聯句)를 짓는다든가, 해당하는 곳에 적힌 글제가 마음에 들지 않으면 다른 것을 선택할 수도 있도록 미리 준비를 해두었다. 또 여러 부류를 합하여 제목으로 삼도록 하였는데, 예를 들면 월(月)과 주객(酒客)을 합하여 월주객(月酒客)이라는 곳을 만들어 두어 그곳에서는 '술잔을 잡고 달에게 묻는다(把酒問月)'는 제목으로 시를 짓게 되는데, 이러한 곳을 다시 80곳 설정하였다.

이 놀이에서 지어야 하는 글의 종류와 시간의 제약도 다양하다. 고문(古文)의 경우 200자의 분량으로 화승(火繩)의 불길이 3촌(寸) 이내까지 번지기 전에 지어야 하며, 고시와 배율, 장단구는 8운으로 2촌 이내에 지어야 한다. 또 율시, 절구와 같은 근체시 외에 가(歌), 악부(樂府), 악장(樂章), 사언게(四言偈), 금조(琴操), 사(詞)와 같은 특수한 양식이나 삼오칠언(三五七言), 일언지십언(一言至十言), 회문(回文), 옥연환체(玉連環體) 등의 잡체시(雜體詩) 역시 정해진 분량으로 정해진 시간 안에 짓게 규정되어 있다. 이와 함께 시회 때 사회자의 주문에 의하여 짓는 상정(觴政), 시령(詩令), 소령(小令) 등도 20자 분량으로 짓게 되어 있다.[22)]

특수한 시는 여기에 그치지 않는다. 오잡조사(五雜組詞), 양두섬섬사(兩頭纖纖詞), 오운시(五韻詩), 수미음(首尾吟), 급취편(急就篇), 대소언(大小言), 헐후체(歇後體), 고침체(藁砧體), 육갑체(六甲體), 이합체(離合體), 성명시(姓名詩), 집구문(集句文) 등 다양한 종류의 잡체시를 제작하면 가산점을 주게 되어 있다.[23)] 이 놀이에서는 다른 참석자를 위하여 12부 외에 다시

---

22) 우리나라에서 시회에서 이러한 놀이를 하였다는 자료는 보이지 않아 자세한 것은 알 수 없다. 당나라 이후 술자리에서 이러한 놀이가 유행하였는데, 觴政은 주문에 의하여 특정한 단어를 넣는 것이고, 小令은 詞의 가사를 채워 넣는 것이다. 詩令, 혹은 酒令은 이를 통칭하는 말이다. 주령에 대한 자세한 것은 王昆吾, 『唐代酒令藝術』(上海: 知識出版社, 1995)에 잘 정리되어 있다.

23) 五雜組詞는 沈約에서 비롯하여 三言五句의 연작으로 짓는 樂府의 일종이고, 兩頭纖纖詞 역시 樂府에서 유래한 것으로 兩頭纖纖으로 시작하는 칠언시 연작이다. 이덕무, 정약용 등이 이러한 시를 지은 바 있다. 五韻詩는 宮商角徵羽 五音을 운자로 한 시로 崔光의 시에서 유래한 것이며, 急就篇은 史游가 急就로 시작하여 다양한 사물을 읊조리는 연작시를 지은 데서 유래한 것이다. 大小言은 어떤 사실을 지나치게 과장하거나 축소하여 묘사하는 시로 宋玉의 賦에서 유래한 것으로 樂府의 일종이다. 藁砧體는 부인이 남편을 그리워하는 내용의 樂府詩다. 首尾吟은 邵雍의 시에서 유래한 것으로 첫 구와 끝 구를 같게 하는 것이고, 歇後體는 주로 사자성어에서 앞 두 글자만 써서 아래 두 글자의 뜻을 취하는 시다. 八音體, 六甲體, 姓名詩 등은 각기 金·石·絲·竹·匏·土·革·木 등의 八音, 干支, 사람의 이름 등을 매구 넣어서 짓는 시다. 離合體는

시령(時令), 관작(官爵), 서적(書籍), 고적(古跡), 인사(人事) 등을 더 만들어 두었는데, 여기에도 여러 종의 잡체시가 더 보인다. 예를 들면, 시령에서 춘(春)은 건제체(建除體)의 오언고시, 동(冬)은 수체(數體)의 칠언고시를 짓게 되어 있으며, 관작 중 태수(太守)는 읍명체(邑名體)의 오언고시를 짓게 되어 있다. 또 서적 중 전사(全史)는 인명체(人名體)의 오언고시, 의방(醫方)은 약명체(藥名體) 오언고시를 짓게 되어 있다.[24] 조선 후기 시회에 출입이 많은 문인의 한시에 잡체시(雜體詩)가 많은 이유가 이러한 한시의 놀이화와 깊게 관련되어 있다.[25]

홍길주가 자주 놀았다는 상영도는 '남승도(覽勝圖)' 혹은 '남승도(攬勝圖)'라고도 표기하는데, 기왕의 종정도를 응용한 것이다. 상영도를 언급한 대부분의 문헌들에서 명의 왕세정(王世貞)에서 유래한 것이라 하였으니, 17세기 이후에 우리나라에서 유행한 것으로 보인다. 시인(詞)·술꾼(酒)·승려(緇)·미녀(美)·어부(漁)·도사(羽)·검객(劍)·금객(琴)·가객(歌客) 등 아홉 부류를 모아 제비를 뽑아서 편을 나누고 주사위(明瓊)를 던져 그 점수의 많고 적음을 계산하여 유람의 길을 정한 다음, 마신 술잔의 수와 지은 작품의 질과 양을 따져 승자를 결정하는 놀이이다.[26] 서유구의

글자의 일부를 떼어내어 다음 시구를 만드는 시인데, 이에 대해서는 李裕元의 『林下筆記』(「離合詩」)에 자세하다. 나머지 잡체시에 대해서는 李裕元의 『林下筆記』(「瓊田花市編·雜體詩」)에 간략한 설명이 보인다.

24) 建除體는 별이름, 數體는 숫자, 邑名體는 고을이름, 人名體는 이름, 藥名體는 약이름을 매구 하나씩 넣어서 짓는 시를 가리킨다.

25) 잡체시는 중인들이 특히 즐겨 제작하였는데, 이에 대해서는 민병수, 「조선 후기 중인층 한시 연구」, 『한국한문학산고』, 태학사, 2001에 다루어진 바 있다. 이 논문에서 중인들이 제작한 複字詩, 三五七言, 六甲體, 八音體, 建除體, 玉連環體, 卦名體, 六府體, 十二屬體, 鳥名體, 獸名體, 藥名體, 四氣體 등에 대해 소개되어 있다. 張混의 「騷壇廣樂凡例」(『而已广集』, 270~586)에 이러한 잡체 목록이 보이므로, 18세기 이후 중인들이 잡체시에 대한 관심이 높았음을 알 수 있다.

26) 후술할 『八仙臥遊圖』의 서문에 이렇게 되어 있다. 그런데 왕세정의 문집에서는 상영도

『임원십육지』(「怡雲志」)에서 『장씨총서(張氏叢書)』를 인용하고 있어, 오진담(吳陳琰)의 남승도도 조선에 유행한 것으로 보인다.[27] 여기에는 어부(漁父)·우사(羽士)·협객(劍俠)·미인(美人)·치의(緇衣)·사객(詞客) 등 여섯 부류로 나누었는데 놀이방식 자체는 유사하다. 서유구의 문집에서도 이 놀이가 당시에 행해진 기록을 찾을 수 있다.[28] 이에 따르면, 자신의 아들 서우보(徐宇輔) 등이 종형제들과 난호(蘭湖)의 초당에서 학업을 익히는 데 너무 지루할까 하여 『장씨총서』에 수록된 상영도를 주어 그대로 놀이를 하면서 시를 짓고 술을 마시게 하였다고 한다.

서유구는 「남승도 시권에 쓰다(題攬勝圖詩卷)」(『楓石全集』)란 글에서 중국의 명승지가 아닌 조선의 아름다운 산수를 대상으로 한 『동국남승도(東國攬勝圖)』를 편찬하여 와유의 자료로 삼을 수 있게 하라고 아들에게 부탁한 바 있다.[29] 『동국남승도』가 실제로 만들어졌는지는 알 수 없

에 대한 기록을 찾을 수 없다. 규장각에 소장된 『觴咏圖解』는 편찬자가 밝혀져 있지 않은데, 내용으로 보아 왕세정이 편찬한 것일 가능성이 높다. 이 책에서는 酒徒·美姬·琴師·棋流·詞人·衲友·漁翁·劍士·羽客 등 아홉 부류로 나누고 중국의 명승지를 판 위에 그린 다음 9인이 각기 宮을 정하고, 9인이 중국의 명승지를 그린 판에 주사위를 던져 자신의 궁에 이르면 시를 짓고 술을 마시는 놀이로 되어 있는데, 9인의 부류에서 약간의 차이가 있다.

27) 『張氏叢書』는 張澍가 편찬한 총서로서 『二酉堂叢書』라고도 한다. 그런데 현존하는 『張氏叢書』에서는 「남승도」를 찾지 못하였다. 여기서 이른 『張氏叢書』는 張潮가 편찬한 『檀几叢書』를 가리킨다. 『檀几叢書』에 「남승도」가 실려 있는데 『林園十六志』에서 『張氏攬勝圖』라 한 것과 동일하다. 이 「남승도」는 吳陳琰이 지은 것인데 張潮의 평이 함께 실려 있다. 그밖에 張潮의 『昭代叢書』에는 高兆가 편찬한 『攬勝圖譜』가 수록되어 있다.

28) 朴珪壽 역시 왕세정의 「觴詠覽勝圖」를 모방하여 「尙古圖」를 만든 바 있다. 「상고도」는 일반적인 상영도처럼 隱者, 文治, 武略, 節義, 正直, 詞藻 등 여섯 부류로 나누고 각기 부류를 다시 80 항목으로 나누어 도합 480개의 表題를 쓴 판을 만들고, 주사위를 던져 나오는 숫자에 따라 해당하는 표제로 글을 짓는 놀이다. 이에 대해서는 『瓛齋叢書』(성균관대 대동문화연구원, 2007)에 붙인 김명호의 해제와 『환재 박규수 연구』(창작과비평사, 2008)에 자세하다. 안대회, 『선비답게 산다는 것』(푸른역사, 2007)에서도 소개한 바 있다.

지만, 이보다 조금 후인 19세기 중반에 조선의 명승을 대상으로 한 상영도도 편찬되어 유통되었으니 『팔선와유도(八仙臥遊圖)』가 바로 이 책이다.[30]

『팔선와유도』는 유본정(柳本正; 1807～1865)이라는 사람이 만든 놀이다.[31] 그는 유득공(柳得恭)의 셋째동생 유지공(柳持恭)의 아들이다. '팔선와유도'라는 이름은 두보(杜甫)의 〈음중팔선가(飮中八仙歌)〉의 이름을 빌리고 종병(宗炳)이 벽에 산수화를 걸고 와유(臥遊)를 즐긴 뜻을 딴 것이다.[32] 『팔선와유도』의 놀이 방식은 중국의 상영도와 크게 다르지 않지만, 중국의 상영도에서 미녀・어부・우사 등을 제외하고 문장과 붓・그림・바둑을 더하여 시인(詩)・문장가(文)・서예가(筆)・화가(畵)・술꾼(酒)・기사(棋)・금객(琴)・검객(劍) 등 8류로 조정하고 명승지를 우리나라 것으로 변형하였으며, 지나치게 복잡한 놀이방식을 단순화한 것으로 보인다.[33] 그 놀이 방법을 정리하면 이러하다.

---

29) 徐說卿의 『蒼厓遺稿』에 상영도 놀이를 하면서 지은 8수의 시와 4편의 산문이 실려 있다. 이때 지은 시문의 제목과 인물의 부류로 볼 때 규장각본 『觴詠圖』와 유사한 판을 가지고 논 듯하다. 李禹奎의 『梅谷稿』(『退川世稿』, 서림이씨 종파, 영인본)에 「大東觴詠圖」가 수록되어 있다.

30) 『팔선와유도』는 서울대학교 규장각(단권 1책, 필사본)과 성균관대학 존경각(2권 2책, 필사본)에 각기 한 부씩 소장되어 있다. 존경각본은 서명이 東國攬勝圖로 되어 있는데 규장각본에 비하여 단정한 글씨로 필사되어 있으며 고급스럽다. 충남대학교에 소장되어 있는 『東國攬勝圖』도 이본의 하나인데, 존경각본과 같은 부록이 실려 있지만, 놀이판 그림이 수록되지 않았다.

31) 『팔선와유도』에 대한 자세한 것은 이종묵, 「팔선와유도와 남승도 놀이」(『문헌과해석』 2008년 여름 통권 43호)에서 다루었다.

32) 『檀几叢書』에 張潮의 〈飮中八仙令〉이 실려 있는데, 역시 두보의 시를 이용한 놀이지만 그 방식은 상영도와는 다르다.

33) 앞서 든 『조선의 민속놀이』에 따르면, 시인・한량・미인・승려・농부・어부의 여섯 부류를 두고 조선의 명승지를 그린 판을 만들어 숫자팽이를 돌려 논다고 하였고, 吳陳琰과 高兆의 남승도는 모두 詞客・羽士・緇衣・劍俠・美人・漁父 등 여섯 부류로 되어 있다. 그런데 현재 남아 있는 남승도 관련 대부분의 자료에는 모두 인물이 8부류

팔선와유도 판을 만들어 우리나라 명승지 81곳을 선정하여 그 이름을 적고, 한가운데 겸가정(蒹葭亭)을 제외한 80곳을 각기 10곳씩 팔선(八仙)의 궁 이름을 적으며, 다시 그곳에서 지어야 할 시문의 종류를 적는다. 시문의 종류는 해당 지역의 특성에 맞게 다양하다. 예를 들면 만월대(滿月臺)에서는 회고시를 짓고 통군정(統軍亭)에서는 출새곡(出塞曲)을 지으며 행주산성에서는 비문(碑文)을 짓는 식이다. 이어 참가하는 8인이 제비를 뽑아 시·문·필·화·주·기·검·금 중 하나를 선택하여 각자의 말로 정한 후, 보통의 종정도 놀이를 하는 것처럼 주사위를 던져 그 숫자에 따라 말을 옮긴다. 이때 시·문·필·화를 궁으로 하는 신선은 도화동으로부터 오른쪽으로 돌면서 진행하고, 주·선·검·금을 궁으로 하는 신선은 남한산성으로부터 왼쪽으로 출발한다. 모든 사람의 말은 한 가운데 있는 겸가정에서 출발하게 된다.

도화동에서 오른쪽으로 진행하는 경로를 보이면 아래와 같다.

蒹葭亭(겸가정)－桃花洞(도화동; 桃源行, 酒)－北漢(북한; 七律, 筆)－洗劍亭(세검정; 銘, 劍)－天然亭(천연정; 愛蓮說, 畵)－花石亭(화석정; 七絕, 筆)－滿月臺(만월대; 懷古, 酒)－朴淵(박연; 七絕, 詩)－逝斯亭(서사정; 招隱操, 棋)－金水亭(금수정; 回文, 棋)－道峯(도봉; 五排, 筆)－水落山(수락산; 五絕, 畵)－龍門山(용문산; 七絕, 文)－五臺山(오대산; 律賦, 劍)－雪嶽(설악; 七絕, 文)－金剛山(금강산; 記, 詩)－釋王寺(석왕사; 揭, 筆)－樂民樓(낙

로 되어 있다. 서울대 중앙도서관에 소장되어 있는 『觴詠圖譜』에는 詞客·羽士·衲徒·琴師·酒朋·劍俠·美人·漁叟 등 여덟 부류로 나누었고, 『觴詠圖』에는 詞客·美人·羽士·衲友·劍客·酒徒·琴師·漁翁 등 여덟 부류로 나누었으며, 고려대학에 소장되어 있는 『觴詠圖』도 이와 같다. 국민대학에 소장되어 있는 『觴詠圖註』는 『觴詠圖譜』와 그 내용이 거의 같다. 이로 보아 인물을 여섯 부류로 나눈 것과 여덟 부류로 나눈 두 가지 형태가 조선에 유행하였음을 짐작할 수 있다.

민루; 歌, 琴) - 降仙樓(강선루; 步虛詞, 棋) - 浮碧樓(부벽루; 七律, 詩) - 練光亭(연광정; 七古, 詩) - 月波樓(월파루; 七絕, 酒) - 芙蓉堂(부용당; 七絕, 琴) - 南大池(남대지; 採蓮曲, 文) - 摩尼山(마니산; 望海潮詞, 畵) - 蘇江(소강; 浩歌, 酒) - 石潭(석담; 七絕, 文) - 金沙(금사; 六絕, 畵) - 九月山(구월산; 七絕, 文) - 百祥樓(백상루; 七絕, 劍) - 統軍亭(통군정; 出塞曲, 劍) - 藥山(약산; 五律, 酒) - 妙香山(묘향산; 遊仙詞, 詩) - 白頭山(백두산; 祭文, 畵) - 豆滿江(두만강; 七絕, 劍) - 七寶山(칠보산; 玉連環, 文) - 侍中臺(시중대; 七絕, 琴) - 叢石亭(총석정; 七絕, 畵) - 三日浦(삼일포; 七絕, 酒) - 淸澗亭(청간정; 七絕, 棋) - 洛山寺(낙산사; 七絕, 畵) - 鏡浦臺(경포대; 七絕, 詩) - 竹西樓(죽서루; 七絕, 棋) - 望洋亭(망양정; 水調歌, 琴) - 越松亭(월송정; 七絕, 棋) - 雞林(계림; 賦, 文) - 梵魚寺(범어사; 五絕, 棋) - 沒雲臺(몰운대; 輓詞, 劍) - 通度寺(통도사; 七絕, 筆) - 閑山島(한산도; 檄, 劍) - 智異山(지리산; 五古, 詩) - 松廣寺(송광사; 五絕, 筆) - 大芚寺(대둔사; 七絕, 琴) - 漢拏山(한라산; 記, 棋) - 月出山(월출산; 五絕, 琴) - 邊山(변산; 行, 畵) - 永保亭(영보정; 七律, 劍) - 落花巖(낙화암; 哀辭, 酒) - 豊沛館(풍패관; 頌, 筆) - 廣寒樓(광한루; 上梁文, 詩) - 赤裳山(적상산; 步虛詞, 文) - 伽倻山(가야산; 步虛詞, 琴) - 矗石樓(촉석루; 祭文, 筆) - 嶺南樓(영남루; 五律, 詩) - 達城(달성; 五絕, 文) - 三仙巖(삼선암; 書, 畵) - 島潭(도담; 漁父詞, 詩) - 子規樓(자규루; 七絕, 酒) - 蓬萊閣(봉래각; 序, 琴) - 淸心樓(청심루; 集句, 筆) - 彈琴臺(탄금대; 弔戰場文, 琴) - 寒碧樓(한벽루; 三五七言, 酒) - 俗離山(속리산; 五律, 棋) - 雞龍山(계룡산; 七絕, 文) - 雙樹山城(쌍수산성; 露布, 劍) - 華城(화성; 進箋文, 筆) - 幸州(행주; 碑, 酒) - 挹淸樓(읍청루; 自一至十詩, 棋) - 念主臺(염주대; 七絕, 畵) - 狎鷗亭(압구정; 七排, 琴) - 南漢(남한; 七絕, 劍) - 蒹葭亭(겸가정)

그림1: 「팔선와유도 놀이의 판」

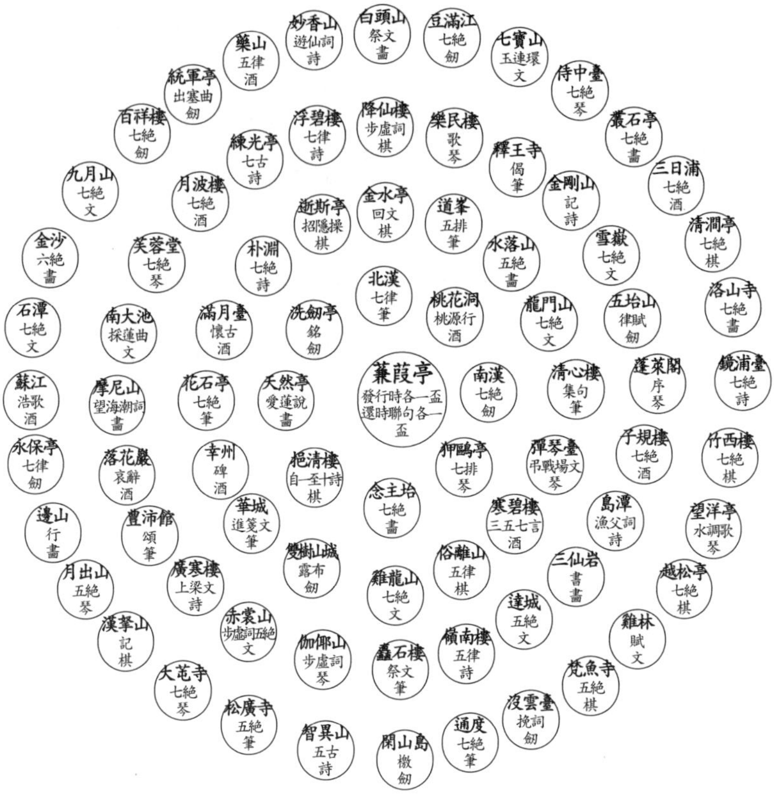

남한산성으로 출발하는 사람의 경로는 위에서 제시한 것의 역순(逆順)이며, 낙화암과 영보정이 중간 지점이 된다. 주사위를 던진 신선이 자신에 해당하는 궁에 이르면 술을 한 잔 마시고, 판에 적힌 양식대로의 시문을 짓는다. 판을 따라 말을 옮기다가 하나의 궁에서 두 사람의 말이 만났을 때는 두 사람 모두 술을 한 잔씩 마시며, 하나의 궁에 서너 명의 말이 함께 만났을 때는 모두 술을 두 잔씩 마신다. 이런 방식으로 돌아서 다시 원래 출발하였던 겸가정으로 돌아와 아직 돌아오지 않은 사람을 기다린다. 팔선이 모두 돌아오면 연구(聯句)를 짓고 각자 한 잔씩 마신다. 이렇게 한 다음 시문을 가장 많이 짓고 술을 가장 많이 마신 사람을 승자로 한다.

상영도 놀이는 글을 지어 우열을 다투었으므로, 특수한 형식의 시가 자주 제작되었다. 한 예로 〈천연정연화판(天然亭蓮花判)〉은 우리 문학사에 참으로 드문 화판(花判)이라는 특이한 양식으로 되어 있다. 화판은 당나라 사람들이 워낙 재주가 뛰어나 판결문을 지을 때도 변려체(騈儷體)를 쓴 데서 유래하는데, 후에는 변려체로 된 사물에 대한 장난기의 판결문을 이르는 말이다. 〈천연정연화대(天然亭蓮花對)〉 역시 변려문으로 된 희문이다. 놀이의 과정에서 잡체시(雜體詩)도 매우 많이 제작하였는데, 이는 홍길주의 여러 한시 놀이에서도 확인되는 현상이다. 육언절구(六言絕句), 삼오칠언(三五七言), 회문체(回文體), 매구마다 고을 이름, 별 이름, 나라 이름, 오행(五行), 동서남북의 방위 등을 나타내는 글자를 집어넣는 시 등이 팔선와유도 놀이에서 창작되었다.

이보다 더욱 특이한 양식의 시도 발견된다. 상서평곡(上西平曲)이라고도 하는 사(詞)의 하나인 금인봉로반체(金人捧露盤體)가 있는데, 우리 한시사에서 거의 확인하기 어려운 양식이다. 또 자일언지십시(自一言至十詩)은 일언에서 십언까지 갔다가 다시 역으로 십언으로 일언으로 내려와 시를 마쳤는데, 세로로 시를 연에 따라 적어 이를 다시 다이어몬드형의 그림으로 그려 시각화하였다. 옥연환체(玉連環體)라는 특이한 양식의 칠언율시도 보인다. 옥연환체는 1구의 마지막 글자가 '奮'라면 2구의 첫 번째 글자는 그 글자의 일부인 '日'로 시작한다. 이렇게 마지막 글자의 일부가 다음 구의 첫 번째 글자로 시작하게 하며, 마지막 구의 마지막 글자의 일부가 다시 1구의 첫 번째 글자가 된다. 이 시에서 첫 글자와 마지막 글자만 뽑아 보이면 "山－季/千－天/大－土/一－蓮/連－屐/支－泉/水－是/人－仙"과 같이 된다.

『팔선와유도』에는 두 개의 옥가락지 모양으로 겹쳐 배열한 그림으로 그려 시각적인 효과를 더하였다.

그림2: 『팔선와유도』에 실린 〈강선루칠배옥패문〉

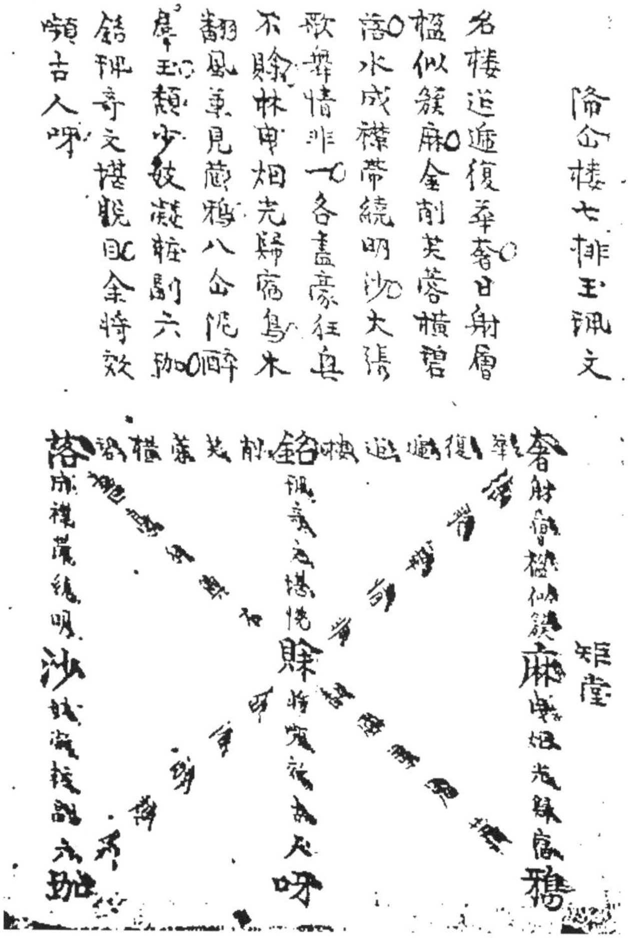

옥패문(玉佩文)이라는 양식은 옥연환체를 더욱 복잡하게 만든 것이다. 상단의 중앙 굵게 쓴 '銘'에서 '名'만 읽어 우측으로 가면 "名樓迢遞復華奢"

가 되고, '奢'의 일부인 '日'만 읽어 아래로 내려가면 "日射層楹似簇麻"가 된다. 다시 상단 중앙의 '銘'에서 '金'만 읽어 좌측으로 가면 "金削芙蓉橫碧落"이 되고, '落'의 일부인 '水'만 읽어 아래로 "水成襟帶繞明沙"가 된다. 다시 상단의 우측 마지막 글자 '奢'의 일부인 '大'만 읽어 대각선으로 우측으로 내려가면 "大張歌舞情非一"이 되는데 '一'은 마지막 글자 '賖'의 일부가 된다. 다시 상단의 좌측의 마지막 글자 '落'의 일부인 '各'만 읽어 대각선으로 좌측으로 내려가면 "各盡豪狂興不賖"가 된다. 다시 우측 종렬의 중간 글자 '麻'의 일부인 '林'만 읽어 아래로 내려가면 "林曳烟光歸宿鳥"가 되고, 가운데 '賖'의 일부인 '木'만 읽어 우측 대각선으로 내려가면 "木飜風葉見藏鴉"가 되는데, 앞구의 '鳥'는 '鴉'의 부분만 읽은 것이다. 다시 '賖'의 일부인 '八'만 읽어 좌측 대각선으로 내려가면 "八仙泥醉頹群玉"이 되고 좌측 종렬의 중간 글자 '沙'의 일부인 '少'만 읽어 아래로 내려가면 "少妓凝粧副六珈"가 되는데 다시 '玉'은 '珈'의 일부가 되게 하였다. 다시 상단 중간 글자 '銘'을 전체로 읽어 아래로 내려가면 "名佩奇文堪悅目"이 되는데 '目'은 '賖'의 일부가 되며, 다시 '賖'의 일부인 '余'로 시작하여 아래로 읽으면 "余將效颦古人呀"가 된다. 시는 이것으로 칠언배율을 완성하는데, '呀'는 다시 우측 종렬의 마지막 글자 '鴉'와 부분적으로 같은 글자를 사용하였고 마찬가지로 좌측 종렬의 마지막 글자 '珈'와도 부분적으로 같은 글자가 되게 하였다. 한시의 놀이화에 이러한 잡체시가 더욱 효과를 더한 것이라 하겠다.[34)]

34) 『상영도해』 등 중국의 남승도 놀이에서 이러한 잡체가 널리 구사되어 있기에 이를 따른 것이기도 하다.

3. 규방에서의 한시 향유와 놀이

한시가 대중화와 일상화를 겪으면서, 조선 후기 규방에서도 폭넓게 한시를 향유하게 된다. 그중 가장 특징적인 현상이 한시를 한글로 향유하게 된다는 점이다. 이온(李媪)이라는 무반(武班)의 처는 한문을 몰랐지만 김이곤(金履坤)의 증조부를 모시면서 곁에서 시를 배웠는데, 증조부가 죽은 후 갑자기 쓰지는 못하지만 입으로 시가 술술 나왔다는 일화가 전한다.[35] 한글로 시를 외우다 보니 절로 글이 아닌 입으로 한시를 지을 수 있는 단계에까지 이른 것이다.

이러한 상황에서 김호연재나 남의유당의 경우 그 문집이 한글로 번역되어 여성 사이에 유통되었고, 또 효명세자의 『학석집』은 한글로 번역되어 누이에게 읽혔다. 이와 함께 조선 후기에는 궁중에서 많은 역사서나 기행문이 한글로 번역되는데 그 독자층은 궁중의 여성으로 추정된다. 이러한 자료에도 상당한 한시가 한글로 원문과 번역문이 수록되어 있다. 그런데 이러한 한글로 번역된 한시는 상당한 오탈자가 발견된다는 점에서 한시가 한문이 아닌 한글로 향유되기에 이르렀음을 증명한다 하겠다.[36] 이와 함께 〈명행정의록〉이나 〈삼강명행록〉 등 상층 여성을 대상으로 한 소설에는 수많은 한시가 한글로만 된 원문과 번역문이 삽입되어 여성들에게 향유되었다. 〈명행정의록〉에는 등장인물들이 가족과 어울려 시회를 열고 그 시회에서 제작되었다고 하면서 『명시종(明詩綜)』이나 『산당사고(山堂肆考)』 등 17세기 널리 읽힌 책에 실린 한시가 여러 편 수용되었다.[37]

---

35) 김이곤, 「李媪詩稿序」(『鳳麓集』, 국립중앙도서관본).

36) 이종묵, 「조선시대 여성과 아동의 한시 향유와 이중언어체계(Diaglosia)」, 『진단학보』 104호, 2007.

이러한 상황은 상층 여성들이 읽는 장편소설뿐만 아니라 판소리계 소설 등 일반대중을 대상으로 한 통속소설에까지 확대되었다. 소설을 읽으면서 그 안에 삽입된 한시를 한글로 읽는 즐거움이 새로운 소설 문화의 한 양상으로 나타나게 된 것이다.

특히 규방의 여성들이 단순히 한글로 한시를 향유하는 데서 더 나아가 놀이로서 한시를 향유하는 일이 조선 후기에 유행하였다. 여성들에게 특히 인기가 있었던 것은 선기도(璇璣圖)라는 시그림이다. 이에 대해 이규경은 다음과 같이 증언한 바 있다.

> 우리 동방의 신라 진덕여왕(眞德女王)이 〈태평송(太平頌)〉을 지어 비단을 짜서 글을 만들어 당 고종(高宗)에게 바쳤다. 소혜(蘇蕙)의 「선기도」시를 모방하여 이렇게 한 것이라고도 한다. 「직금도(織金圖)」시라고도 이른다. 규방의 부녀자들이 많이들 언문으로 번역하여 가지고 논다. 우리 집에도 「선기도」를 소장하고 있는데 29행이고, 매행이 29자다. 자와 행 중간에 16단으로 만들어 매 6행을 1단으로 하였다.[38]

빙글빙글 돌려서 읽는다 하여 '선기도'라는 이름이 붙었다. 진(秦)의 소약란(蘇若蘭; 蘇蕙)이 시를 짓고 이를 비단에 짜 넣어 사막으로 유배된 남편 두도(竇滔)에게 보낸 데서 유래한다. 이러한 배경으로 인하여 선기도는 여성에게 환영받을 수 있는 양식이 될 수 있었다. 이규경의 말로 보아, 늦어도 19세기 무렵에는 한글로 번역된 선기도가 양반가에 널리 유통되었음을 알 수 있다. 효명세자가 「귀문도(龜文圖)」를 제작하고 다시

---

37) 서정민, 「명행정의록 연구」, 서울대 박사학위논문, 2006.

38) 이규경, 「朱淑貞璿璣圖記辨證說」(『五洲衍文長箋散稿』), 「朱淑貞璿璣圖詩源流辨證說」에도 선기도에 대한 변증이 있다.

이를 한글로 풀이하여 누이동생에게 준 바 있는데, 이 역시 19세기에 선기도가 여성 지식인 사이에서 널리 유행하였음을 보여준다 하겠다.

그림3: 효명세자의 「귀문도」

비교적 큰 글자가 들어 있는 육각형을 중심으로 상단의 좌우에 있는 방장형 속의 글자를 각기 읽고 다음 육각형 안의 글을 읽어 7자로 맞춘다. 이를 왼쪽부터 오른쪽으로 읽어내고 다시 아래 4단까지 내려오면서 읽으면 다음과 같은 네 편의 칠언절구가 된다. 다시 육각형 좌우 사다리

꼴 안에 있는 글자를 위에 있는 것까지 먼저 읽고 다시 아래에 있는 것까지 읽으면 8구의 오언율시 한 편이 된다. 다시 육각형 하단 좌우의 글자를 왼쪽부터 오른쪽으로 중간까지 읽고 다시 왼쪽 끝에서 중간까지 같은 방식으로 읽어 4단까지 내려가면서 읽는다. 또 육각형 상단의 마름모형(제일 상단과 하단은 삼각형) 안에 있는 글자를 아래로 읽어 내리면 다시 한 편의 오언절구가 된다. 그래서 하나의 그림에서 6수의 시를 찾아 읽는 재미를 즐길 수 있게 되어 있다.[39)]

조선 후기 여성들이 즐겨 읽던 한글소설이 다시 시그림과 연결되어 향유되는 사례도 발견된다. 미국 캘리포니아 버클리대학에 소장된 한글소설 『규방미담(閨房美談)』이 바로 그러한 사례다.[40)] 명나라 가정 연간에 항주 사람 종백희라는 사람이 편모 황씨를 모시고 살다가 열세 살에 정부인 남씨와 혼인하고 계상서의 딸을 두 번째 부인으로 맞는다. 과거에 급제하여 옥당(玉堂)의 한림에 오른 후 성묘를 하고 모친을 뵙게 위해 고향인 항주로 내려갔을 때 천진교에서 낙양기생 사홍련을 만나게 되어 첩으로 들인다. 벼슬이 상서에 올라 2처 1첩을 거느리고 행복하게 지낸다. 그 후 엄숭이 현신 양계성을 죽이려 하자 종백희가 상소를 올리는데 이 때문에 소주자사로 좌천된다. 3년 후 엄숭이 처단되고 호부상서로 복귀하고 이후 4자 2녀를 두어 부귀영화를 누린다. 이런 지극한 단순한 줄거리로 되어 있다.

『규방미담』은 이런 줄거리가 중심에 있지 않다. 『규방미담』은 여성이 놀이로서 한시를 즐길 수 있게 만든 일종의 오락서다. 『규방미담』에는

---

39) 규장각 소장 『翼宗簡帖』에 실려 전한다. 이 시에 대한 자세한 풀이에 대해서는 이종묵, 「孝明世子의 저술과 문학」(『한국한시연구』 10집, 2002)을 참고하기 바란다.

40) 이 자료에 대해서는 이종묵, 「놀이로서의 한시: 버클리대학 소장 규방미담」(『문헌과해석』 통권 37호, 문헌과해석사, 2006. 12)에서 소개한 바 있다.

「귀문도」와 「직금도」와 같은 시그림을 여러 종 삽입하고 있다. 『규방미담』에는 5종의 선기도를 실어 다양하게 시를 가지고 놀이를 할 수 있게 하였다.

그림4: 『규방미담』에 실린 사홍련의 「선기도」

큰 글씨로 쓴 것만 종서로 읽으면 "소첩 홍련이 두 번 절하고 소주자사 상공 합하께 시를 바칩니다."는 뜻의 '소첩홍련재배헌시소주자사상공합하(小妾紅蓮再拜獻詩蘇州刺史相公閤下)'가 되는데 이것이 제목이다. 시는 하단 크게 쓴 '使' 아래 칸의 '去'에서 시작하여 그 우측 '郎'으로 돌아

오게 되어 있다. '去'에서부터 좌측으로 사각의 나선형으로 읽어나가는 데 큰 글자 使, 刺, 獻, 詩, 蓮, 紅, 獻, 拜, 妾, 少, 再, 拜, 州, 蘇, 相, 公, 州, 刺, 閣, 下, 使 외곽을 따라 돌면 된다. 그러면 72구의 오언시가 만들어진다. 이능화(李能和)는 『조선해어화사(朝鮮解語花史)』에서 정실부인의 시보다 첩의 시가 낫다고 하면서, 사랑에 대한 기대가 더 크기 때문이라 하였다.

여기서도 기생 출신으로 첩이 된 사홍련의 시가 가장 절절하다. 『규방미담』에 풀이된 것을 함께 보인다. 한글로 된 것만 읽으면 한 편의 애정가사를 읽는 듯하다.

거년의 낭이 쳡을 이별ᄒᆞ고 금년의 쳡이 낭을 ᄉᆡᆼ각ᄒᆞ는ᄯᅩ다
쳡의 ᄯᅳᆺ지 낭을 위ᄒᆞ여 한ᄒᆞ노니 낭의 마음이 쳡과 엇더한요
낭은 다졍한 낭이 되고 쳡은 박명한 쳡이 되도다
낭의 눈물은 청삼의 젹시고 쳡의 눈물은 홍협의 나리는ᄯᅩ다
낭은 곤륜산이 되고 쳡은 셩슈ᄒᆡ 되어
흐르고 놉푸미 일ᄆᆡᆨ의 갓트니 쳔ᄌᆡ의 ᄉᆞ라지지 아니ᄒᆞ는ᄯᅩ다
낭은 단계달이 되고 쳡은 장경셩이 되어
동으로 나고 셔흐로 빗기ᄆᆡ ᄇᆡ회하여 하늘 밝기의 이럿도다
낭은 쳔쳑숑 되고 쳡은 여라풀 넝쑬이 되어
문득 능쇼하는 ᄯᅳᆺ즐 가져 셔리를 업슈히 여기는 절죠의 의탁ᄒᆞ도다
낭은 밤의 별이는 연엽이 되고 쳡은 ᄒᆡ를 기우리는 규곽이리니
신광이 한가지로 이합ᄒᆞ고 고든 마음을 고치지 아니ᄒᆞ는ᄯᅩ다
낭은 흰 깃부친 살이 되고 쳡은 금으로 ᄭᅮ민 살집이 되어
ᄉᆡ를 쏘고 도라오ᄆᆡ 필경 집을 ᄯᅥ나지 아니하는ᄯᅩ다
낭은 비닉죠 되고(날ᄀᆡ ᄒᆞᆫ ᄃᆡ 붓튼 ᄉᆡ 일홈)

쳡은 합환슈 되어(입히 한뒷 붓튼 나무 일홈)

유정헌 가지를 가져 유정헌 날리를 깃드리게 ᄒᆞ리로다

낭은 둥근 부ᄎᆡ 되고 쳡은 슬슬한 바람이 되어

흔드는 ᄃᆡ로 더위를 물이치ᄆᆡ 품과 사ᄆᆡ 쇽의 츌입ᄒᆞ는ᄯᅩ다

낭은 슈레 우ᄒᆡ 방울이 되고 쳡은 슈레 아ᄅᆡ 박회 되어

흘너 굴너 쇼리를 쌀우여 당당한 쇼ᄅᆡ 셔로 이을이로다

낭은 가지 우ᄒᆡ ᄭᅩᆺ치 되고 쳡은 ᄭᅩᆺ ᄉᆞ이 입히 되어

한가지 봄빗츠로 밀밀히 쇼쳡ᄒᆞ리로다

낭은 ᄇᆡᆨ옥병 되고 쳡은 풀은 실이 되어

ᄆᆡ돕자여 한 쥼의 ᄆᆡ여 녹노의 오루나리는ᄯᅩ다

낭은 금박ᄉᆞᆫ 화로 되고 쳡은 난ᄉᆞ향이 되어

풀은 연기 자하의 오르ᄆᆡ 사람으로 하야곰 토하미 ᄒᆡ롭지 안토다

낭은 화각 벼ᄀᆡ 되고 쳡은 울금 이불이 되어

펼 씩 거들 씩 셔로 쌀로니 ᄲᅡᆨ히여 즁즁한 쇽의 잇도다

낭은 짝 일흔 기러기 되고 쳡은 오롸니ᄂᆞ는 져비 되어

봄ᄭᅩᆺ과 가을달을 ᄉᆡᆼ각ᄒᆞ니 오고가ᄆᆡ 셔로 보지 못ᄒᆞ는도다

낭의 마음은 반셕 갓고 쳡의 마음은 연실 갓트여

연실은 ᄭᅳᆫ허져도 달이 여을 나오고 반셕은 박켜여 옴기지 아니 ᄒᆞ는ᄯᅩ다

낭이 하늘 가ᄒᆡ 잇스니 쳡이 홀노 공방을 직히는ᄯᅩ다

쳡의 유졍한 글을 가져 유정한 낭의게 붓치노라

去年郎別妾 今年妾思郎 妾意爲郎恨 郎心似妾慊

郎爲多情郎 妾作薄命妾 郎淚濕靑衫 妾淚下紅頰

郎爲崑崙山 妾作星宿河 流峙同一脈 千載不消磨

郎爲丹桂月 妾作長庚星 東生復西斜 徘徊到天明

郎爲千尺松 妾作藜蘿草 陆將凌霄意 托藉傲霜操

郎爲夜舒荷 妾作傾日藿 神光共離合 貞心不改易

郎爲丹山鳳 妾作龍門桐 翥頂一枝棲 他樹不相客

郎委白羽箭 妾作金貫靫 射鳥復來還 必竟不離家

郎爲比翼鳥 妾作合歡樹 使將有情枝 永棲有情羽

郎爲團團扇 妾作瑟瑟風 動搖却薰暑 出入懷袖中

郎爲車上鐸 妾作車下轂 流轉隨音響 鐺鐺聲相續

郎爲枝上花 妾作花間葉 一從青春色 密密相稠疊

郎爲白玉瓶 妾作青絲繩 半繩繫一縕 轆轤手降升

郎爲金博山 妾作蘭麝香 青煙上紫霞 令人吐不妨

郎爲畵角枕 妾作鬱金被 捲舒相追隨 衺在重重裏

郎爲失群鴻 妾作孤飛燕 春花憶秋月 來去不相見

郎心如盤石 妾心如藕絲 藕絲有牽戀 盤石無轉移

郎在天一涯 妾獨守空房 把妾有情詩 寄與有情郎

사홍련의 시그림과 이를 풀이한 것 다음에 1면 남짓한 분량의 서사단락이 나오고 소설은 끝이 난다. 적당한 스토리를 엮어놓고 시그림을 통하여 게임을 즐기는 것이 이 소설을 읽는 재미가 되는 셈이다.[41)]

『규방미담』은 소설이 끝난 다음, 다시 기생 김부용(金芙蓉, 雲楚)의 〈상사시(相思詩)〉를 그린 직금도를 수록하고 이를 한글로 풀이해 놓았다. 다양한 선기도를 두루 즐길 수 있게 배려한 것이다. 부용의 〈상사시〉는

---

41) 『규방미담』은 시의 제목을 가지고 퍼즐을 하나 더 만들었다. '唐諺文'이 그것이다. 당언문은 자음은 한자 숫자로 표기하고 모음은 한글을 사용하는 것인데 이규경의 「諺文辨證說」(『五洲衍文長箋散稿』)에도 이에 대한 설명이 보인다.

소약란의 「직금도」나 『규방미담』에 실려 있는 계옥호의 「직금도」와 읽는 방식은 같지만, 시체가 더욱 화려하다. 일언(一言)에서부터 차례로 십팔언(十八言)까지 차례로 늘어가게 하였다. 크게 쓴 '물(勿)' 위쪽 우측에서 시작하여 두루 한 바퀴 돈 다음 좌측으로 돌아와, 큰 글자를 따라 다시 한 바퀴를 돌아 한 가운데 '수(隨)'에서 종결된다.

別 思

路遠 信遲

念在彼 身留玆

巾紗有淚 扇紈無期

錬亭月上夜 香閣鍾鳴時

依孤枕驚殘夢 望歸雲帳遠離

日待佳期愁屈指 晨開情札泣支頤

顔色憔悴把鏡下淚 歌聲嗚咽使人含悲

拔銀刀斷弱腸非難事 躡珠履送遠眸更多疑

春不來秋不來君何無信 朝遠望夕遠望妾獨見欺

淏江成平陸後鞭馬其來否 長林變大海初乘船欲渡之

好緣斷惡緣回世情無人可測 別時多見時小天意有誰能知

一片香雲楚臺夜仙女之夢在某 數聲淸簫秦樓月弄玉之情有誰

不思自思更上浮碧樓可惜紅顔老 欲望難望愁倚牧丹峰猶憐錄鬢衰

孤處孀閨腸雖如雲三生佳約寧有變 獨守空房淚縱如雨百年貞心終不移

罷春夢開竹窓迎花柳少年摠是無情客 攬香衣堆玉枕送歌舞童類莫非可憎兒

三時出門望出門望甚矣君子薄情誠如是 千里待人難待人難哀哉賤妾孤懷果何其

惟願寬仁大丈夫決意渡江香情燭下欣相對 勿使慊弱兒女子含怨歸泉孤魂月

中泣相隨

니별하니 싱각ᄒᆞ도다

길이 머니 소식이 더디다

싱각은 저기 잇고 몸은 이에 머무도다

깁슈건의 눈물이 잇고 깁붓치의 긔약이 업도다

연광졍의 달 쓰는 밤과 향각의 죵 울 찌라

외로운 벼기를 의지ᄒᆞ여 쇠잔한 꿈이 놀나고

도라가는 구름을 발아믹 먼리 써는 걸 슬퍼ᄒᆞ도다

날마다 가긔를 기다리믹 근심으로 손을 쏩고

식벽의 졍찰을 열믹 눈물이 턱의 괴얏도다

안식이 쵸최ᄒᆞ믹 거울을 잡아 눈물을 나리고

가셩이 오열ᄒᆞ믹 사람으로 슬푼 거슬 먹음엇도다

은도를 쎅야 약장을 끈흐미 어려운 일이 아니로되

쥬리를 써을고 먼리 보믹 곳쳐 의심이 만토다

봄과 가를의 오지 아니ᄒᆞ니 그딕 엇지 무신ᄒᆞ고

아침과 져역의 먼리 바라믹 쳡만 홀노 쇽는도다

픽강이 눅지 된 후의 말 타고 오려는가

장님이 딕히 된 후의 빅 타고 오려는가

죠흔 인연 끈허지고 모진 인연 도라오니 셰상인심을 가히 칭양치 못ᄒᆞ고

니별은 만코 보기는 져그니 하늘뜻슬 누가 능히 알미 잇슬고

한 죠각 향긔로운 구름 죠딕 밤의 션여의 꿈이 뉘 잇스며

두어 소릭 말근 퉁쇼 진누 달의 농옥의 졍이 뉘 잇슬고

싱각지 말고자 ᄒᆞ되 싱각ᄒᆞ여 다시 부벽누의 올라 가히 홍안 늑는 거

슬 앗기고

잇고자 ᄒᆞ되 잇기 어려워 근심으로 모란봉 의지ᄒᆞ야 오히려 녹빈 쇠ᄒᆞᆫ 것 슬허

외로이 상규의 쳐ᄒᆞᄆᆡ 창ᄌᆞ 비록 구름 갓트나 삼ᄉᆡᆼ가약을 엇지 변ᄒᆞ미 잇슬고

홀노 공방을 직히ᄆᆡ 눈물이 비록 비 갓트나 ᄇᆡᆨ연졍심을 죵시 변치 아니ᄒᆞ리라

봄쑴을 ᄭᆡ야 죽창을 열고 화류쇼년를 마지ᄆᆡ 도모지 무졍한 ᄀᆡᆨ이요

향의를 ᄯᅥᆯ치고 옥침을 밀ᄆᆡ 가무동유를 보ᄂᆡ니 다 가징한 아희려라

삼시로 문의 나 바라고 바라ᄆᆡ 심ᄒᆞ도다 그ᄃᆡ 박졍이 진실노 일어한가

쳔리의 사람 기다리기 어렵고 어려오ᄆᆡ 슬푸다 쳡의 외로온 마음이 과연 엇더할고

오직 관인한 ᄃᆡ장뷰는 결단코 강을 건너 향긔로온 쵸불 아ᄅᆡ 깃비 셔로 ᄃᆡᄒᆞ고

난약한 아녀자로 야야금 원을 먹금어 외로운 혼이 구쳔의 도라가 달가운ᄃᆡ 울게 말쇼

김부용의 이 시는 조언림(趙彦林)의 『이사재기문록(二四齋記聞錄)』 등에 수록되어 있는 것으로 보아,[42] 조선 후기에 꽤 알려진 듯하다. 특히 1자에서 18자까지 이르는 층시(層詩)는 우리 한시사에 보이지 않는 독특한 것이니 세인의 관심을 끌었을 것이다. 원래 김부용의 이 시가 지금도로

42) 『이사재기문록』은 안대회 교수가 발굴하여 『문헌과 해석』 창간호(1997 가을)에 실었다.

되어 있었는지, 『규방미담』을 편찬한 이가 그 시를 선기도로 만들었는지는 알 수 없다. 층시만으로도 세인의 눈길을 끌 만한데 선기도까지 만들었으니, 이 무렵 한시를 가지고 놀이를 즐기는 풍조가 널리 퍼져있었음을 짐작하게 한다.

그림5: 『규방미담』에 실린 부용의 시그림

4. 결론

조선 후기에도 대부분의 문인들은 정통적인 한시를 제작하여 우리 한시사를 빛내었다는 점에서 '지속'의 역사를 보여주었지만, 일부 지식인들은 변조와 파격의 시를 시험하여 '변화'의 역사가 함께 있음을 보여주었다. 특히 경제적, 시간적 여유를 누리는 지식인들은 대중화된 한시 창작의 상황을 수용하면서 한편으로 놀이로서, 한편으로 학습으로 한시를 향유하게 되었다. 특히 상영도는 조선 후기 여행 문화의 급속한 발달과 함께 당대(唐代) 이후 발달한 시령(詩令)의 전통을 수용하여 새로운 놀이로 등장한 것이다. 이와 함께 규방의 여성들 역시 한글로 번역된 한시를 향유하면서, 선기도라는 시그림을 이용한 한시 놀이를 즐기게 되었다.

물론 이러한 흐름이 조선 후기 한시사의 주도적인 경향이라고 하기는 어렵지만, 문화사적으로 한시사의 한 단면이 이렇게 나타남을 보이고자 하였다. 그간 한시사는 작품의 내적인 역사를 다루었으나, 이번 기회에 문화사의 전개와 연결된 한시의 외사(外史)에 대한 연구의 필요성이 제기될 수 있기를 기대한다.

* 『애산학보』 제34집(애산학회, 2008. 12)에 실렸던 글임.

제 2 부
조선 후기 산문문학의 성격

6장 조선 후기 소설의 성격과 전개양상/ 송성욱

7장 조선 후기 판소리계 소설의 성격/ 서인석

8장 판소리의 연행예술사적 성격/ 김현주

9장 조선 후기 야담의 욕망과 대안적 근대/ 이강옥

10장 조선 후기 한문산문 연구의 비판적 검토/ 강명관

6장
조선 후기 소설의 성격과 전개양상

송 성 욱*

1. 서론

조선시대 소설에 대한 수많은 연구 성과에서 확인할 수 있듯이 소설을 통해서 산문정신 혹은 근대성을 읽어내려는 노력이 끊임없이 이어져 온 것은 사실이다. 여러 가지 이유가 있겠지만 여기에는 소설 자체의 장르적 속성이, 주인공이라는 문제적 개인을 통한 비판적 시대 인식에 있다는 연구자의 의식 또한 작용했을 것이다.

필자도 소설의 이런 장르적 속성을 완전히 부정하는 것은 아니다. 그러나 모든 소설이 이러한 속성을 지닌다고 미리 단정하고 작품을 해석하려 하거나 이러한 속성에서 벗어나는 작품을 논외로 치부하려는 일에 대해서는 경계를 하지 않을 수 없다. 소설에 대한 개념과 장르적 성격은

---

* 宋晟旭: 가톨릭대학교 국어국문학과 교수.
1966년 출생. 서울대학교 국어국문학과 문학사(1988), 문학석사(1990), 문학박사(1997; 「혼사장애형 대하소설의 서사문법 연구」).
저서: 『조선시대 대하소설의 서사문법과 창작의식』(2003), 『한국 대하소설의 미학』(2002).

항상 유동적일 수 있기 때문이다. 그것이 발생한 해당 문명권이나 국가의 시・공간적 속성에 따라서 소설의 개념과 성격은 얼마든지 바뀔 수 있으며, 그것을 해석하는 현재의 관점 역시 수시로 바뀔 수 있다.

1990년대 중・후반부터 보인 소설 연구의 주요한 경향 중의 하나가 소설의 통속성, 대중성, 환상성 등을 지적하고 이러한 속성에 대한 긍정적 의미를 부여하려는 것이다. 최근에 들어서는 소설과 TV드라마 혹은 다양한 문화콘텐츠와의 관계를 해석하려는 연구도 잇따르고 있다.[1] 이것은 리얼리즘의 시각에서 소설을 해석하려던 1970・1980년대의 주도적 연구경향과 비교하면 확실히 달라진 모습이다.

주지하듯이 조선시대 소설사는 상당히 다양한 얼굴을 가지고 전개되었다. 한문소설과 한글소설, 단편소설과 장편소설, 공연물로서의 성격을 포함한 판소리계 소설 등 세부 양식을 따지자면 실로 다양하다. 그리고 이 세부 양식들은 서로 일정 정도의 연관성을 맺으면서 발전했지만, 꼼꼼히 따져보면 그 양식에 맞는 독특한 성격을 지니고 있는 것 또한 사실이다. 따라서 조선시대 소설의 성격을 한 측면에서 논하는 것은 무리가 있을 수밖에 없다. 진정성과 통속성 혹은 오락성과 사변성(思辨性) 등의 양가적(兩價的) 성격이 서로 밀고 당기는 양상으로 소설사가 전개되었다고 볼 수 있다. 이들 사이의 공통분모를 읽어내는 것이 불가능한 작업은 아니지만 자칫하면 그것은 견강부회가 될 수 있다. 따라서 소설의 어느 한 측면을 부각시켜 해석하는 것보다는 양가적 측면을 동시에 해석하는 것이 실상에 더 부합하는 것이라고 할 것이다.

이 글은 조선시대 소설 중에서도 판소리계 소설을 제외한 조선 후기

---

1) 정병설, 「고소설과 텔레비전드라마의 비교」, 『고소설연구』 18, 한국고소설학회, 2004; 송성욱, 「고소설과 TV드라마」, 『국어국문학』 137호, 국어국문학회, 2004 등이 거론될 수 있다.

소설의 성격을 규명하는 데 초점을 두고 있다.

조선 후기 소설의 시대적 범위를 한정짓는 것은 여러 가지 시비를 불러올 수 있다. 다만 한문 전기소설의 뒤를 이어 〈사씨남정기〉·〈구운몽〉 등 한글소설이 본격적으로 창작되기 시작하는 17세기 중엽 이후부터를 논의의 시발점으로 삼을 수는 있을 것 같다. 소설의 저변이 확대되는 한편 한국소설로서의 독자적 모습이 만들어지는 시기가 바로 이때이다. 물론 한글소설만으로 본다면 막 첫 발을 내디딘 시기라고 할 수 있겠지만, 소설 장르 자체가 대중의 성장과 맞물려 형성되기 때문에 소설사로서는 후기라고 볼 수 없지만, 문학사 전체로 본다면 후기에 해당한다고 할 수 있을 것이다.

여기에서는 이런 점을 염두에 두고, 조선 후기 소설이 한국소설로서의 전형을 형성하면서 획득하게 되는 주요한 특징과 성격을 살펴보기로 한다.

2. 이념과 교훈과의 만남

가

해묵은 논쟁거리 같지만 조선시대 소설 연구자들을 늘 괴롭히는 문제 중의 하나는 우리 소설의 국적문제이다. 또 국적문제가 해결되었다고 하더라도 중국소설의 영향을 얼마나 받았을까 하는 걱정거리가 남게 된다. 소설사의 초창기부터 중국소설의 영향을 받은 것이 사실이고 창작의 저변이 넓혀지지 않은 시기에 벌써 중국소설이 수입, 번역되어 읽힌 점, 우리 소설이라고 생각했는데 뒤늦게 중국소설의 번안임이 밝혀지기도 한다는 점, 우리 소설의 시, 공간적 배경이 대개 중국이라는 점 등을 감안한다면, 연구자의 입장에서는 중국소설을 견제하지 않을 수 없다.

한국이나 중국 모두 17세기 소설사에서 보인 가장 큰 관심은 남녀 애정의 문제라고 할 수 있다. 〈최척전〉, 〈주생전〉, 〈운영전〉 등의 한문소설은 물론이고 〈구운몽〉, 〈창선감의록〉 등의 한글소설에서도 애정은 가장 큰 관심사로 부각된다. 중국의 경우는 〈옥교리(玉嬌梨)〉, 〈호구전(好求傳)〉, 〈평산냉연(平山冷燕)〉 등의 명말·청초 재자가인(才子佳人) 소설을 비롯해서 〈육포단(肉蒲團)〉, 〈공공환(空空幻)〉 등의 염정소설(艶情小說)에 이르기까지 애정이 핵심 모티프로 부각되기는 마찬가지이다.

그런데 〈구운몽〉이나 〈창선감의록〉에서는 소설에 설정된 애정의 문제가 한문소설에 비해 주제적으로 심화되지 않는다는 특징을 보인다. 〈구운몽〉에서는 양소유와 8명의 여성인물 사이의 애정담이 압도적인 분량을 차지하고 있다. 애정을 다루는 지면이 한문소설에 비교할 수 없을 정도로 대폭 늘어났다. 그렇지만 애정의 대상이 분산됨으로 인해, 남녀 한 쌍에 대한 애정을 다루는 정도가 심화되지는 않았다. 한문 전기소설에서는 주인공의 외로움의 심화가 애정에 대한 절실함을 불러오고, 이로 인해 뒤따르는 애정의 강도가 무엇보다 거세게 설정되고 있다. 〈구운몽〉에서는 바로 이러한 애정의 절심함이 보이지 않는다. 늙은 노모를 뒤로 하고 과거에 올랐지만 한가롭게 유람을 하고, 그러다가 우연찮게 기생을 만나는가 하면, 변장하고 규방에 들어가 노래로 여성을 유혹하기도 하는 것이 양소유의 모습이다. 어떻게 보면 작품 속에서 정경패가 양소유를 두고 마치 "색에 굶주린 아귀"와 같다고 한 표현이 이 작품의 애정의 성격을 가장 정확하게 말한 것인지도 모르겠다. 따라서 많은 연구자들이 지적했듯이,[2] 〈구운몽〉에서의 남녀 만남은 절실한 애정의 실현과정이 아니라 사대부 남성의 욕망 성취의 과정으로 보인다. 〈창선감의록〉에서는 윤여옥의 삶을 통해서 애정의 문제를 확인할 수 있는데, 소설의 큰 흐름이 화진의 삶에 초점이 맞추어져 있기 때문에 애정 자체가 아예 부차적인 문제로 형상화되었다는 인상을 받게 된다.[3)]

이 17세기는 조선시대 소설사에서 애정문제를 가장 활발하게 다룬 시기라는 점에서 관심이 가지만, 또한 이 문제가 소설의 주 관심사에서 멀어져 가는 시발점이 된다는 점은 시사하는 바가 크다. 중국소설은 여전히 애정에 대한 관심의 폭을 넓혀나간 반면, 우리의 경우는 이후 소설사에서 본격적인 애정의 문제를 잘 찾아보기 힘들 정도이기 때문이다.

바로 여기에서 17세기 소설의 고민을 찾을 수 있다. 전기소설은 말할 것도 없고 〈구운몽〉이나 〈창선감의록〉에서 중국소설의 흔적을 상당수 발견할 수 있음을 부인할 수는 없다.[4)] 그러나 〈구운몽〉 등의 작품에서 전에는 찾을 수 없었던 우리 소설의 독자적 행보 역시 찾을 수 있다. 소설에서 애정을 거세하는 동시에 다른 문제에로 관심을 옮겼다는 것이다.

애정은 지극히 개인적인 문제인데, 이와 대척점에 설 수 있는 사안이 거대한 공(公)적 세계인 역사이다. 중국소설은 이 두 대척점을 중심으로 발전했다. 〈삼국지연의〉·〈잔당오대사연의〉가 대변하듯이 중국은 자국의 모든 역사를 소설화했다고 해도 과언이 아닐 정도로 역사에 관심이 많았고, 〈옥교리〉 등의 수많은 재자가인 소설과 〈육포단〉류의

---

2) 여기에 대해서는 강상순, 「〈구운몽〉과 영웅소설의 소설사적 상관성」, 정규복 외, 『김만중 문학연구』, 국학자료원, 1993에서 상술하였다.

3) 송성욱, 「17세기 소설사의 한 局面: 〈사씨남정기〉, 〈구운몽〉, 〈창선감의록〉, 〈소현성록〉을 중심으로」, 『한국고전연구』 8집, 한국고전연구학회, 2002에서 상론했다.

4) 중국소설의 영향에 대해서는 이상익, 『한중소설의 비교문학적 연구』, 삼영사, 1983; 정규복, 『한중문학비교의 연구』, 고려대출판부, 1987; 박영희, 「17세기 재자가인소설의 수용과 영향」, 『한국고전연구』 4집, 한국고전연구학회, 1998; 전성운, 『한 중 소설 대비의 지평』, 보고사, 2005 등에서 상세하게 논의되었다.

염정소설에서 보듯 애정을 극대화시켰다. 그런데 조선시대 소설은 발전을 거듭하면서 오히려 이 두 문제에서 멀어져 가는 경향을 보여준다. 조선시대 소설 전체를 두고 보아도 우리의 역사를 정면으로 문제 삼은 작품은 손에 꼽을 정도이며, 전기소설을 제외하면 이후의 한글소설에서 애정의 문제 역시 소설의 주 관심사는 아니다.

〈사씨남정기〉를 읽는 독자라면 누구나 억압을 맞볼 정도로 이념의 무게가 작품을 압도한다. 개인적 욕망을 한 치도 용납하지 않는 이념의 무게를 홀로 감당하는 인물을 주인공으로 설정해 놓았다. 그리고 그 이념이 작동하는 공간은 철저하게 가정으로 국한된다. 〈주생전〉에서 주생과 기생 배도 그리고 선화 사이에 형성되었던, 남녀 간 애정문제에서 자연스럽게 발생할 수 있는 삼각관계를 〈사씨남정기〉는 한 남편을 둘러싼 처첩 갈등의 삼각구도로 바꾸어 놓았다. 이와 같이 가정을 중심으로 한 소설적 구도와 이 속에서 작용하는 이념 혹은 윤리의 문제가 바로 이후 조선시대 소설의 성격을 결정짓는 핵심적인 요소이자 중국소설과 다른 한국소설의 특징을 마련하는 계기라고 볼 수 있다.

물론 애정과 같은 지극히 사적인 개인의 욕구를 완전히 저버릴 수는 없었을 것이다. 그것은 소설을 지지하는 독자층과의 결별을 의미할 수도 있기 때문이다. 그런 까닭에 〈창선감의록〉은 윤여옥의 삶을 통해서, 〈소현성록〉은 운성이나 운명을 통해서 애정의 문제를 수용하려는 노력을 보였다.[5] 그러나 앞서도 말했듯이 이것은 어디까지나 소설의 한 부분

---

5) 〈소현성록〉에서 운성과 운명은 창기를 데리고 희롱하다가 부친에게 발각되어 심하게 맞기도 한다. 운성은 형 소저와 혼인하기 이전에 이미 형 소저를 만났고 애정을 품고 있는 상태였다. 이후 정혼의 형식을 밟고는 있지만 자발적인 애정적 욕구의 발현이 앞서는 셈이다. 한편 운성은 장난으로 찍힌 앵혈을 없애기 위해 공연히 소영을 겁탈한다. 운명은 이미 혼인한 처지인데도 길에서 우연히 만난 이 소저를 보고 반하여 애정을 갖고 혼인 의사를 품는다. 그리고 그 혼인이 부친의 반대에 부딪히자 죽을 정도의

이지 핵심적인 문제로 부각되지는 않았다. 〈창선감의록〉에서 핵심적인 문제로 부각되는 것은 오히려 화진을 통한 효의 이념이다.[6]

윤리에 대한 관심은 이 문제와 상당히 멀어 보이는 〈구운몽〉에서도 발견할 수 있다. 양소유와의 혼인을 둘러싸고 벌어지는 정경패와 이소화의 갈등이 대표적인 예이다. 정경패는 규방을 함부로 나서지 않아 친척들도 그 얼굴을 모를 정도로 윤리적 규범에 충실한 인물이다. 천자가 이런 정경패와의 혼약을 폐하고 이소화와 혼인을 하라고 했을 때, 양소유는 끝까지 항변하다가 벌을 받기도 한다. 이 과정에서 오고가는 천자와 양소유 사이의 논쟁은 참으로 논리적인 윤리 논쟁이다. 양소유는 아무리 천자라고 하지만 이미 맺은 혼정을 폐하라고 하는 것은 부당하다고 하며 천자는 아직 혼전이라고 강변한다. 정경패를 첩으로 두면 되지 않느냐고 하면 부마가 첩을 거느릴 수는 없다고 맞선다. 결국 이 문제는 정경패와 이소화가 서로 의자매를 맺음으로써 해결된다. 자매를 맺었으니 같은 황가의 신분이 된 셈이다. 또 이비(二妃; 娥皇과 女英)의 고사가 있으니 자매가 한 남자에게 동시에 시집을 갈 수가 있다는 논리이다. 실제 작품에서는 이러한 윤리적 논쟁이 상당히 구체적이고 논리적으로 전개된다.

한편 양소유와 제일 처음 인연을 맺은 진채봉을 처로 설정하지 않고 있다는 점 역시 이 작품의 윤리적인 관심과 연관이 있다. 서사적 논리로

상사병에 걸리기도 한다. 그런가하면 유부남인 김환이라는 사람은 소수빙을 보고 상사병에 걸린다.

6) 화진은 심씨를 모해하려 했다는 누명을 쓰고도 끝까지 자기의 죄로 인정한다. 이 사건을 주관하는 최지부가 말하고 있듯이 어미가 아들을 고소한 내용을 아들이 변명할 수 없다는 것이다. 지극히 단순하고도 간명한 논리이지만 이것은 〈창선감의록〉에서 효를 형상화하는 주요한 계기가 된다. 정작 죄를 다스리고자 하는 사람들은 화신의 결백함과 효성을 인정하려 하지만 잡혀온 당사자인 화진이 자기 잘못이라 고집하는 실랑이가 계속 벌어짐으로써 효가 주제적 맥락으로까지 부각되고 있다.

본다면 첫 인연인 셈이고 진채봉의 신분 역시 별 문제가 없기 때문에 긍정적 혼인으로 연결되는 것이 당연할 듯싶다. 그러나 진채봉은 끝내 양소유의 처가 되지 못하고 비운의 여인으로 살다가 첩이 되고 만다. 그 이유는 진채봉의 윤리적 처신이 잘못되었다는 것이다. 진채봉은 양소유를 보고 첫 눈에 반하여 부친에게 고하지도 않고 인연 맺기를 자청한 여성이다. 이로 인해 진채봉은 탁문군의 고사와 비교되어 부정적 여성으로 묘사된다.

주지하듯이 이와 같은 한글 소설에서 강조되는 이념 혹은 윤리는 바로 가부장제에 입각한 유교적 이념이다. 이미 중국에서는 유교적 이념이 와해되는 시기였다면, 한국에서는 17세기 중엽이야말로 유교적 이념이 지배 이념이자 생활 윤리로 확고하게 자리 매김하는 시기였다. 그런 만큼 조선시대는 그러한 시대적 이념에 맞는 중국과는 다른 새로운 소설적 구도를 마련하게 되었다고 볼 수 있다.

이덕무의 언급에서 드러나듯이[7] 유교적 이념에 충실한 지식인의 입장에서 소설을 본다면 그것은 거짓투성이며 역사와 경전을 거칠게 만드는 무용지물에 불과한 것이었다. 확언할 수는 없지만 이 말은 아무래도 중국소설을 염두에 둔 것일 것이다. 우리 소설 중에 역사를 정면으로 거론한 것이 없기 때문이다.

나

소설이 역사를 건드리지 않으면서도 지배이념을 효과적으로 전달하는 교훈서로서의 구실을 한다면 굳이 마다할 이유도 없었을 것이다. 더

---

7) "小說有三惑 架虛鑿空 談鬼說夢 作之者一惑也 羽翼浮誕 鼓吹淺陋 評之者二惑也 虛費膏晷 魯莽經典 看之者三惑也 作之猶不可 何心以爲評 評之者不可 又有讀國誌者 讀水滸者 鄙哉鄙哉"(李德懋, 『嬰處雜稿』).

구나 까다로운 한문 경전을 소화할 수 없는 여성에게 가부장제의 이념을 거부감 없이 전달할 수 있는 장치가 소설이라면 말할 나위도 없다. 결국 가부장제 유교적 이념과 가정, 가문이라는 공간적 구도와의 만남은 조선시대 소설의 생존법이었던 셈이다.

이 현상은, 명백하게 가부장제 이념을 표방하고 나서는 한글소설 뿐만 아니라 한문소설에서도 확인할 수 있다. 물론 한문소설은 한글소설이 보여주는 이념적 노선과는 다른 차원에서 서사를 전개한다. 그러나 한문소설 역시 〈금오신화〉가 보여주었던 초기의 서사적 양상과는 다른 모습을 지니게 됨은 부정할 수 없다.

17세기 한문소설의 백미라고 할 수 있는 〈최척전〉에서 그 변화의 조짐이 분명하게 드러난다. 〈최척전〉은 다른 한문소설에 비해 분량이 늘어나면서 인물과 사건의 다기화가 일어난다는 특징을 지니고 있다. 또한 이 작품을 읽는 독자라면 누구나 감지하겠지만 무엇보다 재미있다는 느낌을 받게 된다.

〈최척전〉은 〈이생규장전〉이나 〈만복사저포기〉에서 드러났던 남녀의 개인적 애정의 문제를 가족의 이산과 만남으로 치환했다. 따라서 주인공의 고독감에서 보이는 고뇌보다는 가족의 부단한 이별과 극적인 해후의 과정에서 소설적 흥미를 맛보게 된다. 〈최척전〉이 가족의 이합을 문제 삼은 것에는 동아시아의 전란이라는 큰 시대적 상황과도 연관이 있겠지만 한글소설이 가정, 가문의 공간을 주목하게 된 계기도 일정 정도 작용했을 것으로 보인다. 다음 절에서 상술하게 되겠지만, 〈최척전〉은 가족을 문제 삼으면서 〈이생규장전〉류의 소설에서 읽을 수 있었던 지식인의 고뇌와 같은 심오한 내면의 모습을 희석화시켰기 때문이다.

최척은 그토록 원하던 사람과 혼인을 했으니 더 이상 바랄 것이 없었다. 살림도 나날이 넉넉해져 갔다. 아기자기한 세월은 흘러갔다. 그러나 최척은 시간이 흐를수록 대를 이을 아들이 늘 걱정이 됐다. 이에 매달 초하루가 되면 부부 동반해서 만복사로 올라가 자식 하나 점지해 달라고 빌었다. 이듬해 갑오년이었다. 이해도 정초에 만복사로 올라가 불공을 지성으로 드렸다. 그날 밤이었다. 부인의 꿈속에 부처님이 나타나 말씀하셨다. "나는 만복사의 부처로다. 내가 그대들의 지극한 정성에 크게 감동되었도다. 그래서 기남자를 점지할 터이니 이후 부인의 몸에 태기가 있을 것이로다." 과연 그달로부터 태기가 있어 만삭이 되어 순산하니 아들이었다. 등에는 손바닥 만한 붉은 점이 있었다. 이에 이름을 몽석이라 지었다.[8)]

이 대목은 최척과 옥영이 혼인 후 후사가 없어 근심을 하다가 기자치성(祈子致誠)을 통해 태몽을 꾸고 아들을 낳는 장면이다. 상당히 낯익은 내용으로서, 마치 영웅소설의 첫 부분을 보는 듯한 착각이 들 정도로 비슷하다. 이 대목을 〈최척전〉에서 발견한다는 것은 〈최척전〉이 본격적인 한글소설 전개를 위한 교차로 역할을 하고 있음을 의미한다고 하겠다.

영웅소설의 공식이라고 해도 과언이 아닐 정도로 정형성을 유지하고 있는 부분이 바로 이 서두 부분이다. 주인공의 가문이 명문가로 설정되며, 부모의 삶이 평안한 중 오직 큰 걱정거리가 늙도록 자식이 없다는 것이 이 서두 부분의 골자이다. 여기에서는 부모의 처지가 부자이건 가난한 사람이건 그것은 문제가 되지 않는다. 오직 혈통이 강조되는 명문

---

8) "陟聚婦之後, 所求如意, 家業稍足, 而常患繼嗣之尙遲, 每以月朔, 夫妻往禱於萬福寺. 明年甲午元月, 又往禱之, 其夜, 丈六金身, 見於玉英之夢, 曰 '我萬福寺之佛也, 我嘉爾誠, 賜以奇男子, 生必有異相.' 及期, 而果生男子, 背有赤痣如小兒掌, 遂名曰 夢釋."

가여야 한다. 자식이 없어 슬픈 이유는 조상에 대한 제사를 받들지 못하기 때문인데, 이로 인해 명산대찰을 다니거나 시주를 해서 하늘에 자식을 비는 기자치성 장면이 이어진다. 이후에 태어나는 자식이 곧 소설의 주인공이다. 이런 서두 부분이 지닐 수 있는 서사적 기능은 다양하겠지만 가부장제 이념이 그만큼 우리 소설을 강하게 지배하고 있음을 단적으로 읽어낼 수 있는 부분이라 하겠다.[9]

3. 진정성(眞正性)과 대중성, 그리고 독자층의 확대

가

관객이 없는 연극이 존재할 수 없듯이 소설 또한 독자를 지향하는 장르이다. 때문에 이념과 교훈으로 무장한 소설이 아무리 효용성을 강조한다 하더라도 독자의 능동적 참여가 없다면 문학사의 이면으로 숨을 수밖에 없을 것이다. 세책본이나 방각본의 성행이 말해주듯 조선 후기 소설은 이윤을 추구하는 상품으로서의 가치를 획득할 정도로 열광적인 독자층을 지니고 있었다. 이런 독자층의 확보를 위해 조선시대 소설은 생경한 이념만을 앞세우는 작품이 아니라 소설적 형상화를 통해 그 이념을 심도 있게 성찰하는 방향으로 발전했다. 다른 한편으로 보다 폭넓은 독자층의 확보를 위해 작품의 대중성을 꾀하기도 했다. 주제적 심화

9) 중국 작품인 〈설인귀정동〉을 축약하여 번안한 것이 〈설인귀전〉이다. 이때 〈설인귀정동〉의 서두 부분을 우리 영웅소설의 서두 공식에 맞게 완전히 뜯어고친 것을 보더라도 이런 맥락을 충분히 이해할 수 있다. 이에 대해서는 이윤석, 「설인귀전」, 『한국고전소설작품론』, 집문당, 1992; 송성욱, 「한·중 고전소설의 친소관계」, 『인문과학논총』 5집, 가톨릭대학교 인문과학연구소, 2000 참조.

와 대중성의 확보는 어떻게 보면 서로 모순되는 속성이라고 할 수도 있다. 한 작품을 통해서 이 둘을 동시에 추구하는 것이 무리라는 말이다.

이에 조선시대 소설은 독자의 다양한 요구에 부응할 수 있도록 세부유형에 따른 각각의 고유한 속성을 지니게 된다. 18세기는 이 세부유형들이 각각 자신의 존재 기반인 독자층의 성향에 따라 보다 성숙해지는 이른바 소설의 전성기를 구가된다.

상층 사대부를 지지기반으로 발전한 장편소설은 〈유씨삼대록〉, 〈완월회맹연〉, 〈옥원재합기연〉, 〈현씨양웅쌍린기〉 등 조선시대를 넘어서 세계 소설사에 내놓아도 손색이 없을 좋은 작품들을 생산한다. 17세기의 〈소현성록〉이나 〈사씨남정기〉가 이념을 드러내기에 급급했다면, 이들 작품은 당시의 지배이념인 가부장제에 입각한 성리학적 이념을 소설적 장치를 통해 성찰하고 있다. 가령 〈유씨삼대록〉에서는 전편인 〈유효공선행록〉과 아울러 누대에 걸친 가장권 갈등을 소설화함으로써 이상적 가장(家長)의 모습을 철저하게 탐색한다.

여기에서 주목되는 것은 갈등이 발생했을 때 어느 한 편의 일방적 승리를 선언하지 않는다는 점이다. 물론 악인과 선인의 구별이 없다는 말은 아니다. 그러나 〈유효공선행록〉에서 악인으로 설정된 유홍의 뉘우침, 유연이 자신의 아들이 출중함에도 불구하고 유홍의 장남으로 계후를 삼는 모습 등에서 보이듯이 선악에 대한 선험적 판단보다는 변화하는 상황 속에서의 윤리적 성찰이 주를 이루고 있다. 즉, 소설을 통해 이념과 윤리에 대한 보다 현실적이고도 반성적 사고를 할 수 있을 정도로 창작 수준이 성숙했음을 짐작하게 한다.

이런 맥락에서 빼놓을 수 없는 것은 〈옥원재합기연〉, 〈완월회맹연〉, 〈현씨양웅쌍린기〉 연작, 〈창란호연록〉 등에서 가장 핵심적인 사건으로 설정되는 사위와 장인의 갈등담이다. 필자 역시 다른 지면을 통해서 언급했거니와,[10] 이 이야기는 군자의 입장에서 장인인 소인을 용납하지 않으려는 남성과 아무리 소인(小人)이라고 하지만 친정아버지를 능멸하는 남편을 받아들일 수 없다는 여성의 입장이 팽팽하게 맞서 있는 이야기이다. 여기에서는 남성과 여성의 대립이 군자의 도리와 효(孝)의 대립과 중첩되어 있어 보다 심각한 갈등이 전개된다.

특히 〈옥원재합기연〉은 이러한 대립 구도만으로 장편화된 대표적인 작품이라 할 수 있다. 장인을 위해야 한다는 부친의 말을 거역하면 불효가 되고, 효를 지켜 부친의 말을 따르면 군자의 도리에 어긋난다. 그런가 하면 장인은 끊임없이 자신의 부친을 음해하고자 하는데 부친의 말을 거역해서라도 장인을 징치하는 것이 아들의 입장에서는 오히려 효를 지키는 것일 수도 있다. 다른 각도에서 본다면 이것은 아버지의 입장에서 아들에게 바라는 효와 아들의 입장에서 지켜야 할 효의 충돌이라는 점에서 효의 윤리적 층위를 세분화했다고도 볼 수 있다.

18세기 장편소설은 이런 복잡다단한 윤리적 상황을 안고 이야기가 전개된다. 이로 인해 이념을 지키면 선이 되고 그렇지 않으면 악이 되는 '복선화음'과 '권선징악'의 단선적 논리에서 벗어날 수 있는 토대를 마련하고 있다.

그러나 주제적 심화를 통한 소설의 질적 성장은 독자층의 협소화를 초래할 수 있다. 소설이 지나치게 사변화되면 읽어내기가 어려울뿐더러 사건의 진행이 늦어져 서사적 흥미가 감소되기 마련이다. 따라서 장편소설도 후술하게 될 영웅소설과 마찬가지로 대중성을 확보하려는 경향을 소극적으로나마 보인다.

---

10) 송성욱, 「18세기 장편소설의 전형적 성격」, 『한국문학연구』 4호, 고려대학교 민족문화연구원 한국문화연구소, 2003.

하버드대학교 연경도서관 소장 〈옥란기연〉의 권1에는 "륭희 연월일경 슈표교 신소져 필셔"라는 기록이 보인다. 이상택 교수는 낙선재본의 내용을 대조하면서 이 신 소저의 신분이 "일종의 유녀(遊女)" 즉 기생이었을 가능성을 조심스럽게 추정하고 있다.[11] 그리고 연경도서관은 낙선재본과는 달리 남녀 간 성행위 장면에 대한 대담한 묘사가 나오는 등 신기성을 추구하고 감성에 충실하려 한 반면, 낙선재본은 충동적이고 자극적인 장면을 되도록 외면하거나 생략함으로써 품위 있고 전아한 서사진행을 보이고 있다고 했다.[12]

> 이는 부부의 천졍 음양이니 나의 신경이 곳 너의 속의 들면 음양이 동컨ᄃᆡ ᄉᆡᆼᄉᆞ가 미분하니라 ᄒᆞ고 놉히 들어 은익ᄒᆞ며 일오ᄃᆡ 네 나희 어려서 음양 호합을 모르나 졈졈 ᄉᆡ다를 거시니 ᄆᆡᆼ셰코 널노셔 ᄇᆡᆨ연 동쥬ᄒᆞ리라. (중략) ᄉᆡᆼ의 황음흠을 당ᄒᆞ여는 쏘ᄒᆞᆫ 혼졀ᄒᆞᄃᆡ 슈찬니 쏘ᄒᆞᆫ 호탕헌 음심이 동ᄒᆞᄆᆡ 엇지 노흘 ᄯᅳᆺ이 잇스리오 졈졈 긔운니 황홀ᄒᆞ고 졍신니 씩씩ᄒᆞ여 홍광이 취토록 통침ᄒᆞᄆᆡ 은졍심이 ᄐᆡ산갓고 음양수는 유수되여 ᄉᆞ람의 심ᄉᆞ을 더욱 호탕ᄒᆞ니[13]

이 대목은 장현성이 진천주를 만나 강제로 동침을 하는 부분이다. 사건 자체는 여느 장편 소설에서도 쉽게 읽을 수 있는 전형적인 성(性) 대결담이지만, 밑줄 친 부분과 같은 노골적인 표현은 쉽게 찾아볼 수 없는 대목이다.[14]

---

11) 이상택, 『한국 고전소설의 이론 II』(새문사, 2003), 314~319면 참조.

12) 같은 책, 319~326면 참조.

13) 연경도서관 소장본 〈옥란기연〉 권4.

14) 뿐만 아니라 이 작품에서는 이창성과 한연주의 만남 장면 역시 다른 작품에서는

그런가 하면 〈창란호연록〉은 〈옥원재합기연〉과 거의 흡사할 정도로 유사한 사건을 지니고 있는 소설이다. 〈옥원재합기연〉은 사변성과 난해성으로 따지자면 장편소설 중 단연 돋보인다. 그래서 독자는 읽는 내내 긴장해야 하고 끊임없이 사고해야 한다. 한 시도 편하게 읽을 수 없는 소설이 이 〈옥원재합기연〉이다. 때로는 지나친 사변성으로 인해 서사 전개가 지연되어 지루함마저 들게 한다. 〈창란호연록〉은 똑같은 구조를 차용하여 이보다 훨씬 재미있고 편하게 읽히도록 재구성을 하고 있다. 엄숙한 시아버지 소송을 경쾌한 성격의 장두로 바꾸고, 역사적 진실성을 개인적 일상성으로 바꾸어 〈옥원재합기연〉이 지니고 있는 강한 윤리성과 정치적 이념성을 흐리고 있다. 천작되어야 할 윤리적 문제를 편의적으로 덮어서 넘어가기도 하고 문제 삼아야 하는 일상적 현실을 문제 삼지 않고 있다.[15)]

장편소설이 대거 포함되어 있는 세책(貰册) 목록이나 〈현씨양웅쌍린기〉, 〈임화정연〉 등의 이례적인 구활자본 출간은 장편소설이 상층 사대부의 전유물에서 벗어나고 있었음을 말해주고 있다.[16)] 〈옥란기연〉이나 〈창란호연록〉의 이러한 모습은 소설에 대한 대중의 욕구를 반영한 결과라고 보인다.

물론 장편소설은 그 분량의 호한함으로 인해 대중성 확보에 있어서 일정한 한계를 지닐 수밖에 없었을 것이다. 그러나 태생 자체가 그렇듯이 소설의 대중화는 조선 후기 소설이 지향했던 가장 큰 과제였던 것으로 보인다.

볼 수 없는 구체성을 획득하기도 한다.

15) 이 두 작품의 비교에 대해서는 송성욱, 「〈옥원재합기연과〉과 〈창난호연록〉 비교 연구」, 『고소설연구』 12집, 한국고소설학회, 2001에서 상론한 바 있다.

16) 물론 영웅소설이나 판소리계 소설에 비한다면 독자층이 여전히 제한적이라고 하겠다.

나

이 방면에 대한 많은 논의가 있었듯이 17세기 중엽부터 우리 소설은 통속성을 확대하는 방향에서 창작되었다. 당시 사회에서 소설이 가지고 있었던 낮은 문화적 위상을 고려한다면 소설의 통속화는 어느 정도 예견된 일이었다고 보아도 과언이 아니다.[17)]

박희병 교수는 한문 전기소설의 미학을 논하면서[18)] "작가의 창작성과 풍부한 문식"을 거론했다. 초기의 한문 전기소설은 남녀 주인공의 고독한 내면을 섬세하게 묘사하여 그들의 애정에 무게감을 실었다. 서로의 절대 고독감이 애정과 남녀 교섭을 필연적으로 요구했다는 말이다. 그리고 그 내면성은 작가의 세계관과도 직결되는 것이었기 때문에 비록 사건의 다기성은 없더라도 보다 심화된 주제적 의미를 담아낼 수 있었다.

그러나 한문 전기소설 역시 17세기로 오면서 특유의 내면성이 반감되고 그 자리에 사건의 다기화가 이루어진다. 〈주생전〉은 〈금오신화〉에 이어 고독한 남녀의 개인적 애정을 심도 있게 형상화한 작품이다. 그런데 〈주생전〉에서는 주생과 배도, 그리고 선화 사이의 삼각관계 구도가 추가되어 절실성이 삭감되었다. 애정 문제가 삼각관계로 형상화되었다는 것은 사건이 다양해졌다는 말이고 그만큼 소설적 재미가 더해졌다는 것을 의미한다.

앞 절에서 살핀 〈최척전〉은 한문소설 역시 대중화 혹은 통속화의 흐름에서 예외일 수 없음을 뚜렷하게 보여주는 작품이다. 〈최척전〉은 다른 한문소설에서 비해 등장인물의 수가 대폭 늘어났고 이에 따라 사건

17) 조선시대 소설의 문화적 위상에 대해서는 정병설, 「고소설과 텔레비전드라마의 비교」, 『고소설연구』 18집, 한국고소설학회, 2004; 송성욱, 「고소설과 TV드라마」, 『국어국문학』 137호, 국어국문학회, 2004 참조.

18) 박희병, 『한국 전기소설의 미학』(돌베개, 1997), 56~62면 참조.

역시 매우 다양하게 설정되어 있다. 주인공 최척과 옥영 부부는 수 차례의 위기를 겪으면서 독자들의 마음을 졸인다. 여느 한문소설이었더라면 이쯤에서 주인공이 사망하거나 영원히 이별하는 것으로 매듭이 지워졌을 것이라고 생각되는 부분에서 어김없이 그 위기는 극복된다. 우여곡절 끝에 옥영과 혼인을 성사시킨 최척이 전장으로 가는 장면은 〈주생전〉의 마지막 장면을 떠올리게 한다. 〈이생규장전〉은 전쟁으로 인해 남녀 주인공이 결국 생사의 길을 달리 하게 된다. 그러나 〈최척전〉에서 최척은 혼인을 위해 허락을 득하고 집으로 돌아온다. 한문 전기소설의 관습으로 보자면 다소 엉뚱하다는 느낌들 정도의 통속적 설정이라고 할 수 있다.[19]

〈최척전〉에서 주인공의 위기 극복 장면에는 항상 '장육불'이라는 존재의 현몽이 개입한다. 믿기지 않는 위기 극복이 '장육불'의 현몽이라는 환상적 장치에 의해 이루어진다는 말이다. 〈이생규장전〉이나 〈만복사저포기〉에서 설정된 환상적 요소 혹은 전기적 모티프가 주제적 의미를 더욱 심화시키는 방향으로 작용한 것과는 정반대의 모습이라고 할 수 있다.

한문소설의 통속화는 19세기로 가면서 더욱 심화된다고 할 수 있다. 특히 〈절화기담(折花奇談)〉이나 이의 대표적인 작품이다. 마치 상사가(相思歌)류의 유행가 가사처럼 통속적인 사랑의 모습을 확인할 수 있다는 평가[20]에서 알 수 있듯이 〈이생규장전〉은 물론이고 〈주생전〉에서 보였던 애정의 진실성·절실성은 보이지 않는다. 물론 여기에서는 유교적인

---

19) 작품 전반에 걸쳐 이와 같은 성격의 위기 극복이 반복되고 있다는 것 자체가 이미 〈최척전〉의 통속화라고 보아도 무방할 것이다.

20) 조혜란, 「19세기 애정소설의 새로운 양상 고찰: 〈절화기담〉과 〈포의교집〉을 중심으로」, 『국어국문학』 135호, 국어국문학회, 2003 참조.

이념이 더 이상 장벽으로 작용하지 않으며, 대신에 보다 자유분방한 애정 행각이 표출되어 있다. 진지성이 삭감된 대신에 대중성이 확대되어 있다는 것이다.[21]

특히 우리 소설의 대표주자라고 할 만한 한글소설 특히 영웅소설에서 대중성의 절정을 찾을 수 있다. 한글 영웅소설은 개별 작품에 따른 독특한 개성을 발견하기 힘들 정도의 정형적 틀을 보여주고 있기 때문이다. '영웅의 일대기'라거나 '혼사장애주지'와 같은 큰 구조는 말할 것도 없고, 세세한 장면에 있어서도 작품들을 넘나드는 정형성을 보인다. 따라서 몇 편의 작품을 읽은 독자라면 소설의 진행방향을 어느 정도 예측할 수 있다.

정형성은 부정적 입장에서 보자면 소설을 유치하고 식상하게 만드는 요소가 되기도 하지만 이 속에는 당대의 대중들이 공통적으로 공감할 수 있는 합의된 서사 구조가 내재되어 있다고 보아야 한다. 현대의 TV드라마 역시 정형성의 틀을 유지하고 있음을 본다면,[22] 이 정형성은 대중성을 이끌어내는 근간으로 작용한다.

소설의 서사적 전개는 독자의 기대치 혹은 예상치를 수시로 무너뜨리는 방향으로 나아갈 수도 있으며 그것을 충족시키는 방향으로 나아갈 수도 있다. 전자의 경우 독자는 자신의 기대치와 빗나간 서사 속에서 자신을 반성하고 성찰할 수 있는 계기를 마련할 것이며, 후자의 경우에는 기대치와의 일치감 속에서 묘한 쾌감 속에서 욕구충족을 맛볼 수 있을 것이다. 이때 기대치란 독자의 일상적 사고방식과 맥을 같이 한다.

---

21) 이 문제에 대해서는 이정원, 「〈포의교집(布衣交集)〉의 서사적 성격: 애정 전기소설의 양식론적 입장에서」, 『어문연구』 36권 3호, 한국어문교육연구회, 2008에서 상세하게 논했다.

22) 이에 대해서는 송성욱, 앞의 논문에서 상론했다.

대중성은 이 중 후자를 지향하게 된다. 우리가 같은 영화나 만화를 여러 번 보면서도 흥미를 얻을 수 있는 이유도 이와 무관하지 않을 것이다. 자신이 맛보고 싶은 장면을 자신의 짐작과 일치하는 예정된 순간에 만나는 것이 쾌감을 준다는 것이다.

그렇지만 아무리 정형성을 지니고 있다 하더라도, 완전히 똑같은 소설은 없다. 큰 틀에서는 대중의 합의된 서사구조인 정형성을 유지하면서도 그것을 벗어나려는 움직임을 보여준다. 이 움직임 속에서 작품을 개성이 찾아진다. 다시 말해 일탈과 안주의 줄타기를 적절하게 하는 셈이다.[23] 폭발적인 인기를 구가한 작품은 이 줄타기를 잘한 작품일 것이다.

조선 후기의 영웅소설이 고민했던 부분이 바로 정형성에 대한 일탈과 안주의 줄타기였다고 보여진다. 이런 맥락에서 단연 주목이 가는 작품은 〈유충렬전〉과 〈조웅전〉이다. 이 두 작품은 서두에서부터 정치적 사건을 설정하고 이것을 주인공 부자의 시련과 연결시킴과 동시에 국가적 위기로 확산시키는 새로운 시도를 모색했다. 그 결과 충신과 간신, 주인공과 적, 악인과 선인 등의 대결이 단일선상에 위치하도록 하여 대결의 선명화를 가져왔다. 이 구조는 기존 영웅소설의 정형적인 서두 구조를 파괴함으로써 가능해진 것이다. 적과 악인의 존재가 불분명했던 〈소대성전〉과 비교한다면 이 두 작품의 악인은 훨씬 지속적이고 강하게 작용한다. 이를 통해 독자는 처음부터 끝까지 대결의 치열함을 맛볼 수 있고, 싸움이 치열했던 만큼 마지막 승리 장면에서 더욱 짜릿한 쾌감을 느끼게 된다. 현대의 서부극이 선인과 악인의 지속적이고도 선명한 단선적 대결구도를 통해 관객을 매료시키는 것에 비견할 만하다.

게다가 〈유충렬전〉은 보다 율격적인 문체를 구사하는 한편 삽입 가요

---

23) 이때 일탈은 당대 사회의 보편적 이념에 대한 일탈로서의 의미도 지닌다.

도 편입시켜 독자의 감정 몰입을 유도했다.[24] 〈조웅전〉은 조웅과 장 소저의 파격적인 애정 장면을 이례적으로 설정하는가 하면, 조웅이 10년 동안 스승을 찾아 헤매는 긴 수학(修學)의 과정을 설정하여 시련 극복에 대한 현실적 의지를 한껏 고양시켰다. 두 작품 모두 혁신적인 시도를 했지만 큰 틀에서는 영웅소설의 정형성과 그 이념을 벗어나지 않았다. 일탈과 안주의 줄타기를 통해 대중성을 보다 강화했다고 하겠다.

세계 소설사에서 유례를 찾아보기 힘들 정도의 긴 장편의 형식을 창안함과 동시에 고도의 사변성을 갖춘 수준 높은 문학성을 구현했다는 점은 조선 후기 문학사의 큰 수확이다. 이와 동시에 조선시대 소설 자체가 대중문화적 성격을 지니고 있었던 만큼 보다 대중성을 강화하여 독자층의 확산을 가져왔다. 이는 현대 한국의 대중문화로까지 이어지는 문화원형을 창출하는 계기로도 작용하는 만큼 그 문화적 의의가 인정된다 할 것이다.

4. 여성성의 두 얼굴

조선시대 소설을 지지했던 폭넓은 독자층을 거론함에서 있어서 여성을 빼놓을 수는 없다. 김만중은 어머니를 위해서 〈구운몽〉을 지었다고 하며, 〈사씨남정기〉나 〈창선감의록〉은 아예 '규방소설'로 규정될 만큼 여성 독자를 겨냥한 소설이다. 권섭(權燮)의 모친 용인이씨는 이른 시기에 여러 종류의 소설을 필사하기도 했다. 뿐만 아니라 "언번전기(諺飜傳

---

24) 박일용, 「유충렬전의 서사구조와 소설사적 의미재론」, 『고전문학연구』 8집, 한국고전문학회, 1993 참조.

奇)를 탐독해서는 안 된다. 집안일을 내버려 두고 길쌈을 게을리 하며, 돈을 주고 이것을 빌려서 탐독하느라고 가산을 기울이기에 이른 사람도 있다."[25]는 기록에서도 보이듯 시종일관 조선시대 소설의 가장 열정적인 지지자는 여성이었다.

전기소설에서 한글소설로 넘어오면서 애정보다는 가정과 가문을, 개인적 고뇌보다는 지배이념인 가부장제 유교이념을 고수하면서부터 소설과 여성의 친연성이 형성되었다고 볼 수 있다. 소설이 효용적 가치를 극대화하여 교양물로서의 기능을 했다면 그것은 어디까지나 여성 독자를 상정했기 때문에 가능한 일이었을 것이다. 특히 장편소설은 모든 이야기가 혼인을 둘러싸고 벌어지는 것이라고 해도 과언이 아니며 이 속에서 주인공을 택하라면 남성주인공과 여성주인공을 모두 말해야 할 정도로 구조 자체가 여성 독자를 상정하고 있다. 앞서 한국적 소설의 특성을 거론했거니와, 〈삼국지연의〉·〈수호지〉와 같이 중국소설이 남성 중심이라면 한국소설은 여성 중심이다.

따라서 소설이 여성 독자층을 지속적으로 확보하기 위해서는 여성에게는 억압적인 가부장제 이념을 강요만 할 수는 없었을 것이다. 억압을 통한 교양 습득으로서의 소설 읽기는 분명 한계가 있을 수밖에 없다. 원래의 목적이 무엇이든 소설은 여성들이 재미를 맛보고 때로는 자신들의 처지를 위로받으면서 감동을 느끼는 무엇을 마련했어야 한다는 것이다.

장편소설은 전체적으로는 가부장제 이념을 고수하면서 가부장적 남성에 대한 여성의 항변을 단호하게 드러내는 이야기를 다양한 방식으로 설정하고 있다. 다른 외부적 요인이 없이 여성과 남성이 기질상의 문제

25) "諺飜傳奇不可耽看 廢置家務 怠棄女紅 至於與錢而貰之 沈惑不已 傾家産者有之"(이덕무, 「士小節」).

로 대립하는 잠자리 갈등은 대표적인 사례라고 할 수 있다. 이 이야기에서 남성은 호탕한 기질을 내세워 여성에게 순종을 강요하지만 여성의 입장에서는 그것이 여성의 도리임을 알면서도 부당한 순종을 용납하지 않으려 한다. 〈명주기봉〉의 경우, 이기현은 현월염의 아름다운 모습을 대하여 호탕한 기질을 감추지 못하고 함부로 대한다. 월염은 이 태도를 자기에 대한 무례로 받아들여 '부부금슬'을 원하지 않고, 기현은 기현대로 남편의 우월성을 내세워 월염의 기를 꺾고자 하여 기생을 집안에 불러서 희롱하기까지 한다. 이 갈등에서 여성은 자신이 여성으로 태어난 운명을 한탄하며 끝까지 남성의 횡포에 굴하지 않는 강고한 모습을 보인다.

대부분의 장편소설에 설정되어 있는 이 이야기는 조선시대 소설의 여성성을 보여주기에 충분하다. 여성 독자들은 이 이야기를 읽으면서 자기 삶에 대한 회한을 느끼는 한편, 남성에 맞서 굴하지 않는 소설 인물 속에서 대리 만족을 맛볼 수 있었을 것이다.

〈쌍성봉효록〉이나 〈현씨양웅쌍린기〉에서는 보다 적극적인 여성인물을 창조하고 있다. 〈임화정연〉의 탕 소저는 고집이 세고 활달한 성격을 지닌 여중호걸로 설정된다. 남편 정세윤의 박대에도 투기를 부리거나 화를 내지도 않는다. 다만 자기는 남자의 사사로운 정을 구하지 않는다고 하며 평정심을 잃지 않는다. 그리고 자기를 심규미물(深閨微物)로 취급하지 말라고 하며 순종만 하는 여자의 삶을 살지 않겠다는 강력한 의지를 표명하고 있다. 시동생이 자기를 보고 비웃자 곧장 뺨을 때리는, 요즘도 상상하기 힘든 대담한 행동을 보이기도 한다. 〈현씨양웅쌍린기〉에서는 윤 소저가 자신을 겁탈한 현수문에게 여러 차례에 걸쳐 통쾌하게 복수를 하기도 한다. 이런 여성들의 행위는 복종을 미덕으로 강요하는 윤리에 대한 반항이라는 점에서 여성독자들을 매료시키기에 충분했을 것이다.

이와 같은 여성인물들을 통해 남성의 횡포에 대해 저항하고 고뇌하는 여성성을 발견할 수 있다면 때로는 여성이 아예 남성화되기도 한다. 〈현씨양웅쌍린기〉의 주 소저나 〈쌍성봉효록〉의 소 소저를 대표적인 예로 거론할 수 있다. 이들은 모두 악한 여성의 시기와 모해를 받아 죽음의 위기에까지 도달한다. 실제로 작품 속의 인물들은 이들이 죽었다고 생각하고 제사까지 지낸다. 그런데 이들은 도인의 도움을 받아 죽기 직전 극적으로 구출된다. 이후 속세를 떠나 도인에게 갖가지 도술을 연마한다. 그 사이 나라에는 전쟁이 일어나게 되고 이들의 남편이 출전하게 된다. 전쟁터에서 남편이 위기에 몰리는 등 상황이 악화될 때, 이들이 도사의 복장 혹은 남복(男服) 차림으로 나타나 무술능력을 발휘하여 전쟁의 위기를 구해준다.

여성의 남성화는 영웅소설에서도 확인된다. 장편소설과는 달리 대개의 영웅소설에서 여성은 상당히 소극적 기능을 담당한다. 유충렬, 조웅, 소대성 등 걸출한 남성주인공의 활약에 비한다면 여성의 역할은 미미하다. 주인공과 잠깐 만나 인연을 맺고는 다시 서사의 표면에서 사라진다. 〈조웅전〉의 장 소저가 그렇듯이 주인공이 떠난 이후 여성들은 화를 피하기 위해 중으로 변장하여 숨어 지내는 정도의 역할이 고작이다. 아무리 재미있는 구도를 마련했다고는 하지만 아무래도 작품의 전체적인 성격은 남성적이라고 할만하다. 장편소설에 비한다면 단편 영웅소설이 보다 쉽게 접할 수 있는 소설이었을 것이다. 이에 영웅소설 역시 여성 독자를 배려하는 구조를 고려하지 않을 수 없었을 것이다.

〈이대봉전〉, 〈황운전〉, 〈정수정전〉, 〈백학선전〉 등 일련의 여성 영웅소설이 바로 이런 맥락에서 탄생했을 것이다. 이 작품들은 〈유충렬전〉이나 〈조웅전〉의 서사적 기법을 충실하게 따르고 있다. 주인공과 여성의 집안이 서로 정치적인 이해를 같이 한다는 점, 주인공의 적으로 인해 여성 집안까지 피해를 본다는 점, 이로 인해 주인공과 여성 집안이 대적할 적이 동일하게 설정되어 대결 구도의 단일화를 극대화하다는 점에서 정확히 일치한다.[26)]

그러나 여성 영웅소설에서는 간신에 의해서 두 집안이 모두 화를 입은 후, 여성은 가출하여 시련을 겪는 과정에서 구원자를 만나 병법과 도술을 수련하고는 남성으로 변장하여 전쟁에 출전한다. 전쟁터에서 여성은 남성과 동일하거나 능가하는 힘을 발휘하여 전쟁을 승리로 이끈다. 특히 〈홍계월전〉과 같은 작품에서는 남성 주인공이 전쟁터에서 실수를 하였다 하여 여성이 남성을 벌주는 대목까지 설정되어 있다. 이는 여성은 끊임없이 시련만 당하고, 그 시련을 극복할 힘이나 능력도 주어지지 않으며, 모든 갈등과 위기의 해결은 남성의 능력에만 의존하고 있는 〈유충렬전〉·〈조웅전〉과 큰 차이가 있는 대목이다. 여성의 역할이란 측면만 보자면 오히려 장편소설의 주 소저나 소 소저의 활약과 비슷한 양상을 보여준다.

여성 독자의 입장에서는 남성의 횡포에 맞서 고뇌하고 저항하는 이야기보다 이런 여장군 이야기가 훨씬 재미있었을 것이다. 특히 〈홍계월전〉과 같이 여성의 발아래 남성이 무릎을 꿇는 대목을 읽으면서 통쾌한 감정을 느꼈을 수도 있다. 문제는 이 과정에서 자신이 여성이라

---

26) 〈이대봉전〉에서 이익은 당시 국권을 잡고 있던 우승상 왕회의 소인됨을 상소하였다가 원찬되며 장화는 이 사건으로 인한 분노를 참지 못해 죽는다. 〈황운전〉에서 황한은 좌승상 진권의 참소로 원찬되는데 설영 역시 진권의 측근인 양철의 청혼을 거절한 이유로 원찬된다. 또 〈정수정전〉에서 정국공은 황제의 총애를 받고 있는 예부상서 진공의 소인됨을 참소한 이유로 원찬되고 유배지에서 병사하자 장공 역시 이 분을 참지 못해 죽는다. 따라서 이들 작품에서도 남녀 주인공의 아버지들은 〈유충렬전〉에서와 같이 모두 동일한 간신의 참소로 몰락하고 있다. 이는 곧 이들의 관계가 단순한 친우관계를 넘어 정치적 이해를 같이하는 존재들임을 의미하는 것이다.

는 사실은 철저하게 숨겨져 있다는 것이다. 전쟁 영웅인 여성의 신분은 끝까지 남성으로 가장되어 있다. 모든 위기를 해결한 후에 여성의 신분이 밝혀지게 되며, 이후 이 영웅은 다시 여성으로서의 위치로 복귀하게 되는 것이다. 만약 여성이 남성화되지 않고 여성 그 자체로서 이러한 승리를 구가했다면 이를 두고 진정한 여성의 승리하고 할 수 있을 것이다.

장편소설 잠자리 갈등담에서 보여준 여성성은 여성으로서의 자기 인식이라는 성찰의 속성을 지닌다고 할 수 있다면 여성 영웅소설의 여장군 이야기는 여성이 남성화되어 일탈을 맛본 후 다시 여성의 자리로 안주한다는 점에서 대중성의 속성을 지닌다. 물론 장편소설에서 설정된 여장군 사건도 대중성의 확대와 무관하지는 않을 것이다. 따라서 조선시대 소설은 진정성과 대중성이란 두 속성을 유지하면서 최대의 지지기반인 여성 독자를 고려한 여성성을 구현했다고 볼 수 있다.

5. 조선 후기 소설의 근대성의 의미와 한계: 결론을 대신하여

소설문학은 확실히 조선 후기 문학사를 대표하는 장르이다. 문학사든 역사이든 조선 후기를 생각할 때는 당연히 근대성을 의식하지 않을 수 없다. 조선 후기 소설을 해석하는 수많은 연구가 말하듯 소설의 근대성은 어떻게 보면 소설 연구자의 화두였다고도 할 수 있다. 이 경향에는 70, 80년대 리얼리즘을 추구하던 시대적 분위기와 밀접한 연관이 있었을 것이다.

지배이념에 대한 저항과 민중 혹은 서민의식 대두, 관념이 아닌 구체적 현실의 발견 등은 문학에서 근대성을 읽어내는 가장 기본적인 척도이다. 예컨대 시가와 같은 장르에서는 사대부 중심의 관념적이고 추상적인 표현에서 서민 중심의 현실적이고 구체적인 표현으로의 전환 등이 근대성의 증후가 될 수 있다.

그런데 조선 후기 소설에서 이러한 근대성을 읽어내는 일은 그리 간단하지가 않다. 소설에서 조선 후기 시가와 같은 리얼리즘적인 경향을 찾기가 쉽지 않다는 말이다. 신동흔 교수[27]는 〈정수경전〉 및 그것과 관련된 구비설화를 비교 분석한 결과 소설은 관습화되고 상투적인 언어표현을 구사하며, 사건이 제시되는 장면과는 관련 없는 장황한 묘사로 장면을 확대하며, 주제가 다변화되고 있다고 한다. 설화는 전승자들의 생활어와 밀착된 구어로써 이야기 상황을 엮어 나감으로써 현실성을 획득하고 있는데 반해, 소설은 언어표현이 관습에 얽매여 자동화 혹은 타성화의 경향을 보이며, 이는 주제의 효과적 형상화에 역작용을 할 수 있다고 한다. 물론 모든 소설이 이런 속성을 지닌다고 말할 수는 없다. 〈춘향전〉을 위시한 판소리계 소설, 〈이춘풍전〉과 같은 세태풍자소설과 같이 표현방식이나 주제의식의 측면에서 리얼리즘적 경향을 보이는 작품도 있다. 그러나 소설사를 주도한 영웅소설은 물론이고 장편소설까지도 리얼리즘적 경향과는 거리가 있다.

이에 조선 후기 소설의 근대성은 다른 맥락에서 논의할 필요가 있다. 굳이 리얼리즘적 경향만을 근대성이라 할 것이 아니라, 소설이 보여준 대중성의 모습 역시 근대성으로 평가할 필요가 있다는 것이다. 일반 대중들이 누리고 싶어도 누릴만한 대중문화가 없던 시기에 대중문화를 자처하고 탄생한 것이 소설이다. 적어도 소설은 대중의 문화적 욕구를 충실하게 반영하여 대중의 아픔을 위로했다. 현실적 삶이 고달프고 억압

27) 신동흔, 「정수경전: 관련 설화와의 비교고찰」, 『한국고전소설작품론』, 집문당, 1990.

적일 때 대중들은 허구를 통해서나마 그것을 벗어나려는 욕구를 지닌다. 그 욕구를 충족해 주는 것이 대중문화의 한 몫이라면 그 역할을 소설이 했던 셈이다. 현대 공간에서 TV드라마나 만화가 담당하고 있는 역할과 일정 정도 같다고 할 수 있을 것이다.

문제는 이런 대중문화에 대한 시선이 곱지 않다는 것이다. 대중문화는 단순하고 유치하며, 허구적 이데올로기를 양산하는 소비적 문화 행태를 지닌다고 평가된다. 그러나 이 견해 역시 절대적이라고 할 수 없다. 대중은 결코 허구와 현실을 혼동하지 않는다. 특히 조선 후기 소설은 빈번하게 초월계가 설정되며 주인공의 위기와 시련 또한 천상적 힘을 빌려 극복되는 경우가 많다. 조선 후기의 독자 중에 이러한 소설적 공간을 실제 현실로 착각하는 사람은 없었을 것이다. 오히려 소설이 주는 쾌감과 그렇지 못한 실제 삶의 공간을 대립적으로 인식하며 자기 나름의 현실인식을 만들어갔을 것이다. 이에 소설의 대중성은 현실을 규정하는 것이 아니라 현실을 재인식할 수 있는 계기를 제공할 여지를 남긴다. 이런 점에서 조선 후기 소설의 대중성은 또 다른 근대성이라고 평가할 수 있다.

한편 근대는 사용가치보다는 교환가치가 더 중요시되는 공간이다. 방각본, 세책본의 출현으로 소설은 상업적 유통공간으로 편입되었다. 소설이 대중성을 확보하기 혼신의 힘을 기울인 것은 상품 가치를 극대화하기 위한 노력의 일환이라는 점에서도 근대성과 연관이 있다. 그러나 소설이 상업적 이윤을 창출하기 위해서 대중성을 모색하는 순간 조선 후기 소설은 예정된 문제를 가지게 된다. 상업성은 작품의 형태 변환도 요구하지만 끊임없이 새로운 작품의 생산을 필연적으로 요구하게 된다. 이른바 작품의 양산 체제를 요구하게 되는 것이다. 이는 새로운 구조, 혁신적인 표현에 대한 모색보다는 기존 작품을 답습하거나 창작공식을 가지고 기계적으로 작품을 만드는 경향을 조장한다. 이른바 소설 창작이 매너리즘에 빠지게 되는 것이다.

이것을 두고 조선 후기 소설이 가지는 근대성의 한계라고 할 수 있다. 그러나 소설이 발견한 조선 후기의 대중성은 한국 대중문화의 새로운 장을 개척한 것임에 틀림이 없다. 필자는 최근의 TV드라마를 보면서 조선 후기 소설의 구조와 내용을 수시로 발견한다. 조선 후기 소설의 적자(嫡子)의 모습을 굳이 근대소설이나 현대소설에서 찾을 일만은 아니다.

참고문헌

박영희, 「17세기 재자가인소설의 수용과 영향」, 『한국고전연구』 4집, 한국고전연구학회, 1998.

박일용, 「유충렬전의 서사구조와 소설사적 의미 재론」, 『고전문학연구』 8집, 한국고전문학회, 1993.

박희병, 『한국 전기소설의 미학』, 돌베개, 1997.

송성욱, 「17세기 소설사의 한 국면: 〈사씨남정기〉, 〈구운몽〉, 〈창선감의록〉, 〈소현성록〉을 중심으로」, 『한국고전연구』 8집, 한국고전연구학회, 2002.

송성욱, 「고소설과 TV드라마」, 『국어국문학』 137호, 국어국문학회, 2004.

송성욱, 「18세기 장편소설의 전형적 성격」, 『한국문학연구』 4호, 고려대학교 민족문화연구원 한국문화연구소, 2003.

송성욱, 『한국 대하소설의 미학』, 태학사, 2003.

신동흔, 「정수경전: 관련설화와의 비교고찰」, 『한국고전소설작품론』, 집문당, 1990.

이상익, 『한중소설의 비교문학적 연구』, 삼영사, 1983.

이상택, 『한국 고전소설의 이론 II』, 새문사, 2003.

이윤석, 「설인귀전」, 『한국고전소설작품론』, 집문당, 1992.

이정원, 「〈포의교집(布衣交集)〉의 서사적 성격: 애정 전기소설의 양식론적 입장에서」, 『어문연구』 36권 3호, 한국어문교육연구회, 2008.
전성운, 『한, 중 소설 대비의 지평』, 보고사, 2005.
정규복, 『한중문학비교의 연구』, 고려대출판부, 1987.
정규복 외, 『김만중 문학연구』, 국학자료원, 1993.
정병설, 「고소설과 텔레비전드라마의 비교」, 『고소설연구』 18집, 한국고소설학회, 2004.
정병설, 「조선 후기 장편소설사의 전개」, 『한국 고전소설과 서사문학(上)』, 집문당, 1998.
조혜란, 「19세기 애정소설의 새로운 양상 고찰: 〈절화기담〉과 〈포의교집〉을 중심으로」, 『국어국문학』 135호, 국어국문학회, 2003.

* 『애산학보』 제34집(애산학회, 2008. 12)에 실렸던 「조선시대 한글소설의 성격과 전개양상」을 수정한 글임.

7장
조선 후기 판소리계 소설의 성격

서 인 석*

1. 머리말

1990년대 초부터 불던 변화의 바람이 이제는 더욱 거세게 불고 있다. 이른바 '민족 담론'과 '근대성 담론' 비판의 바람. 그 바람은 그 이전의 연구를 일거에 부정할 정도로 과격하고 또 포스트모던 담론이나 (글로벌 시대의) 외국 한국학 연구자들의 힘을 입어 아주 거세다. 이 바람 앞에서는 '자본주의 맹아론', '내재적 발전론', '실학'과 같이 한때는 확고해 보였던 담론들도 전면적으로 의심을 받거나 부정되고 있다. 가히 새로운 패러다임을 요구하는 한국학의 전환기가 온 것 같다. 이런 바람 앞에서 한국 고전문학 연구 역시 새롭고도 무거운 고민을 안게 되었다. 확고한 거대 담론의 우산 아래 개별적인 확인만 하던 연구가 더 이상 무의미해

---

* 徐仁錫: 영남대학교 국어국문학과 교수.
1956년 출생. 서울대학교 국어교육과 문학사(1979), 서울대학교 국어국문학과 문학석사(1984), 문학박사(1995; 「가사와 소설의 갈래 교섭에 대한 연구」).
저서: 『한국고전문학작가론』(공저, 1998) 등.
논문: 「〈장경전〉의 판소리계 소설적 변모」(1989), 「조선후기 향촌 사회의 악인 형상」(1999), 「1910년대 강릉 여자의 서울 구경: 〈서유록〉의 경우」(2001) 등.

져 가는 지금, 모든 연구자는 거대 담론상의 이런 지형 변화에 어떤 식으로든 자기 응답을 하지 않을 수 없게 된 것이다.

이제 어떻게 할 것인가? 기존의 설을 더욱 확고하게 가다듬어 계속 '리노베이션'을 것인가? 아니면 아쉽지만 이 모든 것을 한 시대의 역할을 한 것으로 보고 포기하고 한 연구자의 말처럼 '포맷'을 다시 하여 새 출발을 할 것인가?

첫 번째 길로 가자니 서구의 단 한 번밖에 없었던 '역사적 근대'를 한국사와 한국문학에서 찾느냐는 아주 근본적인 문제에서부터 거센 역풍을 받아야 한다. 게다가 거대 담론에 대한 회의도 곁들여 구시대적 관점에 정체(停滯)되어 그것을 고수하는 듯한 인상도 받는다. '정체성론'이니 '타율성론'이니 하는 유령과 싸울 때는 차라리 행복(?)했다고나 할까?

그렇다고 두 번째 길로 가자니 어떤 식으로든 '전통'(혹은 '중세')과 내적 교섭이 없는 그야말로 '일방적인' 근대가 가능한가라는 근본적 물음이 계속 남는다. 게다가 '식민지 근대성'론의 어두운 그림자도 마음에 걸린다. '이제 일제식민지 시절의 정체성론을 훌훌 털고 일어날 정도의 국력을 갖추었으니 냉정하게 현실을 직시하자', '서구의 근대성 잣대에서 벗어나자'는 말까지는 동의할 수 있지만, 이런 논의는 여태까지 쌓아온 성과는 물론이고 문제의식까지 통째로 외면하는 것 같고 또 이런 주장이 '식민지 근대성'론으로 이어지는 경우 그야말로 정체성론의 세련된 변형이 될 우려가 있어 선뜻 동의하기가 어렵다.

이럴 때 가장 쉽게 우리를 유혹하는 말이 '제3의 길'이라는 것이다. '이식론과 내재적 발전론을 넘어서'란 말이 나온 것이 1990년대 전반,[1] '내재적 발전론'이 안팎의 도전을 받으면서 근원적으로 다시 생각해볼 때가

---

1) 최원식, 「이식론과 내재적 발전론을 넘어서」, 『창작과비평』 81호(1993 가을호).

되었다는 인식에서 나온 말이었다. 그러나 그 이후에도 위에서 두 번째의 길을 외치는 목소리는 계속 높아졌다. '아닌 것은 아니다!'라는 명쾌하고도 선명한 목소리! 아닌 게 아니라 그 동안 '내재적 발전론'의 우산 아래 지나치게 안이하게 비슷한 말을 반복해 온 탓에, 이러한 목소리는 새롭고 때로는 매혹적이기까지 하다.

그렇다 쳐도 위의 말은 지금도 유효할 것이다. 따라서 이 길이 가능한가를 묻기 전에, 이제 앞으로의 근대성 논의는 어쩔 수 없이 계속해서 제3의 길을 찾는 어려운 길이 되어야 할 것 같다. 더구나 과거와는 달리 지금 우리는 서구의 근대를 절대화하는 데서 벗어나서 그것을 '역사적 근대'로 보고 아울러 그 '역사적 근대'의 성취(빛) 못지않은 문제(그늘)도 볼 수 있는 지점에 있다. '근대성'의 그늘 때문에 근대성 그 자체를 무조건적으로 긍정할 수만은 없다는 것은, '근대성의 성취' 혹은 '근대성의 발현'을 마냥 긍정적인 가치인 것처럼 논하기보다는 좀 더 냉철하게 논의할 것을 요구한다 하겠다. 결국 이 근대성의 긍정과 부정 사이에서 우리에게는 또한 제3의 관점이 요구되는 것이다. '제3의 길(관점)'이라는 용어는 안 쓴다 해도, 그것은 어차피 그와 비슷한 길이 될 수밖에 없는 것이다.

이 글은 이러한 조선 후기 한국문학에 나타난 근대성 문제를 살펴보되, 먼저 한국 고전문학에서 근대적 성격 문제의 간략한 스케치를 하고, 그 뒤에 이 글의 주목적인 판소리계 소설의 성격에 대한 논의를 좀 더 집중적으로 살펴보고자 한다. 아무래도 기존 연구에 대한 검토의 성격이 강하기 때문에 작품 분석을 통한 예증까지는 가지 못할 것인데, 이 점 이 글의 한계로 안고 들어가고자 한다. 그리고 산뜻한 결론을 내기에는 필자의 공부도 부족하고 새로운 전망도 아직은 모호하기만 하기에, 본 논의는 그야말로 살얼음판을 걷듯이 조심조심 갈 수밖에 없고 결론도 분명하지가 않다. 그야말로 과도기적인 글이다.

2. 한국 고전문학의 근대성론과 그 반론

주지하다시피 한국 고전문학에서 근대적 성격을 찾는 작업은 외부적으로는 한국사 연구 성과인 '내재적 발전론'의 자극으로 내부적으로는 '전통단절론'에 대한 고뇌에서 시작되었다고 할 수 있다. 이것이 '근대문학의 기점'론으로 나타났는데, 이는 그러니까 식민지사관의 하나인 정체성론에 대한 비판과 전통과 현대의 단절이라는 두 가지 문제에 대한 답변이었던 셈이다.

먼저 외부적 자극으로서의 '내재적 발전론'을 보면, 이것은 1960년대 이후 '실학'을 통해 지식인의 현실 개혁 담론이 부각되고, 이와 병행하여 농업을 비롯한 수공업, 광업 등 여러 분야의 발전과 상품 경제의 발전에 대한 연구를 거쳐 '자본주의 맹아론'이 가다듬어지고, 조선 후기 신분제 붕괴에 대한 연구를 아우르면서 1970년대에 이르면 확고한 기반을 갖추게 되었다. 이러한 연구는 당연히 한국 고전문학 연구자 및 일부 진보적인 현대문학 연구자들로 하여금 '봉건 체제의 해체' 및 '근대적 성격의 강화'라는 것을 동전의 양면처럼 인식하게 만들었다. 아울러 조선 후기 문학 작품을 이러한 근대를 향한 역동적 도정 아래 읽을 수 있게 해주었다. 문학 작품의 '새로운' 면을 수렴하여 설명해 줄 수 있는 '마스터키'를 제공받은 셈이다.

뿐만 아니라 내부적으로도 한국 고전문학 연구자들은 전통단절론을 극복할 필요성을 한국학의 어느 분야보다도 예민하게 느꼈는데, 한국 고전문학의 근대적 성격 여부는 곧 전통단절 여부와도 직결되는 것으로 인식되었던 것이다. 사실 전통단절론은 19세기 말 또는 20세기를 경계로 하여 전통 문학과 외국에서 들어온 근대문학 사이에 단절이 있다는 것을 전제로 하고 있다. 그러니 조선 후기, 특히 18세기에 이미 근대적 성격을 갖는 문학이 있었다는 것이 인정되면서, 전통 단절이라는 것도 자연스럽게 '지속과 변화'로 해석될 수 있게 되었다.

이러한 이유로 한국문학의 근대적 성격 논의는 근대문학의 시작을 19세기 말로부터 그 이전으로 끌어올리려는 '근대문학의 기점' 문제로 본격화되었다.[2] 그 이전에 산발적으로 이루어지던 '근대문학' 논의가 1970년대에 들어서 '근대의 기점 논쟁'으로 공론의 장에서 활발하게 논의되기 시작한 것이다. 그 중의 하나가 1971년 대학신문 좌담회 「한국 근대문학의 기점」(10월 11일자)인데, 여기에서 정병욱, 정한모, 김윤식, 김현, 김주연 교수들이 모여 '18세기 기점설'을 부각시켰던 것이다. 그런데 이 과정에서 주목할 것은, '서구에서 들어온 새로운 문학 양식'보다는 '내면의 의식이나 정신'이 상대적으로 강조되면서 자연스럽게 18세기 이후 사설시조, 판소리, 연암 박지원의 문학, 김삿갓의 문학 등이 거론되었다는 점이다. 아울러 김현 교수는 장르 면에서도 서구의 근대적 장르 외에 '우리나라 내부에서 발생되었던 장르들, 가령 일기 또는

---

2) 한국 고전문학의 근대성 논의에 대한 검토는 그동안 몇 차례 이루어졌다. 이 중 조동일·조병기·서연희, 「한국 근대문학 형성 과정론 연구사」(한국고전문학연구회 편, 『근대문학의 형성과정』, 문학과지성사, 1983)는 광범위한 연구사적 검토이고, 김명호, 「근대문학론의 기본 쟁점」(같은 책)은 원론적인 차원의 치밀한 검토이고, 허남춘, 「한국문학의 근대성론 반성」(『도남학보』 16집, 1997) 및 정출헌, 「고전문학에서의 근대성 논의, 그 반성의 자리와 갱신의 계기」(『국제어문』 35집, 2005)는 어느 정도 거리를 확보한 뒤의 비판적 검토이다. 그리고 가장 최근에 나온 강명관, 『국문학과 민족 그리고 근대』(소명출판, 2007)는 풍부한 예를 곁들여 고전문학의 근대성 담론을 부정하는 도전적인 주장을 하고 있다. 이 글에서 소략한 논의의 구체적 사례에 대해서는 조동일 외 2인의 논문을 우선적으로 참조하기 바란다.

서간까지 문학사 내에 끌어들이'자는, '근대성'을 전통 장르 안에서도 찾을 수 있다는 적극적인 주장을 했다.[3)]

이처럼 '18세기 기점설'은 근대문학을 판별하는 기준으로 서구에서 들어온 '문학 양식(장르)'보다는 전통 장르에 들어 있는 '의식이나 정신'을 중시하면서 가능해졌다. '서구에서 새로 들어온 문학 양식'인 근대소설과 근대시 외에 '전통 장르' 속에서도 자생적으로 자라난 근대 의식을 찾을 수 있게 된 것이다. 특히 한시, 시가, 고전소설(판소리계 소설 및 한문소설 포함) 외에 수필/산문 장르의 거론은 주목할 만하다. 양식(장르)적 표지가 비교적 단순한 수필 혹은 산문은 그런 만큼 시대 변화를 덜 타 문학 장르 중 전통단절론에서 가장 멀리 있는 장르임을 어느 정도는 간파한 것이 아닌가 싶기 때문이다.[4)] 이와 함께 우리가 주목할 것은 1970년대에 활발하게 이루어진 민요, 판소리, 탈춤 등 전통 장르에 대한 연구가 '민중의식'의 연구로 이어지면서 조선 후기 문학의 근대적 성격을 '민중적이고 민족적'인 것으로 이끌기도 했다는 사실이다. 이는 한국의 근대 지향을 '반봉건' 및 '반제국주의'로 수렴하는 과정에서 자연스럽게 나온 것이지만, 이 문제가 본격적으로 제기된 1970년대 당시의 정치 현실에서도 아주 유용한 것이기도 했다. 그러나 역시 장르 자체의 근대성보다는 의식의 근대성을 강조한 것임에는 변함이 없다.

어쨌든 이렇게 '(서구적) 양식'보다는 '의식'을 중시하게 되면서 임화 등

---

3) 유종호・염무웅 편, 『문학과 상황인식: 한국문학 무엇이 문제인가』(전예원, 1977), 15~26면.

4) 서구 근대문학 장르론인 시, 소설, 희곡의 3분법은 교술 장르를 사실상 배제한 것이었는데, 이 교술 장르야말로 동아시아/서구, 중세/근대의 장르적 차이가 가장 적은 것이었기에 문학사의 연속성을 중시한다면 당연히 주목할 만한 것이었다. 사실 조선 시대의 산문도 우리는 적절한 번역만 있으면 현대문학 산문처럼 큰 거리감 없이 읽을 수 있는데, 이는 그만큼 연속성이 강한 장르임을 보여주는 것이다. 후에 조동일 교수가 이 교술 장르를 그렇게 강조한 것도 이와 맥이 닿아 있는 게 아닌가 싶다.

이 주장하던 '장르' 중심의 '이식론'에 대한 극복이 일단 가능하게 되었다. 주지하다시피 임화는 '무엇이 조선의 근대문학이냐 하면 물론 근대정신을 내용으로 하고 서구문학의 장르를 형식으로 한 조선어문학이다.'[5]라고 선언했거니와, 이 '서구적 장르'에 대한 속박에서 벗어나고자 한 것이 위에서 말한 '의식'이요 '정신'이었던 셈이다. 임화는 창가, 정치소설, 신소설 등이 '낡은 용기에 새 술을 담은 격'[6]이라 하여 그 과도기적 성격을 인정하면서 애국, 반봉건 등의 계몽 의식을 중시하여 이들을 '신문학'의 범주에 넣었지만, 어디까지나 그의 주 관심은 역시 서구적 장르에 있었다. 반면 조선 후기에서 근대문학적 성격을 찾는 연구자들은 상대적으로 '낡은 용기(?)'라 도외시한 전통 장르들에 담긴 술에서 새로운 맛을 찾고자 했던 것이다.

흥미로운 것은 이들 참가자들 중 상당수가 이후 이에 대한 독자적인 연구 성과를 내놓았다는 점이다. 김윤식 · 김현 교수는 『한국문학사』(민음사, 1973)를 내놓았고, 정한모 교수는 『한국현대시문학사』(일지사, 1974)를 내놓았으며, 정병욱 교수는 「한국문학사에 있어서의 근대문학의 성립과정」(1974)을 발표하였다. 이 중 주목할 것은 물론 김윤식 · 김현 교수의 저서와 정병욱 교수의 논문인데, 이들은 위 좌담회에서 거론된 18세기 기점설에 입각한 구체적 논의를 자신들의 논저에 담았다.

김윤식 · 김현 교수의 『한국문학사』는 제2장의 제목이 '근대의식의 성장'으로 되어 있고, 그 아래 박지원, 정약용, 김삿갓 등을 인용하며 제도의 혼란과 의식의 변화를 다루다가 이어 〈한중록〉, 〈열하일기〉, 〈춘향전〉, 사설시조, 판소리, 가면극 등을 살피고 있다. 잡지 연재 당시의 제

5) 임화, 「조선문학 연구의 일 과제: 신문학사의 방법론」, 임규찬 · 한진일 편, 『임화 신문학사』(한길사, 1993), 373면.

6) 같은 책, 131면.

목 위에 붙였던 '영·정조에서 4·19에 이르는'이 말해주듯, 영·정조까지 근대를 끌어올리려는 시도를 분명하게 보여주는, 위 토론의 가장 분명한 성과라 할 수 있다.

그리고 정병욱 교수는 '서구적 영향을 받지 않은 상태 속에서 뭔가 새로운 것이 싹튼 것을 근대라고 볼 수 있는 것인지' 하며 조심스럽게 운을 뗐지만, 그의 논문에서는 '비판적인 지성인, 즉 실학자들의 사상과 문학' 외에 서민들의 예술적 성과를 회화, 음악, 사설시조, 후기가사, 판소리 사설을 대상으로 하여 이들을 '전통문학'에 대비되는 '신흥문학'으로 규정한 뒤 이들이 '근자 학계에서 논의되고 있는 한국 문학사에 있어서의 근대문학의 성립 시기에 대해서도 어느 정도 그 근거를 확실히 할 수 있을 것[7]이라 하였다. 그의 이러한 논의는 특히 고전문학 연구자들에게 많은 영향을 주었다.

이런 과정을 거치면서 이후에는 조선 후기, 특히 18, 19세기 문학에서 근대적 성격을 찾는 것은 당연한 것이 되다시피 했다. 예컨대 한국고전문학연구회에서 펴낸 『근대문학의 형성과정』(문학과지성사, 1983)은 위 시기로부터 10년 정도 경과된 시점에서 '한국문학에서의 근대의 기점'이라는 기획 주제로 1년간 발표와 토론을 거친 논문들을 수록한 것인데, 한국고전문학 연구자들이 '조선 후기 문학의 근대적 성격'을 어떻게 보고 있는가를 집중적으로 보여준다. 제1부의 총론적 부분에는 「한국 근대문학 형성 연구사」(조동일 외 2인)가 있고 「근대문학론의 기본 쟁점」(김명호) 등이 있어 그 동안 연구가 축적된 양상을 볼 수 있고, 2부의 각론에서는 전(傳), 의인체 소설(〈장끼전〉, 〈서동지전〉), 판소리 사설, 가사, 〈용담유사〉, 〈열하일기〉 등을 대상으로 '근대(문학)'적 성격이 어떻게 추출되는가

7) 정병욱, 『한국고전의 재인식』(홍성사, 1979), 322면.

를 볼 수 있다. 그리고 위 책에는 빠져 있지만, 한시의 민요 취향, 다산시의 리얼리즘과 조선시 선언, 실학파 한문학, 사설시조, 탈춤, 소설 등등 다양한 장르들을 통해 조선 후기 문학의 근대적 성격을 다룬 논저들이 많이 나왔다.

그런데 이런 연구는 1980년대 이후 고전소설 등의 일부 장르에서 자연스럽게 '민중성'을 강조하는 연구와 '리얼리즘론(사실주의, 현실주의)'으로 이어지게 되었다. 이는 새로운 시대의 주역으로서 민중이라는 존재가 떠올랐고, 또 리얼리즘론이 사실은 '근대 리얼리즘'을 염두에 둔 것이어서 자연스럽게 근대적 미학으로 이어졌기 때문이다. 민중성의 강조는 그 이전의 서민의식을 강조한 것의 계승이기도 했지만, 당시의 반독재 투쟁이라는 현실적 욕구와도 맞닿아 맑시즘의 프로레타리아 의식과 중첩되게 되었고, 리얼리즘론도 고려시대 이규보의 한시에서조차 '리얼리즘'을 찾는 연구가 이루어졌듯이 이 리얼리즘을 낭만주의와 대립되는 시대를 초월한 이념형이 되기도 하면서 '근대'와는 일정한 거리가 있었던 것도 사실이다. 그러다 보니 1990년대 들어 이들에 대한 관심은 '근대적 성격'에 대한 관심과 함께 약화되기도 했다.

이상의 간략한 연구 경향에서 보듯, '서구적 장르(양식)' 대신 '의식(정신)'을 중시한 연구는 나름대로의 성과를 거두었다고 할 수 있다. 장르(양식)는 명시적이고 쉽게 이식될 수 있는 것이지만, 의식(정신)이란 좀 더 복잡한 것이어서 외부에서의 이식이나 유입만으로는 설명하기 곤란한 견고한 내적 연속성이 있는 것이기에 부정하기도 쉬운 대신 긍정하기도 아주 쉬웠던 것이다.

물론 오늘날에 와서 보면 이러한 연구들이 갖는 문제점은 분명하다. 연구가 진척되면서 매너리즘에 빠져 조기 연구가 가졌던 긴장감 대신에 동일한 결론의 세부적 확인의 나열로 이어지는 경우가 많아진 것이다.

즉 일종의 '근대적 증후군'[8]을 찾는 단순작업이 반복되기도 했던 것이다. 게다가 이후 '애국계몽기'나 '식민지시기'의 근대성을 연구하는 학자들이 볼 때는 상대적으로 '장르'나 '제도'가 무시된 다소 추상적인 연구로 비판받을 소지도 있다. 그러나 당시의 시대적 요구에 따라 나름대로 '질문'하는 법을 알았던 것도 사실이고 그 의의는 적지 않다고 본다.[9]

이처럼 서구적 장르보다는 전통 장르 속에 담긴 의식을 중시하면서 '근대적 증후군'을 찾는 작업을 문학사 서술을 통해 방법론적으로 일신한 연구는 조동일 교수의 『한국문학통사』(초판, 1984)였다.

『한국문학통사 5』의 첫머리를 보면 '근대문학의 기본적 성격'이란 소목차가 있는데, 거기에서 그는 '이행기 문학'의 특징을 문학 담당층, 유통 방식, 사고 형태, 언어 사용, 문학 갈래로 나누어 제시하고 있는데,[10] 그만큼 다각도로 '근대'를 살피고 있다. 그리고 '서유럽에서는 사회의 근대화가 앞섰지만' 우리의 경우 '의식의 근대화를 사회 변화보다 앞서서 이룩했다.'[11]고 했다. 사회 제도나 서구적 장르를 중시하면 그의 '이행기 제1기'(17세기~1860년)는 설 자리가 없어지니 자연스럽게 문학(전통적 장르)과 의식이 중시되었던 것이리라. 이 점에서 그는 기존의 근대문학적 성격을 논한 연구자들을 긍정적으로 계승하고 있는 셈이다.

그런데 그는 기존의 연구에서 한 걸음 더 나아가는데, 『한국문학통사 3』에서 그는 기왕의 '근대문학의 기점'이나 '근대적 증후군' 논의를 뛰어넘어

---

8) 최원식, 「민족문학의 근대적 전환」, 『민족문학사 강좌(하)』(창작과비평사, 1995), 9면.
9) 이 장르(양식)의 근대와 의식(정신)의 근대의 대립은, 마치 19세기 프랑스 등 유럽 선진 지역의 '문명'에 대한 대타 명제로서 독일 등 후진 지역에서 내세운 '문화'와도 비슷한 데가 있다. 사에키 케이시 저, 이은숙 역, 『이데올로기와 탈이데올로기』(푸른숲, 1996), 176~177면 참조.
10) 조동일, 『한국문학통사 5』(제4판, 지식산업사, 2005), 9~10면.
11) 같은 책, 11~12면.

모든 것을 '중세에서 근대로의 이행기 문학'과 '근대문학'으로 나누어 배치하면서 '문학의 지속과 변화'를 '내재적'으로 읽어내고자 했다. 특히 '중세에서 근대로의 이행기'는 17세기~1918년까지이니 그 동안 제기된 모든 근대문학 기점설에서 제시한 시기(18세기부터 3·1운동 때까지)를 다 포함하는 것으로, 그야말로 기존 국문학 장르론에서 그의 '교술 장르'가 갖는 위력에 비교할 만하다.

이 문학사 체계에서 '근대(적 성격)'는 외부와의 교섭 외에 한국문학사 내부, 즉 '중세' 태내에서 자생적으로 성장하여 '중세적인 것'과 공존하던 시기(이행기)를 거쳐 완전히 근대적인 것으로 바뀐 시기(근대)로 이원화되면서, 관심의 초점을 상당 부분 '근대'에서 '중세'로 분산시켰다. 그리하여 이제 중요한 것은 '중세'에 바탕을 둔 '자생적 이행기'의 존재이고, 이 속에서 중세적인 것과 공존하고 있는 근대적인 것 역시 자생적인 것이 되었다.

조동일 교수의 문학사 체계는 나름대로 문제가 있지만,[12] 아마 여기까지가 방법론으로나 구체적 문학사 서술을 통한 연구의 집약성으로나 한국문학의 근대적 성격 논의의 한 정점이 아니었나 싶다. 그러나 조동일 교수가 이 문학사의 개정판을 4판까지 내면서 세계문학사의 보편성과도 연계시키고('시차'는 있을지언정 한국문학사는 세계문학사의 보편적 경로를 겪었다는 것) 단일민족의 신화를 부분적으로 수정하면서 큰 틀로는 이전의 관점을 굳게 지키고 있는 사이, 세계가 크게 변하고 근대성을 보는 시각

12) 김흥규, 「비평적 연대기와 역사인식의 차이」(『창작과 비평』 61호, 1988 가을)는 특히 이 '이행기 1기'가 2세기 반이나 되는 긴 기간에 걸치는 것이면서 (아울러) '중세 사회와 문학 내부의 자기변혁적 요소의 태동 및 제한적인 성장 과정을 본격적인 대립, 투쟁의 단계와 혼합'하여 문제의 소지를 덜 분명하게 만들 염려가 있음을 지적한 바 있다(230면).

도 바뀌었다. 1991년 소련의 붕괴로 현실사회주의가 무너지면서 민중성이나 리얼리즘론에 입각한 연구도 약화되고 '포스트모던'한 연구 바람이 불면서 근대적 성격을 찾는 연구도 주춤하게 된 것이다.

그리하여 근래에는 일제 식민지 사학의 정체성론과 타율성론에 대한 당당한 비판의 주체였던 근대성론이 이제는 비판의 대상으로 법정에 끌려나온 것처럼 보일 정도가 되었다.

비판은 다양하게 이루어졌는데, 이들은 대체로 19세기 후반(또는 말)까지의 우리식의 근대는 없었다는 '근대부재론'이거나 아니면 서구 근대라는 잣대는 문학사 서술에서 불필요하다는 '근대무용론'이다.

첫째의 경우, '중세의 발전'은 인정해도 그것을 '근대'로 부르는 데는 반대한다는 것으로 요약할 수 있는데, 내재적 발전론에 의해 추출된 근대적 증후군들이 '근대'에는 미달되므로 조선 후기 문학사에서 '근대'적인 것을 찾을 수는 없다는 것이다. 서구의 한국학자들이나 한국의 '식민지근대성'론자들도 그 정도 차는 있지만 '중세의 발전'을 인정하고 있다.[13] 그러나 그들은 그것을 중세의 '장기지속성' 안에 포함시키거나 아니면 '중세 내의 개혁'으로 평가한다.

둘째의 경우, '근대'는 서구의 역사적 경험태'이므로 서구와의 접촉 이전에 우리 역사에서 '근대'를 찾는 것은 '한국사 내부에서 서구사를 찾는 것'처럼 이상한 일이라는 것이다.[14] 일찍이 김용옥도 그간의 실학 연구를 '실학이라는 개념 속에 동아시아 근대 사상을 무분별하게 통합시키려는

---

13) 미국 한국학계의 중심인물이었던 제임스 팔레는 한국사에서 자본주의 맹아론을 부정하면서, 한국사의 진보성은 인정하나 그것을 '근대성'으로는 볼 수 없다고 했고(『한겨레신문』, 1996년 11월 15일자 인터뷰), '식민지 근대성'론의 대부격인 안병직 교수도 '내재적 발전이 전혀 없다는 것이 아니라 그것이 한국 사회 발전의 기본 동력으로 볼 수 없다는 것'이라 했다(『역사비평』 59호, 2002년 여름, 220면).

14) 강명관, 앞의 책, 103~104면.

모종의 음모'[15]라고 하면서 이런 점을 지적한 바 있다. 우리 역사(문학)의 고유한 정체성을 설명하는 데 굳이 근대라는 말을 사용할 필요가 없다는 것이다.

그런데 이 둘은 논리적으로는 구별되지만 실제로는 겹치는 경우가 많다. 특히 국내 학자들의 경우가 그러한데, 이 경우 '근대를 찾을 수 없다'와 '근대를 찾을 필요가 없다'의 구별이 때로는 모호하기 때문이다. 그러나 물론 그런 근대를 찾는 작업은 중단하고 우리의 독자적인 잣대로 우리 문학과 역사를 연구하자고 한다는 데는 일치한다.

'근대무용론'은 문학사의 발전과 연속성에 대한 논리가 '근대적'인 것이라 하여 이에 대해서도 근본적 회의를 하기도 하는데, 예를 들어 '문학사가 내적 연속성에 의해 발전한다는 관념은 내재적 발전론에 의해 가공된 표상체계이다. 새로운 역사는 연속이 아니라 단절과 변이를 통해 이루어진다.'라는 주장[16]이나 '(바람직한) 문학사는 모든 장르와 작품을 계기적 연속성이나 필연적 관계 속에 밀어 넣지 않는다.'[17]라는 주장은 이런 점을 보여주는 것이다.

이러한 '근대 찾기' 및 '체계'에 대한 거부는 그야말로 서구의 포스트모던 담론의 영향에서 나온 것으로 보인다. 역사에 대한 포스트 모던적 비판은 "단선적인 통합적 역사의 개념은 지지될 수 없으며, 역사는 연속성뿐 아니라 단절로 점철되어 있다"는 것과 "전문적 역사학의 지배적 담론에 깊이 새겨진 이데올로기적 전제들을 올바르게 지적"한 점에서 의미 있다[18]는 평가를 받기도 한다.

---

15) 김용옥, 『독기학설』(통나무, 1990), 43면.

16) 고미숙, 「고전문학사 시대구분에 관한 몇 가지 제언」, 토지문화재단 엮음, 『한국문학사 어떻게 쓸 것인가』(한길사, 2001), 125면.

17) 강명관, 앞의 책, 163면.

그러나 '체계의 구축이 갖는 억압'도 문제이지만, '체계'를 회피하는 것도 학문에서는 문제일 수 있다. 가능한 대로 심층적으로 내려가 그 연관성이나 체계를 밝히는 것도 학문의 목적이기 때문이다. 뿐만 아니라 서구의 발전 논리(근대)가 아닌 우리 자신의 (발전) 논리를 찾는 것이 중요하기는 하지만, 이 역시 서구 논리를 뒤따라가는 것 같아서 뭔가 개운치가 않다. 과거에는 '근대의 모방'이었는데, 이제는 '근대 반성의 모방'과 같은 느낌이 드는 것이다.

이상과 같은 비판이 목소리를 키워가면서, 요즘의 '근대성' 논의는 조선 후기에서 후퇴하여 애국계몽기와 식민지 시대로 그 중심이 옮겨간 듯하다. 신문이나 잡지와 같은 근대적 매체를 분석하여 '일상' 차원까지 파고든 근대성을 추출하는 작업들, 이른바 '기원'이니 '탄생'이니 하는 제목을 붙인 연구서들의 분출, '의식/정신'보다는 '제도/풍속'을 중시하는 이런 연구는 '근대문학의 기점' 논의와는 달리 현대문학 연구자들의 활발한 공론장이 되고 있다. 그들은 '근대의 (한)가운데'에서 작업을 하기 때문에 근대의 미달을 문제 삼을 필요도 없고 다만 근대라는 용어만 인정하면 된다.

그러나 이처럼 조선 후기의 근대성 논의가 약화되면서 조선 후기 문학 연구도 매너리즘에 빠진 것은 그렇다 쳐도, 조선 후기 문학에서 '근대적인 것'을 찾는 작업을 포기하면서 생기는 문제는 아주 심각하다. 한국문학 연구가 그야말로 특수성에 매몰되어버리는 것이다. 그 특수성을 비추어 줄 보편성의 잣대는 어떤 식으로든 필요한데, 그 잣대로서의 '근대적인 것'이 서구의 '역사적 근대'와 똑같을 수는 없겠지만 어쨌든 필요한 것이다.

---

18) 조지 이거스 저, 임상우 · 김기봉 역, 『20세기 사학사』(푸른 역사, 1998), 32면.

'유럽은 근대성을 일반화하면서 동시에 유럽화하였다'는 표현이 있듯이,[19] '유럽화'하는 과정에서 나라마다 어느 정도의 개념적 굴절을 피할 수가 없다. 그 굴절을 긍정적으로 보느냐 부정적으로 보느냐의 차이는 있겠지만 결국 서구 안에서도 단 하나의 규범적 근대에 걸맞은 똑같은 근대라기보다는 나라마다 조금씩 다른 근대이고 보면, 동아시아의 한국에서 아무리 노력해도 똑같은 것은 없고 비슷한 것을 찾을 수밖에 없다. 이 비슷한 것을 아닌 것이라고 엄격히 말하면 그야말로 한국 역사에서 근대성은 100% 이식된 것이 되어버린다. 그리하여 단 하나의 규범적 근대라는 잣대를 전제한다면, 식민지 시기는 물론이고 심지어는 지금 우리의 '근대' 역시 여전히 '미달'이라는 견해도 가능하고, 개념을 아주 엄격하게 하기로 치면 아마 영원히 부재하거나 미달일 것이다. 그러므로 한국적 특수성이 가미된 현재의 근대를 인정하듯, 다소 굴절된 근대적 성격일지라도 조선 후기 문학과 역사에서 찾으려는 작업을 전면 부정할 수는 없다고 본다.

뿐만 아니라 근대의 이식을 전적으로 인정한다면 그 근대의 뿌리인 중세조차도 부정되어 그 속에 있는 현재의 근대성과의 살아 있는 연관성도 부정하기 쉽다. 그리고 중세조차 부정된다면, 근대 이후의 새로운 사유에서 우리는 스스로 마련할 것이 없게 된다. (조동일 교수가 주장하듯, 근대 이후의 사유에서 근대 이전의 중세가 중요한 참고가 될 것이므로.) 그러니 근대의 완전한 이식이라는 것도 표현의 명쾌성과는 달리 구체적으로 들어가 보면 그리 단순하지가 않은 것이다.

물론 이런 선언적 주장의 내실을 다지는 작업은 쉽지 않을 것이다. 명

---

19) 마이클 알렌, 「한국은 언제부터 근대성을 띠었는가?」, 한국사 국제학술회의 발표문집 『한국사 연구방법론과 방향 모색』(2002), 173면 참조.

시적으로 '근대적 표지'를 분명히 내세운 담론들에 비해 조선 후기의 경우 아직 '근대적 표지'라고 스스로 의식 못한 채 서서히 형성되어오고 있던, '레떼르가 붙지 않은' 암시적인(중세 구도 속에 여전히 '배치'되어 있는) 움직임들을 찾아내는 것이기 때문이다. 결국 문제는 이제 거대 담론상으로 근대성을 인정한다 해도 실제 근대성을 장르 내부에서 어떻게 추출하느냐의 실제적인 차원의 것으로 더욱 내려앉았다. 미세한 분석을 통해 근대성의 내실을 다져야 하는 것이다.

3. 판소리계 소설의 근대적 성격, 그 연구 동향과 전망

〈춘향가〉를 기준으로 할 때 판소리의 기원은 17세기까지 올라가지만, 판소리계 소설의 경우는 그보다 후대로 내려온다. 간행 연도가 분명한 소설 방각본이 경판의 경우 가장 오래된 것이 1780년의 〈임경업전〉이고 18세기에 방각 소설의 간행이 보편화되었다면[20] 판소리계 소설의 방각본도 이른 경우 18세기까지 소급될 수도 있을 것 같다. 필사본의 경우 혹 그보다 조금 앞설 수도 있겠지만 현재로서는 확실하지 않으므로, 판소리계 소설의 존재는 18세기부터 20세기 초에 걸쳐 있다고 보는 것이 온당할 것이다. 그런데 판소리계 소설은 판소리라는 연행물과 긴밀한 관련을 갖고 수용되어 왔고 판소리 사설과 판소리계 소설의 구별은 사실상 어려우므로, 선학들의 논저는 이들을 구별하지 않는 경우가 많다. 따라서 이 글에서 '판소리계 소설'에 대한 논저로 언급되는 것들의 상당수가 '판소리(사설)'를 다룬 것이기도 한데 이들을 일일이 구별하지 않은

20) 이창헌, 『경판방각소설 판본 연구』(태학사, 2000), 569면.

데 대해 미리 양해를 구하고자 한다.

이 판소리계 소설은 조선 후기 문학에서 근대적 성격을 찾을 때 실학 정신에 입각한 연암의 문학과 함께 처음부터 주목받아 왔다. 나중에 야담의 일부가 '한문단편'으로 주목받으면서, 조선 후기 소설 영역에서는 연암소설, 야담, 판소리계 소설이 그야말로 근대적 성격 논의의 핵심이었던 것이다. 연암의 작품이 고급담론이었던 것에 비해 야담은 그야말로 구비적 연행과 결부된 중간 정도 되는 담론이었고, 판소리계 소설은 가장 낮은 담론이었으니, 표기 수단이나 그 장르의 높낮이에서는 달랐지만, '이행기'의 대표적인 서사 문학으로 파악되었던 것이다.

판소리계 소설의 근대적 성격 문제는 주로 〈춘향전〉·〈흥부전〉·〈토끼전〉을 중심으로 논의되었는데, 그 중에서도 특히 〈춘향전〉이 그 중심에 있었다.

일찍이 김태준이 『조선소설사』(1939년 증보판)에서 〈춘향전〉을 '신흥계급의 승리를 대변'하는 작품으로 보면서 '사실상 춘향은 정절보다 인격을 주장하였었다. 그가 인간적으로 평등 대우를 절규하는 것이 개성에 눈 뜬 춘향, 아니 자유를 찾는 민중들의 구호였던 것이다.'[21]라고 한 이래, 〈춘향전〉의 주제가 사랑이냐 열이냐 하는 문제와, 춘향의 성격이 근대정신의 발현이냐 아니냐 라는 문제가 계속 거론되었다. 김동욱 교수가 〈춘향전〉을 '권력에 항거'하고 '인간으로서의 각성'을 보여주어 '앞으로 다다려 올 근대화의 어느 일모를 예고'[22]하는 작품이라 한 것은 1960년 무렵의 그런 분위기를 보여준다. 아울러 이상택 교수가 춘향을 '근대사회의 인간형인 게젤샤프트적 인간으로 부각되어 있다'[23]고 한 것도 이

---

21) 김태준 저, 박희병 교주, 『증보조선소설사』(한길사, 1990), 198~199면

22) 김동욱, 「춘향전의 문예적 성격」, 『증보 춘향전연구』(연세대출판부, 1976), 366~367면 (이 논문은 원래 1960년에 서울대 문리대 『국어국문학』에 실렸던 것이라 함).

런 흐름에 대한 반응이라 하겠다. 이처럼 〈춘향전〉이 완전한 근대문학은 아니지만 근대적 성격을 풍부하게 보여준다는 논리는 조동일 교수에 의해 '이원적 주제론'으로 수렴되는데, '열녀의 교훈'은 표면적 주제이고 '봉건사회를 청산하고 근대사회를 지향하는 데 큰 기여를 한' '인간 해방의 사상'은 이면적 주제로서 더욱 중요하다는 것이다.[24)]

비슷한 시기에 〈흥부전〉도 각광 받았다. 이 작품이 보여주는 풍부한 경제적 · 사회적 변화 양상에 주목한 조동일 교수의 「흥부전의 양면성」(『계명논총』 5집, 1968)과 〈흥부전〉의 역사적 현실성을 꼼꼼하게 분석하여 '문학사상 〈흥부전〉을 〈춘향전〉의 다음 단계, 근대문학에 근접된 위치에 놓아둔다'고 한 임형택 교수의 「흥부전의 역사적 현실성에 관한 연구」(『문화비평』 4호, 1969)가 그 대표적 예이다. 특히 임형택 교수는 놀부를 '경영형 부농의 한 반영'으로 흥부를 '품팔이꾼으로 전락한 영세농민'으로 해석하면서 두 사람이 같은 서민층의 양면성을 보여준다고 했는데, 그 논문은 당시 활발하게 이루어지고 있던 역사학계의 연구 성과를 수렴하여 〈흥부전〉을 역사적 변동에 밀착시켜 해석한 것이었다.

〈토끼전〉도 일찍부터 근대적 성격에서 관심을 받아왔는데, 인권환 교수는 〈토끼전〉의 서민의식이 풍자를 통해 드러나는 양상을 분석하면서 이 작품을 '생동하는 현실적 인물들이 등장하는 하류 계층의 사실주의적 작품들로서 봉건사회의 완고한 유교적 지도 이념을 거부하는 근대적 각성과 반항을 보여주고 있'다고 하였다.[25)]

---

23) 이상택, 「춘향전 연구: 춘향의 성격 분석을 중심으로」(서울대 석사학위논문, 1966), 이상택, 『한국고전소설의 탐구』(중앙출판, 1981), 231면에서 인용.

24) 조동일, 「갈등에서 본 춘향전의 주제」, 이상택 · 서대석 · 성현경 편저, 『한국고전소설』, 계명대출판부, 1974.

25) 인권환, 「토끼전의 서민의식과 풍자성」, 같은 책, 296면.

이처럼 1970년을 전후한 시기에 이후 판소리계 소설 연구의 초석을 다진 논문들이 많이 나오는데, 이 시기야말로 판소리계 소설 연구가 그 문제의식이나 방법론 등에서 가장 활발했던 때였다고도 할 수 있다.

이러한 개별 작품을 통한 연구가 축적되자 거시적인 시각에서 판소리계 소설의 근대적 성격이 종합화되기 시작하였는데, 앞서 인용한 정병욱 교수의 견해가 그러한 예이다. 그는 서민의식의 반영, 사실적인 표현, 희극미의 구현 등이 한 덩어리가 되어 이루어진 '서민 예술의 정화'로 보았다.[26] 그리고 이런 '(실학파의 문학, 사설시조, 후기가사, 판소리 등) 신흥문학에 만일 근대적 성격이 인증된다면 신흥문학을 그대로 근대문학으로 일컬을 수도 있을 것 같다.'[27]고 하였다. 여기에서 정병욱 교수가 특별하게 추가한 것은 '희극미의 구현'이다. 그런데 김동욱 교수는 '(판소리는) 그 표현의 사실성에 있어서는 상당히 전진되어 있고, 영웅 대신에 시정인을, 공상적인 환타지의 세계보다는 시정적인 인간관계를 형상하였다는 점에서 특기할 만한 것이라고 보여진다.'[28]고 하여, 서민의식과 현실반영을 '시정적 성격'으로 종합하고 '시정적인 친근한 이웃'을 보여주어 '다음에 오는 신문학기의 인물과 접선'할 수 있다고 했다.

그런데 이러한 판소리계 소설의 근대적 성격은 주로 내용 측면에서 언급되었고, 이에 비해 언어 의식은 부차적으로만 다루어졌다. 문학의 진보성에 주목한 나머지 내용 혹은 주제적 측면에만 과도하게 관심을 기울인 것이다. '사실적 표현'이라는 것도 현실 반영의 측면에서 거론된 것이지 판소리계 소설이 보여주는 생생하고 풍부한 일상 언어에 대한 것은 아니었다. 임화가 말했듯이 '한문과 결별하여 그야말로 의지할 곳

26) 정병욱, 앞의 책, 314면.

27) 같은 책, 322면.

28) 김동욱, 「서민문학의 대두」, 『한국사 14』(국사편찬위원회, 1990), 395면.

이 없는 문학으로 하여금 재출발의 기점이 되어준 것도 이조의 언문문학이요, 아직 자기의 형식을 발견하지 못하여 방황하던 나신(裸身)의 새시대 문학정신에다 풍우(風雨)를 피할 의장을 입혀준 것이 또한 이조의 언문문학'이라면,[29] 국문소설, 특히 판소리계 소설의 문체와 표현에 주목했어야 했다. 물론 일찍부터 판소리계 소설이 방언의 사용 등 '문장체소설'과 다르다는 점이 지적된 바 있고, 김윤식 · 김현 교수의 『한국문학사』에서도 '언어의 현장성' 또는 '일상적인 언어 용법'이 지적된 바 있지만 소략했다.

그러나 김병국 교수는 판소리계 소설의 진술 방식을 다각도로 검토한 결과 다음과 같은 결론을 내린 바 있다.

> 무엇보다도 중요한 사실은 국문학사에서 진정한 의미의 구어가 기록문학화한 것은 판소리 텍스트에서 비롯한다는 사실이다. 여기서 '진정한 의미의 구어'라고 하는 것은 단순히 문어체에 대한 구어체라는 의미일 뿐 아니라, 속어 비어 사투리를 포함하는 vernacular를 말한다. …(중략)… 순전히 국문학사적 관점에서 볼 때, 판소리가 진정한 구어문학을 실현시켰고 또 본격적인 희곡 장르(창극; 필자 주)를 발생시켰다면, 이에서 문학적 근대화의 일면의 발단을 찾아도 무방할 것이다.[30]

공동문어문학에 대비되는 민족어문학의 사용만으로 근대적 성격을 논하는 것은 추상성이 높아 보였는데, 이러한 논의를 통해 구체적인 언어적 표현이 논의될 수 있을 것이다.

---

29) 임규찬 · 한진일 편, 『임화 신문학사』(한길사, 1993), 133면.
30) 김병국, 「국문소설의 문체와 구성」, 황패강 · 김용직 · 조동일 · 이동환 편, 『한국문학연구입문』(지식산업사, 1982), 449~450면.

이상에서 본 판소리계 소설에서 근대성과 관련하여 추출된 것들을 정리해 보면 대체로 다음과 같은 것들이다.[31] (1) 주제적 측면: 반봉건적(반주자학적) 의식, (2) 인물 형상의 측면: 주체적이고 개성 있는 서민(시정인), 이익사회적 인간, 여성의 형상화, (3) 현실 반영의 측면: 경험적 세계, 근대적 현실의 반영(신분의 변화, 상인계급의 대두, 화폐의 유통, 시장경제의 형성 등), (4) 언어 표현 및 미학적 측면: 국문 의식, 문체, 풍자와 해학.

이들 항목들에서 '반봉건(반주자학적) 의식'은 상당히 포괄적이어서 용어 사용 범위가 '근대 의식'과 거의 비슷할 정도로 넓어, 그 안에는 봉건적 현실 및 그 질곡에 대한 다양한 비판(신분제 및 남존여비 등에 대한 비판, 민중의식) 및 화이론적 세계관의 비판과 민족의식도 들어간다. 이러한 주제 의식을 빼면, 서민이나 여성과 같은 중세의 소외 계층의 형상을 중시하고 사실적 표현이나 풍자와 해학과 같은 미학을 중시하며 현실 반영이 실감 있게 되어 있다는 것으로 요약된다.

이러한 개별적, 종합적 연구는 조동일 교수에 의해 문학사로 종합되는데, 그는 『한국문학통사3』(초판, 1984)에서 판소리계 소설을 '중세에서 근대로의 이행기 문학'으로 다루면서 〈춘향전〉과 〈흥부전〉 등이 '초경험적이고 관념적인 설정을 대폭 축소시킨 대신 현실적인 경험을 생동하게 나타내는 방향'으로 나아갔다고 했다. 이런 견해는 이후 개정판들에서도 지속되었고, 최근에 나온 제4판(2005)에서는 이전 판까지의 내용을 조금 수정하여 다음과 같은 총괄적 서술을 덧붙였다.

---

31) 구체적인 논저 이름들은 생략한다. 어느 특정 논저에만 나타나는 것도 아니고 거의 무의식적인 공감대를 형성하고 있기 때문이다. 항목도 필자가 자의적으로 정리한 것인데 얼마든지 다르게 정리할 수 있을 것이다.

> 판소리는 아직 천상계와 연관이 있는 도덕적 당위성을 거부하지 못하고 사대부 취향의 수식에 이끌렸다. 그래서 형성된 표면적 주제를 뒤집어엎는 이면적 주제가 있어 작품이 긴장되고 구조가 복잡하다. 기존의 가치관이 근대를 향해 나아가는 현실의 변화 때문에 견디기 어렵게 된 상황을 심각하게 문제 삼고, 신분의 차별을 넘어서서 누구나 함께 즐길 수 있는 흥미의 공동 영역을 확보했다. 그렇게 해서 중세에서 근대로의 이행기 문학과 예술의 새로운 창조를 선도했다.[32)]

이상에서 본 판소리계 소설의 근대적 성격에 대한 논의는 거의 다 1990년대 이후 패러다임의 변화를 요구하는 새로운 연구 동향과는 거의 무관한 것들이다. 즉 판소리계 소설의 근대적 성격을 당연한 것으로 전제하고 그 논의의 깊이를 다투는 연구들이었던 것이다. 그런데 앞 장에서도 보았듯이, 이제 판소리계 소설에 대한 연구는 이런 의문 혹은 비판에 어떤 식으로든 응답을 하지 않을 수 없는 상황에 이르렀다. 그렇다면 현재적 상황에서 우리가 반성할 것은 무엇인가? 이 점은 비판자의 목소리에 귀를 기울이면서 논의를 할 필요가 있는데, 비판적 연구자들의 주장에는 동의하기 어려운 점이 있더라도 그들의 문제의식에는 경청할 부분이 많기 때문이다. 이에 반성을 곁들여 앞으로의 연구 전망과 관련하여 몇 가지를 언급해보고자 한다.

먼저 우리가 계속해서 주의해야 할 것은 이 시기 문학의 핵심 쟁점인 '이행기적 성격'의 심층적 이해일 것이다. 즉 '중세적 성격'과 '근대적 성격'의 단순 공존 내지는 '중세적 바탕' 위의 '근대적 요소' 추출에 멈추어서는 안 된다. 전자는 둘 사이의 복잡미묘한 관계에 대한 관심을 약화시

32) 조동일, 『한국문학통사 3』(4판, 지식산업사, 2005), 595면.

킬 수 있고, 후자는 자칫하면 부정적이고 단일한 중세의 '이념형'을 설정해놓고 그것에 대한 비판적 경향이 있으면 '근대적'이라 하기 쉽기 때문이다. (그 비판적 경향이 여전히 중세적인 것인지는 모호할 수가 있다. 예를 들어 중세적인 이념의 '이상적 수준'에서 '현실의 뒤틀린 면'을 비판하는 것이라면 그것은 중세 내부의 개혁은 되어도 그것이 곧 중세를 거부하고 새로운 시대로 가자는 것은 아닐 수도 있기 때문이다.)[33]

요는 근대적인 것 못지않게 중세적인 것에 대한 깊은 이해가 필요하다는 것인데,[34] 조동일 교수의 문학사가 틀은 이런 점에서 참조가 될 것이다. 그는 '중세'를 서구의 역사적 근대의 전단계로서 '서구적 중세' 하나만 인정하지 않았는데, 문명권 단위의 여러 중세에서 하나의 근대가 되었다는 것의 의미는 아주 커 보인다. 서구의 '역사적 근대'에는 포섭되지 못했지만 그 전 단계에서는 경쟁적이었던 복수의 중세 속에서 생성되고 있었던 '미완성/가능성'으로서의 근대적 흐름을 생각할 수 있게 되었기 때문이다.[35] 어쨌든 이런 과정에서 대두된 '중세'의 중시는 그가 기

33) 강명관 교수는 '실학은 중세에 대한 중세적 방법의 극복이라는 점에서 발전이다'(강명관, 앞의 책, 121면)라고 했는데, 실학의 성격에 대한 동의 여부와는 별도로 그 문제의식은 경청할 만하다.

34) 최원식 교수는 '중세 연구는 근대 연구의 필수적인 전제이다.'라 했고(「한국문학의 근대성을 다시 생각한다」, 민족문학사연구소 엮음, 『민족문학과 근대성』, 문학과지성사, 1995, 42면), 정출헌 교수는 '근대가 중세를 단일한 그 무엇으로 환원시켰던 것'을 환기시키면서 '중세성을 치열하게 탐구하는 것이야말로 근대성 담론의 갱신을 위한 첫 단추를 바르게 채우는 작업'임을 강조한 바 있다(정출헌, 앞의 논문).

35) 이 점을 박희병 교수는 최한기를 논하면서 다음과 같이 서술했다. "문제는, 역사적 근대가 결국 근대와 현대를 지배하는 세계상이 되어버린 점은 인정한다 할지라도, 근대 기획=근대 구상의 가능성만큼은 결코 단일하지 않으며 다양하게 열려 있었다는 사실이다. 그 점은 서양이라고 해서 예외가 아니다."(박희병, 『운화와 근대』, 돌베개, 2003, 24면). 박 교수의 지적은 우리로 하여금 '우리가 아는 유일한 근대인 역사적 근대에 의해 현실적으로 억압되고 배제되고 지워져버렸다는 의미에서만 근대적이지 않은 것'(176면)에 대해 깊이 고민하게끔 한다.

존의 '근대문학적 성격' 논의에 던진 나름의 결론이면서 아울러 후학들에게 던진 커다란 화두이기도 하다.

두 번째로, 앞의 연구사 개관에서도 보았듯이 초기 연구자들은 의식적으로 장르 그 자체보다 의식을 중시하였는데, 그 결과 전통 장르 역시 그 속에 장르적인 측면에서의 근대적 성격이 있을 수 있다는 점을 소홀히 해왔다. 그러나 이제는 전통 장르들에서도 근대적 성격을 찾는 연구가 이루어져야 할 것인데, 판소리계 소설은 그런 점에서 가장 유리한 위치에 있다고 할 수 있다. 판소리계 소설은 작품의 서사 구조가 일대기적인 구조를 벗어나 사건소설 혹은 인물소설일 수 있는 가능성을 내장하고 있고, 언어 측면에서는 앞에서도 보았듯이 '진정한 구어문학'을 실현시켜가고 있었던 것이다. 뿐만 아니라 판소리계 소설은 문체 측면에서도 다양한 진술 방식을 보여주어 '다성곡적 목소리의 앙상블'[36]을 이루고 있는 바 이는 현대소설과도 상통하는 특징이 아닐 수 없다. 이런 점들이야말로 판소리계 소설의 근대적 성격이 아니겠는가. 앞으로 이런 언어와 문체 측면에서 좀 더 깊이 있는 연구가 요청된다.

세 번째로 그 동안의 연구가 막연하게 18, 19세기를 언급하는 경우가 많은데, 19세기 말~20세기 초의 이본들을 대상으로 한 20세기 근대와의 접점을 찾는 노력도 필요하지 않은가 싶다. 판소리계 소설은 판소리라는 연행물 때문이기도 하지만 독서물로서도 이본 생성이 아주 활발하다. 즉 다른 장르에 비해 19세기에도 여전히 이본 생성을 통해 활발하게 하며 변모하고 있었다는 것이다. 따라서 연대 추정이 가능한 이본들을 중심으로 판소리계 소설이 어떻게 19세기 말~20세기 초의 전환기를 통

36) 김병국, 「판소리의 문학적 진술 방식」, 『국어교육』 34호(한국국어교육연구회, 1979), 117면.

과해 나가고 있는가를 밝히는 것도 중요하다. 그리고 그 과정에서 우리는 막연하게 18, 19세기를 배경으로 한 것과는 다른 시각도 얻을 수 있을 것이다. 예를 들어, 김종철 교수는 1906~1911년 사이에 나온 것으로 추정되는 완판 84장본 〈춘향전〉의 근대성을 '춘향의 내면세계의 형상과 의식'에서 찾는 작업을 한 바 있는데, 그는 다음과 같이 말한다.

> 춘향이 변학도에 대한 도덕적 우위로서, 인간의 평등함과 존엄성에 대한 자각으로서 근대적 면모를 보이는 것은 주지하는 바이지만, 그것이 원통한 옥중 세계에 겹쳐진 황릉묘의 세계로 표상되는 심정의 세계, 다시 말해 우리의 전통적 심정 세계의 깊이와 높이의 이해에 의해 지탱되고 있음은 주목할 일이다. 즉 춘향이 지향하는 바의 근대성이 순일함과 깊이를 동반하고 있음은 거듭 강조되어야 마땅하다고 본다.[37)]

인물의 내면세계라는 것부터가 다소 '근대적'인 것이기에 춘향의 내면세계를 통해 전통적인 것으로 표상되는 정서가 근대적 의식과 결합되어 새롭게 '배치'된다는 이런 논의는, 그 자체로서도 의미 있는 작업이거니와 20세기를 전후한 시기에 '근대'가 어떤 식으로든 전통과 이어지며 한국적 근대로 수렴되는가도 보여주고 있어 흥미롭다. 그리고 이런 과정에서 판소리계 소설이 낮은 차원의 근대적 변모—통속성 혹은 대중성—를 해나가는 과정도 짚어볼 수 있을 것이다.

네 번째로 언급하고 싶은 것은 그 동안 '근대'에 다소 매몰된 듯한 연구를 해왔는데, 이제는 '근대 이후'에 대해서도 염두에 두는 연구가 이

---

37) 김종철, 「20세기 초 〈춘향전〉에 대한 시각: 〈춘향전〉과 근대」, 민족문학사연구소 제4회 공개학술발표회 발표문집, 『조선 후기 서사문학사의 시각』(1999), 35~36면.

루어져야겠다는 것이다. 판소리계 소설이라는 텍스트는 '근대성 담론'으로 소진되지 않는 시대를 견디는 구체적 실체이기도 하다. 그것은 '근대성' 담론으로 일부밖에 해석 못한다는 것이기도 하고, 근대성의 정도와는 관계없이 존재한다는 것이기도 하다. 오늘날 근대의 폐해가 거론되듯 근대는 지고지선의 것만은 아니다. 세계사라는 개념이 폭력성을 담고 있다면, 이 '근대'라는 개념도 사실 어느 정도의 폭력성을 담고 있다고 할 수 있다. 그렇다면 '근대'라는 그물에 걸리지 않았던, 그러나 인간적 삶을 위해서는 여전히 중요한 것들을 '근대 이후'의 시각으로 조명하는 작업도 필요할 것이다. 그런 의미에서 '근대'라는 잣대의 필요성에 대해서는 생각이 혹 다를 수 있지만, 다음과 같은 말 자체는 깊이 음미할 만하다.

> 근대적 편견에 의해 놓친 부분, 이전에 부정적으로 해석한 내용들을 꼼꼼히 살펴야 할 것이다. 예컨대 자연친화적인 사상과 정서, 인간의 도덕적 각성, 동양적 지혜 등을 거론할 수 있다.[38]

끝으로 최근 판소리계 소설의 근대성에 대한 근본적 회의를 표명하는 연구에 대해 간략하게 언급해 보고자 한다. 개항 이전의 조선 역사에서 근대란 없었다고 주장하는 강명관 교수는 '국문소설, 특히 판소리계 소설을 지나치게 높이 평가한 것도 서구 근대 소설사를 의식한 것이다.'라며 한국문학사에서 판소리계 소설이 갖는 높은 평가 자체부터가 문제가 있다고 비판했다. 그리고 한 걸음 더 나아가서

---

38) 임형택, 「한국문학사의 서술방향과 체계」, 토지문화재단 엮음, 『한국문학사 어떻게 쓸 것인가』(한길사, 2001), 32면.

〈춘향전〉을 '민중 저항'으로 읽는 것은 잘못이며, '〈춘향전〉의 주제는 열(烈)이란 전근대적 윤리의 선양 외에는 아무 것도 아니다.'라고 하였다. 즉 '춘향의 변학도에 대한 저항은 민중 지향적이거나 순수한 사랑의 결과물이 아니다. 그것은 18~19세기란 전근대사회의 상황 속에서 읽힌다면 열행일 뿐'[39]이라는 것이다.

그러나 이는 역으로 판소리계 소설에서 근대적인 것을 찾을 수 없다는 전제에 걸린 주장이라 생각한다. 춘향의 '열'이 갖는 심층적인 의미에 대해서는 앞에서 소개한 이상택 교수, 조동일 교수 외에 박희병 교수[40] 등의 많은 연구들이 있어 왔는데, 그것을 뒤집기에는 너무 선언적 주장처럼 보이는 것이다. 그리고 설사 판소리계 소설에서 근대적 성격을 찾을 수 없다 해도, 판소리계 소설에 대한 평가가 그렇게 과장된 것일까?

물론 이러한 자극적인 주장의 의도를 모르는 바는 아니다. 기존 연구에 강한 충격을 주기 위한 약간은 과장된 포즈도 들어 있을 것이다. 그러나 그런 점을 감안하더라도 지나친 감이 있다.

4. 맺음말

미국의 한 학자는 '동아시아의 근대화에 대해 확신을 가지고 말할 수 있는 것이 있다면, 그것은 그 과정에 대한 우리의 시각이 끊임없이 변화해오고 있다는 것이다.'[41]라고 말한 바 있다. 필자는 '근대'라는 용어도

---

39) 강명관, 앞의 책, 156~158면.

40) 박희병, 「춘향전의 역사적 성격 분석: 봉건사회 해체기적 특징을 중심으로」, 임형택·최원식 편, 『전환기의 동아시아 문학』, 창작과비평사, 1985.

41) 윌리엄 시어도어 드 배리 저, 한평수 역, 『다섯 단계의 대화로 본 동아시아 문명』(실천

오랜 시간이 지나 시대 구분에 대한 새로운 패러다임이 부상하면 그 유효성이 크게 약화되거나 사라질 지도 모른다고 생각하지만, 적어도 아직은 유효하다고 생각한다. 그 동안 이룩한 수많은 논저들의 문제의식은 여전히 중요하거니와 그들이 연구하여 얻어낸 '조선 후기의 변화'를 지칭할 절절한 대안이 아직은 없기 때문이다. 허균, 김만중 등에서 찾는 것은 그렇다 쳐도, 박지원이나 홍대용의 텍스트, 야담, 판소리계 소설, 사설시조 등에서 보여주는 그 변화에 대해 이름을 붙여줄 필요는 있는 것이다. 그것을 '중세의 발전'이라고만 하면 그 발전은 어떤 것인가 하는 문제가 여전히 남는다. 그 방향성을 규정할 어떤 잣대로서의 용어가 필요한 것이다. 그것을 '근대'라고 하는 것이 현재로서는 유용하다고 보는 것이다.

그런데 여기에서 약간의 주의가 필요한데, 적어도 18세기까지의 동아시아의 도달 지점이 있는 이상 우리는 백지 상태에서 근대를 이식할 수는 없었을 것이다. 거기에는 '복합적인 장기 요인'으로서의 전통이 고려되어야 하고, 그러한 우리의 전통과 복합하면서 형성된 '근대'는 어차피 서구의 '역사적 근대'와 완전히 같은 것일 수만은 없기 때문이다. 그러므로 서구의 역사적 근대와 똑같은 '근대'는 아니다. 서구 자신도 고정된 실체로서의 근대란 상상하기 어려운 것 아니겠는가. 어쩌면 근대란 끊임없이 규정이 필요한, 들어갈수록 모호한 개념일지도 모른다.

이런 점을 감안하여 필자는 18세기에 '근대적 요소'가 내재적으로 성장하고 있었다는 것을 받아들인다. 그리고 18세기~20세기 초에 존재했던 판소리계 소설이야말로 그것을 가장 잘 보여주는 것이라고 생각한다. 그 동안의 연구 성과가 보여주듯 판소리계 소설이야말로 주제적 측

문학사, 2001), 103면.

면, 인물 형상의 측면, 현실 방영의 측면, 언어 표현 및 미학적 측면에서 중세적인 틀을 깨고 나오는 변화의 선두에 있다. 게다가 방각본으로도 출판되어 상업적 유통의 핵심 부분을 차지하고 있었다.

물론 이런 측면의 요소들을 지적하는 것만으로는 여러 가지로 부족할 것이다. 근대적인 것 못지않게 중세적인 것에 대한 깊은 이해를 통해 '이행기적 성격'을 심층적으로 연구해야 하고, 전통 장르의 근대적 성격에도 좀 더 유의해야 하고, 18세기에 집중되는 연구를 19세기 말 · 20세기 초까지 확장하여 서구적 근대와의 명백한 접촉지대도 관심을 가져야 하고, 나아가서는 '근대 이후'까지도 감안하는 연구가 필요할 것이다.

이런 작업들은 아직은 부분적으로만 이루어졌고 앞으로도 어쩌면 상당히 지지부진하게 이루어질 지도 모른다. 그러나 설사 이런 작업이 지지부진하더라도 현재적 관점으로 '근대성' 담론을 완결 짓지는 말고 다른 담론의 가능성으로 가는 길을 열어두어야 할 것이다. 아직은 최종 선고를 내릴 때는 아니다. 어쩌면 우리는 아직 근대의 기점을 냉철하게 살피기에는 너무 가까운 시기에 살고 있는지도 모른다. 즉 아직도 우리는 근대 안에 있으므로, 우리 시대의 이런 고민도 언젠가는 다른 모습으로 비칠지도 모른다. 그때까지 우리가 해야 하고 할 수 있는 일은, 어쩌면 암중모색뿐일지도 모르겠다.

참고문헌

강명관, 『국문학과 민족 그리고 근대』, 소명출판, 2007.

김동욱, 『증보 춘향전연구』, 연세대학교출판부, 1976.

김용옥, 『독기학설』, 통나무, 1990.

김윤식 · 김현, 『한국문학사』, 민음사, 1973.

김태준 저, 박희병 교주, 『증보조선소설사』, 한길사, 1990.

박희병, 『운화와 근대』, 돌베개, 2003.

유종호 · 염무웅 편, 『문학과 상황인식: 한국문학 무엇이 문제인가』, 전예원, 1977.

이상택 『한국고전소설의 탐구』, 중앙출판, 1981.

이창헌, 『경판방각소설 판본 연구』, 태학사, 2000.

임규찬 · 한진일 편, 『임화 신문학사』, 한길사, 1993.

정병욱, 『한국고전의 재인식』, 홍성사, 1979.

조동일, 『한국문학통사 3』(4판), 지식산업사, 2005.

조동일, 『한국문학통사 5』(4판), 지식산업사, 2005.

한국고전문학연구회 편, 『근대문학의 형성과정』, 문학과지성사, 1983.

사에키 케이시 저, 이은숙 역, 『이데올로기와 탈이데올로기』, 푸른숲, 1996.

윌리엄 시어도어 드 배리 저, 한평수 역, 『다섯 단계의 대화로 본 동아시아 문명』, 실천문학사, 2001.

조지 이거스 저, 임상우 · 김기봉 역, 『20세기 사학사』, 푸른 역사, 1998.

고미숙, 「고전문학사 시대구분에 관한 몇 가지 제언」, 토지문화재단 편, 『한국문학사 어떻게 쓸 것인가』, 한길사, 2001.

김동욱, 「서민문학의 대두」, 『한국사 14』, 국사편찬위원회, 1990.

김병국, 「판소리의 문학적 진술 방식」, 『국어교육』 34호, 한국국어교육연구회, 1979.

김병국, 「국문소설의 문체와 구성」, 황패강 · 김용직 · 조동일 · 이동환 편, 『한국문학연구입문』, 지식산업사, 1982.

김종철, 「20세기초 <춘향전>에 대한 시각: <춘향전>과 근대」, 민족문학사연구소 제4회 공개학술발표회 발표문집, 『조선 후기 서사문학사의 시각』, 1999.

김흥규, 「비평적 연대기와 역사인식의 차이」, 『창작과 비평』 61호, 창작과비평사, 1988.
박희병, 「춘향전의 역사적 성격 분석: 봉건사회 해체기적 특징을 중심으로」, 임형택 · 최원식 편, 『전환기의 동아시아 문학』, 창작과비평사, 1985.
인권환, 「토끼전의 서민의식과 풍자성」, 이상택 · 서대석 · 성현경 편저, 『한국고전소설』, 계명대학출판부, 1974.
임형택, 「한국문학사의 서술방향과 체계」, 토지문화재단 편, 『한국문학사 어떻게 쓸 것인가』, 한길사, 2001.
정출헌, 「고전문학에서의 근대성 논의, 그 반성의 자리와 갱신의 계기」, 『국제어문』 35집, 국제어문학회, 2005.
조동일, 「갈등에서 본 춘향전의 주제」, 이상택 · 서대석 · 성현경 편저, 『한국고전소설』, 계명대학출판부, 1974
최원식, 「이식론과 내재적 발전론을 넘어서」, 『창작과비평』 81호, 창작과비평사, 1993.
최원식, 「민족문학의 근대적 전환」, 『민족문학사 강좌(하)』, 창작과비평사, 1995.
최원식, 「한국문학의 근대성을 다시 생각한다」, 민족문학사연구소 편, 『민족문학과 근대성』, 문학과지성사, 1995.
허남춘, 「한국문학의 근대성론 반성」, 『도남학보』 16집, 도남학회, 1997.
마이클 알렌, 「한국은 언제부터 근대성을 띠었는가?」, 한국사 국제학술회의 발표문집 『한국사 연구방법론과 방향 모색』, 2002.

* 『애산학보』 제34집(애산학회, 2008. 12)에 실렸던 글을 수정하였음.

8장
판소리의 연행예술사적 성격

김 현 주*

1. 머리말

17세기 말에서 18세기 초경에 우리 연행예술계에 본격적으로 등장한 것으로 추정되는 판소리는, 당시로서는 매우 파격적인 연행양식이었을 것임에 틀림없다.

그것은 여러 가지 측면에서 관찰된다. 연행주체의 구성이 한 사람은 서서 노래를 부르고, 또 한 사람은 앉아서 북을 치는 형식으로 되어있다는 것은, 전래의 공식적인 공연예술의 관점에서 볼 때 어딘가 정제되지 못하고 투박한 듯한 모습을 보여주거니와, 거의 모든 곳이 공연장소가 될 수 있는 공간적 '무소불위(無所不爲)'의 형식 같은 것도 동양 전래의 연행공간적 감각에서는 한참 벗어나 있는 것이다. 그런데 내부요소들이

---

* 金賢柱: 서강대학교 국어국문학과 교수.
1954년 출생. 서강대학교 무역학과 상학사(1980), 서강대학교 국어국문학과 문학석사(1989), 문학박사(1993; 「〈춘향전〉의 연행론적 연구」).
저서: 『판소리 담화분석』(1998), 『판소리와 풍속화, 그 닮은 예술세계』(2000), 『구술성과 한국서사전통』(2003), 『토테미즘의 흔적을 찾아서』(2009) 등.

보여주는 파격미는 더욱 심각하다고 할 수 있다. 판소리가 담고 있는 이야기 내용에서의 파격은 널리 알려진 사실이며, 소리의 내부자질을 설정하고 소리를 운용해가는 방식이라든가, 창자가 소리와 이야기 내용에 따라 표정과 동작을 서로 맞춰 운용하는 방식이라든가, 그리고 공연의 주체와 청·관중 사이에서 호응이 현장에서 격식 없이 자유분방하게 일어나는 방식 등등 판소리 구성단위들 사이의 연행방식 차원에서도 파격미의 추구는 전방위적으로 관찰된다. 판소리는 이와 같이 기존의 공식적인 연행예술과는 많이 달라졌다.

이 글은 이처럼 내용과 형식 모두에서 새로운 미적 지향을 가지고 등장한 판소리에 대해 어떠한 역사적 의의를 부여할 수 있는지를 생각해보고자 한다. 기존의 연행예술에 상당한 변화를 가하면서 파격미를 추구한 판소리를 우리의 전통 연행예술사의 시각에서 평가해보고자 하는 것이다.

그러기 위해서는 판소리의 연행방식 내지는 연행술이 기존 연행예술의 연행술과 어떠한 차이를 보이는지, 그 변화된 세부적인 사항들은 무엇인지 먼저 파악해야 하는 것이 순서라고 판단된다. 그런데 여기서 우리가 유의해야 할 점은 판소리가 기층의 연행예술적 요소들을 내세워 공식적으로 예술계의 전면에 등장한 것이라는 암묵적인 전제에 대해서다. 우리는 판소리가 기층문화의 연행에서 상당 부분을 유산으로 물려받고 있다는 점을 인정한다 하더라도, 판소리를 기층 연행예술의 대표이자 그 자체인 것처럼 생각해서는 곤란하다는 것을 인식해야 한다. 판소리는 기층의 연행예술적 요소가 아닌 부분들도 애당초부터 많이 함유하고 있었던 것이다. 그런 측면에서 보자면, 판소리가 서민적인 연행예술적 요소들을 지니고 있다는 것을 항상 유념하면서도 연행예술의 공식적인 역사 위에서 판소리가 지닌 위치와 변별 지점 등을 면밀하게 파악하는 것이 논의를 진전시키는 데 도움이 될 것이란 생각이 든다. 따라서 판소리와 비교되는 기존의 공식적인 연행예술 양식으로 정악적 요소를 지니고 있는 양식들을 여기서는 주목하고자 한다.

그리고 판소리에 연행술의 변화를 몰고 온 역사적이고 미학적인 배경이 무엇인지에 대한 고찰도 뒤따라야 할 것이라고 본다. 연행술의 변화가 겉으로 보아 아무리 사소한 것이라 하더라도 그것은 시대상황이라는 맥락을 항상 함축하고 있기 때문이다.

그러한 점에서 당대의 사회문화적 상황이나 정신사적인 경향, 그리고 미학적인 성향에서 어떤 변화의 맥락이 판소리에 내재되어 있는지를 간취하는 것이 필요하리라고 본다. 그것들은 전체적으로 판소리의 세부적인 연행방식을 결정하기도 하고, 연행예술사적 성격 혹은 의미를 정립하는 데도 중요하게 작동된 배경들일 것이기 때문이다.

또한 조선 후기 판소리의 역사 그 자체 내부에서도 변화는 있었을 터이기 때문에 그 역사 자체 내에서 이루어진 연행술의 변화를 또한 가늠해볼 필요가 있다. 근대 이전 두 세기 정도 사이에서 이루어진 내부 역사 속의 변화양상들은 판소리의 연행예술사적 성격을 통시적으로 조감하는 데 필수적인 요소가 될 것이다.

이러한 과정들을 거쳐, 이 글은 판소리가 우리의 전통 연행예술의 역사 속에서 차지하는 위상과 역할이 무엇이었는지에 대하여 상당히 거시적인 맥락에서 짚어보고자 한다. 그러기 위해서는 근대 시기의 연행예술들이 지향하던 가치와 연맥되는 지점에 대한 고찰도 필요할 것이다. 이 글에서는 단순 투박하게나마 그 점에 대해서도 조망을 해보고자 한다.

이 글은 이와 같이 판소리 연행술이 이전 시기의 정악적 연행예술과는 어떻게 달라졌는지 파악할 것이고, 그 변화의 배경이 되었던 사회문화적이고 정신사적이며 미학적인 맥락을 점검해볼 것이며, 조선 후기 판소리 역사 자체 내에서의 주요 변화양상을 파악, 좌표화한 다음, 근대 연행예술의 특징과 비교하는 차원에서 전체적으로 판소리가 지니는 연행예술사적 성격이 무엇인지에 대해 천착하는 과정을 순차적으로 밟아 나가고자 한다.

2. 판소리 연행술의 변화와 그 배경

판소리는 전대의 공식적인 음악양식과 비교해볼 때 상당히 큰 변화를 보인다. 특히 정악양식과는 여러 가지 측면에서 이질적인 모습을 보이고 있는데, 빠르고 굴곡이 많은 음악으로 변했다든지, 음에서의 사실주의를 지향한다든지, 자기의 존재를 여과 없이 드러내면서 어떤 규범적인 틀을 파괴하려고 한다든지 하는 모습을 보여주는 것이다. 이러한 변화에는 조선 후기의 사회적 상황도 영향을 미쳤을 것이고, 사유체계상의 인식론적 변화, 그리고 예술을 바라보는 미학적 시선의 변화도 판소리의 연행술에 투영되어 있을 것이라고 판단된다. 따라서 판소리에서의 연행방식의 변화를 그 배경과 함께 아우르면서 조망하는 것이 필요하다.

먼저 판소리는 빠르고 굴곡 있는 음악으로 변했다. 우리의 전통 음악양식인 문묘나 종묘 제례악, 그리고 가곡창과 같은 정악은 느리고 유장한 음악이다. 소리의 느림과 유장함은 뱃속으로부터 울려 나오는 힘과 합해져 장중한 맛을 낸다. 그 느림과 유장함은 수직적인 파장을 일으키며 정적인 깊이를 환기한다. 정악은 이렇게 소리를 수직적으로 추구하기 때문에 정적인 명상성과 관념적인 안정성이 거기 깃들게 된다. 정악의 이러한 성격에 비해, 판소리는 음악의 속도에 있어서는 많이 빨라졌고, 음색이나 목구성과 같은 성음구조는 매우 복잡하고 굴곡이 있는 형태로 변화되었다. 음의 속도와 구성만 빠르고 굴곡 있게 변한 것이 아니라 판소리 창자의 동작과 표정 등과 같은 연행적인 요소들도 빠르고 굴곡 있는 형식으로 전환되었다.

임진란 이전에 유행했던 늦은 속도의 만대엽은 임진란 이후 중대엽을 거쳐 삭대엽의 빠르기로 변했으며,[1] 나아가 후기로 갈수록 그것보다 더 빠른 변주곡들이 등장하고 있는데, 판소리의 장단 중 자진머리와 휘모리 같은 것들은 그것들보다 더 빠른 속도를 구사하고 있다. 성음구조에 있어서도 하성과 상성 사이를 급격하게 오가며 급전하고, 음색이나 목구성은 매우 다채롭게 구사되는 양식이 판소리이다. 이렇게 판소리 음악의 구조가 바뀐 것은 비단 예술양식의 내부적 자질의 변화, 음악 주체의 취향의 변화에서만 기인하는 게 아니라, 거기에는 세계에 대한 당대인들의 인식의 변화, 생활에 대한 리듬이나 감각의 변화가 그 바탕에 깔려 있다.

당시의 조선사회는 한편으론 전쟁을 경험하면서 지정학적 위치에 따른 힘의 이동에 대해 새롭게 인식하게 됐음은 물론이고, 경제발전으로 인한 물산의 신속한 이동과, 과학의 발달로 인한 새로운 생활과 지식의 발견 등의 체험을 통해 세계인식 또는 생활감각이 전반적으로 다이나믹하게 변해가고 있었다. 이미 이수광과 같은 선각자는 실사구시의 고증정신과 실용적인 학문태도로 세계를 투시하고 있었다. 그의 저서에는 유럽의 지도뿐 아니라 풍속과 화기, 산물 등을 소개하고 있어 그때까지 중국과 그 주변 나라들이 전 세계인 줄 알고 있었던 당시 사람들에게

---

1) "만대엽은 너무 느려서 사람들이 싫증을 내어 폐지된 지가 오래고, 중대엽은 조금 빠르나 또한 좋아하는 사람이 적고, 지금 통용하는 것은 삭대엽이라는 곡조다(慢者極緩人厭廢久 中者差促亦鮮好者 今之所通用 卽大葉數調也)."(『국역 성호사설』, 민족문화추진회, 1977, 119면) 참조.

새로운 인식을 주는 계기가 되었다.[2] 또 연암과 같은 실학자들은 이러한 실용적인 인식 동향을 간취하여 정체된 사회를 비판하고 풍자한다. 예컨대 부지런히 움직이며 일을 하는 똥치는 사람이 정적인 움직임의 책 읽는 선비들보다 훨씬 생산적이라고 일침을 놓고 있는 것이다.[3] 이러한 인식론적 경향이 쌓이고 쌓여 당대인들의 정서적 리듬에도 반영되어 음악구조를 빠르고 굴곡 있게 만들었다고 볼 수 있다.

판소리의 변화는 사실적인 음을 추구한다는 점에서도 잘 드러난다. 고전적인 형태의 음악은 인륜적인 교화나 정치적인 의도와 밀접하게 관련되는 것이었다. 음악의 연주는 천지자연의 자연스런 운행을 촉진하고, 사람들의 심성을 바르게 하며, 정치현상에 영향을 주는 존재였던 것이다.[4] 고대 음악은 상당히 인위적으로 선택되고 배제되는 과정을 거쳐 특정 목적을 위해 봉사하는, 수단화되고 도구화된 존재였던 것이다. 그래서 제례악과 같은 아악 형식은 악현의 배치라든가 악기의 배치방법, 음률의 운용방법 등에 있어 극도의 규범화와 규격화를 추구한다. 그리고 가곡과 같은 음악 형식 또한 음양의 원리를 겉으로 표나게 적용시키지는 않는다 하더라도 음률이나 성음에 있어 고도의 정격 미학을 추구하는 경향을 보여준다.

그러나 판소리는 음률을 채택할 때 인륜이나 정치와 같은 특정 목적을 위한 수단화 내지는 도구화에서는 벗어나 있다. 만약 판소리에 어떤 목적이 있다고 한다면, 그것은 순전히 듣는 이의 자연스런 감정에 호소하고 정서를 고양시키는 데 있을 뿐이다. 판소리의 그러한 자유분방한

---

2) 이수광, 『지봉유설』, 을유문화사, 1975.

3) 〈예덕선생전〉, 『국역 연암집 2』, 민족문화추진회, 2004.

4) "治世之音 安以樂 其政和 亂世之音 怨而怒 其政乖 亡國之音 哀以思 其民困 聲音之道 與政通矣"(『악기』, 「악본」, 김승룡, 『악기집석 1』, 청계, 2002, 105면).

감정에의 몰입과 지향은 '이면'이라고 하는 판소리 용어 속에 집약되어 있다. '이면'은 말하자면 내용적 상황에 맞게 음악적 표현을 연동시켜 가져감으로써 사실주의적이고 자연주의적인 가치를 지향하고자 하는 판소리의 철학이라고 할 수 있다.

'이면에 맞는다'거나 '이면을 잘 그린다'는 것은 음의 표현에 있어 어떤 인위성을 배제하고 그때그때의 감정을 그대로 살려서 최대로 자연스럽고 최대로 사실적으로 그려내는 것을 의미한다. 판소리에서 음의 사실성은 음화(音畵; tone painting)적 표현 방식이라든가, 자연스런 일상대화체를 모방한 아니리의 존재, 장단과 조와 음색과 목구성을 상황에 맞게끔 조합하는 음악적 구성 등을 통해서도 마련될 수 있겠지만, 무엇보다도 그때그때의 감정에 충실한, 극중 상황에 따라 감정을 적절하게 이동시키는 판소리 음구성의 사실주의적 성격을 통해 담보된다고 할 수 있는 것이다.

판소리는 음을 관념과 이상의 도그마로부터 꺼내어 사실 내지는 실제의 세계에 돌려주었다고 할 수 있다. 그것은 판소리가 관념주의적인 세계관으로부터 탈피하여 사실적이고 즉물적인 현실인식으로 다방면에서 실사구시를 추구한 실학적 움직임과 무관하지 않음을 의미한다. 비록 실학적 논의가 실물적이고 경제적인 이데올로기를 관념상으로 추동하는 수준에 그쳤다고 할지라도 실학적 관심이 세속적인 삶의 국면에 대한 주목과, 인간 본연의 감정에 충실하고자 하는 의욕의 자연스러운 표출에 잠재의식적으로 영향을 주었으리라고 판단된다. 물론 실학만이 그러한 역할을 도맡아 했다고 평가할 수는 없겠지만, 실학적 논의가 불러일으킨 물질주의적 시선은 각종 예술형식에 투사되었을 것인데, 판소리의 음의 구성방식에도 그것은 투영되어 있으리라고 생각된다.

정악에서의 음들은 주도적인 음이 있어 그것이 전체를 지배하는 형식이 아니라, 협동과 조화의 미를 추구하는 형식이다. 그래서 정악은 '화이부동(和而不同)'의 협주양식이라고 할 수 있다. 음들의 조화를 최고의 가치로 여기는 동양적 사고는 『악기』와 같은 고대 음악서에 잘 나타나 있다. 음악이 자연의 조화, 군신의 조화, 백성의 조화를 꾀하기 위해서는 그 자신부터 조화롭게 운용되어야 한다는 것이다. 아무래도 조화의 음은 한 쪽으로 편중된 도드라진 음이 아니라 중간치의 음, 즉 균형에 근접한 음이 될 것이다. 그래서 정악의 음들은 자연스러운 중성과 평성, 그리고 화평정대하고 평담한 느낌의 음들로 구성되어 있다.

그러나 판소리의 음은 미술양식의 부조(浮彫)처럼 도드라져 있다. 음의 돋을새김인 것이다. 판소리는 합주나 협주 형식을 거부하는 경향이 있는데, 그것은 판소리의 소리 자체가 소리의 개성적인 윤곽을 통째로 드러내면서 선이 굵게 발현되는 소리이기 때문이다. 그래서 판소리는 화음을 목적으로 하는 다른 소리들이 개입할 여지를 주지 않는 경향이 있다. 그러한 이유로 화음이 목적이 아니라 개성을 드러내는 소리와는 오히려 같이 동행하는 경향이 있다. 그래서 소리와 조화를 이루기보다는 소리와 대등하게 맞서려는 북장단이나 추임새와는 서로 어울리게 된다. 그것은 북장단이나 추임새와 같이 올이 굵은 소리들은 판소리와 선율 간의 간섭현상을 일으키지 않기 때문이다.

자신의 소리 개성을 전부 드러내려는 판소리의 이러한 지향은 당대인들의 자신감의 표현이기도 하다. 소리를 뒤에 숨기지 않고 자신 있게 자기의 전모를 드러내고자 하는 것은 자신감에 찬 당대인들이 지녔던 시대정신의 발현인 것이다. 그것은 기존 사회의 규범이나 틀을 깨고자 하는 비판적이고 공격적인 태도와 무관하지 않다. 우리는 이와 같이 소리의 질을 통해 은둔이나 침묵이 아닌, 사회적인 참여와 비판과 같은 대사회적 목소리를 내고자 했던 당시 사람들의 전반적인 현실인식 내지는 세계관을 읽어낼 수 있다.

판소리가 등장했던 당시의 시대적 상황은 전쟁에서의 패배와 사회적 제도적 모순의 불거짐으로 인해 시대의 정체를 바라는 보수적인 지배계층의 의도는 벽에 부딪치고, 중간층과 민중들의 사회적 목소리가 자유분방하게 분출되던 상황이었다. 그만큼 비판의식이 점증되어 가고 있었고, 개혁적인 정신과 태도가 실학적인 담론 속에 담겨서 표출되고 있었던 것이다. 이러한 성향의 시대담론은 당대 예술양식의 구성요소들에 파급되어 그 내부 자질을 결정하기도 했다는 점을 우리는 판소리를 통해 볼 수 있는 것이다.

3. 조선 후기 판소리 연행여건의 변화

18세기와 19세기를 거치는 동안 판소리가 아무런 변화 없이 초기 모습 그대로 흘러간 것은 아니다. 판소리 외부의 사회문화적 상황들도 변했고, 판소리 내부의 구성적 자질에도 변화가 있었다. 이를테면 청중층의 성격변화도 있었고, 판소리 연행공간의 변화도 있었다. 이에 따라 판소리 내부 자질인 소리에 대한 인식도 변해 나갔던 것으로 보인다. 그것들은 서로서로가 연결되어 움직였던 변화였다. 그렇다면 조선 후기 역사 속에서 판소리가 변모한 모습 중에서 중요한 의미를 담고 있는 사건적 상황을 분석해보고, 그것이 어떠한 배경에서 일어났는지, 특히 앞장에서 살펴본 시대적 상황이나 미의식적 배경과는 어떠한 관련이 있는지에 대해서 살펴보고자 한다.

조선 후기 판소리의 변화에서 가장 주목을 요하는 부분은 아무래도 청중이 어떻게 변했느냐 하는 것이다.

지금까지의 연구에서는 대체로 판소리 청중층이 민중에서 양반으로 옮겨갔다는 것에 초점이 맞춰져 있었다. 민중에서 발생하고 유행한 판소리 연행을 양반계층에서도 좋아하게 되었다는 것이다. 그래서 판소리 연행의 형식이나 내용이 양반계층의 기호에 맞게 더욱 더 양반취향으로 이동하게 되었다는 것이다. 판소리 광대의 시초가 무당 집안의 천민 출신이고, 광대와 고수라는 서민계층이 중심이 되는 연행형태, 서민들이 좋아할만한 소설적 형식과 내용, 민요와 무가 등 각종 토속 민속악이 동원된 음악형식 등으로 미루어볼 때, 판소리가 민중 취향의 음악양식이라는 것은 부정할 수 없는 사실이다. 그러나 판소리를 연행하는 주체의 계층이 서민층이라고 해서 서민계층이 자동적으로 판소리의 청중이 되는 것은 아니다. 연행의 주체가 바로 연행의 객체가 되거나, 동일한 계층 사이에서만 생산과 수용이 일어나는 것은, 아직 예술적인 분화가 덜 된 토속 민속장르에서나 가능한 것이지, 조선 후기 판소리와 같이 예술적인 직능 분화가 상당히 이루어진 장르에서는 공급과 수요가 예술시장 상황에 의해 결정되는 구조였던 것이다.

판소리가 처음 형성될 때 양반 사대부들이 영향력을 끼쳤을 개연성이 많았던 상황 또는 사건들을 우리는 간과해서는 안 된다. 판소리 광대의 효시가 나례의 광대소학지희에서 유래했다는 것도 판소리 형성에 양반 사대부의 입김이 없지 않았을 사정을 말해준다. 나례에서의 노래와 연극적 행위는 판소리의 형성에 바탕이 되었을 가능성이 상당히 높은데, 그렇다면 나례에서의 광대 재인들의 연행에 나례를 주관하던 양반 사대부들의 의도가 상당히 많이 반영되었을 것으로 보인다. 그리고 그러한 나례를 왕들이 참관하였고, 그 연장선 위에서 판소리 광대의 어전공연도 성립되었을 것이다.[5] 왕이 판소리에 관심을 보인 것은 상당히 상징성이 큰 사건으로서 그것은 양반 사대부들의 판소리에 대한 관심을 도출해내는 견인차가 되었을 것으로 판단된다. 왕과 양반 사대부들이 판소리 광대를 불러 공연을 시키면서 일정 정도 이상 공연사항에 대해 개입을 했을 가능성은 상당히 높다. 양반들의 지도 또는 훈수이거나 아니면 광대 쪽에서 자발적으로 사대부 취향에 맞추었거나 간에 판소리의 형성 과정에 왕과 양반들의 공연적 개입은 간접적으로 이루어졌으되, 그 영향은 심도 깊게 이루어졌을 것으로 판단된다.

우리가 민간의 민속 장르들이 궁정에서부터 시작되어 점차 민간으로 이동함으로써 나라 전체로 확산되는 과정을 밟는 경향이 있다는 점에 착안해서 본다면, 판소리 또한 왕에서부터 양반 사대부들을 거쳐 중인계층과 서민층으로 확산되는 전철을 밟은 연행 장르로 보이는 것 또한 사실이다. 그러나 판소리 청중으로서의 서민층의 존재를 간과해서는 안 된다는 것도 명백하다. 판소리가 자생적인 조건이나 바탕 여건이 마련되지 않은 상태에서 전적으로 양반들의 생각과 요구에 따라 만들어진 것은 아니기 때문이다. 양반들은 일단 형태가 갖추어진 판소리에 대해 개입을 한 것이지 판소리를 창출한 역할을 한 것은 아닌 것이다. 판소리가 형태를 갖추기까지는 서민층 내부에서 부단한 창조과정이 있었을 것으로 추단된다. 정노식의 『조선창극사』에서 보이는 바와 같이 초창기 판소리 광대들의 야외공연에서 인산인해를 이룬 청중들은 의심할 여지없이 서민들인 것이다. 판소리 형성과정에서 청중으로서의 서민적 존재가 역사적인 기록에서 많이 채택되지 않았을 뿐이지 판소리의 기반을 마련하고 키운 존재는 서민이라는 점은 의문의 여지가 없다고 할 수 있다.

이러한 측면에서 조선 후기 판소리의 청중층의 변화 이동을 평면적 ·

---

5) 김종철, 『판소리사 연구』(역사비평사, 1996)와 사진실, 『한국연극사 연구』(태학사, 1997)의 논의 참고.

단선적으로 파악해서는 곤란하다. 서민층에서 양반층으로 이동했다고 보는 것은 유관 기록의 존재라는 표면상의 단순한 현상을 통해 유추한 결과일 따름이다. 물론 기록보다 확실한 증거는 없다고 할 수 있겠지만, 서민 청중이라는 뻔히 들여다보이는 존재를 간과할 수는 없는 것이다.

판소리의 청중은 초창기에는 창조적 기반으로서의 역할을 한 서민 청중과, 판소리의 상품성을 인정하고 하나의 예술로 이끌어 소비한 양반 사대부 청중 양자 모두가 존재했다고 할 수 있다. 이들이 함께 존재하면서 같이 얽혀 들어가 그 외연이 커진 것이 조선 후기 판소리 청중의 역사가 아닌가 한다. 판소리 청중은 이처럼 처음에는 아래 위 일부 계층이었지만 차츰 아래 위가 얽혀 들어가면서 아래 위 대부분을 포섭하는 청중층이 형성되었고, 그것이 중인층의 폭발적인 참여에 따라 그 외연이 정점에 이르게 된 것으로 보인다. 중인층에 의해 판소리는 도시유흥물화되면서 통속화의 과정을 겪게 되었지만, 그 통속화가 판소리를 민족적 예능으로 만드는 구실을 톡톡히 한 것으로 사료된다.

이처럼 판소리 청중이 점차 확산되면서 판소리의 음 구성방식도 보다 더 다양해지고, 음역대도 광역화되어 갔다고 판단된다. 그것은 다양한 메뉴를 갖춰 청중의 취향에 맞춰야 할 필요에서 나온 당연할 귀결이라고 할 수 있다. 청중들은 자신의 기호에 따라 특정 대목을 부분창으로 향유할 수 있게 되었다. 판소리가 마치 누더기처럼 수많은 더늠들이 모여 있는 전시장으로 보이는 까닭도 바로 거기에서 기인한다. 김성옥에 의해 발명된 것으로 알려져 있는 진양조도 판소리의 음구성이 다양해지고 광역화되는 과정에서 출현한 신(新)장단이라고 할 수 있다.[6)]

---

6) 『조선창극사』의 「송흥록조」와 「김성옥조」에는 김성옥에 의해 발명된 진양조가 송흥록에 의해 완성되었다고 전한다. 정노식, 『조선창극사』(조선일보사, 1940), 21면, 34면 참조.

판소리의 역사에서 또 하나 주목할 만한 사건은 연행공간이 외정(外庭)에서 실내로 점차 변해갔다는 것이다. 초창기의 판소리는 대체로 야외 공연이었으리라고 생각된다.[7] 판소리는 실내에서 공연하는 종목이 아니라는 인식도 있었을 법하다. 나례에서 불려진 노래가 과연 판소리였다면, 그것은 분명 야외에서 연행된 형태일 것이며, 수많은 서민 청중들 앞에서 행해진 공연도 물론 야외공연이었을 것이다. 수많은 청중들 앞에서 공연하기 위해서는 무엇보다도 굵고 높은 성량이 요구되었기 때문에 우리가 흔히 듣게 되는, 폭포 밑에서 폭포소리를 뚫고 나가기 위한 소리 수련 과정에 대한 일화들은 그러한 야외공연방식이 낳은 산물일 수 있는 것이다.

과거에 급제한 양반들이 필수적으로 행하는 기념행사인 삼일유가에서도 판소리는 야외공연이 주가 되었으며, 집 안에 들어와서 공연되더라도 그것은 마당이나 드넓은 대청마루 등에서 행해지지 실내로 들어온 것 같지는 않다. 그것은 일단 청중의 수가 적지 않을 것이기 때문이다. 그러나 판소리시대의 후반(18세기 말이나 19세기 내내)에 오면 판소리는 도시의 풍류를 즐기는 유흥 종목의 하나가 되어 실내로 들어오게 된다. 도시 유흥 종목에는 시조창이나 가곡창, 각종 악기의 산조 연주, 각종 춤사위, 그리고 각종 이야기 구연 등이 있었는데, 판소리는 그 일원이 되어 실내에서 창을 하는 관습이 확립된 것으로 보인다. 그것은 19세기 후반에 그려진 김준근의 「기산풍속도첩」에서도 볼 수 있으려니와,[8] 19

---

7) 판소리를 포함한 연행예술 종목들이 모두 야외 공연이었다는 사실은 山臺놀이(曳山臺 포함) 속에 포함된 놀이종목들, 예컨대 줄타기, 땅재주, 노래 등이 모두 야외에서 행해졌음을 통해 알 수 있다. 이에 대해서는 신선희, 『한국고대극장의 역사』(열화당, 2006), 220~286면 참조.

8) 김준근, 「기산풍속도첩」 중 '판소리도' 참고.

세기 도시 시정 세태를 포착하고 있는 〈게우사〉 같은 소설들에 나오는, 도시의 왈자들이 이집 저집 돌아다니며 노는 소설 속 내용을 통해서도 규지할 수 있다.[9]

판소리는 이처럼 조선 후기로 내려올수록 연행공간이 야외에서 실내로 이동하는 양상을 보인다. 완전하게 외정공간에서 집 안의 마당과 대청, 그리고 방안으로 들어오고 있는 것이다. 외정에서 실내로 연행공간이 이동됨에 따라 일어나는 가장 큰 변화는 감상자 수의 감소이다. 감상자의 감소는 표면적인 현상이고, 실내로 들어옴에 따라 일어나는 음악적 변화의 폭은 매우 컸으리라고 판단된다.

먼저 실내에서는 무조건 큰 성량을 요구하지 않는다. 그리고 먼 데까지 들릴 수 있도록 하는 높고 날카로운 성량도 요구하지 않는다. 오히려 좁은 실내에서는 높더라도 굵고, 날카롭더라도 낮은 성량이 더 바람직하다. 그래서 실내공연에서는 미세음들이 다양하게 발달할 여지가 많아진다고 할 수 있다. 기교음의 구사도 한층 더 중요해지고, 굴곡과 변전이 많게 소리를 운용하는 기술도 필요해질 것이다. 목구성은 좀 더 다양하고 복잡해지며, 성음의 운용은 미세하게 발달하지 않을 수 없다. 그것은 실내의 좌상객들이 고도로 숙련된 감식안을 갖고 있는 것과 연동되어 미세한 소리 회로들을 따라 촉진되었을 것으로 사료된다. 실내의 감상자들은 판소리뿐 아니라 다른 실내 연주 종목들에도 수준 높은 감식안을 갖고 있는 터라, 판소리에도 그 같은 기준을 요구했을 것으로 생각된다. 그들은 소리의 미세국면에도 감흥의 질을 따지는 매니아들일 가능성이 농후한 것이다.

판소리는 전시대의 정악양식들에 비해 빠르고 굴곡이 많은 음악으로

9) 김종철 교주, 「게우사」, 『한국학보』 65, 일지사, 1991.

전환되었었는데, 실내음악으로 이동함에 따라 소리의 굴곡과 변전은 더욱 더 추구해야 할 사항이 되었다. 실내음악에서의 미세음과 기교음의 발달로 인해 음이 표현할 수 있는 영역대도 훨씬 넓어져서 사실주의를 좀 더 추구하는 음을 개발한다든가, 희로애락의 감정을 좀 더 적실하게 표현할 수 있는 음 구성을 개발하는 노력도 이루어졌을 것으로 보인다.

판소리의 역사에서 소리는 고졸한 소리에서 화려한 소리로 변한 것으로 보인다. 그것은 동편제니 중고제니 서편제니 하는 판소리의 편제를 보아도 알 수 있다. 판소리 소리제에서 중고제나 동편제가 먼저 등장했고, 서편제는 나중에 등장한 것이라고 보는 것이 정설이다. 중고제나 동편제는 고제 소리로서 고졸하고 담박하며 기교가 없이 둔탁하고 묵직한 성음을 내는 소리방식이다. 이는 판소리가 처음에는 수식이나 장식이 없는 투박한 원음에 가까운 소리로 하는 방식이었음을 말해준다. 악기 연주 음악처럼 우조나 우평조의 가락을 판소리 성음에서도 흉내냈다고 할 수 있다. 이렇게 시작한 동편제 소리는 성음의 색깔도 단전에서 직접 통째로 무겁게 뽑아 올려 무거움 그 자체로 내지르는 통성이나 철성을 선호하는 것이었다.

그런데 나중에 등장한 서편제 소리는 기교음이나 장식음이 개입되어 화려하게 소리를 꾸미는 것이 특징이다. 소리를 툭툭 던져 맺어주는 동편제와는 달리 소리의 끝을 현악의 농현처럼 멋들어지게 흔들어서 소리에 화려한 장식을 입히는 것이다. 목구성이나 음색, 그리고 시김새의 방식을 매우 정교하게 운용함으로써 서편제 소리는 기교가 많이 요구되는 소리가 되었다. 서편제의 발생과 진양조의 개발은 직접적인 관련은 없어 보인다. 그렇지만 진양조의 개발은 서편제의 운용과 발전에 간접적인 영향을 미쳤을 것으로 사료된다. 기존에는 없던 진양조 장단을 개발한 사건은 기교를 추구하는 서편제 소리에 운영의 묘를 안겨주는 효과가 있었을 것으로 생각되기 때문이다. 아무래도 늦은 장단의 소리를 화려하게 장식하는 것이 훨씬 효과적일 것이다. 서편제 소리는 세밀한 감정표현을 가능하게 하는 소리로서 듣는 사람의 정서를 쉽게 고양시켜 감정표출을 원만하게 한다. 그리하여 신명나게 흥을 돋우는 것도 수월하게 되고, 슬픈 감정에 빠져들게 하여 비극적인 정조를 내는 데에도 효과가 많은 소리인 것이다.

판소리는 이와 같이 두 세기 정도 동안 청중층이 아래, 위, 그리고 중간으로 두터워져서 민족 전체가 향유하는 대표적인 음악양식으로 자리잡게 되었으며, 연행공간이 외정에서 실내로 들어옴으로써 음악적인 세밀함과 풍부한 감정의 분출을 가능하게 했는데, 이는 근대 공연예술의 성격과도 접맥되는 측면이 있어 보인다.

4. 판소리 연행술의 예술사적 의의

연행예술의 역사에서 판소리는 어떤 위상을 갖는가 하는 것은 짚어보아야 할 문제 중의 하나이다. 판소리는 18세기와 19세기의 조선 후기에 대표적인 연행예술 양식으로 존재했고, 그 존재감이 다른 연행예술에 비해 적지 않은 것으로 판단된다. 판소리가 오늘날에 이르기까지 지속적으로 공연되는 것은 물론이고, 지금까지 판소리를 차용한 많은 파생장르들을 낳아 왔다는 점에서 볼 때, 역사적 위상에 대한 점검은 꼭 필요하다고 하겠다. 판소리가 전대의 연행예술과 갖는 차별성에 대한 점검도 필요하지만, 근대의 연행예술에 기여한 점이 있는지에 대한 점검도 필요한 것이다.

판소리는 실내 연행예술이 되면서 실내 연행예술에 대한 기존의 통념을 바꾸어 놓았다고 판단된다. 판소리는 전대의 통념과는 다른 실내 연행예술의 새로운 패러다임을 만든 존재이다. 앞에서 살펴본 바와 같이 판소리는 처음에는 외정공간에서 행해지다가 나중에 실내로 들어와 도시 유흥 종목의 총아가 되었는데, 실내로 들어오면서 판소리는 실내 연행예술이 지닌 기존의 통념을 바꾸어 놓았다. 즉, 실내 연행예술은 모름지기 감정을 절제할 줄 알아야 하고, 감정을 표백시킴으로써 전아함과 아정함을 지향해야 하는 것으로 관념되었다. 그것은 정악적 경향을 실내에서도 추구해야 할 것으로 생각했기 때문이었다. 감정을 자유분방하게 노출시키고 신명나게 흥을 고조시키는 방법으로 연행하는 것은 산대놀이와 같은 외정 연행예술이 추구해야 할 것이고, 실내연행에서 신명과 흥은 절제와 표백작용을 거쳐야 하는 것으로 보는 것이 기존의 통념이었던 것이다.

실내 연행예술이란 겉으로 흥이 나더라도 그것을 절제하여 속으로 승화시키는, 정중동의 가치를 추구하는 것이었어야 했으며, 외정 연행예술은 그에 비해 내면의 흥취를 표면에 분출하여 동적인 요소를 강조 부각시키는 형식이라는 차별적 공식이 있었는데, 판소리는 이러한 지향가치를 한데 융합시키는 방향으로 나아갔다. 그리하여 판소리는 실내에서 행해지는 연행예술 양식임에도 불구하고 정중동(靜中動)의 가치에 동적인 요소를 가미하여 동중정(動中靜)의 가치를 지향하는 새로운 형태를 창출했다. 실내 연행예술임에도 판소리는 감정의 자유로운 분출과, 동작과 표정의 역동적인 움직임을 통해 동적인 가치를 추구하면서도 정적인 가치를 내장시킴으로써 우리 연행예술들 사이의 외정과 실내라는 연행공간에 대한 변별적 지점을 무화, 융합하였으며, 그를 통해 우리 연행예술의 체질을 변화시키는 계기를 마련한 것이다.

판소리의 연행술이 예술사적으로 지니는 가치 중의 또 하나는 사실주의적 연극의 자생적 전통을 마련한 측면이 있다는 것이다. 판소리가 삶의 리듬에 맞춰 음 구성을 하고 있고, 생활적 감정을 이야기 내용은 물론이고 동작이나 표정을 통해서도 진솔하게 표현한다는 점은 앞서 지적되었다. 다시 말해 이야기 내용이나 음악적 구성, 그리고 동작과 표정 등의 비언어적 표현방식 등에서 사실주의를 추구하고 있다는 것이다. 또한 인간의 희로애락의 감정을 과장되지 않고 왜곡됨이 없이 판소리는 그대로 자유분방하게 표현한다는 점도 앞서 지적되었다. 판소리의 이런 모습에서 우리는 모름지기 예술에는 예술적 의장으로 포장되어야 한다는 기존의 규범적인 예술관이 많이 탈색된 사실주의적 예술관이 판소리에 적용되어 있음을 알게 된다. 그것은 예술이란 삶의 국면 어디에서라도 나올 수 있는 것이며, 그것을 과장과 왜곡 없이 자유분방하게 감정에 거슬리지 않도록 표현하는 것이라는 점을 인식한 결과이다.[10)]

이러한 관점에서 볼 때, 판소리는 근대의 사실주의적 연극의 생성에 일정 부분 기여한 점이 없지 않다고 생각된다. 그것은 창극에 대한 일부 잘못된 시선을 교정하는 데까지 나아갈 수 있다. 일인다역의 노래형식인 판소리가 근대에 들어 일인일역의 극형식인 창극으로 분화 발전한 것은 이미 다 아는 사실이다. 그런데 기존의 일부 시선은 창극이 서구의 사실주의적인 연극의 영향을 받아 판소리의 독창형식을 일인일역의 극형식으로 바꾼 것이라고 보고 있는 것이다.[11)] 그렇지만 서구의 연극이 하나의

10) 사실주의적 극의 계보를 외래극을 체험한 사람들의 인식에서 찾거나 식민지 현실이라는 당대 상황에서만 찾는 경향이 있는데, 판소리가 추구한 사실주의적 성격을 주목할 필요가 있다. 이 글에서 이를 정치하게 따지지 못하고 투박하게 진단하는 수준에 머문다는 한계를 인정하지 않을 수 없다. 서연호, 『한국연극전사』, 185~205면 참조.

11) 창극의 발생을 '외국 연극 양식의 영향'이라거나(백현미, 「창극형성의 배경과 그 과정」, 『판소리연구』 1집, 1989, 135~136면), '방법적으로 자기발전적인 대안이 없이 외래극의 모방에 의한 극장편입'으로 보는 것(서연호, 앞의 책, 168면)은 자생적 전통의 측면을 간과한 관점이 아닌가 한다.

충격으로 다가와 창극의 발생에 영향을 줄 수는 있었을지언정, 서구의 연극적 경험이 창극을 낳았다는 관점은 분명 문제가 있는 것이다.

판소리가 서구 연극을 흉내내어 창극이 되었다는 관점은 우리의 사실주의적 연극전통의 자생적인 형성과 성장 발전의 국면을 전혀 간과한 것이다. 판소리는 그 자체의 본질 속에 창극으로의 발전 모델을 배태하고 있었기에 서구 연극을 접하면서 곧바로 창극을 출현시킬 수 있었던 것이다. 그러므로 서구의 사실주의적 연극은 창극 출현에 대한 하나의 외부적 충격에 불과한 것으로 보는 관점이 정당하다고 하겠다.

판소리가 우리의 연행예술사에서 갖는 또 하나의 의의는 상층문화적 공연방식과 하층문화적 공연방식을 융합시켰다는 점에서 찾을 수 있다. 판소리는 우리 민족이 어떤 특정 계층에 따른 선호도 차이가 별반 개입됨이 없이 연행예술 양식들을 전 민족적으로 향유할 수 있게끔 하는 전기를 마련했다고 평가할 수 있다. 우리 민족의 예술양식들 사이에는 계층에 따른 일종의 벽이 있어서 접근 자체가 불가능한 측면도 없지 않았거니와 계층에 따른 선호도의 차이 또한 있어서 상하 계층의 예술양식들은 서로가 서로를 등진 채 그 계층에서만 향유되는 형편에 있었다. 양쪽의 교류가 부재했으므로 상하 계층의 예술과 문화는 일방통행으로 서로 평행선을 달릴 수밖에 없었다. 그런데 판소리는 양쪽의 문화와 예술을 합류케 하고 소통케 하는 역할 내지는 기능을 일정 부분 담당하게 되었다고 평가된다.

판소리가 이런 소통과 교류의 역할을 하게 된 것은 상하층 예술의 공연방식들을 서로 융합시키는 방법을 통해서였다. 판소리가 외정 연행예술에서 실내 연행예술로 이동한 것은 그 중심축이 이동한 것이지 전적으로 외성 연행공간이 폐지된 것은 아니었다. 하지만 판소리 실내공연은 외정공연의 방식들을 상당 부분 그대로 간직한 채 이루어졌으며, 나아가 공간적 장점들을 적절하게 반영하면서 진화해 나갔다. 이러한 점에서 볼 때 판소리는 확연히 구분되었던 상하층 연행예술의 공간을 수렴 통합하는 역할을 어느 정도 수행했다고 평가할 수 있는 것이다. 앞에서 언급한 바와 같이 규범적인 성향의 음 구성방식과 탈규범적인 음 구성 방식을 함께 운용하고 있는 점, 느리고 유장한 선율과 빠르고 굴곡이 많은 선율을 섞어 넣고 있는 점, 우조와 평조의 가락구성과 육자백이나 메나리조 등의 민요조 가락구성을 혼용하고 있는 점, 고졸하고 은인자중하는 선비 취향의 음악과 자유분방하게 감정을 표출하는 민중 취향의 음악을 병행하고 있는 점 등은 모두 판소리가 상층과 하층의 문화예술적 취향을 융합하여 민족 단일체적 예능으로 승화시키기 위해 채용한 공연방식이라고 하지 않을 수 없다. 상층문화와 하층문화의 접합현상은 판소리 사설의 담화적 짜임방식에서도 볼 수 있는 것[12]으로서 이처럼 다방면에서 문화적 융합을 이루어내었다고 할 수 있다.

근대에 들어 연행예술을 관람하는 데 민족 각 개체 간에 문화적 취향에 있어서의 이질성은 크게 작동되지 않았다고 할 수 있는데, 그것은 조선 후기에 이미 판소리가 상하층 문화예술을 한데 융합시켜 그 당시에는 엄연히 존재했던 상층계급과 하층계급이 함께 즐길 수 있게끔 훈련시켜 놓은 공로가 있었기 때문이다. 판소리는 청·관중이 가장 폭넓게 구성되는 연행장르로서 다른 연행예술들로 하여금 민족 단일체적으로 자신들을 예능화하는 데 기여했다고 할 수 있다.

---

12) 김현주, 「판소리 담화와 문화접변」, 『판소리 담화분석』(좋은날, 1998), 248~270면 참조.

5. 맺음말

판소리는 이전 시기의 정악양식에 비해 빠르고 굴곡이 많고, 사실적이며, 개성적인 음악을 지향했다. 그것은 당시 조선의 사회적 상황과 인식론적인 동향, 그리고 심미적인 사유체계의 변화를 반영하는 것이었다. 즉, 당시 사회가 그 기반에 깔고 있었던 실용성이라든가 자유분방한 정서 표출, 그리고 자신감을 바탕으로 한 비판정신 등이 배경이 되었던 것이다.

판소리는 18, 19세기 두 세기를 통과하면서 서민층과 양반층, 그리고 중인층으로까지 외연을 확장함으로써 전 국민의 연행예술 양식으로 자리 잡게 되었으며, 연행공간이 외정에서 실내로 변함으로써 미세음과 장식음, 그리고 기교음이 발달하고 공연방식이 화려하게 변하는 등, 실내 연행예술의 공연 패러다임을 크게 변화시켰다.

판소리가 청중층의 외연을 넓히고 향유계층의 기호 차이를 해소한 것은 결국 상층문화적 공연방식과 하층문화적 공연방식을 융합한 것으로, 그것은 따지고 보면 근대 공연방식을 선행한 것이었다. 또한 연행공간이 외정에서 실내로 변함으로써 그로부터 야기된 변화들, 즉 외정연행에서의 신명과 흥이 실내로 들어오고, 성음 구성방식은 미세음과 기교음을 활용하게 되며, 연행방식은 화려하게 변하게 된 현상 역시 근대 공연예술의 방식을 선행한 것이었다. 한편 판소리에서 추구하는 사실주의가 근대 공연예술에서의 사실주의적 경향을 선행했음도 우리는 추가로 지적할 수 있다. 이와 같이 판소리는 근대로의 이행기에 위치하면서 전통 연행예술의 자질을 근대 공연예술에 넘겨주는 역할을 일정 부분 담당했음을 우리는 알 수 있다.

참고문헌

『성호사설』.

『지봉유설』.

『연암집』.

『악기』.

김승룡, 『악기집석』, 청계, 2002.

김종철, 『판소리사 연구』, 역사비평사, 1996.

김종철 교주, 「게우사」, 『한국학보』 65, 일지사, 1991.

김현주, 『판소리 담화분석』, 좋은날, 1998.

백현미, 「창극형성의 배경과 그 과정」, 『판소리연구』 1집, 판소리학회, 1989.

백현미, 『한국창극사 연구』, 태학사, 1997.

사진실, 『한국연극사 연구』, 태학사, 1997.

서연호, 『한국연극사: 근대편』, 연극과인간, 2004.

서연호, 『한국연극전사』, 연극과인간, 2006.

송방송, 『한국음악통사』, 일조각, 1984.

신선희, 『한국고대극장의 역사』, 열화당, 2006.

유민영, 『한국근대연극사』, 단국대출판부, 2000.

정노식, 『조선창극사』, 조선일보사, 1940.

최웅 · 유태수 · 이대범, 『한국의 전통극과 현대극』, 북스힐, 2003.

* 『애산학보』 제34집(애산학회, 2008. 12)에 실렸던 글임.

9장
조선 후기 야담의 욕망과 대안적 근대

이 강 옥*

1. 문제의 제기

조선 후기 문학에 대한 성격 구명은 그 이전 문학과의 비교에서 출발한다. 조선 후기에 이르러 근본적인 변화가 이루어졌다고 보는 쪽이 있는가 하면, 지속의 성격이 더 강하다고 보는 쪽[1])도 있다. 전자의 경우, 그 변화의 본질을 두고 의견이 다시 나뉜다. 조선 후기 야담(野談)의 근대성에 대한 논의는 조선 후기 문학 전반에 대한 이와 같은 시각 차이를 전제한다.

조선 후기 야담을 발생시킨 가장 든든한 원동력은 현실 반영과 구연(口演)에서 나왔다고 볼 수 있다. 조선 후기에 들어와 현실의 제반 형식

---

* 李康沃: 영남대학교 국어교육과 교수.
1956년 출생. 서울대학교 국어국문학과 문학사(1980), 문학석사(1982), 문학박사(1993; 「조선 초 중기 일화의 형성과 변모과정 연구」).
저서: 『조선시대 일화 연구』(1998), 『구운몽』(1998), 『한국야담연구』(2006) 등.
논문: 「〈구운몽〉과 〈육미당기〉에 나타난 세속적 삶의 두 모습과 그것의 극복방식」(1997) 등.

1) 강명관, 『국문학과 민족 그리고 근대』(소명출판, 2007), 157~159면.

과 내용이 급격하게 달라져가자 야담은 그 부분을 재빨리 민감하게 반영하였는데, 그것을 가능하게 한 것이 '경험자의 자기 경험 구연'인 것이다. 세상이 달라지면서 유별난 경험을 하게 된 사람들이 많이 나타났다. 그들은 독특한 경험 내용을 다른 사람에게 알리고자 하였다. 이와 같은 '경험자의 자기 경험 구연'을 1차 구연이라 한다면, 2차 3차 구연이 이어졌고, 이야기를 구성지고 재미나게 구연하는 이야기꾼이 그 구연의 성과를 총괄하여 서사적 질을 드높였다. 마침내 기록자가 그것을 한문으로 기록하면서 작품으로서 완성된 단계에 이르렀다. 이와 같은 야담 형성 과정은 야담으로 하여금 현실 경험을 바탕으로 하여 허구적 부연과 비약을 이룰 수 있도록 하였다.

야담은 현실 경험을 근간으로 하기에 조선 후기 현실의 성격이 야담 갈래의 성격과 긴밀하게 연결된다. 조선 후기의 자본제적(資本制的) 생산양식에 대한 논란은 간단하게 정리되기 어렵지만 조선 후기 현실이 자본제적 맹아를 산출하기 시작했다는 입장에 선다면, 야담은 그 부분을 그 어느 갈래보다 더 적극적으로 재빨리 반영하였을 것이다.

그러나 야담의 근대성에 대한 본격적인 논의는 뜻밖에도 찾기가 어렵다. 아마도 지금까지 대부분 야담론이 야담의 근대성을 전제하고 있었기 때문일 듯하다. 문제는 암묵적으로 전제한 그 '근대성'이 어떤 함의를 가진 것인가가 분명하게 확인되지 않았다는 것이다. 서구에서 말하고 있고 또 서구가 걸어간 근대가 우리나라에 그대로 적용되기는 어렵다. 중세의 극복으로서의 우리 근대는 서구적 근대일 수 있지만 또 다른 '근대'일 수도 있다. 후자를 '대안적(代案的) 근대'라 한다면,[2] 우선 검토해야

2) '근대기획=근대구성'(박희병, 『운화와 근대: 최한기 사상에 대한 음미』, 돌베개, 2003, 24면); '존재했으나 가지 않은 길'(조세형, 「조선 후기 시가문학에 나타난 근대와 그 의미」, 『한국시가연구』 24집, 한국시가학회, 2008, 136면).

할 사항은 중세의 극복 결과로서의 '차이'일 것이다.

본고에서는 야담의 근대적 성격을 논의하는 것을 목표로 삼지만, 일단 야담적 주체의 경제적 욕망에 초점을 맞춘다. 욕망에 대한 새로운 시각이 나타나는 야담은 욕망을 대하는 중세적 시각과 근본적 차이가 있다고 본다. 이 차이를 먼저 드러내고 그 차이가 과연 '근대성'의 범주에 들어갈 수 있을지에 대해 살펴보겠다.

2. 주체의 욕망과 근대성

욕망에 대한 주체의 태도는 근대성을 판단하는 중요한 잣대 중 하나다. 중세 조선이 욕망보다는 이념이나 도덕률을 우위에 놓아 욕망을 억압하고 숨기는 경향이 있었다면, 조선 후기에 들어와 욕망에 대한 다른 시선과 태도가 형성되어 새로운 세계관을 창출하였다. 철학적 담론에서 그런 변화가 포착된다. 철학적 담론의 출발은 달라진 현실이다. 현실에서 미미하게 엿보이는 변화를 감지하여 체계적으로 발전시킨 것이 철학적 담론인 것이다. 북학파 그룹으로 지칭되는 지식인들에게서 욕망을 인정하는 인식전환을 두루 찾을 수 있다. 나아가 정약용(丁若鏞, 1762~1836), 최한기(崔漢綺, 1803~1877), 심대윤(沈大允, 1806~1872) 등에서 구체적 전개를 발견한다.

먼저 정약용은 성(性)을 기호(嗜好)로 해석함으로써 도덕적 존재로서의 인간과 욕망 지향적 존재로서의 인간을 함께 포용하는 철학적 기초를 마련하였다.[3] 인간의 양면성을 인정하는 것이다. 그 선악의 갈등에

3) 오문환, 「다산 정약용의 근대성 비판: 인간관 분석을 중심으로」, 『정치사상연구』 7집

서 자율적 선택의 주체로서 인간을 인정한다는 점에서, 서구의 근대적 인간관과 닮아갔다고도 평가된다.[4] 이와 관련하여 임형택 교수도, "인간 앞에는 선과 악의 두 갈래로 길이 개방되어 있는데 거기서 갈 길은 각자에게 맡겨진 자유선택의 과정이다. 그는 여기에 '자주지권(自主之權)'이란 개념을 부여해서 비상히 주목한 것이다."[5]라고 주장하였다. 도덕적 존재와 욕망 지향적 존재, 선을 지향하는 자아와 악을 지향하는 자아 사이에서 갈등하는 주체의 형상은 서사적 주체의 내면 갈등을 설명하는 데 매우 유용한 틀이 된다. 정약용의 이런 새로운 주체관이 서학(西學)의 영향에서 출발했든, 원시 유교 경전에 대한 비주자적 해석에서 비롯되었든, 그 시기는 야담이 욕망에 대한 새로운 시선을 담아 다채로운 사건을 전개했던 시기와 겹친다는 점이 흥미롭다.

최한기는 주자학이 강조하는 천리(天理)를 욕망과 대립시키지 않았다는 점에서 특출하다. 욕망을 긍정하고 인정하되 어느 정도의 욕망이 자연적으로 정당화될 수 있는가를 숙고했다. 욕망 자체는 어디까지나 '운화중물(運化中物: 운화 속에 있는 것)'로서, 자연에 부합하는 것이라고 보았다. 다만 문제는 그것이 부당한 방식으로 추구되거나, 과도하게 추구되는 데 있을 뿐이다. 욕망이 지나치면 일신(一身)은 물론 사회에도 해를 끼칠 수 있다. 욕망은 '통민운화(統民運化)'에 의해 사회적으로 조절되어야 하는 것이다. 그리하여 운화에 합치되기만 한다면, 욕망은 '인의지리(仁義之利)'가 될 수 있다고 보았다.[6]

(한국정치사상학회, 2002년 가을), 16면.

4) 같은 글, 같은 면.

5) 임형택, 「19세기 서학에 대한 경학의 대응」, 『실사구시의 한국학』(창작과 비평사, 2000), 207면.

6) 박희병, 앞의 책, 86~87면.

심대윤의 생각도 이와 관련하여 이해할 수 있다. 그는 인간의 욕망과 이익추구를 긍정해야 한다고 하여 주자학과는 완전히 다른 입장을 보였다. 특히 복리(福利)는 심대윤 경학사상의 핵심 개념으로, 행복과 이익을 인간이 추구하는 정당한 가치로 인정하는 개념이다.[7] 그는 '욕(欲)이란 천명(天命)의 성'이라 하고 '사람으로 되어 욕이 없으면 목석과 다름이 없다.'고 했다. 그리고 나에게 이로우면 남에게 해롭지 않은가 하는 질문에 대하여 '남과 나의 이해를 저울질해서 한편에 치우치지 않는 이것이 동리지공(同利至公)의 도(道)다.'라 하여, 남과 더불어 이로움을 추구하는 '여인동리(與人同利)'가 '지공의 도'요 최고의 도덕적 가치라고 주장하였다.[8]

서사에서 욕망은 재물에 대한 것과 이성에 대한 것으로 나눠지지만, 어느 쪽이든 그 욕망을 대하는 주체의 자세와 욕망을 성취하기 위해 주체가 선택하는 방식이 서사의 성격을 결정한다. 서사의 근대성을 따질 때도 결국 이 점을 유념하지 않을 수 없다. 욕망을 추구하고 그 대상을 누리려 하는 것은 사람의 가장 보편적 성향이므로 서사는 그런 욕망을 수용하면서 본격적으로 시작되었다 해도 과언은 아니다. 서사의 역사에서 어떤 욕망을 어떻게 성취하는가는 다양하다. 먼저 주인공이 자기 욕망을 성취하기 위해 세밀하게 계획을 짜지도 않고, 집요한 노력도 하지 않음에도 불구하고 욕망을 성취하는 경우가 있다. 주체에게 잠재된 욕망이 우연하고도 비현실적으로 성취되는 것이다. 이런 구도는 민담에서 전형적으로 나타난다.

세상이 복잡해지고 사람의 경험도 복잡해지면서, 욕망을 추구하여 성

---

7) 임형택, 앞의 글, 215면.
8) 같은 글, 215~217면.

취하는 것이 간단한 일이 아님을 절감하게 된다. 욕망은 끝없이 팽창해 가는데 그 대상은 한정되어 있다. 여기서 갖가지 갈등이 발생한다. 갈등에서 승리를 거둬 욕망을 충족시키기 위해서는 주체가 욕망의 대상에 강력히 몰입하여 욕망 성취에 유익한 전략을 개발한다. 다음으로 좀 더 시야가 넓어지고 사유가 깊어지면서 욕망 추구와 삶의 다른 요소 간의 관계를 성찰하기에 이른다. 어느 쪽이든 갈등에서 유리한 자리를 차지하기 위해 욕망 추구의 방법을 구체적으로 마련할 것이고, 욕망 추구와 상치되는 세계관과의 교섭 및 조정 작업도 수행할 것이다.

이와 대응되는 야담의 서사적 특징은 서사구조나 서술방식이 복잡해지고 서사적 주체도 선택과 조정 사이에서 내면적 갈등을 겪는 것이다. 마침내 욕망에 대한 새로운 경험이 새로운 이념을 창출했다. 그 이념은 욕망을 억압하던 중세적 이념과는 다른, 새 시대를 조화롭게 이끌어갈 수 있는 이념이다. 이 이념의 창출 과정을 야담에서 찾아가는 것은 야담의 중세 극복 혹은 '대안적 근대'를 따져보는 일이다.

3. 욕망의 길 닦기

주체의 욕망에 대한 의지와 욕망 충족을 위한 전략이 나타나지 않으면서 다만 욕망이 우연하게 충족되는 야담 작품은 민담에 뿌리를 내리고 있는 것이다.[9] 이들은 조선 후기 현실에서의 구체적 경험 내용을 반영한 것이라 보기 어렵다. 조선 후기 경험을 어느 정도 바탕으로 하고

---

9) 〈낙소도포장획화(落小島砲匠獲貨)〉(『동야휘집』 하, 544면), 〈토충매병겸획재(吐虫賣病兼獲財)〉(『동야휘집』 하, 741면), 〈삼상최가(蔘商崔家)〉(『계서야담』, 9면), 〈득음분수리천금(得陰粉售利千金)〉(『동야휘집』 하, 828면) 등.

있다 하더라도 반영의 방식이 간접적이고 암시적인 경우가 있다.[10] 이런 작품들에서는 생활 경험에서 우러난 당당한 활력을 찾아보기는 어려우며, 작중인물이 자기 운명을 개척해가려는 의지도 강하지 않다. 계교나 사기술 등이 욕망을 성취하는 데 활용된 주된 방식이다. 무엇보다 이들 작품들은 어떤 처지에 놓인 집단의 경험을 바탕으로 하지 못하고 있다. 어떤 집단의 존재 양식이나 세계관을 반영한 것이 아니라 주인공 자신이 갖게 된 특이한 의식과 행동을 반영한 것이다. 집단의 기반을 갖지 못했다는 점에서 민담과 상통한다.

〈영산업부부이방(營産業夫婦異房)〉(『청구야담』 하, 340면), 〈김공생취자수공업(金貢生聚子授工業)〉(『청구야담』 상, 152면), 〈염(鹽)〉(『동패낙송』, 37면), 〈정기룡(鄭起龍)〉(『동패집』), 〈이기축참록운대(李起築叅錄雲臺)〉(『동야휘집』 상, 624면) 등은 조선 후기 야담이 추구하는 경제적 욕망의 속성과 주체의 의지, 욕망을 성취하는 전략 등을 뚜렷하게 보여준다.

〈영산업부부이방〉에서 주인공 김생과 그 아내는 머슴살이를 하는 천민이다. 이들은 재물 이외의 그 어떤 것도 자기들을 행복하게 해주지 못한다는 것을 절감한다. 자신이 천민이라는 악조건에 절망하지 않고 재물을 창출하려는 강렬한 의욕을 불태운다. 뚜렷한 목표를 세우고 구체적인 치부 전략을 마련한다. 단 하나의 목표를 간절하고도 치열하게 추구하는 그들에게는 어떤 장애도 그 단호한 욕망의 길을 막을 수 없다. 그들은 '10년 기한의 갑부 되기'를 추구하여 마침내 목표를 달성한다. 그 사이 나이가 들어 자녀를 낳을 수 없게 되었지만 전혀 실망하지 않고 양자를 얻어 편안한 여생을 보낸다. 욕망 성취에 대한 열망에

10) 〈지쉬령계권도화(智倅逞計權島貨)〉(『동야휘집』 하, 115면), 〈득거산제주백양병(得巨產濟州伯佯病)〉(『청구야담』 하, 248면) 등.

비하면 그 어떤 부수적 사항도 보잘 것 없는 것이었다. 양자를 얻었다는 점에서 그들이 가부장제적 의식으로부터 완전히 해방되었다고 보기는 어렵지만, 자기 혈육을 재생산할 수 없게 된 사실에 대해 전혀 동요하지 않는 것은 중세 가부장제에 연연하는 집단의 태도와는 다른 것이다.

〈김공생취자수공업〉에서는 주인공의 성욕과 재물욕이 묘하게 결합되었다. 주인공은 이역(吏役)을 그만두고 행상을 시작한다. 재물의 축적이 주인공의 목표이며 서술의 지향이지만, 주인공은 재물 모으는 데 집중하지 않고 여자들과 동침하기만 한다. 자식들은 성 관계의 결실이면서 농업 생산과 재물 축적을 위한 발판이 된다. 높은 '생산성'에 대한 조선 후기의 열망이 이렇게 나타났다고도 볼 수 있을 것이다. 주인공은 자신의 성적 왕성함을 바탕으로 하여 83명의 자식을 낳아서는 두 가지 방식으로 활용한다. 첫째, 83명의 자식들이 갖춘 재주이다. 자식들은 방석을 짜는 기술, 신을 만드는 기술, 도자기를 만드는 기술 등 일상생활에 필요한 어떤 물건도 만들어내는 재주를 가졌다. 둘째, 그들의 노동력이다. 주인공은 자식들의 재주와 노동력을 모아 어영청 둔전을 개간하고 거기다 해마다 다양한 곡물들을 심어 부자가 되었다. 이것이 귀결점이다.

아주 짧은 분량이지만 그 서술 과정에 박진감이 넘친다. 흉년이 찾아오고 나이가 든다는 점이 주인공에게 닥쳐온 시련이라고 하겠지만, 오히려 그 시련을 욕망 충족의 호기로 삼았다. 주인공은 흉년의 배고픔과 노쇠의 허무감만을 이겨내야 한다고 소극적으로 생각하지 않고, 오히려 그때를 부자가 되고 생기를 회복하는 기회로 삼아 일도매진하는 것이다. 이런 적극성 덕에 여자에 대한 욕망과 재물에 대한 욕망을 함께 충족시킨 것이다.

한편 〈환처(宦妻)〉(『잡기고담』, 287면)는 내시의 아내가 된 여인이 정욕을 참지 못하고 가출하여 소망을 이루는 이야기이다. 여인은 가출하여 처음 만난 젊은 중을 남편감으로 점찍고는 끝까지 따라가 억지로 육체 관계를 맺고 부부가 되었다고 일방적으로 선언한다. 그리고는 중의 본가로 함께 가서 내시의 집에서 나올 때 가져온 돈으로 전장을 크게 경영하여 부자로 잘살게 되었다. 여기서 여인은 자신의 정욕을 당시 비인간적 사회가 여인에게 강요했던 정절 이데올로기로 억압하지 않았다. 여인은 자기 몸의 요구를 소중하게 여기고, 그 욕망을 성취하기 위해 용감하고 당당하게 모든 수단을 다 구사했다. 결국 성과 돈에 대한 욕망을 성취하였고, 행복한 가정을 건설했다.

야담이 개척한 욕망의 길에서 이와 같은 내용과 형식이 나타나게 된 배경은 무엇일까?

조선 후기에 이르러 지배 질서는 근본적으로 흔들렸고, 사회 전 영역에 걸쳐 새로운 모습과 현상들이 나타났다. 그것 중 일부는 자본제적 맹아로 지칭되었다. 그것들은 전에는 쉽게 접할 수 없었던 것으로 큰 호기심과 집착을 불러일으켰다. 자본제적 맹아는 사람의 근원적 욕망 중 특히 재물욕과 가장 긴밀한 관계를 가지는 것이다. 중세 사회에서 억압되거나 은폐되어 온 그것은 중세 사회의 질서가 흔들리며 틈을 보이자, 사회 전 영역으로 떠올라 새로운 분위기를 만들어내었다. 야담은 동시대 다른 갈래보다 앞서 그 분위기를 담았다.

새로운 상황과 경험에 대해 사람들은 강한 호기심을 가졌다. 만족스럽지 못한 여건에서 살아가던 사람들은 자기 하기에 따라 열악한 처지가 향상될 수 있다는 희망을 가지게 되었다. 욕망 성취의 필요성을 절감하고 그 가능성을 확신할 수 있는 집단이 생겨났고 또 이미 욕망을 성취한 집단들이 형성되기도 하였다. 전자 집단은 상상의 차원에서 이야기 내용과 강력한 관계를 가진다면, 후자 집단은 실제로 이야기 내용과 긴밀한 관계를 가진다. 어느 쪽이든 서사의 주체들은 이야기 내용과 절실하고 긴밀한 관계를 가졌는데, 그런 특징이 빠른 서술 속도로 나타났다. 서술자는 거두절미하고 지향하는 바나 경험한 바를 박진감 있게 서술하는 것이다. 욕망을 성취했다는 결과를 시급하게 말하려는 충동이 강렬하기에 주변적인 것에 대해 관심을 가지고 서술할 여유가 없기 때문이다. 욕망이 성취되는 과정은 서두부터 결말까지 긴장을 유지하며, 서술 과정은 정황의 급속한 상승 과정이며 지향한 욕망이 완전 성취되는 순간이 결말이 된다.

욕망의 길을 보여주는 이런 야담들은 '신흥 상승층'[11]의 낙관적 세계관과 대응될 수 있다. 신흥 상승층은 양반 자작농이나 소작농, 평민 부자인 요호부민(饒戶富民), 상인 등으로 구성되었는데, 이들은 사람의 생애에서 욕망이야말로 가장 중요한 것이라고 생각하는 분위기를 만들었다. 야담은 그들의 욕망의 길을 포착하여 작품 세계로 반영하였다. 조선 후기의 신흥 상승층은 계급으로서 사회적 뿌리를 온전하게 내린 단계에 이르지는 못했던 다소 유동적 집단이었지만, 사회 · 경제적으로 상승하려는 민중들의 호기심과 선망의 대상이 될 수 있었다. 야담의 욕망의 길은 신흥 상승층과 그들을 흠모하는 민중의 바람을 반영한 것이다.

---

11) 신흥 상승층에 대한 개괄적 이해는 김영호, 「실학사상의 발흥」, 『한국사 14』(국사편찬위원회, 1975), 159면 참조. 특히 이 시기에 가장 적극적으로 농업 경영에 종사하여 부를 축적할 수 있었던 집단은 양반 자작농, 양반 소작농, 그리고 요호부민이라 불리던 농민층이었다(「한국 중세사회의 계급과 신분」, 『한국사 24』, 한길사, 264~265면 참조).

4. 욕망 갈등과 성찰, 새 이념

1) 욕망의 길에서 해결되는 문제

욕망의 성취란 없던 것을 소유하는 것이며 적은 것을 더 많이 소유하는 것이다. '욕망의 성취'는 안분자족(安分自足)의 허구성을 절감한 집단이 기존 상황보다 더 나은 여건을 만들려는 열망을 바탕으로 한 의미지향이다. 반면 '문제의 해결'은 바람직했던 기존 상황을 되찾으려는 회복의지를 바탕으로 한 의미지향이라 할 수 있다. 기득권을 누린 경험의 여부에서 차이가 나는 것이다. 두 의미지향은 현실에서 주저앉지 않고 더 나은 상황을 선취하려는 집단이나 개인들에 의해 가장 전형적으로 추구되던 것이라 할 수 있다. 그러나 둘은 모순적이다. 그 모순적 의미지향을 한편의 야담 작품이 담기도 한다는 데에서 새 시대에 호응하는 야담의 역동성을 간파할 수 있겠다.[12)]

두 의미지향이 두 인물을 통해 실현되는 경우가 〈연산조사화(燕山朝士禍)〉(『계서야담』, 213면)이다. 유배된 이장곤(李長坤)이 연산군의 억압을 견뎌내고 마침내 복권되는 '문제의 해결'과 이장곤의 정실(正室)이 됨으로써 신분 상승을 하는 고리백정 딸의 '욕망의 성취'는 같은 사건이 전개되는 과정에서 동시에 실현된다. 사대부 사회라는 폐쇄적 공간을 열어 하층민 사회와 연결시킴으로써 작중 공간을 확장하였기에 가능한 공존이었다.

〈여주지고유허성유생(驪州地古有許姓儒生)〉(『계서야담』, 242면)에서는 한

12) 야담의 의미지향에 대해서는 이강옥, 『한국야담연구』(돌베개, 2006), 69~192면 참조.

인물에 의해 두 서술시각이 계기적으로 실현되었다. 양반 허홍(許弘)은 부친이 죽은 뒤 끼니조차 잇기 어렵게 되자, 두 형들에게는 과거 공부를 계속하게 하고 자신은 치산에 나선다. '형제가 의지하여 생계를 꾸려갈 정도의 재산'을 모으는 것이 목표였다. 문제의 해결을 지향한 셈이다. 그렇지만 허홍과 그 부인은 철저히 근면하게 살아 최고의 부자가 된다. 이는 기존 정황으로의 단순한 회복이 아니라 기존 정황의 초월이므로 욕망의 성취에 가깝다. 허홍은 양반식 문제 해결을 지양하고, 부를 획득하기 위해 스스로 철저하게 노력한 점에서 신흥 상승층의 자세를 획득 실현했다. 그러나 일단 목표를 이룬 시점에서 허홍은 양반으로서 학업을 포기한 것을 한탄한다. 양반인 허홍은 과업을 닦아 사대부 관료로서 살아가야 했지만, 경제 여건은 그가 정상적인 사대부로 살아가는 것을 어렵게 만든 것이다. 허홍이 겪은 내면 갈등은 양반의 삶에 개입한 복잡한 현실 여건과 그에서 비롯된 양반의 자의식 사이에서 이루어졌다.

두 지향이 두 인물을 통하여 공존하거나 한 인물의 내면에서 갈등을 일으키는가 하면, 욕망에 대한 강력한 집착이 다른 의미지향을 압도하는 경우가 많다. 세상의 다양한 관점이 작품 속으로 들어왔지만 강력한 욕망 앞에서 그 목소리가 묻혀버렸다. 가령 〈영호기인상략전(逞豪氣因商掠錢)〉(『동야휘집』 하, 45면)에는 명분보다 실리를 챙기며 남을 속이는 시장의 분위기가 생생하다.

상인 손량식(孫亮軾)은 남초 흉년이 들자 시세 차이를 이용하여 큰돈을 벌고자 가산을 모두 처분하여 남초를 구입해 상경하지만 도착하자마자 사기꾼을 만난다. 그는 사기꾼에게 남초를 강탈당하고는 오도 가도 못하는 처지가 된다. 그런 손량식 앞에 한 사나이가 나타난다. 사나이는 잃은 남초를 찾아주면 남초 가격의 반을 달라는 조건을 내세운 뒤 사기꾼의 집을 찾아내고 남초를 도로 찾는다. 거기다 남초 더미 안에 돈 300

냥이 들어 있었다고 우겨서 300냥까지 덤으로 벌게 된다. 그는 사기꾼에게 도리어 사기를 친 것이다.

이런 줄거리를 따라갈 때 중간에서 손량식의 문제가 해결되는 양상이 흥미를 끌기는 하지만, 손량식이 재물을 많이 얻게 되는 결말이 더 부각된다. 중간의 문제 해결 과정조차도 사나이가 300냥이라는 거금을 얻게 되는 기회로 활용되었다. 조선 후기 시장 공간에서 일상을 꾸려가던 인간 군상들의 욕망 충족에 대한 강렬한 관심이 개입했기에 욕망은 다른 시선을 압도하였다.

2) 운명을 걸터앉아 욕망 추구하기

욕망은 인간의 의지를 부추기지만 운명은 인간의 의지나 힘이 무력함을 입증한다. 그런 점에서 욕망과 운명은 공존하기 어렵다. 그렇지만 야담 작품에서 양자가 자주 결합하는 것을 발견할 수 있다. 역시 단순하지 않게 세상을 본 결과일 것이다.

〈가절마전화매영(假竊馬轉禍媒榮)〉(『동야휘집』 상, 475면)에서 남원 유생은 연이어 과거에 낙방하자 이만갑이란 점쟁이를 찾아가 점을 친다. 과거 급제는 고사하고 큰 액을 당할 것이라는 점괘가 나왔다. 이만갑은 청상과부와 동침하면 액을 피할 수 있다 했다. 남원 유생은 운명 극복법을 확보했으니, 운명에 순응하기만 하는 인물과는 다른 것이다. 남원 유생이 어느 청상과부를 찾아갔는데, 그녀는 자기가 간밤에 꾼 꿈에 대해 이야기해 준다. 황룡이 말 탄 나그네로 변했는데, 어떤 사람이 그 나그네가 과부의 새 남편이 될 것이라고 말해 주었다는 것이다. 과부는 자기 꿈의 계시가 점의 내용과 같다며 모든 게 하늘의 뜻이라고 감탄한다. 남원 유생은 과부가 가르쳐주는 대로 과거문을 써서 급제하며 마침내 둘은 부부가 되어 '부귀쌍전(富貴雙全)'하게 된다. 주인공은 욕망을 현실적으로 성취할 능력이 부족한 존재였지만 욕망에 대한 집착은 엄청나게 강했다. 강력한 집착은 욕망을 성취하는 데 소용이 되는 어떤 방법이라도 다 떠올리게 하였다. 이 작품에 개입한 운명은 그 방법 중 하나다. 여기서 운명은 주인공의 미래를 옥박질러 운신의 폭을 줄이는 요소가 아니라, 주인공이 뜻한 바를 이루기 위해 안간힘을 다 써 떠올린 비약이나 환상과 같은 것이다.

욕망의 길에서 운명이 좀 더 현실적 성격을 지니는 경우가 〈부옹달리신과유(富翁達理贐科儒)〉(『동야휘집』 상, 654면)이다. 고아인 황일청은 겨우 연명을 하다가 관상 보는 사람으로부터 "느지막이 부자가 되겠고 현명한 부인을 얻어 치산을 하여 곡식이 산더미처럼 쌓일 것"이라는 예언을 듣는다. 그 뒤 안동 땅을 지나다가 유복한 관상을 가진 여인을 만나 결혼한다. 둘은 열심히 일하고 검소하게 살아 부자가 된다. 그러나 아무리 노력해도 만석군은 되지 못했다. 마침내 재물을 비롯한 세상 만물의 가득 차고 비는 진리를 깨닫게 되고 자신의 재물도 곧 사라질 것을 예견한다. 욕망이 운명의 위력을 압도하지 못했다. 주체가 욕망에 사로잡혔다가 욕망의 대상으로부터 일정한 거리를 두게 되었기 때문이다. 이 변화 과정에 운명이 이리저리 개입하였다. 운명은 먼저 욕망 성취의 든든한 후원자 노릇을 했지만, 뒤에 운명은 주체로 하여금 욕망과 욕망의 대상을 찬찬히 살펴보게 만들었다.

황일청에게 과거 비용을 빌리러 온 최생과 황일청 사이에 이런 대화가 이뤄진다.

> 최생이 말하기를, "공께서는 두터운 덕을 베푸셨거늘 어찌 무단히 패가할 리가 있겠습니까?" 주인이 말했다. "성공하고 실패하는 것은 순환

의 이치로부터 말미암는 것이요. 이미 천정(天定)이 있으니 어찌 피할 수 있겠소?"[13]

최생은 황일청이 베푼 덕이 두텁다는 사실을 환기하였고, 황일청 스스로도 '인을 베풀고 의리를 실천한다'(行仁施義)는 것을 분명하게 의식하였다. 최생은 그런 후덕이 황일청의 부정적인 운명을 극복해 줄 것을 기대했지만, 황일청 스스로는 그러리라 믿지 않았다. 인간의 주체적 노력은 하늘이 정해준 운명이나 만물의 운행 원리를 벗어나기가 어렵다는 비극적 세계관이다. 여기서 욕망에 집착하여 일도매진하던 주체와는 너무나 다른 모습을 발견한다. 이제 황일청은 운명론자로 보일 정도로 사람의 힘과 의지에 대해 나약한 태도를 보인다. 과연 황일청 일가가 몰락하니 운명의 힘은 결정적이었다. 그런 점에서 작품의 전반을 주도하는 것은 관상 · 운명 · 천정 등이다. 그러나 이 작품이 운명의 힘만을 보여주는 것은 아니다. 오히려 운명은 또 다른 지향을 유발한다. 황일청은 이런 생각을 하기에 이른다.

> 만이란 만물 중에서 가장 큰 수라오. 달이 차면 이지러지고 그릇도 가득 차면 넘치니, 사물의 이치가 다 그러하오. 조물주께서 만석의 수를 다 채우지 못하게 하신 것은 그 이지러지고 넘칠 것을 걱정했기 때문이 아니겠소? …… 지금부터 대문을 열어 재물을 써서 인을 행하고 의를 베풉시다.[14]

---

13) "崔生日 以公厚德 豈有無端敗家之理乎 主人日有成有敗 自是循環之理 已有天定 何可違也"(『동야휘집』 상, 657~658면).

14) "萬者物之大數 月滿則虧器盈則溢 物理猶然 造物之不欲使我充萬石之數者 無乃慮其或虧或溢耶…自今爲始開門爛用行仁施義"(『동야휘집』 상, 656~657면).

이와 같이 황일청은 부자가 되고 난 뒤 만물의 흥망성쇠의 진리를 깨닫고 재물에 집착하던 생각을 바꾸게 된다. 가지지 못한 자가 가진 자로 되자 재물의 본질과 재물의 사용 방식에 대해 성찰하고, 그 성찰을 바탕으로 새로운 윤리를 모색한 것이다.

3) 욕망에서 새 이념으로

욕망의 충족에 몰입하던 주체가 욕망의 대상을 한발 물러서서 살펴보고 타자를 배려하게 된 것은 큰 변화다. 단 그 계기에서는 차이가 있다. 황일청은 재물과 관련된 운명적 곡절을 포착하고 재물을 영원히 소유하는 것이 불가능함을 감지하고는 '베풂'을 떠올렸다. 재물에 작용하는 초월적 힘을 무시하지 못한 것이다. 이는 도덕 수양을 위해 재물을 멀리하는 중세적 사유의 탈바꿈이다. 겉은 다소 달라졌지만, 재물욕에 대한 거리감은 여전한 것이다.

한편 〈순흥구유만석군(順興舊有萬石君)〉(『동패낙송』, 41면)은 황일청 이야기와 유사하지만 운명 대신 철저한 삶의 감각을 앞세워 재물 모은 자의 삶의 태도를 성찰하기에 이른다. 순흥 만석군이 베풂의 명분으로 내세운 것은, '흥하면 망하고, 모이면 흩어진다'는 재물 자체의 존재 원리이다. 이것은 유가적 주체가 보여준 시혜(施惠)나 제민(濟民)과는 다르다. 유가들이 머릿속 이념에 따라 베풂을 실천하려 했다면, 순흥 만석군은 먼저 재물에 대한 욕망을 당당하게 드러내고 그 욕망을 성취하고 향유하는 과정에서 재물의 존재 원리를 터득한 뒤 다음 행동으로 나아간 것이다. 재물이 사람을 행복하게 만든다는 것은 실감했지만, 재물이 개인의 욕망 대상이기만 해서는 안 된다는 깨달음에 이르렀고, 그 깨달음을 바탕으로 하여 사회적 분배와 베풂의 생활 이념을 이끌어내었다.

〈변사행왈평양성중유전장복(邊士行曰平壤城中有田長福)〉(『삽교집』 하, 344면)에는 그런 사회 윤리가 더 뚜렷한 형태로 나타난다. 주인공 전장복은 갑부가 되었지만 자신이 한때 빈털터리였다는 사실을 항상 떠올리며 가난한 사람들에게 그냥 돈을 빌려준다. 그가 이런 선심을 베풀게 된 것은 재물에 대한 생각을 정립했기 때문이다.

> 하늘이 먼저 나에게 재물을 맡겨주셨으니, 내가 만약 나의 재물이라 하여 재물을 내 멋대로 한다면 반드시 하늘이 재앙을 내릴 것이니 나의 일신에도 크게 이롭지 못할 것이다.[15]

재물은 하늘이 사람에게 내려준 것이라는 생각은 욕망 대상에 대한 전횡을 부정한다. '하늘의 재앙'을 지적하며 더 엄중한 재물 사용 윤리를 추구한다. 나아가 남에게 재물을 베푸는 것과 나의 이익 사이의 관계를 의식하였다. 중세적 시혜의식은 나의 것을 남에게 양보한다는 식이어서, 남에게 베풀기 위해 나의 욕망을 억제했다. 이념과 욕망은 공존하기 어렵다 보고, 이념을 위해 욕망을 억눌렀던 것이다. 그에 반해 여기서는 양자가 행복하게 공존할 수 있음을 보인다. 재물을 남에게 베푼 것이 오히려 자기의 이익을 가져온 것이다.[16]

이와 관련하여 야담에 두루 나타나는 '주는 것과 되받는 것의 관계' 이야기에 주목한다.[17] 남을 도우는 것은 결국 나의 손실을 초래하는 것이

---

15) "天旣以貨財寄積於我 我若認爲吾財而擅有之 必有天殃而大不利於吾身"(『삽교집』 하, 344~345면).

16) "借貸不償還者 十不能二三 而償還與兼歸利息者 十居六七 故長福之貨日以益殖"(『삽교집』 하, 345면); "長福兩家之富 皆傳之子孫 子孫亦蓄盛興隆"(『삽교집』 하, 346면).

17) 이를 '보은담'의 범주로 보고 자세한 분석을 시도한 것이 이강옥, 「야담의 보은담 유형과 계층 관계」(『어문학』 97, 한국어문학회, 2007)이다.

아닐까? 남을 도우면서도 나의 이익을 도모하는 경우는 불가능할까? 이런 성찰이 이런 야담 작품들을 만들어내었다고 짐작한다.

먼저 〈택부서혜비식인(擇夫婿慧婢識人)〉(『청구야담』 상, 609면)과 〈채삼전수기기화(採蔘田售其奇貨)〉(『동야휘집』 하, 34면)를 비교해보자.

두 작품에는 '스스로 남편감을 고르는' 여종이 등장한다. 종이지만 주인에게 당당하며, 볼품없는 남자의 잠재력을 간파하고 남편감으로 선택하는 여성이다. 자기 미래를 경영하는 주체적 인간을 대변한다고 볼 수 있다. 두 작품에서는 남에게 먼저 베풀고 뒤에 재물을 획득한다. 남에게 베풀었기 때문에 부자가 되는 형국이다. 그렇다면 주체가 남에게 무언가를 베푼 동기는 무엇이었을까? 자기에게 돌아올 엄청난 재물을 염두에 두고서 베풀었을까? 아니면 그런 계산 없이 그냥 베풀었는데, 그에 대한 보답을 받아 부자가 되었을까?

〈택부서혜비식인〉에서는 여종이 스스로 거지 남편을 골라 주인에게 인사를 시킨다. 주인이 거지 남편에게 무슨 일을 하느냐 물으니 '소인은 약간의 전화(錢貨)를 가지고 사람을 부려 팔로(八路)에 장사를 하는데 귀천(貴賤)을 이용해 이(利)를 취하나이다.'[18]라고 소개한다. 여종이 그렇게 대답하라고 시켰다. 거지 남편을 활용한 여종의 미래 경영 전략은 '상인으로서의 이익 추구'이다. 그러나 여종의 뜻대로 남편이 행동하지는 않는다. 거지 남편은 주인에게 빌린 은전으로 헌옷을 사서 옷 없는 거지들에게 다 나누어준다. 여기서 그 이유나 목표가 분명하지 않다. 거지로 살아온 그가 옷 없는 사람들의 고충을 알기에 그들에게 그냥 옷을 나눠주고 싶었을 것 같기도 하다. 그는 먼저 옛날 함께 동냥을 하던 거지들을 찾아가 옷을 나눠주고는 마침내 팔도의 거지들을 다 찾아가 옷을 준

18) "小的將些錢貨 使人殖貨八路 變幻貴賤 相時射利"(『청구야담』 상, 611면).

다. 그리고 다리 아래에서 빨래를 하던 늙은 부부가 옷도 입지 못하고 있는 모습을 보고는 마지막 남은 옷가지를 준다. 감격한 늙은 부부는 보답의 뜻으로 하룻밤 묶고 가도록 간청하며 표주박 베개를 준다. 거지 남편은 그 베개를 베고 잠들었다가 꿈속에서 그것이 은을 증식하는 화수분임을 알게 되는 것이다.

여기서 천민들 간의 동류애와 상호부조를 발견한다. 화수분을 얻어 한없는 은을 확보하게 된 거지 남편이 주인집뿐만 아니라 그 종들에게까지도 은자를 나눠주는 데서도 그런 동류애와 베풂의 미덕을 찾을 수 있다. 물론 화수분을 우연하게 얻게 된 것이 상황을 호전시키는 결정적 계기라는 점에서 민담적 환상에 가까운 면이 없지 않다. 그러나 그 환상의 밑바탕을 이루면서 서술을 주도하는 것은 현실적 관심과 문제의식임이 분명하다.

〈채삼전수기기화〉는 비슷한 줄거리를 더욱 현실적으로 만든 작품이다. 여종의 적극적 인생 경영과 남편 오석량의 시의(施義)가 서술을 지탱하고 이끌어가는 두 바퀴가 된다.

우선 여종이 남편을 얻는 과정이 상세해졌다. 남편 오석량은 키가 크고 기의(氣義)가 있지만 신을 만들어 생계를 꾸려가는 변변찮은 천민이었다. 그를 놀려먹기 위해 동네 조무래기들이 서울로 가면 그 신 값을 높이 받을 수 있을 것이라 부추겼는데 오석량은 그 말을 믿고 상경하여 그대로 신 값을 부른다. 높은 신 값을 불러 화제가 된 오석량을 여종이 한번 보고는 자기의 남편감이라 확신하고 혼인을 맺는다. 이 과정에서 여종은 당당하다. 남편을 주인 재상에게 인사시킬 때 '향족(鄕族)'으로 자처하고 대등하게 절을 하지 하배(下拜)하지 말라 한다. 그리고는 "돈을 써보면 안목이 넓어지고 가슴도 열릴 것"[19]이라며 남편에게 100전을 주고는 마음대로 쓰고 오라 한다. 그러나 남편은 하루 종일 일문(文)의 돈도 쓰지 못한다. 그러자 여종은, "길에 떠도는 거지들이 있잖아요?"[20]라며 돈쓸 곳을 넌지시 알려준다. 남편은 거지들을 위해 돈을 쓰기 시작하고, 그 결과 성중에서 배고픈 거지들이 없어졌다. 여종이 남편에게 돈을 쓰고 오게 한 것은 일단 돈의 가치나 위력을 알게 한 뒤 본격적인 장사를 하게 만들기 위해서였다. 오석량은 여종이 이끄는 경영수업을 충실히 받으며 돈을 벌기 시작했지만, 가난한 사람들을 발견하고 차마 그냥 지나치지 못한다. 입다 남은 옷들을 구입하여 북관 땅으로 가서 인삼이나 가죽으로 바꿔오라고 보냈지만, 옷을 입지 못하고 추위에 떨고 있는 그곳 사람들에게 가져간 옷들을 그냥 다 준다. 또 하룻밤을 묵게 된 집의 늙은 부부에게도 옷을 주니 그들은 찬탄을 금치 못한다.[21] 그런데 늙은 부부가 '길경'이라고 알고 반찬으로 먹고 있던 것은 산삼이었다. 오석량은 산삼을 가득 싣고 돌아와 부자가 되고, 그 산삼을 재상에게 바쳐 환심을 얻어 벼슬까지 받는다. 오석량이 부자가 되고 벼슬까지 얻게 된 것은 다른 사람들에게 베푼 은혜 덕인 듯하지만, 그것조차 여종의 계산에 포함되어 있던 것 같다. 그러나 여종의 뜻대로 되지 않은 부분도 있다. 그것은 오석량이 가난하고 헐벗은 사람들에게 베푼 혜택의 빈번함과 정도이다. 여종도 "당신이 의로운 일을 많이 행했던 고로 하늘이 크나큰 보물을 주셨지요. 그게 어찌 우연이겠어요?"[22]라며 남편의 행위를 의행(義行)으로 인정했다.

〈택부서혜비식인〉과 〈채삼전수기기화〉는 현실성에서 다소 차이가 있지만, 천민들이 재물을 모으는 과정과 방식에서 비슷하다. 곧바로 재물

---

19) "用錢則眼孔自寬 胸次必開"(『동야휘집』 하, 36면).

20) "女日 路上豈無流丐之可與者乎"(같은 곳).

21) "謂其子日 此客與我裳袴 得以掩身 誠恩人也"(『동야휘집』 하, 39면).

22) "君多行義 故天予洪寶 豈偶然哉"(같은 면).

모으는 일에 돌입하는 것이 아니라 에두르는 길을 거친다는 것이다. 그것이 같은 신분의 가난한 사람들에게 아낌없이 베푸는 일이다. 물론 뒤에는 도와준 천민들을 이용하여 장사를 하지만 그 전에 먼저 그들에게 옷가지 등 많은 것을 베풀었다는 점이 중요하다. 비슷한 처지에 있는 사람들을 조건 없이 도왔지만 결국 그것이 주체의 막대한 이익을 가져온다. 여기서 '먼저 베풀기'가 과연 '뒤의 이익 챙기기'를 겨냥한 것이었는가? 아니면 '뒤의 이익'이 '먼저 베풀기'에 대한 보상인가를 따질 수 있겠다. 어느 쪽인가 분간하기 어려울 정도로 양쪽은 아슬아슬한 균형을 유지하고 있는 듯하다. 여기서 이기적 사회 실정에 대한 비판과 대안 제시로 이 작품들을 읽을 수 있다. 아울러 사회적 상승을 이끌어낸 집단들이 그 상승 경험을 바탕으로 하여 조금은 여유 있는 자기 경험 진술을 했다고도 해석할 수 있다. 사회적 상승을 경험한 천민들이 그 경험을 바탕으로 자기들 정서에 알맞은 새로운 이념을 모색하는 양상을 보여주고 있는 것이다. 천민이 다른 천민에게 재물을 조건 없이 베풀어주지만, 장차 자기에게 돌아오는 이득도 마다하지 않는 것인 바, 이런 점은 이데올로기화된 인(仁)을 매개로 하여 처지를 향상시키는 양반의 보은담[23]과는 다르다.

이런 변화는 양반이 주역이 되는 보은담에서도 나타난다. 보통 양반이 주인공으로 등장하는 보은담은 은혜를 베풀고 갚은 과정에서 양반의 청렴함과 인이 부각된다. 〈재자낙향부저경(才子落鄕富抵京)〉(『동야휘집』 상, 783면)은 그런 관습에서 크게 벗어난 사례다. 벌열가의 후예인 최생은 재상가 후예였지만 과거에 계속 낙방하여 몰락하자 체면을 의식하지 않고 장사일에 달려든다. 최생은 지역과 시기에 따라 곡물의 가격이 다른

23) 이강옥, 앞의 글, 354~363면.

점을 이용하여 돈을 모아 곡물로 다시 바꾼다. 그해 큰 흉년이 들었는데 곡가가 치솟았다. 종들은 모두들 그때 곡식을 팔아 이익을 남기자고 했지만, 최생은 기근에 허덕이는 동리 사람들에게 곡식을 다 나누어준다. 동리 사람들이 죽어가는 것을 차마 보고만 있을 수 없다는 이유에서였다. 최생이 죽어가는 동리 사람들을 구휼하고자 한 것은 자기 스스로 그런 기근의 경험을 해보았기 때문이다. 양반 최생이 추상적 윤리가 아니라 자기 경험을 바탕으로 하여 가진 자의 사회적 도리를 실천하려 한 것이다. 그런데 이런 시혜가 최생 자신의 재물 손실을 초래하기보다는 오히려 더 많은 이익을 가져다준다. 최생의 도움으로 살아난 마을 사람들이 은혜를 갚았기 때문이다.

동네 사람들은 최생을 '천하 인인(仁人)이요 의사(義士)'[24]로 규정했다. 인에다 의를 덧붙였다. 인과 의의 차이에 대한 동시대적 관점에 대해 살펴볼 때 만회(晩悔) 권득기(權得己, 1570～1622)의 견해가 주목된다. 권득기는 두 도덕 범주에 대해 독특한 관점을 펼쳤다. 먼저 그는 인을 박애(博愛)로 본 한유(韓愈)와 달리 능애(能愛)로 보았다. 박애를 사회윤리로서 중요시하려는 의도를 관철시킨 것이다.[25] 한편 의(義)를 설명하기 위해서는 이(利)를 끌어왔다. 이(利)는 무조건 거부할 대상이 아니라, 사리(私利)가 아닌 공리(公利)라면 긍정해야 한다고 보았다. 그 결과 '나'와 '남' 서로 간에 고유한 욕리지심(欲利之心)이 공(公)에 바탕하여 합리적으로 조정이 되면 널리 유익하게 될 터이니 그것이 바로 의(義)라고 보았다. 그런 점에서 '이(利)를 긍정적으로 부활시켜 의(義)의 내포개념으로 삼'았다고 하겠다.[26] 최생의 동네 사람들이 최생을 인인(仁人)일 뿐만 아니라 의사(義士)

---

24) "此天下仁人義士也"(『동야휘집』 상, 786면).

25) 임형택, 「권득기의 경학」, 『실사구시의 한국학』, 창작과 비평사, 2000, 383면.

26) 같은 글, 385～386면.

이기도 하다고 칭송한 것은 권득기의 이 같은 인의 개념에 의할 때 그 뜻이 선명해진다. 최생은 공리(公利)의 차원에서 베풂을 널리 실천하고 자신도 이득을 얻게 된 사람이기 때문이다. 그런 점은 최생 스스로도 자각했다. 형편이 좋아진 동네 사람들이 이윤까지 고려하여 곡식을 되돌려 주려 하자, 최생은 다음과 같이 반응한다.

> 나는 묵적(墨翟)과 같이 박애를 주장하지도 않고 백이와 같이 청렴한 사람도 아니라오. 그렇지만 이만 석은 내가 준 곡식의 열 배도 넘는다오. 이것은 아주 작은 미끼를 던져서 임공(任公; 고대 전설 속 인물로 고기를 잘 낚음)의 자라를 낚는 꼴이라오.[27]

자기는 묵적이 아니라는 최생의 말은 오직 남만을 생각하며 자기의 처지는 고려하지 않는 관념적 존재가 아님을 분명히 강조한 것이다. 또 백이가 아니라고 한 것은 양반의 삶도 청렴함으로만 꾸려지는 것이 아니고 적절한 재물이 뒷받침되어야 한다는 생각을 분명하게 드러낸 것이다. 그것 역시 절실한 자기 경험에서 우러난 생각이다. 최생은 궁지에 몰린 농민들을 도와주기는 했지만, 그들로부터 전혀 되돌려 받지 않으려 한 것은 아니었다. 다만 지나치게 많이 되돌려 받는 것을 고사한다. 그것은 공리(公利)가 아니기 때문이다. 마을의 농민들은 설득력 있는 논리를 갖추어 최생이 그 곡식들을 받도록 만들었다. 그런데 최생과 마을 사람의 관계는 여기서 끝나지 않는다. 최생이 식화(食貨)를 아는 사람들에게 돈을 빌려주어 상업을 하게 해주는 것이다. 최생은 함께 고생한

---

27) "吾固非墨翟之愛伯夷之廉 以吾穀數較彼二萬 則什而有餘 是投方寸之餌 釣任公之鰲也" (『동야휘집』 상, 797면).

노비들까지 부자로 만들어준다. 이처럼 최생의 달라진 생각은 시혜자와 보은자 모두가 궁지를 벗어나 경제적으로 행복해지는 상황을 만들어내었다. 그런 점에서 최생은 공동체의 경제적 향상과 윤리를 구상하고 실현한 인물이라고 하겠다. 『동야휘집』의 편찬자도 최생의 이런 면모를 비교적 정확하게 지적했다.

> 최생은 능히 위급한 사람을 도와주고 두터운 보상을 받은 사람이다. 인의(仁義)를 따라서 부를 가져왔고 지혜에 기대어 이익을 얻은 사람이 아니겠는가?[28)]

시혜자의 시혜 행위와 보은자의 보은 행위가 균형과 조화를 이루면서 어느 쪽에게도 손해를 입히지 않고 상생의 결과를 초래했다. 남에게 베푼다는 사회 윤리와 나의 이득을 확보한다는 욕망이 행복한 조화를 이루는 든든한 모범을 제시한 것이다.

5. 욕망의 가르침, 중세의 극복과 대안적 근대

자기 경험에서 우러난 삶의 방식에 대한 생각은 '생활 이념'이라 할 수 있다. 생활 이념은 구체적 일상을 거듭 경험하면서 터득한 새로운 삶의 지혜이다. 억눌림과 가난의 경험으로부터 생성해낸 생활 이념이란 억눌려 가난하게 살아가는 사람들이 사람답게 살 수 있도록 재물을 나누어

---

28) "崔生 能賙人之急 而獲其厚償 豈非附仁義而致富 挾智而售利者歟"(『동야휘집』 상, 788~789면).

야 한다는 것이다.

앞에서 살펴본 몇몇 야담 작품들은 자기 욕망과 타자에 대한 베풂이 공존하여 상생의 결과를 초래하는 경우들을 보여주었다. 조선 후기 현실이 과연 그랬을까?

많은 야담 작품들은 온갖 부정적인 방법으로 남을 속이고 심지어 남을 죽음으로 몰아가면서까지 자기 욕망을 충족시키는 경우들을 묘사했다. 개인 욕망에 대한 억압을 해제하고 자유롭게 욕망 충족의 길을 가고자 했을 때 나타난 현실의 모습은 후자에 더 가까웠을 것이다. 사실 조선 말기에 이르러 욕망을 충족하는 주체와 그 주체가 몸담은 세상이 더 복잡해지고 음흉해졌다는 것은 분명하다.

이런 현실의 변화에 대해 야담은 대단히 유연하게 대처한 느낌을 준다. 가령 〈흥선대원군살이재후사(興宣大院君殺李在垕事)〉(『차산필담』, 440면)에서는 욕망을 추구하는 주체를 '흉종(凶種)'으로 보고 잔인하게 처단당하도록 만드는가 하면, 〈퇴완죽우맹천선(退椀粥愚氓遷善)〉(『동야휘집』 하, 176면)에서는 찢어지는 가난 속에서도 한 치도 흔들리지 않고 재물에 초연한 선비를 미화한다. 반면 앞에서 언급한 여러 작품들은 욕망을 단도직입적으로 충족하는 주체를 아름답게 그렸고, 또 욕망 추구와 베풂의 미덕이 공존함을 보여주었다. 특히 〈현부지납채교녀(賢婦智納彩轎女)〉(『동야휘집』 하, 263면)에서는, '사람이 부유하게만 되면 인의(仁義)는 따라오게 되니, 진실로 재물만 있으면 무슨 일인들 해결하지 못할까?'[29]라 하여 물질적 여유만 있으면 어떤 문제도 다 해결될 것이라는 낙관적 견해를 피력하였다.

대안적 근대와 관련하여 주목되는 경우는 후자이다. 후자의 야담 작

---

29) "人富而仁義附焉 苟有財則何事不濟"(『동야휘집』 하, 263면).

품들이 그리는 인간상과 그를 중심으로 전개하는 사건은 살벌한 배금주의적 현실에서 어렵사리 나타난 예외적 사례일 수도 있고, 혹은 혼탁한 현실에 대한 비판적 대안일 수도 있겠다. 어느 쪽이든 야담에서 그런 성취가 가능했던 것은 현실에서 욕망을 충족한 경험이 있었기 때문이다. 욕망의 경험은 그런 점에서도 소중한 것이었다.

그런데 야담사의 말기에 좀 극단적인 이야기군을 발견한다. 〈박윤묵(朴允默)〉(『일사유사』, 150면)에서 박윤묵은 벼슬을 하면서 받은 봉록을 형제들에게 모두 나누어준다. 굶어 죽어가는 백성들을 진휼한다. 또 한 친구를 도와주었는데, 친구가 죽자 그 첩이 자기 몸을 바쳐 보은하려고 하자 정색을 하며 물리친다. 보은의 길을 완전히 봉쇄한 것이다. 박윤묵의 행동에는 '경재호시(輕財好施)'라는 유가 이념의 흔적이 있기는 하지만, 타인을 위해 먼저 그 재물을 베푼다는 점에서 '가까운 데에서 먼 곳으로'라는 유가적 순서와 반대의 지향을 보인다.

〈한순계〉(『매일신보』, 1916. 6. 1)에서 한순계는 미천한 대장장이이지만, 이익을 독차지하지 않으려고 가게 문을 일찍 닫는다. 이익이 많이 생기면 친척에게 나누어 준다. 모친이 죽자 그 장사도 그만둔다. 이 작품은 궁극적으로는 효에 귀결되지만, 신의와 이익 공유라는 시장 윤리의 맹아를 보여주기도 한다.

〈최순성(崔舜星)〉(『일사유사』, 117면)은 더 적극적인 베풂의 미덕을 보여준다.[30] 최순성은 개성의 부호로서, 부친이 죽자 재산을 모을 이유가 없

---

30) 최순성의 묘갈명을 박지원이 지었다. 이 묘갈명의 첫 구절은 '남에게 베푸는 것이 단순한 시혜가 아니라 사회적 윤리로서 확장된 의로움'임을 포착했다.

"의로운 일이라도 한갓 은혜를 베푸는 데 벗어나지 못한다면, 이는 다만 한 고을이나 마을의 협객은 될망정 나아가 온 고장이 선(善)을 향하도록 하기는 어려운 것이다. 치암 최옹이 남의 어려움을 급히 도운 것과 같은 경우는 그 자신이 의로운 일에 성급해서였다(義不足以勝其爲惠 則是特州里之俠 而難繼乎一鄕之歸善也 如癡庵崔翁之急人 乃

어졌다며 '급인전(急人錢)'을 마련해 가난한 사람들을 도와준다. 부친을 위해 돈을 모으고, 부친이 죽자 돈이 더 이상 필요하지 않다고 생각하는 것 등은 일상의 가치를 부모 봉양에 종속시키는 효(孝)에 해당한다. 그에 비해 급인전을 마련해 어려운 이웃에게 돈을 나누어 주는 것은 다른 의식에서 비롯된 것이다. 그는 '가까이는 친척 친구로부터 다른 군의 아는 사람이나 모르는 사람이나 진실로 곤궁한 사람이 있으면 돈을 내어 베풀'[31]었다. 그는 반응이나 보은의 길을 철저히 차단하기 위해 대체로 몰래 남을 도와주었다. 『일사유사』의 편찬자 장지연은 최순성의 이런 시혜와 함께 진사 진관(鎭觀)과 백사일(白思日)이란 사람도 소개하며, 이들 모두가 '곤궁한 사람을 살펴서 몰래 돈과 곡식을 베풀며 자기로부터 나왔다는 것을 모르게 했다.'[32]고 하여 '베풀고 흩는 것을 좋아하여 재물을 잘 활용했다.'[33]고 요약했다.

이와 같이 보은의 길을 완전 차단한 일방적 시혜의 이야기는 타자에 대한 베풂이 극단화된 경우다. 왜 이런 극단론을 펼쳤을까? 욕망의 경험이 계속되면서 욕망을 추구하는 주체의 내면에 대한 더 깊은 성찰이 가능해졌을 것으로 추정한다. 과연 욕망을 추구하는 주체는 타자와 행복한 상생의 관계를 지속할 수 있을까? 중세적 인간관계의 한계를 넘어서서 새로운 대안을 모색하려는 단계에서는 이런 질문이 매우 중요하고도 심각한 과제가 아닐 수 없었을 것이다. 욕망의 길을 닦기 시작한 단계에서 주체와 타자의 공존은 엉거주춤한 것이거나 잠정적인 것일 수밖에

自急於義也)." 박지원, 「癡庵崔翁墓碣銘」, 신호열 · 김명호 역, 『국역 연암집 1』(민족문화추진회, 2005), 249~250면.

31) "近自親戚朋友로 旁及他郡의 知與不知히 苟窮困者면 出以施之호되"(『일사유사』, 117면).

32) "覘其窮者而暗施錢穀ᄒᆞ야 不使知出於己"(『일사유사』, 119면).

33) "好施散 善於用財"(같은 면).

없다. 야담이 다음 단계에서 보여준 것은 타자에 대한 베풂을 더 강조하면서 다소 극단적 상황을 제시하는 것이다. 현실 계기의 변화를 부각시켜 강조하다보면 '상생적 균형'이 아무래도 어그러지게 마련이다. 재물에 대한 관심이 고조되고 재물이 위력을 발휘하는 시대에, 욕망 충족과 베풂이 안정되게 공존하는 것은 쉽지 않다. 이런 국면에서 야담이 내세운 마지막 대안은 '조건 없이 혹은 남모르게' 궁지에 몰린 남에게 재물을 베푸는 인간형인 셈이다.

힘겹게 얻은 재물을 가난한 사람들에게 그냥 나누어준다거나, 가난한 사람들에게 재물을 먼저 나누어주고 다시 더 큰 재물을 얻는다는 내용은 얼핏 이념을 과장했다는 느낌을 주기는 하지만, 아주 미미하나마 경험에 뿌리를 내린 새로운 생활 이념의 싹을 보여준다고 할 수 있다. 개인의 욕망이 강조되던 시기에 모색된 상생의 지혜를 보여준다고 해석하겠다.

욕망의 세계에 대한 이 같은 야담의 대응을 동시대 철학담론과 연결시켜 이해할 수 있다. 사람의 욕망을 새롭게 인정하려 했던 최한기와 심대윤의 철학담론과 대응될만한 메시지가 야담 작품에 실현되고 있는 것이 아닌가? 욕망을 긍정하되 욕망 자체가 어떻게 정당화될 수 있는가를 고민한 최한기의 담론은 야담 주인공들의 발언을 연상시키기도 한다. 최한기는 욕망이 통민운화(統民運化)에 의해 사회적으로 조절되어 거기에 합치되기만 한다면, 욕망이 인의에 배치되기는커녕 '인의지리(仁義之利)'가 될 수 있다고 보았다. 여기서 욕망 자체를 소중하게 인정했지만 욕망이 사회적으로 조절되는 과정이 다소 신비화되었다는 느낌을 준다. 그에 비할 때, 야담 주인공들은 가난한 사람들이 생사의 기로에서 고통받는 상황 속에서 재물의 존재 원리와 재물의 운용 태도에 대해 고민한다는 점에서 더 구체적이다. 한편 심대윤은 사람의 욕망과 이익 추구를 긍정하면서 '복리(福利)'라는 핵심어로써 '남과 나의 이해를 저울질해서 한편에 치우치지 않는 이것이 동리지공(同利至公)의 도'를 추구했다. 그가 최고의 도덕적 가치라고 본 '여인동리(與人同利)'는 〈채삼전수기기화〉이나 〈재자낙향부저경〉의 서술자나 주인공이 거듭 주창한 바이다.

이처럼 주자학의 한계를 넘어서 새로운 철학적 대안을 모색한 철학자들의 담론은 조선 후기 현실의 경험을 바탕으로 하여 새로운 생활 이념을 모색한 야담 작품들의 지향과 상통한다고 하겠다. 여기서 확보한 이념은 욕망 주체들의 냉혹한 대결과 경쟁으로 점철되는 '역사적 근대'의 이념과는 다른, 상생적 공존 논리라는 점에서 우리의 관심을 끌기에 충분한 '대안적 근대'의 한 이념이 될 수 있다.

조선 후기가 중세의 지속이 아니라 변혁을 이룬 시기라는 사실은 이상의 야담 작품들을 통해 어느 정도 입증될 수 있다고 판단한다. 그것을 '근대적'이라 부를 수 있느냐는 또 다른 문제다. 역사적 근대와 다른, 실현되지는 못했지만 새로운 '대안적 근대'라면 그것을 어떤 개념어로 명시하고 그 함의를 어떻게 규정할 것인가에 대해서는 좀 더 체계적인 논의가 필요하다.

6. 결론

이상 주체의 욕망 추구 양상과 욕망 대상에 대해 인식 변화에 초점을 맞춰 야담의 근대적 성격을 살폈다. 중세 조선이 도덕률을 우위에 놓아 욕망을 억압하거나 숨기는 경향이 있었다면, 조선 후기는 욕망에 대한 새로운 시각을 갖춰 새로운 이념을 추구했다. 조선 후기에 이르러 지배 질서가 흔들리자 사회 전 영역에 새로운 현상들이 나타났다. 그것 중 일부는 자본제적 맹아로 지칭되는데, 그것들은 사회 전 영역으로 떠올라 새로운 분위기를 만들어내었다. 야담은 동시대 다른 갈래보다 앞서 그 분위기를 담았다.

사람들은 자기하기에 따라 열악한 자신의 처지가 향상될 수 있다는 희망을 가지게 되었고 실제로 그런 경험을 한 사례가 늘어났다. 독특한 경험을 그대로 묻혀둘 수 없어 자기진술의 방식으로 알렸다. 자기 경험을 알리려는 충동이 강할 때 서술은 주변 가지를 철저히 잘라내고 일도매진 경험의 핵심을 알리는 쪽으로 나아갔다. 그러다가 세상을 좀 더 다각도로 경험하게 되면서 욕망의 길이 다른 영역과 복잡하게 뒤엉켰다. 두드러진 경우가 문제를 해결하는 것 및 운명이 실현 되는 것과 뒤엉키는 것이었다. 그렇지만 욕망에 대한 관심이 서술을 이끄는 상황은 달라지지 않았다.

욕망을 우선시하고 욕망을 성취하는 쪽으로 서사의 방향을 이끌어가던 초기의 분위기가 달라지기 시작했다. 주체는 욕망의 대상에 몰입하던 자세를 바꾸어 한발 물러서서 욕망의 대상을 살펴보게 되었다. 재물이 사람을 행복하게 만든다는 것은 분명하지만, 재물이 개인의 욕망 대상으로만 존재해서는 안 된다는 깨달음에 이르렀고, 마침내 개인적 베풂과 사회적 분배를 생각하게 되었다. 이에 대응하는 야담 작품은 대체로 타인에게 재물을 먼저 베풀고 그 다음에 이익을 얻어 부자가 되는 구도이다. 이익을 챙기기 위해 타인에게 재물을 베풀었는가? 아무 계산없이 베풀었다가 보상을 받아 큰 이익을 얻게 되었는가? 어느 한쪽으로 치우친 작품이 없진 않지만 대부분의 경우 아슬아슬한 균형을 유지한다. 이 점이 이데올로기화된 인(仁)을 매개로 하여 처지를 향상시키는 양반의 보은담과는 다른 것이다.

자기 경험에서 우러난 생활 이념은 구체적 일상을 거듭 경험하면서 터득한 새로운 삶의 지혜이다. 억눌림과 가난의 경험으로부터 생성해낸 생활 이념은 베풂을 통한 재물의 공유이다. 물론 이런 생활이념을 제시하는 야담 작품들은 살벌한 배금주의적 현실에서 어렵사리 나타난 예외적 사례일 수도 있고, 혹은 혼탁한 현실에 대한 비판적 대안일 수도 있겠다. 어느 쪽이든 야담에서 그런 성취가 가능했던 것은 현실에서 욕망을 충족한 경험이 있었기 때문이다. 욕망의 경험은 그런 점에서도 소중한 것이었다.

야담사의 말기에 좀 극단적인 이야기꾼이 나타나는데, 보은의 길을 완전 차단한 일방적 시혜의 이야기다. 욕망의 길에서 주체와 타자의 공존은 엉거주춤한 것이거나 잠정적인 것이 될 가능성이 큰데, '상생적 균형'은 아무래도 현실에서 한쪽으로 기울게 된다. 재물에 대한 고조된 관심과 재물의 위력이 발현되는 시대에, 욕망과 베풂이 공존하는 것은 위태롭게 마련이다. 이런 국면에 대한 마지막 대안이 '조건 없이 혹은 남모르게' 궁지에 몰린 남에게 재물을 베푸는 인간형인 셈이다.

야담에 나타나는 욕망의 세계와 그에 대한 인식은 동시대 철학담론이 선도적으로 제시한 내용과 상통함을 알 수 있다. 특히 사람의 욕망을 새롭게 인정하려 했던 최한기와 심대윤, 그리고 권득기의 것이 그러하다. 이들 철학자들은 주자학의 한계를 넘어서 새로운 철학적 대안을 모색하였다. 이들은 욕망을 인정하되, 욕망을 독점하기 위한 다툼을 부정하고, 재물을 매개한 베풂과 공유를 대안으로 제시하였다. 야담과 철학담론이 함께 모색하여 구상한 새로운 생활이념은 욕망 주체들의 냉혹한 대결과 경쟁으로 점철되는 '역사적 근대'와는 다른, 상생적 공존 논리라는 점에서 '대안적 근대'의 이념으로 볼 수 있다.

조선 후기는 중세의 지속이 아니라 변혁을 이룬 시기라는 사실은 이상의 야담 작품들을 통하여 이느 정도 입증될 수 있다 판단한다. 그것을 '어떤' 근대로 규정하느냐는 다른 문제이다. 역사적 근대와 다른, 실현되지 못한 '대안적 근대'였다고 볼 수 있다면, 그 본질을 다시 어떻게 규정하고, 그래서 다음의 역사 단계와 어떻게 연결되었는지에 대해서는 좀 더 차분한 논의가 필요하다.

조선 후기의 '차이'를 재물에 대한 관점과 인식 차원에서 증명한 이상의 논지는 성적 욕망이나 서술형식의 영역에서도 보완될 수 있을 것인데, 그것은 앞으로의 과제로 삼겠다.

참고문헌

『계서야담』, 『한국문헌설화전집 1』, 태학사, 1981 영인.

『동패낙송』, 아세아문화사, 1990 영인.

『雪橋集』 하, 아세아문화사, 1986 영인.

『原本 東野彙輯』 상, 하, 寶庫社, 1992 영인.

『雜記古談』, 『한국야담자료집성 12』, 고문헌연구회, 1987 영인.

『청구야담』 상, 하, 아세아문화사, 1988 영인.

『일사유사』, 회동서관, 1922.

강명관, 『국문학과 민족 그리고 근대』, 소명출판, 2007.

김영호, 「실학사상의 발흥」, 『한국사 14』, 국사편찬위원회, 1975.

김윤식, 「내가 살아온 한국 근대문학」, 『한국시가연구』 24집, 한국시가학회, 2008.

김흥규, 「동아시아의 시가문학과 근대의 발견: 조선 후기 시조의 '불안한 사랑' 모티프와, '연애 시대'의 전사(前史)」, 『한국시가연구』 24집, 한국시가학회, 2008.

박지원, 『국역 연암집 1』, 신호열 · 김명호 역, 민족문화추진회, 2005.

박희병, 『운화와 근대: 최한기 사상에 대한 음미』, 돌베개, 2003.

오문환, 「다산 정약용의 근대성 비판: 인간관 분석을 중심으로」, 『정치사상연구』 7집, 한국정치사상학회, 2002년 가을.

이강옥, 『한국야담연구』, 돌베개, 2006.

이강옥, 「야담의 보은담 유형과 계층 관계」, 『어문학』 97, 한국어문학회, 2007.

임형택, 「19세기 서학에 대한 경학의 대응」, 『실사구시의 한국학』, 창작과비평사, 2000.

임형택, 「권득기의 경학」, 『실사구시의 한국학』, 창작과비평사, 2000.

정명기 편, 『한국야담자료집성 12』, 고문헌연구회, 1986.

정출헌, 「고전문학에서의 근대성 논의, 그 반성의 자리와 갱신의 계기」, 『국제어문』 35집, 국제어문학회, 2005.

조세형, 「조선 후기 시가문학에 나타난 근대와 그 의미」, 『한국시가연구』 24집, 한국시가학회, 2008.

* 『애산학보』 제34집(애산학회, 2008. 12)에 실렸던 글임.

10장
조선 후기 한문산문 연구의 비판적 검토
-근대적 성격 찾기와 관련하여-

강 명 관*

1. 머리말

작품을 A라 할 때 작품의 의미는 B란 준거(準據)에 의해 평가된다. 따라서 작품의 의미를 지배하는 것은 작품 자체가 아니라 준거인 B이고, 거기서 의미 C가 도출된다. 이 법칙은 불변이다. 이 문제를 조선 후기에 산생(産生)된 문학작품으로 옮긴다면, 각 작품들을 평가하는 준거는 무엇인가. 나아가 문학사를 구성할 때, 즉 문학의 역사를 발전적으로 파악하여 구성할 때, 작품 또는 작가를 선정하고 배치하는 준거는 무엇인가?

한국문학사 연구에서 이 문제의 답은 의외로 간단하다. 즉 조선 후기의 문학에서 근대를 찾아내려는 의도는 문학사의 기술 이래 언제나 의

---

* 姜明官: 부산대학교 한문학과 교수.
1958년 출생. 부산대학교 국어교육과 문학사(1981), 한국학대학원 한국학과 문학석사(1983), 성균관대학교 한문학과 문학박사(1992; 「조선후기 여항문학 연구」).
저서: 『조선후기 문화예술의 생성공간』(1999), 『한국한문학 연구의 새 지평』(2005), 『공안파와 조선후기 한문학』(2007), 『국문학과 민족 그리고 근대』(2007) 등.

식되는 것이었다. 근대는 작품의 평가를 가능하게 하는 준거였던 것이다. 근대는 공리(公理)와 같았다. 공리는 의심의 대상이 되지 않는 자명한 것으로, 이 공리, 즉 조선 후기에 근대가 내재한다는 공리에 근거해서 문학사의 구조가 세워졌던 것이다.

근대 모색이라는 공리로부터 수많은 정리(定理)가 파생되었다. 조선 전기를 전근대, 즉 중세의 전형적인 시기로 보고, 그 시대의 문화적 문학적 현상을 전형적인 중세로 규정하는 것은 조선 후기에 근대가 내재한다는 공리에서 파생된 정리인 것이다. 아울러 조선 전기 문학을 전형적인 사대부 문학으로 보는 것, 그리고 그들의 문학이 성리학의 자장(磁場) 속에 놓여 있었다고 생각하는 것 역시 비유컨대 동일한 정리인 것이다. 요컨대 한국문학사 연구에 있어서 조선조의 문학은 조선 전기를 전형적인 중세로 설정하고, 거기서 이탈하는 현상을 모색하여 거기에 근대적 성격을 부여하는 것으로 요약할 수 있다. 다시 말해 근대를 찾기 위해 조선시대를 임병양란을 기점으로 전기와 후기로 나누고, 전기에는 중세적 속성을, 후기에는 근대적 속성을 부여하려는 것이 조선시대 문학 연구의 암묵적 전제였던 것이다. 조선 후기 한문산문의 경우도 예외는 아니다. 후술하겠지만, 조선 후기 한문산문 역시 '근대'를 강제적으로 찾아내어 그것을 도드라지게 제시하는 방법이 광범위하게 유행했고, 지금도 유행하고 있다.

하지만 전근대 문화에서 근대를 찾고자 하는 것은, 서구의 역사와 문학사를 인류의 보편으로 파악하고, 그것을 우리 내부에서 찾고자 한 것으로 서구중심주의에서 비롯된 것이며, 아울러 20세기 이후 비서구 사회의 콤플렉스 때문에 발생한 것이다. 이것은 서구에 의해서 주입된 것이며, 동시에 서구 콤플렉스에 의해 비서구권이 스스로 수용한 것이기도 하다. 이것은 공리가 아니다.

이 점에 유의하면서 조선 후기 한문산문 연구에 나타나는 근대 찾기의 과정을 검토해보자.

2. 한문산문 연구의 근대성 비판

2.1. 국문학사를 구성하는 두 축은 민족과 근대다.[1] 따라서 국문학사 서술에서 '민족'을 강조하면, 한문학은 민족어 문학이 아니라는 점에서 국문학사의 구성에서 배제될 수밖에 없다. 한문학은 또 '중세'의 문어로 쓰인 것이기에 애당초 근대문학이 될 수 없는 것이다. 하지만 국문문학만으로 국문학사를 구성한다면 그것은 곧 심각한 문제를 초래한다. 즉 민족을 유일한 가치로 내세우는 민족주의는 민족의 순수와 우월을 입증하는 것이기에 문학사에서 순수를 입증하려 하면 자동적으로 언어순혈주의에 빠져 국문문학만으로 국문학을 구성하려 하는 바, 이 경우 국문학사는 초라하고 빈곤한 구성을 갖는다. 따라서 국문학 연구자들은 민족의 우월성, 곧 국문학사의 우월함을 입증하기 위해, 한문학을 국문학사 구성에 포함시키려 하였다.[2] 결국 한문학을 국문학의 일부로 포섭하는 타협이 이루어졌던 것이고, 이제 남은 문제는 한문학이 근대로 발전한 코스를 찾아내는 일이었다. 한시의 경우는 본고의 서술 대상이 아니므로 제외하고 일단 산문으로 문제를 좁히자.

한문은 중세적 문어다. 한문으로 쓰인 산문은 근대의 자국어 중심주의와 정면으로 배치된다. 따라서 한문학은 기본적으로 '근대문학'이 될

1) 이에 대해서는 강명관, 『공안파와 조선 후기 한문학』(소명출판, 2007)을 참고할 것.
2) 같은 책, 53~74면.

수 없다. 따라서 한문산문은 본래 중세적이다. 국문학 연구자들은 이 대전제를 부정할 수 없었다. 다만 한문학의 내부에서 내용적, 사상적인 변화를 모색하여, 언어라는 형식에서는 발견할 수 없는 내용적 사상적 근대성을 찾고자 하였다. 그 실례가 아마도 실학파 문학일 것이다.

두 말할 것도 없이, 조선시대 한문학에서 실학파 문학은, 실학이 중세의 모순을 극복하는 학문적 모색으로 정의된 것처럼 역시 중세 비판적이거나 반(反)중세적 내용을 담고 있는 것으로 인식되었고, 지금도 인식되고 있다. 실학이 실재한 것이 아니라 구성된 것이듯 실학파 문학 역시 구성된 것이고, 그 평가 역시 객관적 실재를 반영한 것이 아니라 '근대 찾기'에 의한 주관적 구성물임이 분명하다. 이 문제를 상론해 보자.

실학 연구의 기본 방향을 제시한 이우성 선생은 「실학파의 문학과 사회관」이란 논고에서 실학을 '사(士)'의 자각의 산물로 파악하고 이렇게 말한 바 있다. "연암에 있어서의 '사'의 자각은 근대 양심적 인텔리의 사명감과 매우 상통되었던 것이다."[3] 여기서 선생은 막 바로 '사'의 자각이 근대라고 말하지 않고, 근대 양심적 인텔리의 사명감과 매우 상통하다고 조심스럽게 말하고 있다. 여기서 중요한 것은, '사의 자각'이 그 자체로서 평가되지 못하고 어떤 비유적 관계를 통해서 설명되고 있다는 사실이다. 그것은 오직 '근대'와 관계되어 설명되고 있다. 여기에 문제가 있다. 조선 후기의 어떤 문학적 현상도 근대와 관계되어 의미를 갖는다는 것이다.

'사의 자각'을 이우성 선생은 연암 박지원의 작품세계, 곧 연암의 전(傳)과 관련짓고 있다. 곧 연암의 전에서 근대적 요소를 끄집어내고 있

3) 이우성, 「실학파의 문학과 사회관」, 『한국의 역사상』(창작과비평사, 1982), 68면(이 논문은 원래 『한국사상대계 1』, 성균관대학교 대동문화연구원, 1973에 실린 것임).

다. 더욱 흥미로운 것은, 이 요소를 끄집어내는 근거다. 그것은 주자학, 혹은 주자주의와의 대비에서 의미를 획득한다. 왜 주자학인가? 근대는 중세로부터의 이탈이다. 서구에서 근대를 향하는 지표는 신과 신학으로부터 탈출하면서 궁극적으로 인간중심주의와 과학을 향하고 있었다. 한국사에서 근대를 찾으려면 서구의 신과 신학을 대신할 것이 필요하였다. '리(理)'와 주자학이 바로 그 대체물이었다. 곧 연암의 문학과 사상의 위대함은 '리'와 주자학을 비판한 것으로 요약되거니와, 그 '리'와 주자학은 곧 신과 신학을 대신한 것이기에 근대를 향하는 것으로 판단되었다.

이우성 선생의 논리는 한문학 연구, 특히 연암의 산문 연구에 깊은 영향력을 행사하였다. 조선 후기 한문학에서 어떤 진보적 현상, 근대의 속성을 찾아내려는 사람들은 예외 없이 실학파 문학에 집중했고 그 논리는 이우성 선생이 제시한 논리의 연장이었다. 연구자들은 계속해서 연암의 전 작품을 읽고 거기서 근대적 속성을 찾고자 하였다.

예컨대 이동환 선생은 「중세적 권위에 대한 도전: 연암문학의 사상 기조」란 논고에서 "실상 연암의 사상이 근대지향의 혁신성을 강하게 띠고 있다는 점에서, 당시 중세적인 사회체제와의 상대관계에서 본다면, 그 전반을 상대한 것은 아니라고 하더라도 적극적인 저항의 한 자세로 간주하기에는 인색할 것이 없을 것 같다."[4]라고 말한 바 있다. 오래된 견해이기는 하지만, 여전히 이 주장이 내포하는 내용은 지금까지 비판된 적이 없다. 이동환 선생은 이 논고의 3장 '연암의 휴머니스트 정신'에서 "그런데 중요한 것은 연암의 저항정신이 출발하는 거점을 무엇으로 볼 것인가가 문제일 것이다. 특히 휴머니스트 정신과 민족의식의 자각으로

---

4) 이동환, 『실학시대의 사상과 문학』(지식산업사, 2006), 64면(원래 『문학사상』 5, 1973년 2월호에 실린 글임).

제시하려는 것이다."[5]라고 말하고 있다. 이 견해는 뒤의 논고에도 계속 된다. 「연암사상의 이념적 범주와 반주자주의성」[6]에서는 연암사상의 골자를 휴머니즘 · 민족주의 · 실용주의 · 리얼리즘으로 정리했다. 이것들을 관통하는 것은 당연히 '반주자주의'다. 휴머니즘 이하가 '근대'의 내용이라면 반주자주의는 근대를 성립시키는 근거다. 이우성 선생의 논지가 보다 세밀하게 전개된 것이다.

이동환 선생이 말한 '휴머니즘 · 민족주의 · 실용주의 · 리얼리즘'은 조선 후기 문학작품, 좁게는 산문의 성격을 규정하는 키워드로 무수히 인용되었다. 거의 모든 논고들은 이 어휘들의 자장을 벗어날 수 없었다. 아니 모든 연구는 이 어휘들의 타당성을 입증하기 위해 동원되었다. 그런데 이상하게도 이 논문의 결론에서는 연암에게도 여전히 주자학의 잔재가 남아 있음을 말하고 있다. 이동환 선생은 이것을 언론의 자유가 없는 당대 현실에서 자신을 보호하기 위한 레토릭(rhetoric)으로 보지만,[7] 이 모순은 원천적으로 주자학을 논의의 준거로 삼았기에 발생한 것으로 보는 것이 타당할 것이다. 왜냐하면 연암은 주자학이 이데올로기인 국가, 사회 속에서 살아간 인물이다. 따라서 주자학은 어떤 모습으로든 이미 연암 내부에 침투해 있는 것이기 때문이다. 따라서 주자학을 연암을 판단하는 준거로 삼으면 주자학이 검출되는 것은 당연한 일이다.

연암의 산문에서 근대적 속성을 이끌어내는 논리는 널리 유행하였다. 이동환 선생의 논리에 보이는 휴머니즘 등의 근대성은 조선 후기 '전(傳)'

---

5) 같은 책, 71면.

6) 같은 책, 81~114면(원래 『문학사상』 29, 1975년 2월호에 실린 것이다).

7) 같은 책, 113~114면의 맺는 말에서 "연암이라고 해서 주자의 전면을 부정한 것은 아니"며, 주자를 '만고의 義理主人'이라 평가한 것을 두고, 주자주의의 찌꺼기가 남아 있다고 평가한다. 이동환 선생은 이것을 언론의 자유가 보장되지 않는 사회에서의 레토릭으로 파악하고 있다.

연구에서 다음과 같이 변주되었다.

> '전(傳)'이 일반화하는 과정에서 실학의 자극이 절대적이었음은 췌언을 요치 않는다. 신분의 변화, 상계급의 대두, 화폐의 유통, 시장경제의 변화, 서민계층의 신분 상승 등 실학이 몰아온 일련의 사회 변화를 '전'은 포괄적으로 수용하고 있다. 모화적 의식에서 헤어나지 못하던 중국적인 안목이, 서서히 자기의 것을 찾고 가꾸려는 민족주의 모습으로 민중 사회에서 차츰 변모되어 갔다. 역으로 말한다면 이러한 '전'의 자아적 사회적 성격이 근대화를 촉진하고 주도했다고도 말할 수 있다.[8]

이 문장을 몇 개의 요어(要語)로 압축한다면, 종국에는 이동환 선생의 휴머니즘 등의 어휘가 되고 말 것이다.

이처럼 조선 후기 문학(한문학, 한문산문)에서 근대성을 찾는 논의는 광범위하게 이루어졌다.[9] 이것을 가장 요령 있게 정리한 것이 조동일 선생의 『한국문학통사』의 '다섯째 시대: 중세문학에서 근대문학으로의 이행기'다. '근대로의 이행기'를 설정함으로써 중세 속에서 무리 없이 내재적 근대를 끄집어낼 수 있었던 것이다. 조동일 선생은 이행의 시대에 '실학파 문학의 새로운 방향'이란 절을 설치하여 홍대용과 박지원을 다루면서, 박지원 문학에 대해 결론을 내렸던 바, 옮기면 다음과 같다.

---

8) 蘇在英, 「'傳'의 근대문학적 성격」, 한국고전문학연구회 편저, 『近代文學의 形成過程』(문학과지성사, 1983), 151면.

9) 소재영 선생의 위 논문이 실린 『근대문학의 형성과정』은 대체로 내재적 발전론에 입각하여 〈장끼전〉이나 〈서동지전〉과 같은 우화소설, 또는 영웅소설, 판소리, 가사 등의 모든 장르에서 근대적 속성을 도출하려고 한다.

박지원은 어느 면에서 자기 시대의 한계를 넘어선 근대적인 작가라고 할 수 있지만, 중세 문인으로서 갖추어야 할 수련을 철저하게 다진 것을 토대로 하여 변모를 시도했다.[10]

박지원 문학의 최대의 성과는 산문에서 이루어졌던 바, 이 결론은 곧 그의 산문에서의 성취에 근거한 것이다. 요컨대 박지원의 산문은 이미 근대적 속성을 갖추고 있었다는 것이다. 이우성 선생의 주장 이래 연암의 '근대적 속성'은 세부적 논리를 더욱 강화했을 뿐 한 번도 의심을 받지 않는 고정된 성격이었다.

하기야 비판적 지적이 없지는 않았다. 임형택 선생은 실학파 문학과 한문단편에 대한 연구사적 논고인 「실학파문학과 한문단편」에서 실학파 문학의 역사적 성격에 대해 논하면서 "그런데 1950년대 이후 속출된 논고들 가운데 연암을 근대적 성격으로 속단한 견해가 있다. 논자에 따라서는 그 시대를 근대문학의 기점으로 잡기도 한다. 이런 경우 논지는 대개 실학을 곧 근대사상인 양 생각하고 거기에 작품을 평면적으로 결부시키거나 혹은 역사 및 문학의 일반상식론을 성급히 결합시킨 것에 불과하다."[11]라고 하여 1950년대 이후 실학파 문학을 근대문학의 기점으로 잡은 견해를 비판했다.

이 비판이 어떤 저작을 비판하는지는 분명하지 않다. 다만 김현 · 김윤식의 『한국문학사』[12]와 같은 저작을 떠올릴 수 있다.

『한국문학사』는 '근대의식의 성장'(2장)에서 '〈열하일기〉와 닫힌 사회의 지식인'이란 절을 특설하고, 〈열하일기〉를 근대의식의 성장을 대표하

10) 조동일, 『한국문학통사 3』(제3판, 지식산업사, 1994), 219면.
11) 임형택, 「실학파문학과 한문단편」, 『한국문학사의 시각』, 창작과비평사, 1984.
12) 민음사, 1973.

는 작품으로 파악한다. 〈열하일기〉가 갖는 체제비판적인 내용에 초점을 맞추었을 것이다. 한데, 『한국문학사』 자체가 이미 조선사회, 특히 조선 후기 사회에 대한 오독에 기초하고 있기 때문에 <열하일기〉를 근대의식의 성장으로 파악하는 것이 오류임은 두 말할 나위가 없다. 예컨대 '근대의식의 성장'에서 그 근거로 '가족제도의 혼란'(1절)을 꼽고 있는 바, 그것은 영조 · 정조대[13] 이후 가족제도의 모순이 크게 드러나고 있기 때문이다. 하지만 실제 조선은 이 시기에 와서야 비로소 가부장적 가족제도를 완성했던 것이니, 가족제도의 혼란이란 사회의 리얼리티와 아주 다른 것임은 굳이 췌언할 필요가 없다. 즉 영조 · 정조대를 근대의식의 성장기로 보는 것, 가족제도의 혼란시기로 보는 것은, 조선 후기에서 중세가 끝나거나, 중세가 해체되는 현상을 찾아내고자 하는 근대 찾기의 산물일 뿐이다. 이런 문제에도 불구하고 『한국문학사』의 조선 후기 근대설은 널리 유행하였다.

임형택 선생의 비판은 조선 후기 문학사, 특히 실학파의 작품들을 근대적인 것으로 막 바로 규정하는 것에 초점을 모으고 있다. 하지만 임형택 선생 자신도 그 규정을 쉽게 벗어나지 못한다. 즉 임형택 선생은 「실학파문학과 한문단편」에서 자신이 〈예덕선생전〉과 〈마장전〉을 분석한 데 대해, "참다운 우정의 모색을 평등 · 박애에 바탕을 둔 시민적인 윤리의 발단으로 보아 근대의식의 맹아로 해석한 바 있다."고 말하고 있다.[14] 근대는 아니지만, 근대의식의 맹아(萌芽)로 해석되었던 것이다. '근대의식의 맹아'에서 '맹아'란 싹이며 시초다.[15] 그것은 근대의 본질을 내장하

13) 이 시기는 『한국문학사』에 의하면 근대의식의 성장기이다.

14) 임형택, 앞의 글, 431면.

15) '근대의 맹아'란 표현에서 맹아가 그 적실한 사례거니와 그것은 원래 경제사, 좁게는 상업사에서 원용된 것일 터이다. 강만길 선생의 『조선 후기 상업자본의 발달』(고려대

고 있는 것이다. 사실 평등 · 박애와 '시민적 윤리'라는 것은 근대의 핵심 내용이 아니겠는가. 임형택 선생 역시 실학파 문학을 근대문학의 기점으로 잡은 견해를 비판했지만, 조선 후기 문학에서 근대적 문학을 읽어 내려는 시도 자체를 버릴 수 없었던 것이다.

한동안 국문학계의 비상한 주목을 받았던 장르로 한문단편이 있다. 이우성 · 임형택 두 분이 편역한 작품선집 『이조한문단편선』[16]으로 처음 학계에 널리 알려진 한문단편의 역사적 성격에 대해 임형택 선생은 다음과 같이 말하고 있다.

> 단편소설(short story)이 말뜻만으로 짧은 이야기라면 어느 시대나 있을 수 있는 것이지만 시민사회가 성립된 이후 발달한 단형의 이야기들에 한정해서 '단편소설'이란 용어가 사용되듯, '한문단편'도 특정한 시기에 발달했던 문학 장르인 것이다. ……(중략)…… 즉, 단편소설처럼 바로 근대 시민사회를 자기 배경으로 갖지 못하고 중세 하향기에 상품화폐경제의 발달과 함께 발생한 시정문화의 일환으로 성립된 것이다.[17]

시민사회란 곧 서구 부르주아사회를 말한다. 임형택 선생은 명백히 부르주아사회가 성립하지 않은 사실을 들어 한문단편이 서구의 단편소설과 다름을 말하고 있다. 하지만 중요한 것은 서구의 단편소설이 한문단편의 역사적 성격을 설명하는 준거가 되고 있다는 사실에 주목할 필

학교출판부, 1981)은 조선 후기 자본주의 맹아설을 주장하고 있는 바, 여기서 국문학계의 맹아설이 연역되었다.

16) 상 1973, 중 · 하 1978, 일조각.

17) 임형택, 「한문단편 형성과정에서의 講談師」, 『창작과 비평』 49호(창작과비평사, 1978), 106면.

요가 있다. 아울러 한문단편은 '중세 하향기'에 '상품화폐 경제'의 발달과 함께 발생한 시정문화의 일환이라는 서술에도 주목할 필요가 있다. '중세 하향기'는 곧 중세의 해체기이며, 꼬집어 말하지는 않았지만, 이 표현 뒤에는 근대라는 어휘의 그림자가 어른거린다. 또 '상품화폐 경제의 발달' 역시 자본주의 경제의 발달이란 말을 속에 숨기고 있지 않은가. 임형택 선생은 미리 부인했지만, 스스로 규정한 한문단편의 역사적 성격에는 사실상 근대적 속성이 이미 내재하고 있었던 것이다.

이처럼 근대는 조선 후기 문학, 좁게는 한문산문을 평가하는 준거가 되었다. 근대적 성격이 있다고 하건 없다고 하건 혹은 다른 비유적 표현을 쓰건, '근대' 자체가 조선 후기 문학의 성격을 읽어내는 절대적인 근거로 작용하고 있는 것은 췌언을 요하지 않을 것이다.

나아가 조선 전기 문학과 조선 후기 문학을 대립적인 것으로 파악하고, 성리학을 준거로 삼아, 성리학이냐 성리학 비판이냐, '리(理)'냐 '기(氣)'냐, 가부장제냐 아니냐를 따지는 모든 이분법에는 굳이 언명하지는 않지만, 조선 후기 문학에서 근대를 추출하려고 하는 의도가 내재되어 있는 것이다. 아울러 조선 전기와는 다른 그 무엇, 양반체제, 사대부문화와는 다른 어떤 변화를 애써 찾는 태도는 굳이 중세와 근대란 어휘를 사용하지 않아도 여전히 근대화론의 자장 속에서 있었던 것이다. 또한 근대 찾기는 여러 형태로 자신을 복제하였다. 조동일 선생의 『한국문학통사』가 '중세에서 근대로의 이행'이라고 말했을 때, 그 '이행'과 '맹아'는 사실상 동일한 말이다.

최원식 교수는 이 점을 비판하여 18세기에서 근대문학의 기점을 끌어올리려는 부질없는 시도라고 했지만,[18] 문제는 여전히 계속된다. 근대란

---

18) 최원식, 「한국문학의 근대성을 다시 생각한다」, 민족문학사연구소 엮음, 『민족문학과

어휘를 사용하지 않아도, 위의 이분법을 차용하는 것은 광범위하게 통용되고 있기 때문이다. 달리 말하자면 그것은 문학사뿐만 아니라, 한국사 전반을 이해하는 기본 틀이기 때문이다.

2.2. 연암과 이옥(李鈺) 등의 산문문학을 맹아든, 이행이든, 아니면 또 다른 무엇이든지 근대적 아우라가 어린 것으로 파악하고자 했던 데는 또 다른 이유가 있었다. 연암과 이옥 등의 문학언어관은 독특한 점이 없지 않았다. 연암과 이옥 등의 문학언어관은 문학 창작에서 개성적 언어와 속어의 과감한 수용을 주장했으며, 거기에 맞추어 작품의 제재 역시 조선적인 것을 선택할 것을 역설하였다. 이들의 주장은 조선 후기 문학에서 '근대'를 발견하고자 하는 연구자들의 주목을 끌었다. 한문에 속어, 곧 조선식 한자어를 도입하자는 주장은 문학에서 중세문어를 배제하고 자국어(민족어)로의 발전적 변화를 의미하는 것으로, 또 조선적 제재는 흡사 민족적 제재의 도입으로 해석되었다. 이것은 문학사에서 민족적 자각과 통하는 것으로, 궁극적으로 근대를 지향하는 것으로 해석되었다.

국문학 연구자들이 김만중의 이른바 '민족어 선언'으로부터 연암과 이옥에 이르는 민족어에 대한 긍정적 비평에 열광하면서 그것을 근대를 지향하는 것으로 해석했던 것도 지극히 당연하였다.[19] 조선 후기 문학을 연구하는 사람치고 여기에 대해 한 마디 하지 않은 사람이 없을 정도였다. 임형택 선생은 이 해석을 가장 완벽하게 정리했다.

근대성』, 문학과지성사, 1995.

19) 김만중의 국문시가 옹호론을 민족어문학론으로 해석하는 것이 20세기 이후 민족주의에 입각한 해석의 과잉임은 강명관의 「서포만필의 민족어문학론 비판」(『한문학보』 18, 우리한문학회, 2008. 6)을 보라.

> 서두에서 거론했던 '글자는 공용하되 문학은 독자적 개성을 추구한다(字所同而文所獨)'는 박지원의 명제로 돌아가 보자. '문소독(文所獨)', 즉 자주적·창조적 문학의 추구로 보편적 형식과 민족적 내용의 결합이라는 우리 한문학의 공리에 수정이 가해지게 되었다. 그리하여 시공을 초월했던 보편적 형식의 규율을 비록 제한적이나마 이반하여, 표현형식상에서도 민족적 성격이 표출되기에 이르렀던 것이다. 이는 실학의 현실주의에 의해 주도된 성과다. 그러나 아직 '자소동(字所同)'이란, 한자를 통용하는 원칙이 거기에 전제적 조건으로 엄연히 살아 있다. 아무리 현실주의문학으로, 생활의 구체적 정황이 민족어·생활어를 도입한 방식으로 표현되었더라도 아직은 한문학이다.
>
> 우리 역사, 우리 문학사가 18, 19세기 당시에는 한문학을 전면으로 청산하고 새로운 문학의 단계—근대적 민족문학으로 진입하지는 못했다. 이것은 객관적 사실이 명백히 증언하는 바다. 다만 거기로 접근해가고 있을 뿐이었다.[20]

먼저 지적해야 할 것은, 임형택 선생의 논리는 '접근'이란 어휘에서 확인되듯 근대를 최종 도착지점으로 보고 있다는 것이다. 그런데 전근대라 하건 중세라 하건 혹은 '조선시대'라 하건, 20세기 이전의 한반도 사회의 변화가 반드시 '근대'로 발전해야 할 필연성은 없다. 한국어와 한문의 동서(同棲)가 박제가의 주장처럼 한국어를 버리고 중국어를 사용하는 쪽으로 발전했을지도 모르며, 한문학이 청산되지 않고 더욱 발전했을지도 모르는 일이다.

---

20) 임형택, 『한국문학사의 논리와 체계』(창작과비평사, 2002), 380~388면. '민족어·생활어에 대한 관심과 그 한문학에의 도입'이 특설되어 있다.

그럼에도 불구하고 임형택 선생의 시각에는 근대가 이미 최종 도착지점으로 상정되어 있다. 이 시각은 이상한 문제를 낳는다. 즉 중세문어문학에서 자국어(민족어) 문학으로의 전개가 필연적인 것으로 전제되어 있기 때문에, 조선 후기의 문학은 그 시대 자체의 문화현상으로서 독립성을 갖지 못하고, 또 그 시대 자체의 문화적 컨텍스트에 의해 해독되지 못하고, 오직 근대가 되지 못한 미완의 문화현상으로 파악되고 만다는 것이다.

한문학에 민족어 · 생활어를 도입하자는 조선 후기의 비평을 해석하는 컨텍스트가 반드시 '근대'여야만 하는 것은 아니다. 그것을 해석하는 컨텍스트는 복수적이다. 이렇게 생각해 보자. 한시문(漢詩文)에 민족어 · 생활어를 도입하는 것은, 한국어에 한자나 한자어가 침투하는 현상과 동일하다. 즉 두 가지 언어의 동시적 사용은 두 언어 사이에 필연적인 상호 침투를 낳는다. 한국어에는 한자와 한자어가, 한문에는 한국어가 서로 침투한다. 그것은 자연스러운 현상이다. 현대에서 영어의 확산이 이에 대응한다. 영어가 중세의 공동문어처럼 확산되자, 미국의 영어, 필리핀의 영어, 인도의 영어, 오스트레일리아의 영어가 생긴다. 이들 영어는 상이한 지리적 문화적 환경 속에서 여러 모로 각각 조금씩 달라진다. 영어 외의 공용어가 있는 경우, 영어와 공용어는 서로 영향을 주고받는다. 비유컨대 일종의 크리올(creole)화가 일어나는 것이다. 18세기 한시문이 이른바 민족어 · 생활어를 차용하는 것은, 중세문어의 크리올화와 동일한 현상이다. 그것을 두고 중세문어를 제거하고, 민족어를 유일한 문학언어로 채용하자는 주장이라고 단정적으로 해석할 수는 없다.

연암과 이옥의 민족어 · 생활어를 쓰자는 주장을 당대의 컨텍스트에서 해독할 수도 있다. 즉 두 사람으로 대표되는 비평을 중국 공안파(公安派)의 비평에 근거한 것으로 해독할 수도 있다. 공안파는 의고적(擬古的) 창작논리를 비판하여 문학언어를 고전에서만 찾지 말고 전례 없는 새로운 언어, 속어 등을 도입하자고 주장했던 바, 그 공안파의 비평이 조선 후기에 조선 문단에 도입되었던 것이다. 이미 밝혀진 바와 같이 연암과 이옥, 그리고 조선 후기에서 우리가 주목했던 작가들은 대개 공안파 비평의 영향권 아래에 있었다.[21] 연암과 이옥 등도 의고파의 의고적 창작논리를 비판하여, 과감하게 속어, 곧 한국어를 어휘의 차원에서 도입하자고 주장하였다. 따라서 민족어 · 생활어를 쓰자는 논리는 전혀 다른 차원에서 읽힐 수 있다.

한국어의 어휘를 도입하자는 주장이 18세기 후반을 정점으로 사라져 버린 것도 주목할 만하다. 만약 민족어 · 생활어를 사용하자는 18세기의 비평적 주장이 민족어를 절대시하는 방향으로 설정되어 있었다면, 그 논리는 19세기에 보다 발전적인 변화를 겪었을 것이다. 하지만 우리 모두가 알고 있듯이, 민족어 · 생활어를 사용하자는 주장은 19세기가 되면 신기루처럼 사라지고 만다. 그리고 19세기 말 서구의 근대가 한반도에 전래되면서, 언문일치 운동이 일어나고 이어서 한국어만으로의 문학창작이 시작되었다. 즉 19세기의 끝자락에서 시작된 언문일치 운동과 민족어문학은 18세기 연암 유의 민족어 · 생활어 도입과는 서로 맥락이 연결되지 않는, 전혀 다른 차원의 문화현상이었던 것으로 보인다.

더욱이 민족어 · 생활어를 사용하자는 비평을 실학의 현실주의와 연결 짓는 것도 문제다. 이옥은 실학자의 범위에 들어가지 않는다. 속어의 도입은 실학자가 아닌 문인에게서도 발견되는 것이다. 더욱이 실학은 객관적으로 존재했던 것이 아니라, 20세기 이후 조선 후기에서 근대를 찾으려는 의도에 의해 구성된 것이다. 따라서 실학에서 민족적 언어관을

---

21) 강명관, 『공안파와 조선 후기 한문학』, 소명출판, 2007.

도출할 수는 없다.

2.3. 실학파 문학을 설정하고, 박지원의 산문을 정점으로 삼아 거기서 근대적 성격을 찾아내려는 문학사 서술은 조선 후기 산문에 대한 이해를 적지 않게 왜곡하였다. 실제 연구자의 관심을 끈 작품은 연암과 이른바 극히 일부 실학파의 산문에 집중되어 있었다. 장르로 말하자면 특히 '전(傳)'에 집중하였다. 그 외의 방대한 작품군은 거의 관심을 끌지 못했다. 다룰 적절한 수단도 없었다. 연암에 대한 집중적인 관심과 문학사에서 부조적(浮彫的) 서술은 마치 연암만이 존재하는 것처럼, 또는 연암과 유사한 부류의 산문이 광범위하게 산생된 것 같은 착각을 불러일으켰다. 사실 조선 후기 한문산문에 대한 연구의 내용을 재검토한다는 것 자체가 이미 난센스다. 연암 이외의 작품은 거의 연구자의 관심을 끌지 않았기 때문이다.

이처럼 조선 후기 문학연구에서 '근대 찾기'는 배제의 원리로 작용하였다. 중세에 대한 비판적 의식을 보이지 않는 작품들은 관심의 대상이 될 수 없었다. 좀 더 구체적으로 말하자면 중세 · 성리학 · 양반체제에 대한 비판으로 해석될 소지가 박약한 작품은 연구와 평가에서 거의 제외되었다. 달리 말해 반중세 · 반성리학 · 반양반이라는 준거가 아니면, 그리하여 근대로 해석될 소지가 없는 작품들은 관심의 대상이 되지도 않았고, 또 비평할 아무런 방법도 없었다. 조선 후기 문학사에서의 '근대 찾기'는 이렇게 수많은 작품의 존재를 존재하지 않는 것으로 만들었던 것이다.

이처럼 '근대 찾기'는 당대의 창작과 비평의 실상, 즉 당대의 작가들이 관심을 쏟았던, 그래서 당대의 쟁점이 되었던 문제들을 아예 말살하였다.

조선 후기 산문사에서 중국의 명말·청초의 비평이 수입된 것은 대단히 중요한 문제다. 16세기 중반 이후 명으로부터 의고문파(擬古文派)의 의고적 창작논리와 작품들이 수입되자, 조선의 문단은 파천황적인 충격을 받았다. 그리하여 이내 의고문파의 창작논리를 추종하는 문인들이 형성된다. 조선 후기의 내재적 근대를 이끈 최초의 문인으로 알려진 허균(許筠) 역시 의고파의 영향을 절대적으로 받았고, 이후 윤근수(尹根壽), 조익(趙翼), 유몽인(柳夢寅) 등과 신흠(申欽), 이정귀(李廷龜), 장유(張維) 등 산문의 대가로 알려진 작가 역시 의고적 창작론의 영향권 내에 들게 된다. 의고파의 의고적 창작논리는 17세기를 관통하면서 문단의 창작과 비평을 지배하였다. 하지만 국문학 연구는 이 부분을 외면하였다. 의고파와 의고적 창작론에 대한 언급이 문헌에 넘쳐 났지만, '근대 찾기'에 쏠린 연구자들의 눈에는 그것은 단지 파편적 언어로 보였을 뿐 끝내 온전한 상(像)으로 구성할 수가 없었던 것이다.

의고파에 이어 당송파(唐宋派)가 수용되자, 이식(李植)이 당송파의 창작논리를 의고파를 비판하는 데 일부 원용하였고, 마침내 김창협(金昌協)에게 와서 의고적 창작논리를 근저에서 비판하기 시작하였다. 이후 '구성의 미학'이라 부를 수 있는 당송파의 창작논리가 대대적으로 유행했지만, 이것 역시 연구자들의 눈을 끌지 못했다. 산문 창작의 미학적 원리의 하나로 구성의 논리는 분석의 대상이 아니었던 것이다.

아마도 조선 후기 산문의 이해에서 결정적으로 오해되고 무시된 것은 공안파(公安派)일 것이다. 앞에서 언급했듯 그 동안 국문학 연구자들의 관심을 끌었던 박지원을 위시한 산문작가와 비평가들의 논리는 공안파의 세례를 받은 것이었다. 특히 박지원은 공안파의 사유, 창작과 비평 등을 수용하고 그 위에서 자기 논리를 전개하였다. 공안파의 영향은 18세기 굴지의 산문 작가라 할 조귀명(趙龜命), 이덕무(李德懋) 등에게서 광범위하게 발견된다. 실제 이들의 창작과 비평은 의고파의 의고적 논리를 공안파의 논리를 동원해 극복하고 있었던 것이다.

이처럼 조선 후기 한문학, 특히 이 글의 대상이 되는 산문의 경우, 의고파와 당송파, 공안파의 영향이 실제 막대했고, 모든 문인들은 이 유파들의 이론으로부터 결코 자유롭지 않았다. 이들은 이 유파들의 창작과 비평을 어떻게 이해하고 극복하여 자신의 창작에 원용할 것인가를 고민하고 있었던 것이다.

문인들이 남긴 창작과 비평에 의고파 · 당송파 · 공안파에 관한 이야기가 흘러넘치지만, 한문학 연구자들은 거의 관심을 기울이지 않았다. 언급하였을 경우 그것은 부차적인 서술에 지나지 않았다. 연구자들은 실제 일어났던 일, 즉 조선 후기 문인들의 창작과 비평에 대해 연구한 것이 아니라, 20세기 이후 민족주의 담론에서 주어진 '근대성'을 찾기 위해 골몰했던 것이다. 그리하여 기술된 조선 후기 문학사는 실제의 상황과는 상관이 없거나, 실제의 상(像)을 아주 왜곡한 것이 되고 말았다. 예컨대 이식 · 장유 · 이정귀 · 신흠은 앞에서 지적한 바와 같이 의고파의 창작론을 초점에 두고 부정과 긍정의 비평을 전개하면서 자신의 창작론을 입론했지만, 조동일 선생의 『한국문학통사』에는 '한문사대가의 복고적 노선'이라고 변형되어 있다.

3. 문학사에서의 근대 설정 비판

이러한 문제는 기본적으로 근대에 대한 인식의 오류가 있었음을 의미한다. 한국사 또는 국문학사 내부에서 근대를 찾아내려고 하는 시도는, 역으로 한국사 내부에 근대가 없음을 전제로 한다. 20세기 이전 한국의 역사 서술은 근대를 전혀 의식하지 않았다. 근대 자체에 대한 인식이 없었기 때문이다. 20세기 이후 서구의 역사학이 도입되자 역사 서술에서 '고대—중세—근대'란 시대구분이 적용되었으니, 이로부터 근대가 의식되기 시작하였다.

이 시대구분은 서구사에서 추상된 것이고, 근대 역시 서구사의 특수한 시대일 뿐이다. 즉 서구의 역사학은 서구에만 한정되는 것이었으나, 서구 제국주의가 비서구 사회로 침투하면서부터 서구의 역사학이 보편적 역사학처럼 확산되었다. 제국주의의 식민지 경영은 경제적 정치적 침투일 뿐만 아니라, 문화적 침투이기도 하여, 역사학과 역사인식이 동시에 비서구 사회에 침투하였던 것이다. 마치 서구의 역사학이 보편적 역사학인 것처럼 인식되었고, 비서구 사회는 서구사의 시대구분을 인류 역사의 보편적 시대구분으로 자연스럽게 수용하였던 것이다.

고대—중세—근대의 시대구분이 인류 역사의 보편적 시대구분이 되자, 비서구 사회는 근대의 부재(不在)에 당혹하였다. 원래 서구 제국주의에 의한 비서구 사회의 식민지화는 비서구 사회에 깊고 큰 충격을 주었던 바, 비서구 사회는 자신들의 식민지화가 곧 근대의 부재 때문이라고 확신하였던 것이다. 반응은 이중으로 나타났다. 비서구 사회는 근대화를 재촉하는 동시에 자신의 역사 속에서 근대를 찾기 시작한 것이었다.

한국 역시 예외가 아니었다. 일본 제국주의에 의한 조선의 식민지화는 한국인들에게 엄청난 상처와 열등감을 주었다. 거기에 일본 제국주의는 한국사 정체론을 통해 한국의 역사는 근대로 향하는 내부 동력이 없음을 유포하였던 것이다. 해방 이후 한국사학계, 국문학계 등 국학계의 가장 큰 과제는 식민사관을 극복하기 위해 곧 한국사 내부에서 근대를 지향하는 구체적 행로가 존재하였음을 입증하는 것이었다. 그 결과 한국사 내부에도 근대를 향하는 행로가 존재하였음을 발견하였다. 그것

이 곧 한국사 내부에서 근대의 존재를 주장하는 '내재적 발전론'이다.[22]

하지만 내재적 발전론은 사실이 아니라 당위의 차원에 속하는 것이었다. 즉 해방 이후 한국인에 의한 연구의 결과로 근대가 부재한다면 어떻게 되었을 것인가. 식민사학을 긍정하는 것으로 귀결될 수밖에 없다. 한국의 내셔널리즘에 의하면, 근대는 필연적으로 존재해야만 하는 것이었다. 이것이 존재가 아니라 당위라는 의미다. 곧 조선 후기의 '근대'는 존재했던 것이 아니라, 내셔널리즘에 의해 구성된 것이었던 셈이다.

근대의 부재가 역사 서술을 불가능하게 하는 것은 당연히 아니다. 부재에 대한 콤플렉스를 가질 필요가 전혀 없다. 근대가 서구의 일회적 경험이었다는 것, 그리고 그것이 서구 제국주의의 비서구 사회 침탈과 함께 이식되었다는 것, 근대화가 인간 역사 발전의 유일한 길이 아니라는 점, 그리고 한국사회와 비서구 사회가 서구의 역사와는 다른 역사 변화를 경험했다는 사실을 상기한다면, 근대의 부재는 지극히 당연하다. 요컨대 개항 이전까지 한국 사회는 서구와 접촉하지 않았으며, 서구의 영향 없이, 서구를 전혀 의식하지 않은 상태에서 역사적 변화를 경험하였다. 따라서 서구의 영향 없는, 서구가 의식되지 않은 상태에서, 동아시아의 일원으로 변화해 온 역사에서 서구의 경험－근대를 찾는 것 자체가 모순이다. 더욱이 한문학에서 근대를 모색하는 것은 그야말로 존재하지 않는 것을 찾는 우스꽝스러운 일이다.

서구 역사의 시대구분을 보편적으로 받아들인다면 근대는 필연적인 것이 되고, 비서구 사회는 근대 없는 전근대에서 '유사근대'를 찾는 데 골몰한다. 과거 우리의 한국사 서술과 국문학사 서술이 바로 그 증거다. 근대를 찾는 행위는 서구중심주의에 빠져 들어가는 것이고, 서구를 완

---

22) 구체적인 것은 강명관의 『국문학과 민족 그리고 근대』(소명출판, 2007)를 보라.

전한 것으로, 한국을 불완전한 것으로 보게 된다. 곧 근대를 역사적 필연으로 인정한다면 서구중심주의에서 벗어날 수 없게 된다. 이것이 비서구 사회의 근대 찾기가 갖는 근원적 모순이다. 국문학사의 근대 찾기 역시 동일한 모순을 갖는다 할 것이다.

4. 맺음말

이제까지 살핀 바와 같이, 국문학사 서술은 '근대'란 키워드가 실제 지배하고 있었으며, 아울러 조선 후기 한문산문의 연구에 있어서도 사실상 '근대'가 작품을 선정하고, 평가하는 준거로 작용하고 있었다. 하지만 지적한 바와 같이 '근대'는 문학작품이 실제 존재했던 양상과 평가를 왜곡하였다. 이처럼 문학사에서 근대가 서술의 준거가 된다면, 이것은 서구의 문학을 조선의 문학 속에서 찾는 모순이 된다. 조선의 문학에서 서구 문학이 온전한 형태로 존재할 수 없음은 자명하다. 따라서 조선의 문학은 불완전한 형태의 문학이 될 것이다. 이것이 우리가 이제까지 해왔던 일이다.

이제 조선 후기 문학에서 근대를 찾아야 할 이유가 없음이 명백해졌다. 조선 후기에서 근대란 말을 지우는 것은 물론이고, 근대 찾기에서 비롯된 이분법적 사유 자체를 폐기해야 할 것이다.

이제까지 조선 후기 내재적 근대로의 표지처럼 여겨져 왔던 여러 현상들은 실제 다른 컨텍스트로 얼마든지 이해될 수 있다. 그것을 굳이 근대라는 단일한 컨텍스트로 포착해야 할 아무런 이유가 없다. 하나의 작품, 혹은 하나의 문학 현상을 지나는 컨텍스트는 복수적이다. 그것을 단일한 컨텍스트로 이해하는 것은 담론의 폭력일 뿐이다. 첨언하자면,

조선 후기 문학사에서 비양반층—이것을 평민이라 부르든 민중이라 부르든 서민이라 부르든 간에—의 문학활동은 매우 소중한 것이다. 그리고 국문문학의 성장이야말로 더욱 더 소중하다. 하지만 그것을 전근대 내부에서의 변화로 보아도 아무런 상관이 없다. 굳이 근대로의 변화라고 규정할 필요가 없는 것이다.

참고문헌

강만길, 『조선후기 상업자본의 발달』, 고려대학교출판부, 1981.

강명관, 「『서포만필』의 민족어문학론 비판」, 『한문학보』 18, 우리한문학회, 2008.

강명관, 『공안파와 조선후기 한문학』, 소명출판, 2007.

강명관, 『국문학과 민족 그리고 근대』, 소명출판, 2007.

김현 · 김윤식, 『한국문학사』, 민음사, 1973.

민족문학사연구소 엮음, 『민족문학과 근대성』, 문학과지성사, 1995.

이동환, 『실학시대의 사상과 문학』, 지식산업사, 2006.

이우성, 『한국의 역사상』, 창작과비평사, 1982.

이우성 · 임형택 편역, 『李朝漢文短篇選』, 上 1973, 중 · 하 1978, 일조각.

임형택, 『한국문학사의 논리와 체계』, 창작과비평사, 2002.

임형택, 『한국문학사의 시각』, 창작과비평사, 1984.

조동일, 『한국문학통사 3』(3판), 지식산업사, 1994.

한국고전문학연구회 편저, 『近代文學의 形成過程』, 문학과지성사, 1983.

* 『애산학보』 제34집(애산학회, 2008. 12)에 실렸던 글을 일부 보완하였음.

찾아보기

가

나

다

라

마

바

사

아

자

차

카

타

파

하

A~Z

편자 소개

성호경(成昊慶)

문학박사. 서강대학교 국어국문학과 교수, 교육대학원장.
한국시가학회장, 국문학회장.

조선 후기 문학의 성격

초판 발행 | 2010년 12월 31일

엮은이 | 성호경
발행인 | 이종욱
편집인 | 우찬제
발행처 | 서강대학교출판부
등록번호 | 제313-2002-170호(1978년 9월 28일)

주소 | 서울시 마포구 신수동 1번지 (121-742)
전화 | (02) 705-8212
팩스 | (02) 705-8612
홈페이지 | www.sogang.ac.kr/~sgpress
디자인 디렉션 네임북스 | (031) 948-8192

ISBN 978-89-7273-176-4 93810

정가 17,000원